ŒUVRES COMPLÈTES

D'ALEXIS DE TOCQUEVILLE

PUBLIÉES

PAR MADAME DE TOCQUEVILLE

———

VIII

PARIS. — IMP. SIMON RAÇON ET COMP., RUE D'ERFURTH 1.

MÉLANGES

FRAGMENTS HISTORIQUES

ET NOTES

SUR L'ANCIEN RÉGIME, LA RÉVOLUTION ET L'EMPIRE

VOYAGES — PENSÉES

ENTIÈREMENT INÉDITS

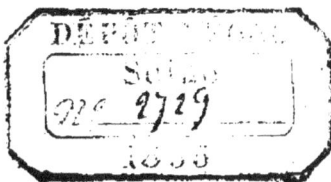

PAR

ALEXIS DE TOCQUEVILLE

PARIS

MICHEL LÉVY FRÈRES, LIBRAIRES ÉDITEURS

RUE VIVIENNE, 2 BIS, ET BOULEVARD DES ITALIENS, 15

A LA LIBRAIRIE NOUVELLE

1865

MÉLANGES LITTÉRAIRES

NOTES ET VOYAGES

ÉTAT SOCIAL ET POLITIQUE

DE LA FRANCE

AVANT ET DEPUIS 1789[1]

PREMIÈRE PARTIE

Des liens invisibles mais presque tout-puissants attachent les idées d'un siècle à celles du siècle qui l'a
précédé. Une génération a beau déclarer la guerre aux
générations antérieures, il est plus facile de les combattre, que de ne point leur ressembler. On ne saurait
donc parler d'une nation, à une époque donnée, sans
dire ce qu'elle a été un demi-siècle auparavant; ceci est

---

[1] Ce morceau, comme on l'a dit ailleurs, fut écrit pour une revue an-
glaise, et parut en 1836 dans le *London and Westminster review.*
V. la préface mise en tête du tome I, page 31 et 32, et la notice sur
Alexis de Toqueville, tome V. (Note de l'éditeur.)

surtout nécessaire lorsqu'il s'agit d'un peuple qui, pendant les cinquante dernières années, a été dans un état presque continuel de révolution. Les étrangers qui entendent parler de ce peuple et qui n'ont pas suivi d'un œil attentif les transformations successives qu'il a subies, savent seulement que de grands changements se sont opérés dans son sein, mais ils ignorent quelles portions de l'état ancien ont été abandonnées, et quelles autres se sont conservées au milieu de si longues vicissitudes.

On se propose dans cette première partie de donner sur l'état de la France, avant la grande révolution de 1789, quelques explications, faute desquelles l'état actuel serait très-difficile à comprendre.

A la fin de l'ancienne monarchie l'Église de France présentait un spectacle analogue en quelques points à celui qu'offre de nos jours l'Église établie d'Angleterre.

Louis XIV, qui avait détruit toutes les grandes existences individuelles, dissous ou abaissé tous les corps, n'avait laissé qu'au clergé les apparences d'une vie indépendante. Le clergé avait conservé des assemblées annuelles, dans lesquelles il se taxait lui-même; il possédait une portion considérable des biens-fonds du royaume, et pénétrait de mille manières dans l'administration publique. Tout en restant soumis aux principaux dogmes de l'Église catholique, le clergé français avait pris cependant vis-à-vis du saint-siége une attitude ferme et presque hostile.

En isolant les prêtres français de leur guide spirituel, en leur laissant en même temps des richesses et de la puissance, Louis XIV n'avait fait que suivre la même tendance despotique que l'on retrouve dans tous les actes de son règne. Il sentait qu'il serait toujours maître du clergé, dont il choisissait lui-même les chefs, et il se croyait intéressé à ce que le clergé fût fort, afin qu'il pût l'aider à régner sur l'esprit des peuples, et résister avec lui aux entreprises du pape.

L'Église de France sous Louis XIV était tout à la fois une institution religieuse et politique. Dans l'intervalle qui sépara la mort de ce prince et la révolution française, les croyances s'étant graduellement affaiblies, le prêtre et le peuple devinrent peu à peu étrangers l'un à l'autre. Ce changement fut produit par des causes qu'il serait trop long d'énumérer. A la fin du dix-huitième siècle le clergé français possédait encore ses biens; il se mêlait encore à toutes les affaires de l'État; mais l'esprit de la population lui échappait de toutes parts, et l'Église était devenue une institution politique, bien plus qu'une institution religieuse.

Ce n'est peut-être pas sans quelque difficulté qu'on pourrait parvenir à faire bien comprendre à des Anglais de nos jours ce qu'était la noblesse de France. Les Anglais n'ont point dans leur langue d'expression qui rende exactement l'ancienne idée française de *noblesse*. *Nobility* dit plus et *gentry* moins. *Aristocratie* n'est pas non plus un mot dont on dût se servir sans commentaire. Ce qu'on entend généralement par *aristocratie*, en prenant le mot dans son sens vulgaire, c'est l'ensemble des classes supérieures. La noblesse française était un corps aristocratique; mais on aurait eu tort de dire qu'elle formait à elle seule l'aristocratie du pays; car à côté d'elle se trouvaient placées des classes aussi éclairées, aussi riches et presque aussi influentes qu'elle. La noblesse française était donc à l'aristocratie d'Angleterre telle qu'elle existe de nos jours, ce que l'*espèce* est au *genre;* elle formait une *caste*, et non une aristocratie. En cela elle ressemblait à toutes les noblesses du continent. Ce n'est pas qu'en France on ne pût être fait noble en achetant certaines charges ou par un effet de la volonté du prince; mais l'ennoblissement qui faisait sortir un homme des rangs du *tiers état*, ne l'introduisait pas, à vrai dire, dans ceux de la *noblesse.* Le gentilhomme de nouvelle date s'arrêtait en quelque sorte sur la limite des deux ordres; un peu au-dessus de l'un, mais plus bas que l'autre, il apercevait de loin la terre promise où ses fils seuls pourraient entrer. La naissance était donc en réalité, la seule source où se puisât la noblesse; on naissait noble, on ne le devenait pas.

Environ vingt mille familles [1] répandues sur la surface du royaume composaient ce grand corps, ces familles reconnaissaient entre elles une sorte d'égalité

[1] Il résulte des travaux de MM. Moheau et de la Michodière, et de ceux du célèbre Lavoisier, qu'en 1791 le nombre des nobles et des ennoblis ne s'élevait qu'à 83,000 individus, dont 18,323 seulement étaient en état de porter les armes. La *noblesse* n'aurait alors formé que la trois centième partie de la population du royaume. Malgré l'autorité que le nom de Lavoisier prête à ces calculs, j'ai peine à croire à leur parfaite exactitude. Il me semble que le nombre des nobles a dû être plus grand. V. *De la richesse territoriale du royaume de France*, par Lavoisier, p. 10. 1791.

théorique fondée sur le privilége commun de la naissance. « Je ne suis, avait dit Henri IV, que le premier
gentilhomme de mon royaume. » Ce mot peint l'esprit qui régnait encore dans la noblesse française à la fin
du dix-huitième siècle. Toutefois, il existait encore entre
les nobles d'immenses différences; les uns possédaient
encore de grandes propriétés foncières, les autres trouvaient à peine de quoi vivre autour du manoir paternel.
Ceux-ci passaient la plus grande partie de leur vie à la
cour; ceux-là conservaient avec orgueil, au fond de leurs
provinces, une obscurité héréditaire. Aux uns, l'usage
ouvrait le chemin des grandes dignités de l'État, tandis
que les autres, après avoir atteint dans l'armée un grade
peu élevé, dernier terme de leurs espérances, rentraient
paisiblement dans leurs foyers pour n'en plus sortir.

Celui qui aurait voulu peindre fidèlement l'ordre de
la noblesse, eût donc été obligé de recourir à des classi-
fications nombreuses; il aurait dû distinguer le noble
d'épée du noble de robe, le noble de cour du noble de
province, l'ancienne noblesse de la noblesse récente. Il
aurait retrouvé dans cette petite société presque autant
de nuances et de classes que dans la société générale
dont elle n'était qu'une partie; on voyait régner toutefois au sein de ce grand corps un certain esprit homogène. Il obéissait tout entier à certaines règles fixes, se
gouvernait d'après certains usages invariables, et entretenait certaines idées communes à tous ses membres.

La noblesse française, née de la conquête ainsi que
toutes les autres noblesses du moyen âge, avait jadis

joui comme elles et plus peut-être qu'aucune d'elles, d'immenses priviléges. Elle avait renfermé dans son sein presque toutes les lumières et toutes les richesses de la société : elle avait possédé la terre, et gouverné les habitants.

Mais, à la fin du dix-huitième siècle, la noblesse française ne présentait plus qu'une ombre d'elle-même ; elle avait perdu tout à la fois son action sur le prince et sur le peuple. Le roi prenait encore en elle les principaux agents du pouvoir, mais en cela il suivait instinctivement une ancienne coutume plutôt qu'il ne reconnaissait un droit acquis. Depuis longtemps il n'existait plus de noble qui pût se faire craindre du monarque, et réclamer de lui une part du gouvernement.

L'influence de la noblesse sur le peuple était moindre encore. Il existe entre un roi et un corps de nobles une affinité naturelle qui, même à leur insu, les rapproche l'un de l'autre. Mais l'union de l'aristocratie et du peuple n'est pas dans l'ordre habituel des choses, et il n'y a que des efforts continus qui puissent l'opérer et la maintenir.

Il n'existe, à vrai dire, pour une aristocratie que deux moyens de conserver son influence sur le peuple : le gouverner, ou s'unir à lui pour modérer ceux qui le gouvernent. Il faut, en d'autres termes, que les nobles restent ses maîtres, ou deviennent ses chefs.

Loin que la noblesse française se fût mise à la tête des autres classes pour résister avec elles aux abus du pouvoir royal, c'était au contraire le pouvoir royal qui jadis s'était uni au peuple pour lutter contre la tyrannie des nobles, et ensuite aux nobles pour maintenir le peuple dans l'obéissance.

D'un autre côté, la noblesse avait cessé depuis longtemps de prendre part au détail du gouvernement. C'était le plus souvent des nobles qui conduisaient les affaires générales de l'État : ils commandaient les armées, occupaient le ministère, remplissaient la cour; mais ils ne prenaient aucune part à l'administration proprement dite, c'est-à-dire aux affaires qui mettent en contact immédiat avec le peuple. Renfermé dans son château, inconnu du prince, étranger à la population environnante, le noble de France restait immobile au milieu du mouvement journalier de la société. Autour de lui étaient les officiers du roi qui rendaient la justice, établissaient l'impôt, maintenaient l'ordre, travaillaient au bien-être des habitants et les dirigeaient. Fatigués de leurs obscurs loisirs, les gentilshommes qui avaient conservé de grands biens, se rendaient à Paris et vivaient à la cour, seuls lieux qui pussent encore servir de théâtre à leur ambition. La petite noblesse, fixée par nécessité dans les provinces, y menait une existence oisive, inutile et tracassière. Ainsi parmi les nobles, ceux qui par la richesse, à défaut de pouvoir, auraient pu acquérir quelqu'influence sur le peuple, s'éloignaient volontairement de lui, et ceux qui étaient forcés de vivre dans son voisinage n'étalaient à ses yeux que l'inutilité et la gêne d'une institution dont ils lui semblaient les seuls représentants.

En abandonnant ainsi à d'autres les détails de l'ad-

ministration publique pour ne viser qu'aux grandes
charges de l'État, la noblesse française avait montré
qu'elle tenait plus aux apparences de la puissance qu'à la
puissance elle-même. L'action du gouvernement central
ne se fait sentir que de loin en loin et avec peine aux
particuliers. La politique extérieure, les lois générales
n'exercent qu'une influence détournée et souvent invisible
sur la condition et le bien-être de chaque citoyen.
L'administration locale les rencontre tous les jours ; elle
les touche sans cesse dans les endroits les plus sensibles ;
elle influe sur tous les petits intérêts dont se forme le
grand intérêt qu'on porte à la vie ; elle est l'objet principal de leurs craintes ; elle attire à elle leurs principales
espérances ; elle les attache par mille liens invisibles qui
les entraînent à leur insu. C'est en gouvernant les villages qu'une aristocratie établit les fondements du pouvoir qui lui sert ensuite à diriger tout l'État.

Heureusement pour les aristocraties qui existent encore, la puissance qui cherche à les détruire ne connaît
guère mieux qu'elles ce secret de leur pouvoir. Pour moi,
si j'aspirais à détruire dans quelque pays une aristocratie puissante, je ne m'efforcerais point de chasser
d'auprès du trône ses représentants ; je ne me hâterais
point de l'attaquer dans ses plus brillantes prérogatives ;
je n'irais point tout d'abord lui contester ses grands pouvoirs législatifs ; mais je l'éloignerais de la demeure du
pauvre, je lui défendrais d'influer sur les intérêts journaliers des citoyens, je lui permettrais plutôt de parti-
ciper à la confection des lois générales de l'État que de

régler la police d'une cité, je lui abandonnerais avec
moins de peine la direction des grandes affaires de la
société que l'arrangement des petites ; et tout en lui
laissant les signes les plus magnifiques de sa grandeur,
j'arracherais de ses mains le cœur du peuple, où est la
véritable source de la puissance.

Les nobles français avaient cependant gardé un certain
nombre de droits exclusifs qui les distinguaient et les
élevaient au-dessus des autres citoyens ; mais il était
facile de découvrir que parmi les priviléges de ses pères,
la noblesse française n'avait guère conservé que ceux qui
font haïr les aristocraties et non ceux qui les font aimer
ou craindre.

Les nobles jouissaient du droit exclusif de fournir des
officiers à l'armée. C'eût été là sans doute un important privilége si les nobles eussent conservé une certaine importance individuelle ou un puissant *esprit de
corps*.

Mais n'ayant plus ni l'un ni l'autre, ils n'étaient à
l'armée, comme partout ailleurs, que des instruments
passifs dans les mains du roi. De lui seul ils attendaient
l'avancement et la faveur ; et ils ne songeaient qu'à lui
plaire sur le champ de bataille comme à la cour. Le
droit dont je parle, avantageux aux familles nobles, n'était
donc point utile à la noblesse comme corps politique.
Chez une nation essentiellement guerrière, où la gloire
militaire a toujours été considérée comme le premier
des biens, ce privilége soulevait contre ceux qui en
jouissaient de violentes haines et des jalousies implaca-

bles. Il ne livrait pas aux nobles les soldats ; mais il faisait du soldat l'ennemi naturel des nobles.

Les gentilshommes étaient exempts d'une partie des taxes. De plus ils prélevaient sur les habitants de leurs domaines, sous beaucoup de noms divers, un grand nombre de redevances annuelles. Ces droits n'augmentaient pas beaucoup la richesse des nobles et faisaient de la noblesse un objet commun de haine et d'envie.

Les priviléges les plus dangereux pour ceux qui en jouissent sont les priviléges d'argent. Chacun en apprécie l'étendue du premier coup d'œil et, les voyant clairement, s'en trouve offensé ; les sommes qu'ils produisent sont comme autant de mesures exactes à l'aide desquelles se peut évaluer la haine qu'elles font naître. Il n'y a qu'un certain nombre d'hommes qui désirent les honneurs et qui visent à diriger l'État ; mais il en est bien peu qui ne veuillent être riches. Beaucoup d'hommes s'occupent peu de savoir qui les gouverne ; mais il n'y en a point qui restent indifférents à ce qui se passe dans leur fortune privée.

Les priviléges qui donnent de l'argent sont donc tout à la fois moins importants et plus dangereux que ceux qui accordent du pouvoir. Les nobles français en conservant ceux-là de préférence aux autres avaient gardé, de l'inégalité, ce qui blesse et non ce qui sert. Ils gênaient et appauvrissaient le peuple et ne le gouvernaient pas. Ils paraissaient au milieu de lui comme des étrangers favorisés par le prince plutôt que comme des guides et des chefs ; n'ayant rien à donner, ils n'attachaient pas les cœurs par l'espérance ; ne pouvant prendre que dans une certaine mesure fixée invariablement à l'avance, ils faisaient naître la haine et n'excitaient point la crainte.

Indépendamment de ses droits productifs, la noblesse française avait conservé un très-grand nombre de distinctions purement honorifiques ; c'étaient des titres, de certaines places marquées dans les lieux publics, le port de certains costumes et de certaines armes. Une partie de ces priviléges avait été jadis les appendices naturels de sa puissance ; les autres étaient nés depuis l'affaiblissement de cette puissance, et comme une compensation de sa perte ; les uns et les autres ne servaient point et pouvaient nuire.

Lorsqu'on a abandonné la réalité du pouvoir, c'est jouer un jeu dangereux que de vouloir en retenir les apparences ; l'aspect extérieur de la vigueur peut quelquefois soutenir un corps débile, mais le plus souvent il achève de l'accabler. On semble encore assez grand pour être haï, et l'on n'est plus assez fort pour se défendre des atteintes de la haine. Les puissances qui ne font que de naître et celles qui décroissent, doivent plutôt se soustraire aux droits honorifiques que les rechercher. Il n'y a qu'un pouvoir fermement établi et parvenu à la virilité qui puisse s'en permettre l'usage.

Ce que j'ai dit des lois et des usages peut s'étendre également aux opinions.

Les nobles modernes avaient abandonné la plupart des idées de leurs ancêtres, mais parmi elles il en était plusieurs très-nuisibles auxquelles ils s'étaient opiniâtrément

attachés ; à la tête de ces dernières il faut placer le préjugé qui interdisait aux gentilshommes le commerce et
l'industrie.

Ce préjugé avait pris naissance au moyen âge, alors
que la possession de la terre et le gouvernement des
hommes étaient une seule et même chose. Dans ces
siècles l'idée de richesse immobilière était intimement
unie avec celle de grandeur et de puissance ; l'idée de la
richesse purement mobilière rappelait au contraire celle
d'infériorité et de faiblesse. Quoique, depuis cette époque,
la possession de la terre eût cessé de donner le gouvernement, et que les autres espèces de richesses eussent
pris un accroissement prodigieux et une importance
toute nouvelle, l'opinion était restée la même, et le préjugé avait survécu aux causes qui l'avaient fait naître.

Il arrivait de là que les familles nobles, exposées comme
toutes les autres à des chances de ruine, étaient privées
des moyens communs de s'enrichir. La noblesse, prise en
corps, s'appauvrissait donc sans cesse ; et après avoir
abandonné le chemin direct qui mène au pouvoir, elle
quittait encore les routes détournées qui peuvent y conduire.

Non-seulement les nobles ne pouvaient pas s'enrichir
eux-mêmes à l'aide du commerce et de l'industrie, mais
les mœurs leur défendaient de s'approprier par des alliances la richesse ainsi acquise. Un gentilhomme croyait
s'abaisser en épousant la fille d'un riche roturier. Il n'é-
tait pas rare cependant de leur voir contracter des unions
de cette nature ; car leur fortune décroissait plus vite

que leurs désirs. Ces alliances vulgaires, qui enrichissaient quelques membres de la noblesse, achevaient d'enlever au corps lui-même la puissance d'opinion qui, seule,
lui restait encore.

On doit bien prendre garde aux motifs des hommes,
avant de les louer de s'élever au-dessus d'un préjugé.
Pour les juger, il faut se placer à leur propre point de
vue, et non dans le point de vue général et absolu de la
vérité. Marcher à l'encontre d'une opinion commune
parce qu'on la croit fausse est assurément une chose belle
et vertueuse. Mais il est presque aussi périlleux pour la
moralité humaine de mépriser un préjugé parce qu'il
est gênant que d'abandonner une idée vraie parce qu'elle
est dangereuse. Les nobles avaient d'abord eu le tort de
croire s'avilir en épousant les filles des roturiers ; et ensuite le tort plus grand peut-être de les épouser ayant
cette croyance.

Dans le dix-huitième siècle, les lois féodales relatives
à la substitution des biens, étaient encore en vigueur,
mais elles n'offraient à la fortune des nobles qu'un faible
abri.

Je suis tenté de croire qu'on s'exagère souvent l'influence qu'exercent ces lois. Je pense que pour produire
de grands effets elles ont besoin de circonstances particulières qu'elles ne font pas naître et qui ne dépendent
pas d'elles.

Quand les nobles ne sont point tourmentés du désir de
s'enrichir, et que de leur côté, les autres classes de la
nation se montrent à peu près satisfaites du lot que leur

a départi la Providence, la loi des substitutions agissant dans le sens des idées et des mœurs achève de créer un sommeil et une immobilité universelle. Les roturiers n'ayant guère plus de chance d'acquérir des richesses que les gentilshommes, et les gentilshommes n'ayant point de chance de perdre la leur, tout l'avantage reste à ceux-ci ; et chaque génération se tient sans peine au rang que la précédente génération a occupé.

Mais dans une nation où tous, excepté les gentilshommes, cherchent les moyens de s'enrichir, les biens de la noblesse forment bientôt comme une proie commune dont les autres classes cherchent à s'emparer. Chacun s'aidant de l'ignorance des nobles, de leurs passions et de leurs faibles, s'efforce à l'envi d'entraîner dans le mouvement général des affaires la masse des biens qu'ils possèdent. Bientôt la noblesse elle-même ne tarde point à s'associer à ces efforts.

Les roturiers n'ayant que le privilége commun de la richesse à opposer aux priviléges de toutes espèces dont jouissent leurs rivaux, ne manquent pas d'étaler à leurs yeux tous les fastes de l'opulence. Ils deviennent un objet d'émulation pour les nobles, qui veulent imiter leur splendeur, sans en connaître les sources. L'embarras ne tarde point à naître dans la fortune de ceux-ci ; leur revenu finit par être inférieur à leurs besoins. Ils arrivent à considérer eux-mêmes comme une ennemie la loi qui les protége, et se prêtent de tout leur pouvoir à l'éluder. Je ne veux point dire que même alors les substitutions ne retardent pas la ruine des nobles, mais je pense qu'elles ne peuvent pas l'empêcher. Il y a quelque chose de plus puissant que l'action constante des lois dans un certain sens : c'est l'action constante des passions humaines dans un sens contraire.

Au moment où éclata la Révolution, la loi française destinait encore à l'aîné des fils d'un gentilhomme presque tous les biens de la famille et l'obligeait à les transmettre intacts à ses descendants. Cependant une multitude de domaines d'origine féodale étaient déjà sortis des mains de la noblesse, et beaucoup d'autres avaient été partagés.

Non-seulement on voyait dans son sein des hommes très-riches et très-pauvres, ce qui n'est point contraire à l'existence d'une noblesse, mais une foule d'individus, qui, sans être ni pauvres ni riches, possédaient une fortune médiocre : état de chose qui tenait déjà plus de la démocratie que de l'aristocratie. Et, si l'on avait examiné de près la constitution de la noblesse, on aurait découvert qu'elle formait, à vrai dire, un corps démocratique revêtu, vis-à-vis des autres classes, des droits d'une aristocratie.

Mais le péril qui, en France, menaçait l'existence des nobles, naissait bien plus de ce qui se passait autour et en dehors d'eux que de ce qui arrivait dans leur sein.

A mesure que la noblesse française diminuait en opulence et perdait en pouvoir, une autre classe de la nation s'emparait rapidement de la richesse mobilière, et s'approchait du gouvernement. La noblesse perdait ainsi de deux manières. Elle devenait absolument et relativement plus faible. La classe nouvelle et envahissante qui semblait vouloir s'élever sur ses débris, avait pris le nom de *tiers état*.

De même qu'il serait difficile de faire comprendre aux Anglais ce qu'était la noblesse française; il n'est point aisé de leur expliquer ce qu'on entendait par *tiers état*.

Au premier abord on pourrait croire qu'en France les classes moyennes formaient l'ordre du Tiers, qui se serait ainsi trouvé placé entre l'aristocratie et le peuple, mais il n'en était point ainsi. Le tiers renfermait, il est vrai, les classes moyennes, mais il se composait aussi d'éléments qui naturellement leur étaient étrangers. Le commerçant le plus riche, le banquier le plus opulent, l'industriel le plus habile, l'homme de lettres, le savant pouvaient faire partie du tiers aussi bien que le petit fermier, le boutiquier des villes, et le paysan qui cultivait le pays. En fait, tout homme qui n'était ni prêtre ni noble faisait partie du tiers état; il y avait dans le tiers des riches et des pauvres, des ignorants et des hommes éclairés. Pris à part, le tiers avait son aristocratie, il renfermait déjà tous les éléments d'un peuple ou plutôt il formait un peuple complet à lui seul, qui existait concurremment avec les ordres privilégiés, mais qui pouvait exister sans eux et par lui-même; il avait ses opinions, ses préjugés, ses croyances, son esprit national à part. Ceci se découvre bien clairement dans les cahiers rédigés en 1789 par l'ordre du tiers pour servir d'instruction à ses députés. Le tiers est presque aussi préoccupé de la crainte de se mêler avec la noblesse que celle-ci pourrait l'être de se confondre avec lui ; il réclame contre les ennoblissements à prix d'argent qui permettaient à quelques-uns de ses membres de pénétrer dans les rangs des nobles. Aux élections qui précédèrent la tenue des états généraux, le célèbre chimiste Lavoisier ayant voulu voter dans l'ordre du tiers fut expulsé du collége électoral sur le motif, qu'ayant acheté une charge qui donnait la noblesse, il avait perdu le droit de voter avec les roturiers.

Ainsi le tiers état et la noblesse étaient entremêlés sur le même sol ; mais ils y formaient comme deux nations distinctes qui, vivant sous les mêmes lois, restaient cependant étrangères l'une à l'autre. De ces deux peuples l'un renouvelait sans cesse ses forces et en acquérait de nouvelles ; l'autre perdait tous les jours et ne regagnait rien.

La création de ce peuple nouveau au milieu de la nation française menaçait l'existence de la noblesse ; l'isolement dans lequel vivaient les nobles était pour eux une source plus grande encore de périls.

Cette division complète qui existait entre le tiers état et les nobles, n'accélérait pas seulement la chute de la noblesse ; elle menaçait de détruire en France toute aristocratie.

Ce n'est pas par hasard que les aristocraties naissent et se maintiennent ; elles sont soumises, comme tout le reste, à des lois fixes qu'il n'est peut-être pas impossible de découvrir.

Il existe parmi les hommes, dans quelque société qu'ils vivent, et indépendamment des lois qu'ils se sont faites, une certaine quantité de biens réels ou conventionnels qui, de leur nature, ne peuvent être la propriété que du petit nombre. A leur tête je placerai la naissance, la richesse et le savoir; on ne saurait concevoir un état social quelconque où tous les citoyens fussent nobles, éclairés et riches. Les biens dont je parle sont très-différents entre eux, mais ils ont un caractère commun, qui est de ne pouvoir tomber en partage qu'au petit nombre, et de donner, pour cette raison même, à tous ceux qui les possèdent des goûts à part et des idées exclusives; ces biens forment donc comme autant d'éléments. arisocratiques qui, séparés ou remis dans les mêmes mains, se retrouvent chez tous les peuples et à chaque époque de l'histoire.

Lorsque tous ceux qui sont pourvus de ces avantages exceptionnels travaillent de concert au gouvernement, il y a une aristocratie forte et durable. Au dix-huitième siècle la noblesse française ne possédait dans son sein que quelques-uns de ces éléments naturels de l'aristocratie; plusieurs étaient restés en dehors.

En s'isolant des roturiers riches et éclairés, les nobles croyaient rester fidèles aux exemples de leurs pères. Ils ne remarquaient pas qu'en agissant comme eux, ils s'écartaient du but que ceux-ci avaient atteint; au moyen âge la naissance, il est vrai, était la source principale de tous les avantages sociaux; mais au moyen âge le noble était le riche et il avait appelé à lui le prêtre qui était le lettré ; toute la société était livrée à ces deux hommes et on conçoit qu'elle devait l'être.

Mais au dix-huitième siècle, beaucoup de riches n'étaient pas nobles, et beaucoup de nobles n'étaient plus riches ; on pouvait en dire autant par rapport aux lumières. Le tiers état formait donc comme une des portions *naturelles* de l'aristocratie, séparée du corps principal, qu'il ne pouvait manquer d'affaiblir en ne lui prêtant pas appui, et qu'il devait détruire en lui faisant la guerre.

L'esprit exclusif des nobles ne tendait pas seulement à détacher de la cause générale de l'aristocratie les chefs du tiers état, mais encore tous ceux qui espéraient un jour le devenir.

La plupart des aristocraties sont mortes, non point parce qu'elles fondaient l'inégalité sur la terre, mais parce qu'elles prétendaient la maintenir éternellement en faveur de certains individus, et au détriment de certains autres. C'est une espèce d'inégalité plutôt que l'inégalité en général que haïssent les hommes.

Il ne faut pas croire non plus que ce soit l'excès de ses priviléges qui, le plus souvent, fasse périr une aristocratie ; il peut, au contraire, arriver que la grandeur même de ces priviléges la soutienne. Si chacun croit pouvoir un jour entrer dans un corps d'élite, l'étendue des droits de ce corps sera ce qui le rendra cher à ceux même qui n'en font pas encore partie. De cette manière les vices même de l'institution feront sa force ; et ne dites pas que les chances d'*y entrer* sont faibles ; cela n'importe guère

si le but est élevé. Ce qui entraîne le plus le cœur humain, c'est bien moins la certitude d'un petit succès que
la possibilité d'une haute fortune. Augmentez la grandeur de l'objet à atteindre, et vous pourrez sans crainte
diminuer les chances de l'obtenir.

Dans un pays où il n'est pas impossible que le pauvre arrive à gouverner l'État, il est plus facile d'écarter
toujours les pauvres du gouvernement, que dans ceux
où l'espérance du pouvoir ne leur est pas offerte ; l'idée
de cette grandeur imaginaire, où il peut être appelé un
jour, se place sans cesse entre lui et le spectacle de ses
misères réelles. C'est un jeu de hasard où l'énormité du
gain possible attache son âme en dépit de la probabilité
la perte. Il aime l'aristocratie comme la loterie.

Cette division qui existait en France entre les différents éléments aristocratiques, établissait dans le sein de
l'aristocratie, une sorte de guerre civile dont la démocratie seule devait profiter. Repoussés par la noblesse
les principaux membres du tiers état étaient obligés,
pour la combattre, de s'appuyer sur des principes utiles
dans le moment où on s'en servait, dangereux par leur
efficacité même. Le tiers état était une portion de l'aristocratie révoltée contre l'autre, et contrainte de professer
l'idée générale de l'égalité pour combattre l'idée particulière d'inégalité qu'on lui opposait.

Dans le sein même de la noblesse l'inégalité était
attaquée chaque jour, sinon dans son principe, du
moins dans quelques-unes de ses applications diverses.
Le noble d'épée accusait de morgue le noble de robe,

et celui-ci se plaignait de la prépondérance accordée au premier. Le noble de cour aimait à railler sur leurs petits droits seigneuriaux les nobles de village qui, à leur tour, s'irritaient de la faveur dont jouissait le courtisan. Le gentilhomme d'ancienne noblesse méprisait l'ennobli et celui-ci enviait les honneurs de l'autre. Toutes ces récriminations entre les différentes espèces de privilégiés nuisaient à la cause générale des priviléges. Spectateur désintéressé du débat de ses chefs, le peuple ne prenait de leurs discours que ce qui pouvait servir à son usage. Il se répandait ainsi peu à peu dans la nation que l'égalité seule était conforme à l'ordre naturel des choses ; qu'en elle était contenue l'idée simple et générale qui devait présider à l'organisation d'une société bien réglée. Ces théories pénétraient jusque dans l'esprit des nobles, qui, jouissant encore de leurs priviléges, commençaient à en regarder la possession comme un fait heureux plutôt que comme un droit respectable.

Les usages suivent, en général, les idées de plus près que ne le font les lois. Le principe de l'aristocratie triomphait encore dans la société politique, les mœurs devenaient déjà démocratiques, et il s'établissait mille liens divers entre des hommes que la législation séparait.

Ce qui favorisait singulièrement ce mélange dans la société civile, c'était la position dont s'emparaient chaque jour les écrivains.

Chez les nations où la richesse est le fondement uniqué ou seulement principal de l'aristocratie, l'argent, qui dans toutes les sociétés procure le plaisir, donne encore le pouvoir. Muni de ces deux avantages, il achève d'entraîner à lui toute l'imagination de l'homme, et finit par devenir pour ainsi dire la seule distinction recherchée. Dans ces pays les lettres sont en général peu cultivées, et conséquemment le mérite littéraire n'y attire point les regards du public.

Chez les peuples où domine l'aristocratie de naissance, on ne voit pas la même impulsion universelle vers l'acquisition des richesses. Le cœur humain n'y étant point poussé d'un seul côté par une même passion, se livre à la diversité naturelle de ses penchants. Si ces nations sont policées, il se rencontre toujours dans leur sein un grand nombre de citoyens qui prisent les plaisirs de l'esprit et honorent ceux qui les font naître. Beaucoup d'hommes ambitieux qui méprisent l'argent, et que leur origine plébéienne repousse des affaires, se réfugient alors dans l'étude des lettres qui est comme leur dernier asile, et recherchent la gloire littéraire, la seule qui leur soit permise. Ils se créent ainsi en dehors du monde politique une situation brillante qui leur est rarement disputée.

Dans les pays où l'argent donne le pouvoir, l'importance des hommes étant en rapport du plus ou moins de richesses qu'ils possèdent, et la richesse pouvant à chaque instant se perdre et s'acquérir, il en résulte que les membres de l'aristocratie sont toujours poursuivis par la crainte de décheoir du rang qu'ils occupent ou

de voir d'autres citoyens en partager les priviléges.
Cette mobilité habituelle qui règne dans le monde politique donne à leur âme une sorte d'agitation permanente. Ils ne jouissent qu'avec trouble de leur fortune
et saisissent comme à la hâte les biens qu'elle leur envoie. Sans cesse ils se considèrent eux-mêmes d'un œil
inquiet pour savoir s'ils n'ont rien perdu. Ils jettent
sur tous les autres des regards pleins de crainte et
d'envie afin de découvrir si rien n'est changé autour
d'eux. Tout ce qui s'élève par quelque endroit finit par
leur porter ombrage.

Les aristocraties fondées uniquement sur la naissance
se montrent moins inquiètes à la vue de ce qui brille
en dehors d'elles, parce qu'elles possèdent un avantage
qui, de sa nature, ne saurait se partager ni se perdre.
On devient riche, mais il faut naître noble.

De tous temps la noblesse française avait tendu la
main aux écrivains et s'était plu à les rapprocher d'elle.
Mais il en était surtout ainsi au dix-huitième siècle :
époque d'oisiveté où les gentilshommes se trouvaient
presque aussi déchargés des soins du gouvernement que
les roturiers eux-mêmes, et où les lumières, en se répandant, avaient donné à tous le goût délicat des plaisirs littéraires.

Sous Louis XIV, les nobles honoraient et protégeaient
les écrivains; mais à vrai dire ils ne se mêlaient point
avec eux. Les uns et les autres formaient deux classes à
part qui se touchaient souvent sans jamais se confondre. A la fin du dix-huitième siècle il n'en était plus

ainsi. Ce n'est point que les écrivains eussent été admis
au partage des priviléges de l'aristocratie, ni qu'ils
eussent acquis une position reconnue dans le monde
politique. La noblesse ne les avait point appelés dans
ses rangs ; mais beaucoup de nobles avaient été se
placer dans les leurs. La littérature était ainsi devenue
comme un terrain neutre sur lequel s'était réfugiée
l'égalité. L'homme de lettres et le grand seigneur s'y
rencontraient sans se rechercher ni se craindre, et
l'on y voyait régner en dehors du monde réel une
sorte de démocratie imaginaire, où chacun en était réduit à ses avantages naturels.

Cet état de choses, si favorable au développement rapide des sciences et des lettres, était loin de satisfaire
ceux qui les cultivaient. Ils occupaient, il est vrai, une
position brillante, mais mal définie et toujours contestée. Ils partageaient les plaisirs des grands et restaient étrangers à leurs droits. Le noble s'approchait
d'eux et assez près pour leur faire voir dans le détail
tous les avantages réservés à la naissance, et se tenait
encore assez loin pour qu'ils ne pussent partager ces
avantages ni les goûter. On plaçait ainsi sous leurs
yeux comme un fantôme d'égalité qui fuyait à mesure
qu'ils s'approchaient pour le saisir. Ainsi les écrivains,
si favorisés par la noblesse, formaient la portion la plus
inquiète du tiers état, et on les entendait médire des
priviléges jusque dans le palais des privilégiés.

Cette tendance démocratique ne se faisait pas seulement remarquer chez les gens de lettres qui hantaient

les nobles, mais chez les nobles qui s'étaient faits gens de
lettres. La plupart de ces derniers professaient hautement les doctrines politiques qui étaient généralement
reçues parmi les écrivains ; et loin d'introduire l'esprit
nobiliaire dans la littérature, ils transportaient ce qu'on
pourrait appeler l'esprit littéraire dans la noblesse.

Tandis que les hautes classes s'abaissaient graduellement, que les classes moyennes s'élevaient par degrés, et
qu'un mouvement insensible les rapprochait chaque jour,
il se faisait dans la distribution de la propriété foncière
des changements qui étaient de nature à faciliter singulièrement l'établissement et le règne de la démocratie.

Presque tous les étrangers se figurent qu'en France
la propriété foncière n'a commencé à se diviser qu'à
partir de l'époque où les lois relatives aux successions
ont été changées, et de la période pendant laquelle la plupart des domaines appartenant aux nobles furent confis-
qués, mais c'est là une erreur. Au moment où la révolution éclata, la terre, dans un grand nombre de provinces,
était déjà très-partagée. La révolution française n'a fait
qu'étendre au territoire entier ce qui était spécial à
quelques-unes de ses parties.

Il y a bien des causes qui peuvent tendre à agglomérer
la propriété foncière en quelques mains ; la première de
toutes est la force matérielle. Un conquérant s'empare
des terres des vaincus et les partage entre un petit nombre de partisans. De cette manière les anciens propriétaires sont privés de leurs droits. Mais il en est d'autres
où ils le cèdent volontairement eux-mêmes.

J'imagine un peuple chez lequel les entreprises industrielles et commerciales soient très-nombreuses et très-
productives, et dont les lumières soient assez grandes
pour que chacun y découvre sans peine toutes les chances
de fortune qu'offre le commerce et l'industrie. Je suppose que par une combinaison de lois, de mœurs, d'idées
anciennes, la propriété foncière soit encore chez le même
peuple, la source principale de la considération et du
pouvoir. La voie la plus courte et la plus rapide de s'enrichir sera de vendre la terre pour en placer dans le
commerce les produits. Le meilleur moyen de jouir de
la fortune acquise sera au contraire de retirer son argent
du commerce et d'acheter de la terre ; la terre devient
alors un objet de luxe, d'ambition et non de cupidité.
En l'acquérant ce sont des honneurs et du pouvoir que
l'on veut obtenir, et non des moissons. Cela étant, il se
vendra encore de petits domaines, mais on n'en achètera
plus que de très-grands. Car le but aussi bien que la
position du vendeur et de l'acheteur sont différents. Le
premier est comparativement au second un pauvre qui
court après l'aisance ; l'autre, un riche qui veut appliquer à ses plaisirs un grand superflu.

Que si, à ces causes générales, vous ajoutez l'action
particulière d'une législation qui, tout en facilitant le
transport de la propriété mobilière, rend l'acquisition
de la terre onéreuse et difficile, de telle sorte que les
riches qui ont seuls le goût de la posséder aient seuls le
moyen de l'acquérir, vous comprenez sans peine que
chez un semblable peuple les petites fortunes foncières

devront tendre sans cesse à disparaître pour se fondre dans un petit nombre de très-grandes.

A mesure que les procédés industriels se perfectionnent et se multiplient, et que les lumières en se répandant découvrent au pauvre ces instruments nouveaux, le mouvement que je viens de décrire deviendra plus rapide. La prospérité du commerce et de l'industrie portera plus énergiquement le petit propriétaire à vendre, et cette même cause créera incessamment d'immenses richesses mobilières, qui permettront ensuite à ceux qui les possèdent d'acquérir d'immenses domaines. De cette manière il pourra se faire que l'extrême agglomération de la propriété foncière se rencontre aux deux extrémités de la civilisation : quand les hommes sont encore demi-barbares et qu'ils ne prisent et pour ainsi dire ne connaissent que la propriété foncière ; quand ils sont devenus très-policés et découvrent mille autres moyens de s'enrichir.

La peinture que je viens de faire pourrait s'appliquer à l'Angleterre. Rien de ce que j'ai dit n'a jamais été applicable à la France. Il est fort douteux qu'en France, à l'époque de la conquête des Barbares, la terre ait jamais été divisée entre les vainqueurs d'une manière générale et systématique, ainsi qu'il est arrivé par exemple en Angleterre après l'invasion des Normands. Les Francs étaient beaucoup moins civilisés que ces derniers, et ils possédaient moins qu'eux l'art de régulariser la violence. La conquête des Francs remonte d'ailleurs à une époque beaucoup plus ancienne et ses

effets se sont affaiblis plus tôt. Il semble donc qu'en
France beaucoup de domaines n'ont jamais été sujets
aux lois féodales, et ceux qui y étaient soumis paraissent
avoir été d'une moindre étendue que dans plusieurs
autres États de l'Europe. Ainsi la propriété n'avait jamais été agglomérée, ou du moins avait depuis longtemps cessé de l'être.

Nous avons vu que, longtemps avant la Révolution,
la propriété foncière n'était plus la source principale de
la considération et du pouvoir. Durant la même période,
le commerce et l'industrie n'avaient fait que des progrès peu rapides, et le peuple assez éclairé déjà pour
concevoir et désirer un état meilleur que le sien n'avait
point encore acquis les lumières qui pouvaient lui découvrir les moyens les plus prompts d'y parvenir. La
terre, en même temps qu'elle cessait d'être un objet de
luxe pour le riche, devenait au contraire un objet et
pour ainsi dire le seul objet d'industrie pour le pauvre.
L'un la vendait pour faciliter et accroître ses plaisirs,
l'autre l'achetait pour augmenter son aisance. De cette
sorte la propriété foncière sortait à petit bruit des mains
des nobles et commençait à se diviser dans celles du
peuple.

A mesure que les anciens propriétaires fonciers perdaient ainsi leurs biens, une multitude de roturiers par-
venaient à en acquérir. Mais ils n'y réussissaient qu'avec
mille efforts et à l'aide de procédés très-imparfaits.
Ainsi les grandes fortunes territoriales diminuaient chaque jour, sans qu'il s'amassât de grandes richesses mobi-

lières; et, à la place de vastes domaines, il s'en créait beaucoup de petits : fruit lent et pénible de l'économie et du travail.

Ces changements dans la division de la terre facilitaient singulièrement la grande révolution politique qui bientôt allait s'opérer.

Ceux qui croient pouvoir établir d'une manière permanente l'égalité complète dans le monde politique sans introduire en même temps une sorte d'égalité dans la société civile, ceux-là me semblent commettre une dangereuse erreur. Je pense qu'on ne saurait donner impunément aux hommes une grande alternative de force et de faiblesse, leur faire toucher l'extrême égalité sur un point, et les laisser souffrir de l'extrême inégalité sur les autres, sans que bientôt ils n'aspirent à être forts, ou ne deviennent faibles sur tous. Mais la plus dangereuse de toutes les inégalités est celle qui résulte de l'indivision de la propriété foncière.

La possession de la terre donne à l'homme un certain nombre d'idées et d'habitudes spéciales qu'il est très-important de reconnaître, et que la possession des biens mobiliers ne produit pas, ou produit à un degré moindre.

Les grandes propriétés territoriales localisent en quelque façon l'influence de la richesse, et la forçant de s'exercer spécialement dans certains lieux et sur certains hommes, lui donnent un caractère plus important et plus durable. L'inégalité mobilière fait des individus riches; l'inégalité immobilière, des familles opulentes; elle lie les riches les uns aux autres, elle unit les générations entre elles et crée dans l'État un petit peuple à part qui arrive toujours à obtenir un certain pouvoir sur la grande nation au milieu de laquelle il est placé. Ce sont précisément ces choses qui nuisent le plus au gouvernement de la démocratie.

Il n'y a rien au contraire de plus favorable au règne de la démocratie que la division de la terre en petites propriétés.

Celui qui possède une petite fortune mobilière dépend presque toujours, plus ou moins, des passions d'un autre. Il faut qu'il se plie soit aux règles d'une association, soit aux désirs d'un homme. Il est soumis aux moindres vicissitudes de la fortune commerciale et industrielle de son pays. Son existence est sans cesse troublée par les alternatives du bien-être et de la détresse, et il est rare que les agitations qui règnent dans sa destinée n'introduisent point du désordre dans ses idées et de l'instabilité dans ses goûts. Le petit propriétaire foncier ne reçoit au contraire d'impulsion que de lui-même; sa sphère est étroite, mais il s'y meut en liberté. Sa fortune s'accroît lentement, mais elle n'est point sujette à de brusques hasards. Son esprit est tranquille comme sa destinée, ses goûts réguliers et paisibles comme ses travaux; et n'ayant précisément besoin de personne, il place l'esprit d'indépendance au milieu de la pauvreté même.

On ne saurait douter que cette tranquillité de l'esprit chez un très-grand nombre de citoyens, ce calme et cette simplicité des désirs, cette habitude et ce goût de l'indépendance ne favorisent singulièrement l'établissement et

le maintien des institutions démocratiques. Pour moi,
quand je verrai des institutions démocratiques s'établir
chez un peuple où régnera une grande inégalité dans les
conditions, je considérerai ces institutions comme un
accident passager. Je croirai que les propriétaires et les
prolétaires sont en péril. Les premiers risquent de perdre violemment leurs biens, et les seconds leur indépendance. Les peuples qui veulent arriver au gouvernement
de la démocratie ont donc intérêt à ce qu'il ne se rencontre pas dans leur sein une très-grande inégalité de
fortune, mais surtout à ce que cette fortune ne règne
point dans les fortunes immobilières.

En France, à la fin du dix-huitième siècle, le principe
de l'inégalité des droits et des conditions réglait encore
despotiquement la société politique. Les Français n'a-
vaient pas seulement une aristocratie mais une noblesse,
c'est-à-dire que de tous les systèmes de gouvernement,
dont l'inégalité forme la base, elle avait conservé le plus
absolu, et si j'ose le dire, le plus intraitable. Il fallait être
noble pour servir l'État. Sans noblesse on pouvait à
peine approcher le prince, que les puérilités de l'étiquette défendaient du contact des roturiers.

Le détail des institutions était d'accord avec le principe.
Les substitutions, le droit d'aînesse, les redevances, les
maîtrises, tous les restes de la vieille société féodale
existaient encore. La France avait une religion d'État,
dont les ministres, étaient non pas seulement privilégiés
ainsi qu'ils le sont encore dans certains pays aristocratiques, mais encore étaient seuls autorisés par la loi.

L'Église, propriétaire d'une portion du territoire comme au moyen âge, pénétrait dans le gouvernement.

En France, cependant, tout marchait déjà depuis long-temps vers la démocratie. Celui qui, sans se laisser arrêter à ces apparences extérieures, eût voulu se représenter l'état d'impuissance morale dans lequel était tombé le clergé, l'appauvrissement et l'abaissement de la noblesse, les richesses et les lumières du tiers état, la singulière division déjà existante de la propriété foncière, le grand nombre des fortunes médiocres, le petit nombre des grandes fortunes; celui qui se fût rappelé les théories professées à cette époque, les principes tacitement mais presque universellement admis; celui dis-je, qui eût rassemblé dans un même point de vue tous ces objets divers, n'eût pas manqué de conclure que la France d'alors avec sa noblesse, sa religion d'État, ses lois et ses usages aristocratiques, était déjà, à tout prendre, la nation la plus véritablement démocratique de l'Europe; et que les Français de la fin du dix-huitième siècle, par leur état social, leur constitution civile, leurs idées et leurs mœurs avaient devancé de très-loin ceux même des peuples de nos jours qui tendent le plus visiblement vers la démocratie.

Ce n'est pas seulement par l'égalité que la France du dix-huitième siècle se rapprochait de la France de nos jours. Beaucoup d'autres traits de la physionomie nationale que nous considérons comme nouveaux, se laissaient déjà apercevoir.

On peut dire d'une manière générale qu'il n'y a rien

dé plus propice à l'établissement et à la durée d'un système d'administration locale qu'une aristocratie.

Il se trouve toujours répandus sur chacun des différents points du territoire occupé par cette aristocratie un ou plusieurs individus qui, naturellement au-dessus des autres par leur naissance et leur richesse, prennent le gouvernement ou le reçoivent. Dans une société où règne l'égalité des conditions, les citoyens étant à peu près égaux entre eux, il leur semble naturel de charger de tous les détails de l'administration le gouvernement lui-même, seul individu qui, s'élevant encore au-dessus de la foule, attire les regards. Et lors même qu'ils ne seraient pas disposés à le charger de ce soin, ils sont souvent obligés, à cause de leur faiblesse individuelle et de la difficulté qu'ils trouvent à s'entendre tous, de souffrir qu'il le prenne.

Il est vrai que quand une nation a une fois admis le principe de la souveraineté du peuple, que les lumières s'y sont répandues, que la science du gouvernement s'y est perfectionnée, et qu'on y a connu les misères d'une administration trop centralisée, on voit souvent les citoyens qui habitent les provinces et les villes s'efforcer de créer au milieu d'eux un pouvoir collectif qui dirige leurs propres affaires. Quelquefois aussi la puissance suprême, succombant sous le poids de ses prérogatives, essaie de localiser l'administration publique, et cherche par des combinaisons plus ou moins savantes à fonder artificiellement sur les différents points du territoire une sorte d'aristocratie élue. Un peuple démocratique se laisse entraîner vers la centralisation par instinct. Il n'arrive aux institutions provinciales que par réflexion.

Mais la liberté provinciale ainsi fondée est toujours exposée à de grands hasards. Chez les peuples aristocratiques le gouvernement local existe souvent, malgré le pouvoir central et toujours sans que ce dernier ait besoin de se mêler de le faire vivre. Chez les peuples démocratiques le gouvernement local est souvent une création du pouvoir central, qui souffre qu'on lui enlève quelques-uns de ses priviléges, ou qui s'en dépouille volontairement lui-même.

Cette tendance naturelle, qui porte les peuples démocratiques à centraliser le pouvoir, se découvre principalement et s'accroît d'une manière très-manifeste aux époques de lutte et de transition, où les deux principes se disputent la direction des affaires.

Le peuple, au moment où il commence à devenir une puissance, s'apercevant que les nobles dirigent toutes les affaires locales, attaque le gouvernement provincial, non-seulement comme provincial, mais surtout comme aristocratique. Ce pouvoir local une fois arraché des mains de l'aristocratie, il s'agit de savoir à qui le donner.

En France, ce ne fut pas seulement le gouvernement central, mais le roi, qui fut chargé exclusivement de l'exercer. Ceci tient à des causes qu'il est bon d'énoncer.

Je crois que la portion démocratique des sociétés éprouve un désir naturel de centraliser l'administra-

tion; mais je suis bien loin de prétendre que son goût
la porte naturellement à centraliser dans les mains du
roi seul. Cela dépend des circonstances. Libre dans son
choix, un peuple aimera toujours mieux confier la
puissance administrative à un corps ou à un magistrat
élu par lui qu'à un prince placé hors de son contrôle.
Mais cette liberté lui manque souvent.

La portion démocratique de la société, au moment où
elle commence à sentir ses forces et à vouloir s'élever,
n'est encore composée que d'une multitude d'individus
également faibles et également incapables de lutter isolément contre les grandes existences de la noblesse.
Elle a le désir instinctif de gouverner sans avoir aucun
des instruments du gouvernement. Ces nombreux individus, étant en outre fort disséminés et fort inhabiles à
s'associer, éprouvent instinctivement le besoin de rencontrer quelque part, en dehors d'eux-mêmes et de
l'aristocratie, une force déjà constituée autour de laquelle ils puissent, sans être obligés de se concerter,
réunir leurs efforts et par la combinaison de tous obtenir la puissance qui manque à chacun d'eux.

Or, la démocratie n'étant point encore organisée dans
les lois, en dehors de l'aristocratie le seul pouvoir déjà
constitué dont le peuple puisse se servir, c'est le prince.
Entre le prince et les nobles, il y a sans doute une analogie naturelle, mais non une identité parfaite. Si leurs
goûts se ressemblent, leurs intérêts sont souvent contraires. Les nations qui tournent à la démocratie commencent donc d'ordinaire par accroître les attributions

du pouvoir royal. Le prince y inspire moins de jalousie et moins de crainte que les nobles; et d'ailleurs, en temps de révolution, c'est déjà beaucoup faire que de changer la puissance de main, dût-on ne l'ôter à un ennemi que pour la confier à un autre.

Le chef-d'œuvre de l'aristocratie anglaise est d'avoir fait croire si longtemps aux classes démocratiques de la société que l'ennemi commun était le prince, et d'être ainsi parvenue à devenir leur représentant au lieu de rester leur principal adversaire.

Ce n'est, en général, qu'après avoir complétement détruit l'aristocratie à l'aide des rois, qu'un peuple démocratique songe à demander compte à ceux-ci du pouvoir qu'il leur a laissé prendre, et qu'il s'efforce de les mettre dans sa dépendance ou de transporter l'autorité dont il les avait revêtus à des pouvoirs dépendants.

Mais lors même que les classes démocratiques de la société, après être parvenues à placer le pouvoir administratif dans les mains mêmes de leurs véritables représentants, désirent en diviser l'exercice, il leur est souvent bien malaisé d'y parvenir : soit à cause de la difficulté qu'on éprouve toujours à enlever l'autorité à ceux qui la possèdent, soit par l'embarras de savoir à qui en confier l'usage.

Les classes démocratiques trouvent toujours dans leur sein un assez grand nombre d'hommes éclairés et habiles pour pouvoir en composer une assemblée politique ou une administration centrale. Mais il peut arriver qu'il ne s'en rencontre pas une quantité suffisante pour qu'on puisse organiser des corps provinciaux; il est possible que le peuple des provinces ne veuille point se laisser gouverner par l'aristocratie; et qu'il ne soit pas encore en état de se gouverner lui-même. En attendant que ce moment arrive on ne peut confier qu'à l'autorité centrale l'exercice du pouvoir administratif.

Il se passe d'ailleurs un long temps avant qu'un peuple, à peine sorti des mains de l'aristocratie, comprenne l'avantage et ressente le désir de décentraliser l'administration de ses affaires.

Chez les nations où l'aristocratie est établie, tout individu appartenant aux classes inférieures a été habitué en quelque sorte, dès le berceau, à voir dans son plus proche voisin l'objet principal de ses jalousies, de ses espérances ou de ses craintes; d'ordinaire il considère le gouvernement central comme l'arbitre naturel entre lui et l'oppresseur local, et il s'habitue à attribuer au premier une grande supériorité d'esprit et de sagesse. Ces deux impressions continuent souvent d'exister alors que les causes qui les ont fait naître ont cessé.

Longtemps après que l'aristocratie a été détruite, les citoyens regardent encore avec une sorte de crainte instinctive ceux qui, dans leur voisinage, sont élevés au-dessus d'eux; il est très-difficile de leur faire croire que l'intelligence des affaires, l'impartialité dans l'administration de la justice, et le respect des lois, se puissent rencontrer dans une autorité placée à leur porte. Ils sont jaloux de voisins devenus leurs égaux, comme ils étaient jaloux de voisins qui étaient leurs supérieurs; ils se défient même des hommes de leur choix; et quoiqu'ils ne considèrent plus le gouvernement central comme leur refuge contre la tyrannie des nobles, ils le regardent encore comme une sauvegarde contre leurs propres écarts. C'est ainsi que les peuples dont l'état social devient démocratique, commencent presque toujours par concentrer le pouvoir dans le prince; et puis quand ils se trouvent la force et l'énergie nécessaire, ils brisent l'*instrument*, mais ils continuent de centraliser le pouvoir dans les mains d'une autorité qui dépend d'eux-mêmes.

Devenus plus puissants, mieux organisés et plus éclairés, ils font un nouvel effort, et reprenant à leurs représentants généraux quelques portions du pouvoir administratif, ils les confient à des mandataires d'un ordre secondaire. Telle paraît être la marche naturelle instinctive et pour ainsi dire forcée que suivent les sociétés qui, par leur état social, leurs idées et leurs mœurs, sont entraînées vers la démocratie.

En France, l'extension du pouvoir royal à tous les objets d'administration publique a été corrélative à la naissance et au développement progressif des classes démocratiques. A mesure que les conditions devenaient plus égales, le roi pénétrait plus profondément et plus habituellement dans le gouvernement local; les villes et les provinces perdaient leurs priviléges, ou bien oubliaient peu à peu de s'en servir.

Le peuple et le tiers état aidaient de toutes leurs forces à ces changements, et il leur arrivait de céder volontiers leurs propres droits quand par hasard ils en possédaient, pour entraîner dans une ruine commune ceux des nobles. Le gouvernement provincial et le pouvoir de la noblesse s'affaiblissaient donc de la même manière et en même temps.

Les rois de France avaient été singulièrement aidés dans cette tendance par l'appui que pendant des siècles leur avaient prêté les légistes. Dans un pays comme la France, où il existait des ordres privilégiés, une noblesse et un clergé, qui renfermaient dans leur sein une partie des lumières et presque toutes les richesses du pays, les chefs naturels de la démocratie étaient les légistes. Jusqu'au moment où les légistes français aspirèrent à régner eux-mêmes au nom du peuple, ils travaillaient activement à ruiner la noblesse au profit du trône; on les vit se plier aux vues despotiques des rois avec une facilité singulière et un art infini. Ceci n'est pas, du reste, particulier à la France; et il est permis de croire qu'en servant le pouvoir royal les légistes français suivirent les instincts propres à leur nature, autant qu'ils consultèrent les intérêts de la classe dont ils se trouvaient accidentellement les chefs.

Il existe, dit Cuvier, une relation nécessaire entre toutes les parties des corps organisés, de telle sorte que l'homme qui rencontre une portion détachée de l'un d'eux est en état de reconstruire l'ensemble. Un même travail analytique pourrait servir à connaître la plupart des lois générales qui règlent toutes choses.

Si l'on étudiait attentivement ce qui s'est passé dans le monde depuis que les hommes gardent le souvenir des

événements, on découvrirait sans peine que dans tous
les pays civilisés, à côté d'un despote qui commande, se
rencontre presque toujours un légiste qui régularise et
coordonne les volontés arbitraires et incohérentes du premier. A l'amour général et indéfini du pouvoir qu'ont
les rois, les légistes joignent le goût de la méthode et
la science des détails du gouvernement que naturellement ils possèdent. Les premiers savent contraindre momentanément les hommes à obéir; les seconds possèdent l'art de les plier presque volontairement à une
obéissance durable. Les uns fournissent la force; les autres, le droit. Ceux-ci marchent au souverain pouvoir par
l'arbitraire; ceux-là par la légalité. Au point de section
où ils se rencontrent, s'établit un despotisme qui laisse
à peine respirer l'humanité; celui qui n'a que l'idée du
prince sans celle du légiste ne connaît qu'une portion
de la tyrannie. Il est nécessaire de songer en même
temps aux deux pour concevoir le tout.

Indépendamment des causes générales dont je viens
de parler, il en existait plusieurs autres accidentelles et
secondaires qui hâtaient la concentration de tous les pouvoirs dans les mains du roi.

Paris avait pris de bonne heure une singulière prépondérance dans le royaume. Il existait en France des
villes considérables; mais on n'y voyait qu'une grande
ville, qui était Paris. Dès le moyen âge, Paris avait commencé à devenir le centre des lumières, de la richesse
et de la puissance du royaume. La centralisation du pouvoir politique dans Paris augmentait sans cesse l'impor-

tance de la ville, et sa grandeur croissante facilitait à son tour la concentration du pouvoir. Le roi attirait les affaires à Paris, et Paris attirait les affaires au roi.

La France avait jadis été formée de provinces acquises par les traités ou conquises par les armes, et qui longtemps étaient restées vis-à-vis les unes des autres dans des rapports de peuples à peuples. A mesure qu'un pouvoir central parvenait à soumettre au même système administratif ces diverses portions du territoire, les différences qu'on remarquait entre elles allaient s'effaçant ; et à mesure que ces différences s'effaçaient, le pouvoir central trouvait des facilités plus grandes à étendre la sphère de son action sur toutes les parties du pays. Ainsi l'unité nationale facilitait l'unité du gouvernement, et l'unité du gouvernement servait à l'unité nationale.

A la fin du dix-huitième siècle la France était encore divisée en trente-deux provinces. Treize parlements y interprétaient les lois d'une manière différente et souveraine. La constitution politique de ces provinces variait considérablement. Les unes avaient conservé une sorte de représentation nationale, les autres en avaient toujours été privées. Dans celles-ci on suivait le droit féodal ; dans celles-là on obéissait à la législation romaine. Toutes ces différences étaient superficielles et pour ainsi dire extérieures. La France n'avait déjà à vrai dire qu'une seule âme. Les mêmes idées avaient cours d'un bout du royaume à l'autre. Les mêmes usages y étaient en vigueur, les mêmes opinions professées ; l'esprit humain, partout frappé de la même manière, s'y dirigeait partout du même côté. En un mot les Français avec leurs provinces, leurs parlements, la diversité de leurs lois civiles, la bizarre variété de leurs coutumes formaient cependant le peuple de l'Europe le mieux lié dans toutes ses parties, et le plus propre à se remuer au besoin comme un seul homme.

Au centre de cette grande nation composée d'éléments si homogènes entre eux, était placé un pouvoir royal qui, après s'être emparé de la direction des grandes affaires, aspirait déjà à réglementer les plus petites.

Tous les pouvoirs forts essaient de centraliser l'administration ; mais ils y réussissent plus ou moins suivant leur propre nature.

Lorsque la puissance prépondérante se trouve dans une assemblée, la centralisation est plus apparente que réelle. Elle ne peut s'exercer que par des lois. Or les lois ne peuvent tout prévoir ; et eussent-elles tout prévu, elles ne peuvent être mises en exécution que par des agents et à l'aide d'une surveillance continue dont un pouvoir législatif est incapable. Les assemblées centralisent le gouvernement mais non l'administration.

En Angleterre, où le parlement a le droit de se mêler à peu près de toutes les affaires de la société, grandes ou petites, la centralisation administrative est peu connue, et le pouvoir national laisse en définitive aux volontés individuelles une grande indépendance. Cela ne vient pas, je pense, d'une modération naturelle de la part de ce grand corps. Il ne ménage point la liberté locale parce qu'il la respecte, mais parce qu'étant lui-même un pouvoir législatif, il ne trouve pas à sa disposition les moyens efficaces de l'asservir.

Quand, au contraire, la puissance prépondérante se trouve dans le pouvoir exécutif, l'homme qui commande ayant en même temps la faculté de faire exécuter sans peine jusqu'au détail de ses volontés, ce pouvoir central peut graduellement étendre son action à toutes choses ou du moins il ne trouve dans sa propre constitution rien qui la borne. Si ce pouvoir exécutif prépondérant est placé au milieu d'un peuple chez lequel tout se dirige naturellement vers le centre ; où chaque citoyen est hors d'état de résister individuellement ; où plusieurs ne sauraient légalement combiner leurs résistances ; où tous enfin ayant à peu près les mêmes habitudes et les mêmes mœurs se plient sans peine à une règle commune ; on ne découvre pas où pourraient se trouver placées les bornes de la tyrannie administrative, ni pourquoi après avoir réglé les grands intérêts de l'État, elle ne parviendrait pas à régenter les affaires des familles.

Tel était dès avant 1789 le tableau que présentait la France. Le pouvoir royal s'y était déjà emparé soit directement soit indirectement de la direction de toutes choses, et ne trouvait à vrai dire de limites que dans sa propre volonté. A la plupart des villes et des provinces il avait ôté jusqu'à l'apparence d'un gouvernement local ; aux autres il n'avait laissé rien de plus ; et les Français, en même temps qu'ils for-

maient le peuple Européen dont l'unité nationale était
la plus grande, était aussi celui de tous, où les procédés administratifs avaient été le plus perfectionnés,
et où ce qu'on a nommé depuis la centralisation existait au plus haut degré.

Je viens de montrer qu'en France la constitution
tendait à devenir plus despotique chaque jour ; et cependant par un contraste singulier les habitudes et les
idées devenaient plus libres. La liberté disparaissait des
institutions et se maintenait plus que jamais dans les
mœurs. Elle semblait plus chère aux individus en proportion que ses garanties étaient moindres, et l'on eut
dit que chacun d'entre eux avait hérité des prérogatives
qu'on avait enlevées aux grands corps de l'État.

Après avoir renversé ses principaux adversaires, le
pouvoir royal s'était arrêté comme de lui-même ; il
s'était adouci par sa victoire même, et paraissait avoir
combattu plutôt pour gagner des priviléges que pour
s'en servir.

C'est une grande erreur qu'on a souvent commise,
de croire qu'en France l'esprit de liberté soit né avec
la révolution de 1789. Il avait été de tout temps l'un
des caractères distinctifs de la nation ; mais cet esprit
s'y était montré par intervalles et pour ainsi dire par
intermittences. Il avait été instinctif plus que réfléchi ;
irrégulier et tout à la fois violent et faible.

Il n'y eut jamais de noblesse plus fière et plus indépendante dans ses opinions et dans ses actes que la noblesse française des temps féodaux. Jamais l'esprit de

liberté démocratique ne se montra avec un caractère plus énergique, que dans les communes françaises du moyen âge et dans les états généraux qui se réunirent à différentes périodes, jusqu'au commencement du dix-septième siècle (1614).

Alors même que le pouvoir royal eût hérité de tous les autres pouvoirs, les esprits se soumirent à lui sans s'abaisser.

Il faut bien discerner le fait de l'obéissance de ses causes. Il y a des nations qui se plient à l'arbitraire du prince, parce qu'elles lui croient le droit absolu de commander. D'autres voient en lui le seul représentant de la patrie ou l'image de Dieu sur la terre. Il en est qui adorent un pouvoir royal qui succède à l'oligarchie tyrannique d'une noblesse, et trouvent une sorte de repos mêlé de plaisir et de reconnaissance à lui obéir. Dans ces différentes sortes d'obéissance on rencontre sans doute des préjugés ; elles accusent l'insuffisance des lumières, les erreurs de l'esprit : non la bassesse du cœur.

Les Français du dix-septième siècle se soumettaient à la royauté plus qu'au roi ; et ils lui obéissaient non-seulement parce qu'ils le jugeaient fort, mais parce qu'ils le croyaient bienfaisant et légitime. Ils avaient, si je puis m'exprimer ainsi, un goût libre pour l'obéissance. Aussi mêlaient-ils à la soumission quelque chose d'indépendant, de ferme, de délicat, de capricieux et d'irritable qui montrait assez qu'en adoptant un maître ils avaient conservé l'esprit de la liberté.

Le roi qui eût pu disposer sans contrôle de la fortune de l'État, se fût souvent trouvé impuissant à gêner dans leur moindre détail les actions des hommes ou à comprimer les plus insignifiantes de leurs opinions ; et en cas de résistance, le sujet eût été mieux défendu par les mœurs que n'est souvent garanti par les lois le citoyen des pays libres.

Mais ce sont là des sentiments et des idées que ne comprennent point les nations qui ont toujours été libres, ou celles mêmes qui le sont devenues. Les premières ne les ont jamais connus ; les secondes les ont depuis longtemps oubliés : les unes et les autres ne voient dans l'obéissance d'un pouvoir arbitraire, qu'un abaissement honteux. Chez les peuples qui ont perdu la liberté après l'avoir goûtée, l'obéissance a toujours en effet ce caractère. Mais il entre souvent dans la soumission des peuples qui n'ont jamais été libres une moralité qu'il faut reconnaître.

A la fin du dix-huitième siècle cet esprit d'indépendance qui avait toujours caractérisé les Français s'était singulièrement développé, et avait entièrement changé de nature. Au dix-huitième siècle il s'était fait une sorte de transformation dans la notion que les Français avaient de la liberté.

La liberté peut en effet se produire à l'esprit humain sous deux formes différentes. On peut voir en elle l'usage d'un droit commun ou la jouissance d'un privilége. Vouloir être libre dans ses actions ou dans quelques-unes de ses actions, non point parce que tous les hommes ont un droit général à l'indépendance, mais parce qu'on possède soi-même un droit particulier à rester indépendant, telle était la manière dont on entendait la liberté au moyen âge, et telle on l'a presque toujours comprise dans les sociétés aristocratiques, où les conditions sont très-inégales, et où l'esprit humain ayant une fois contracté l'habitude des priviléges, finit par ranger au nombre des priviléges l'usage de tous les biens de ce monde.

Cette notion de la liberté ne se rapportant qu'à l'homme qui l'a conçue, ou tout au plus à la classe à laquelle il appartient, peut subsister dans une nation où la liberté générale n'existe pas. Il arrive même quelquefois que l'amour de la liberté est d'autant plus vif chez quelques-uns que les garanties à la liberté se rencontrent moins pour tous. L'exception est alors d'autant plus précieuse qu'elle est plus rare.

Cette notion aristocratique de la liberté produit chez ceux qui l'ont reçue un sentiment exalté de leur valeur individuelle et un goût passionné pour l'indépendance. Elle donne à l'égoïsme une énergie et une puissance singulière. Conçue par des individus, elle a souvent porté les hommes aux actions les plus extraordinaires; adoptée par une nation tout entière elle a créé les plus grands peuples qui fussent jamais.

Les Romains pensaient que seuls au milieu du genre humain ils devaient jouir de l'indépendance; et c'était bien moins de la nature que de Rome qu'ils croyaient tenir le droit d'être libres.

D'après la notion moderne, la notion démocratique, et j'ose dire la notion juste de la liberté, chaque homme, étant présumé avoir reçu de la nature les lumières nécessaires pour se conduire, apporte en naissant un droit égal et imprescriptible à vivre indépendant de ses semblables, en tout ce qui n'a rapport qu'à lui-même, et à régler comme il l'entend sa propre destinée.

Du moment où cette notion de la liberté a pénétré profondément dans l'esprit d'un peuple, et s'y est solidement établie, le pouvoir absolu et arbitraire n'est plus qu'un fait matériel ou un accident passager. Car chacun ayant un droit absolu sur lui-même, il en résulte que la volonté souveraine ne peut émaner que de l'union des volontés de tous. Dès lors aussi l'obéissance a perdu sa moralité, et il n'y a plus de milieu entre les mâles et fières vertus du citoyen et les basses complaisances de l'esclave.

A mesure que les rangs s'égalisent chez un peuple, cette notion de la liberté tend naturellement à prévaloir.

Déjà pourtant, depuis longtemps, la France était sortie du moyen âge et avait modifié dans un sens démocratique ses idées et ses mœurs; et la notion féodale et aristocratique de la liberté était encore universellement reçue. Chacun, en protégeant son indépendance individuelle contre les exigences du pouvoir, avait bien moins en vue la reconnaissance d'un droit général que la défense d'un privilége particulier, et dans la lutte c'était bien moins sur un principe que sur un fait qu'il s'appuyait. Au quinzième siècle quelques esprits aventureux

avaient entrevu l'idée démocratique de la liberté ; mais
elle s'était presque aussitôt perdue. C'est durant le dix-
huitième siècle qu'on peut dire que la transformation
s'opéra.

L'idée que chaque individu, et par extension chaque
peuple, a le droit de diriger ses propres actes ; cette idée
encore obscure, incomplétement définie et mal formu-
lée, s'introduisit peu à peu dans tous les esprits. Elle
s'arrêta sous la forme d'une opinion dans les classes
éclairées ; elle parvint comme une sorte d'instinct jusqu'au peuple. Il en résulta une impulsion nouvelle et
plus puissante vers la liberté : le goût que les Français
avaient toujours eu pour l'indépendance devint alors
une opinion raisonnée et systématique qui, s'étendant
de proche en proche, finit par entraîner vers elle jusqu'au pouvoir royal lui-même qui, toujours absolu dans
la théorie, commença à reconnaître tacitement dans sa
conduite que le sentiment public était la première des
puissances. « C'est moi qui nomme mes ministres, avait
dit Louis XV ; mais c'est la nation qui les renvoie. »
Louis XVI, retraçant dans son cachot ses dernières et plus
secrètes pensées, disait encore *mes concitoyens* en parlant
de ses sujets [1].

S'exprimant au nom d'une des principales cours du
royaume, Malesherbes disait au roi en 1770, vingt ans
avant la Révolution :

« Vous ne tenez votre couronne que de Dieu, sire ;

---

[1] Voyez le testament de Louis XVI, écrit la veille de sa mort.

mais vous ne vous refuserez pas la satisfaction de croire
que vous êtes aussi redevable de votre pouvoir à la soumission volontaire de vos sujets. Il existe en France
quelques droits inviolables qui appartiennent à la nation ;
vos ministres n'auront pas la hardiesse de vous le nier ;
et s'il fallait le prouver, nous n'invoquerions que le
témoignage de Votre Majesté elle-même. Non, sire, malgré tous les efforts, on ne vous a point persuadé qu'il
n'y avait aucune différence entre la nation française et un
peuple esclave. »

Et plus loin il ajoutait :

« Puisque tous les corps intermédiaires sont impuis-
sants ou détruits, interrogez donc la nation elle-même,
puisqu'il n'y a plus qu'elle qui puisse être écoutée de
vous[1]. »

Ce goût de la liberté se manifestait, du reste, par des
écrits plutôt que par des actes, par des efforts individuels plus que par des entreprises collectives, par une
opposition souvent puérile et déraisonnable, plutôt que
par une résistance grave et systématique.

Ce pouvoir de l'opinion, reconnu par ceux même qui
souvent se mettaient au-dessus de lui, était sujet à de
grandes alternatives de force et de faiblesse : tout-puissant un jour, presque invisible le lendemain ; toujours
déréglé, capricieux, indéfinissable : corps sans organe ;
ombre de la souveraineté du peuple plutôt que la souveraineté du peuple elle-même.

---

[1] V. *Remontrances de la Cour des Aides*, 1770.

Il en sera ainsi, je pense, chez tous les peuples qui auront le goût et le désir de la liberté, sans avoir encore su établir d'institutions libres.

Ce n'est pas que je croie que les hommes ne puissent pas jouir d'une espèce d'indépendance dans les pays où ces sortes d'institutions n'existent pas. Pour cela les habitudes et les opinions peuvent suffire. Mais ils ne sont jamais assurés de rester libres, parce qu'ils ne sont jamais assurés de le vouloir toujours. Il y a des temps où les peuples les plus amoureux de leur indépendance se laissent aller à la regarder comme un objet secondaire de leurs efforts. La grande utilité des institutions libres est de soutenir la liberté pendant ces intervalles où l'esprit humain s'occupe loin d'elle, et de lui donner une sorte de vie végétative qui lui soit propre, et laisse le temps de revenir à elle. Les formes permettent aux hommes de se dégoûter passagèrement de la liberté sans la perdre. Quand un peuple veut résolûment être esclave, on ne saurait l'empêcher de le devenir; mais je pense que des institutions libres peuvent le maintenir quelque temps dans l'indépendance, sans qu'il s'aide lui-même.

Une nation qui renferme comparativement moins de pauvres et moins de riches, moins de puissants et moins de faibles qu'aucune nation alors existante dans le monde; un peuple chez lequel, en dépit de l'état politique, la théorie de l'égalité s'est emparée des esprits, le goût de l'égalité, des cœurs; un pays déjà mieux lié dans toutes ses parties qu'aucun autre, soumis à un pouvoir plus central, plus habile et plus fort; où cependant l'es-

prit de liberté, toujours vivace, a pris depuis une époque
récente un caractère plus général, plus systématique,
plus démocratique et plus inquiet : tels sont les principaux traits qui marquent la physionomie de la France à
la fin du dix-huitième siècle.

Que si maintenant nous fermons le livre de l'histoire,
et qu'après avoir laissé s'écouler cinquante années, nous
venons à considérer ce que le temps a produit, nous
remarquons que d'immenses changements se sont opérés.
Mais au milieu de toutes ces choses nouvelles et inconnues, nous reconnaîtrons aisément les mêmes traits caractéristiques qui nous avaient frappés un demi-siècle
auparavant. On s'exagère donc communément les effets
produits par la révolution française.

Il n'y eût jamais sans doute de révolution plus puissante, plus rapide, plus destructive et plus créatrice que
la révolution française. Toutefois ce serait se tromper
étrangement que de croire qu'il en soit sorti un peuple
français entièrement nouveau, et qu'elle ait élevé un
édifice dont les bases n'existaient point avant elle. La
révolution française a créé une multitude de choses
accessoires et secondaires, mais elle n'a fait que développer le germe des institutions principales; celles-là existaient avant elle. Elle a réglé, coordonné et légalisé les
effets d'une grande cause, plutôt qu'elle n'a été cette
cause elle-même.

En France les conditions étaient déjà plus égales
qu'ailleurs; la Révolution a développé encore l'égalité et
l'a introduite dans les lois. La nation française avait

abandonné, avant toutes les autres et plus complétement que toutes les autres, le système de fractionnement et d'individualité féodale du moyen âge ; la Révolution a achevé d'unir toutes les parties du pays et d'en former un seul corps.

Chez les Français le pouvoir central s'était déjà emparé, plus qu'en aucun pays du monde, de l'administration locale. La Révolution a rendu ce pouvoir plus habile, plus fort, plus entreprenant.

Les Français avaient conçu avant et plus clairement que tous autres, l'idée démocratique de la liberté ; la Révolution a donné à la nation elle-même, sinon toute la réalité, du moins toute l'apparence du souverain pouvoir.

Si ces choses sont nouvelles, elles le sont par la forme, par le développement, non par le principe ni par le fond.

Tout ce que la Révolution a fait se fût fait, je n'en doute pas, sans elle ; elle n'a été qu'un procédé violent et rapide à l'aide duquel on a adapté l'état politique à l'état social, les faits aux idées et les lois aux mœurs.

Note de l'éditeur. — Comme on a pu le voir dans une lettre de Tocqueville à John Stuart Mill [1], l'article qui précède devait être suivi d'un autre, dans lequel Tocqueville exposerait l'état social et politique de la France après la Révolution. Quoique Tocqueville n'ait jamais écrit ce second article,

[1] Lettre du 10 février 1836, v. tome VI.

on ne peut douter de son intention. Sur la dernière feuille du manuscrit du morceau qu'on vient de lire, on voit écrites au crayon de la main de Tocqueville, les lignes suivantes qui sont comme l'ébauche de la seconde partie promise à la Revue de Londres :

« Quelle portion de leur État ancien les Français ont-ils conservé ? Que sont devenus les éléments dont se composaient le clergé, le tiers état, la noblesse ? Quelles divisions nouvelles ont pris la place de ces divisions de l'ancienne monarchie ? De quelles nouvelles formes se sont revêtus les intérêts aristocratique et démocratique ? Quels changements se sont accomplis dans la propriété foncière, et de quels effets ils ont été la cause ? Quelle transformation s'est opérée dans les idées, les habitudes, les usages, l'esprit tout entier de la nation ? Tels sont les principaux sujets qui formeront l'objet des chapitres suivants. »

CHAPITRES INÉDITS

L'ANCIEN RÉGIME ET LA RÉVOLUTION

OBSERVATION DE L'ÉDITEUR

On a expliqué ailleurs [1] le mode d'impression qui a été adopté pour les morceaux qui vont suivre. Ces fragments de la dernière œuvre de Tocqueville n'ayant jamais été achevés, on les donne ici tels qu'on les a trouvés dans ses cartons, en tâchant de reproduire à l'œil du lecteur, par des signes matériels, la physionomie et l'aspect extérieur même du manuscrit. Tout ce qui dans ce manuscrit présente les caractères d'une rédaction, sinon complète, du moins *ébauchée*, suivant l'expression de l'auteur, a été imprimé dans les mêmes caractères que ceux du texte ordinaire de l'édition. On trouvera, au contraire, imprimé en caractères plus petits tout ce qui paraissait n'occuper sur les feuillets du manuscrit qu'une place provisoire, ou n'y figurait qu'à titre de notes, destinées soit à prendre place au bas de la page, soit à se convertir en citations dont la place n'était pas encore marquée, et le choix même non encore fixé.

[1] Préface, t. I, p. 26.

CHAPITRE PREMIER

Ce que j'ai dit précédemment de la France doit s'entendre de tout le continent. Pendant les dix ou quinze années qui précédèrent la révolution française, l'esprit humain se livrait, dans toute l'Europe, à des mouvements irréguliers, incohérents et bizarres : symptômes d'une maladie nouvelle et extraordinaire qui eût singulièrement effrayé les contemporains, s'ils avaient pu les comprendre.

L'idée de la grandeur de l'homme en général et de la toute-puissance de sa raison, de l'étendue illimitée de ses lumières, avait pénétré dans tous les esprits et les remplissait; et en même temps à cette notion superbe de l'humanité en général, se mêlait un mépris sans bornes pour le temps particulier dans lequel on vivait et pour la société dont on faisait partie.

Jamais on ne vit unis ensemble tant d'humilité et tant d'orgueil. On était tout à la fois follement fier

pour l'humanité, singulièrement humble pour son temps
et son pays.

Sur tout le continent, l'amour instinctif et le respect
pour ainsi dire involontaire que les hommes de tous
les temps et de tous les pays portent en général aux
institutions qui leur sont propres, à leurs mœurs traditionnelles, à la sagesse ou à la vertu de leurs pères,
ne se rencontraient presque plus parmi les classes éclairées ; partout on ne s'entretenait que de l'infirmité des
institutions, de leur incohérence, de leurs ridicules, des
vices des contemporains, de la corruption de la société.

On retrouve les traces de cet état des esprits dans
toute la littérature de l'Allemagne. La philosophie,
l'histoire, la poésie, les romans mêmes le montrent.
Toutes les œuvres intellectuelles y prennent une em-
preinte si distincte, qu'elle marque tous les livres de
l'époque d'un signe qui les ferait reconnaître entre les
ouvrages de tous les temps. Tous les mémoires qui se
rapportent à cette époque qui a donné naissance à
tant de mémoires, toutes les correspondances qui sont
déjà venues au jour, sont autant de témoins d'un état
des esprits si différent du nôtre aujourd'hui, qu'il ne
faut rien moins que des témoignages si nombreux et
si sûrs pour l'attester.

On ne peut ouvrir Schlosser [1] sans y trouver à chaque
page l'idée générale qu'un grand changement se prépare
dans la condition humaine.

---

[1] *Histoire du dix-huitième siècle,* par F. C. Schlosser, professeur
d'histoire à Heidelberg.

George Forster, l'un des compagnons de Cook, à l'expédition duquel il avait été, avec son père, attaché comme naturaliste, écrit à Jacobi, en 1779 :

« Les choses ne peuvent rester comme elles sont, tous les symptômes l'annoncent dans le monde savant, dans le monde théologique et politique. Autant mon âme a désiré jusqu'à présent la paix, autant elle désire voir arriver cette crise sur laquelle elle fonde une grande espérance... [1] »

« L'Europe, écrit-t-il encore en 1782, me paraît sur le point d'une horrible révolution ; en réalité, la masse est si corrompue qu'une saignée pourrait bien être nécessaire [2]. »

« L'état actuel de la société, dit Jacobi, ne me présente que l'aspect d'une mer morte et stagnante : et voilà pourquoi je désirerais une inondation quelconque, fût-elle de barbares, pour balayer ce marais infect, et découvrir la terre vierge [3] ? Nous vivons au milieu de débris d'institutions et de formes : chaos monstrueux qui présente partout l'image de la confiance et de la mort... [4] »

Ceci était écrit dans une jolie maison de campagne par des gens riches, tenant salon littéraire ouvert, où l'on passait son temps à philosopher sans fin, à s'attendrir, à s'animer, à s'échauffer et à répandre tous les jours des torrents de larmes en imagination. . . . .

. . . .

Ce n'étaient point les princes, les ministres, les administrateurs, ceux en un mot qui, à différents

[1] *Correspondance de Georges Forster*, t. I, p. 237.
[2] *Id.*, t. II, p. 286.
[3] Voir *Woldemar*, roman philosophique de Jacobi, écrite en 1779. Malgré ses défauts, qui sont immenses, ce livre fit une très-grande impression, parce que ses défauts étaient surtout ceux du temps. Traduction de Vandelbourg. 2 vol in-12. Paris, an IV, t. I, p. 154.
[4] *Id.*, t. I, p. 278.

titres, conduisaient le détail des affaires, qui s'aperce-
vaient qu'on marchait vers quelque grand changement.
L'idée qu'on pût gouverner autrement qu'on ne gouvernait, détruire ce qui avait duré si longtemps et le
remplacer par ce qui n'existait encore que dans l'esprit
de quelques écrivains ; la pensée qu'on pouvait boule-
verser l'ordre qu'ils avaient sous les yeux pour établir
au milieu du désordre et des ruines un ordre nouveau, tout cela leur paraissait des chimères ridicules
et de folles rêveries. Le possible pour eux ne s'étendait pas au delà du perfectionnement graduel de la
société.

C'est l'erreur commune des gens qu'on appelle sages
et pratiques, dans les temps ordinaires, de juger, d'après
les règles, les hommes dont le but est précisément de
changer ou de détruire ces règles...

... Quand on est arrivé à des temps où la passion prend
la conduite des affaires, c'est moins ce que croient les gens
expérimentés qu'il faut considérer, que ce qui occupe l'imagination des rêveurs...

Il est curieux de voir dans les correspondances administratives de l'époque les administrateurs habiles et
prévoyants dresser leurs plans, ajuster leurs mesures
et régler d'avance savamment l'usage qu'ils feront de
leurs pouvoirs, pour un temps, où le gouvernement
qu'ils servent, la loi qu'ils appliquent, la société dans
laquelle ils vivent et eux-mêmes ne seront plus.

« Quelles scènes se passent en France, écrit Jean Müller,

le 6 août 1789. Bénie soit l'impression quelles produisent sur les nations et sur leurs maîtres !... Je sais les excès ; mais ce n'est pas trop acheter une constitution libre. Un orage qui purifie l'air ne vaut-il pas mieux qu'un empoisonnement de l'air comme la peste, alors même que çà et là il frapperait quelques têtes [1] ? »

« Quels événements, s'écrie Fox, les plus grands qui soient jamais arrivés dans le monde ! non-seulement les plus grands mais les plus heureux [2] ! »

Comment s'étonner si l'idée que la Révolution était un fait général et humain ; cette idée qui a grandi et fortifié tant d'âmes petites et faibles, se saisit d'abord de l'esprit français, puisque les étrangers la partageaient eux-mêmes !

Il ne faut pas s'étonner non plus que la vue des premiers excès ait si peu ému les révolutionnaires honnêtes de France, puisque les étrangers qui n'étaient pas animés par la lutte et aigris par des griefs personnels avaient eux-mêmes cette indulgence.

... Et qu'on ne croie pas que cette sorte d'horreur de soi-même et de son temps, qui avait saisi d'une façon si étrange presque tous les habitants de notre continent, fût un sentiment superficiel et passager. Dix ans après, lorsque la révolution française a infligé à l'Allemagne toute sorte de transformations violentes accompagnées de la ruine et de la mort, alors même un de ces Allemands, dans l'âme desquels l'enthousiasme pour la France s'était changé en une profonde haine,

---

[1] *Lettre de Jean Müller au baron de Salis*, du 6 août 1789. Œuvres complètes de J. Müller, t. XVI, p. 380.

[2] *Lettres de Fox à M. Fitz-Patrick*, du 30 juillet 1789. « How much the greatest it is that ever happened in the world ? And how much the best. » — *Memorials and correspondence of Fox*, t. II, p. 361.

faisant un retour vers le passé, s'écrie dans une effusion confidentielle :

« Ce qui était n'est plus. Quel nouvel édifice s'élèvera sur les ruines ? Je ne sais. Ce que je puis dire, c'est que le plus horrible fléau serait, si de ce temps redoutable le vieux temps avec sa langueur et ses formes usées devait renaître[1].

« — Oui, reprend son interlocuteur., la vieille société doit périr[2]. »

. . . .

. . . .

Les années qui précédèrent la révolution française furent, dans presque toute l'Europe, des temps de grande prospérité matérielle. Partout les arts utiles se développèrent. Le goût des jouissances que donne le bien-être dût se répandre. L'industrie, le commerce qui se chargeaient de les satisfaire, se perfectionnaient et s'étendaient. Il semble que la vie des hommes devenant ainsi plus occupée et plus sensuelle, l'esprit humain eût dû se détourner des études abstraites qui ont la société pour objet, et se concentrer de plus en plus dans la contemplation des petites affaires journalières. C'est le contraire qui se fit voir.

Dans toute l'Europe presque autant qu'en France, on philosophait, on dogmatisait, au sein de toutes les classes éclairées.

Celles mêmes que les habitudes et les affaires ren-

---

[1] *Vie de Perthès*, p. 177, 178.
[2] Stolberg. *Id.*, 179.

dent d'ordinaire les plus étrangères à ces sortes de pensées, s'y livraient avec passion dès qu'elles en avaient le loisir. Dans les villes les plus commerçantes de l'Allemagne, à Hambourg, à Lubeck, à Dantzig, des commerçants, des industriels, des marchands, après les labeurs du jour, se réunissaient pour agiter entre eux les grandes questions relatives à l'existence de l'homme, à sa condition, à son bonheur. Les femmes, au milieu des petits troubles de leur ménage, rêvaient parfois à ces grands problèmes de notre existence.

« Nous croyions alors, dit Perthès, qu'en devenant très-éclairés on pouvait devenir parfaits. »

« Que le roi, disait Claudius, soit l'homme le meilleur, ou que le meilleur soit roi [1] ! »

C'est à cette époque qu'on vit naître une passion nouvelle, qui a donné naissance à un mot nouveau, le *cosmopolitisme*, et qui remplaça dans les âmes l'amour de la patrie...

On eût dit que chacun s'efforçait d'échapper de temps en temps au soin de ses affaires particulières, pour ne s'occuper que des grands intérêts de l'humanité.

Comme en France, les plaisirs littéraires tenaient une place immense dans les existences les mieux remplies, la publication d'un livre était un événement dans les plus petites villes comme dans les capitales. Tout était matière à curiosité ; tout, sujet d'émotion. Il semblait qu'il y eût

---

[1] *Vers de Claudius*, poëte allemand du dix-huitième siècle. « Der Kœnig sei der beste Mann, sönst sei der bessere Kœnig. »

des trésors de passion accumulés dans les âmes, et qu'on ne cherchait qu'une occasion de répandre.

Un voyageur qui avait fait le tour du monde était l'objet de l'attention générale. Quand Forster vint en Allemagne, en 1774, il y fut reçu avec une sorte d'enthousiasme. Il n'y eut point de petite ville qui ne voulût le voir et le fêter. On se pressait autour de lui. On voulait apprendre de sa bouche ses aventures, mais surtout l'entendre parler des pays inconnus qu'il avait visités et des nouvelles mœurs des hommes au milieu desquels il venait de vivre. Leur simplicité sauvage ne valait-elle pas mieux que toutes nos richesses et tous nos arts ; leurs instincts que nos vertus ?

« Il n'y avait pas d'homme bien élevé, quelque fût sa condition, qui crût pouvoir passer par la ville qu'habitait Forster sans venir converser avec lui. Les princes l'attiraient à eux, la noblesse le recherchait, le bourgeois se pressait sur ses pas; pour le savant, proprement dit, sa conversation avait un intérêt qu'on ne peut comparer à rien. Pour Michaëlis Heyne, Herder, et les autres hommes qui cherchaient à pénétrer les secrets de l'ancienneté et de l'histoire du genre humain, Forster semblait ouvrir les sources du monde primitif, en faisant connaître ces populations du nouveau monde qui n'avaient été formées par aucune civilisation [1]. »

Un certain prêtre luthérien excommunié, ignorant, querelleur et ivrogne, nommé Basidow, sorte de caricature de Luther, imagine un nouveau système d'école qui

---

[1] *Vie de Perthés*, publiée par sa femme, t. I, p. 60.

doit, dit-il, changer les idées et les mœurs de ses contemporains. Il le préconise dans un langage grossier et véhément ; son but, il a soin de l'annoncer, n'est pas seulement de réformer l'Allemagne, mais le genre humain. Pour y parvenir, il suffit de suivre une méthode simple et facile, à l'aide de laquelle tous les hommes vont devenir sans peine éclairés et vertueux. Aussitôt, toute l'Allemagne s'émeut ; princes, nobles, bourgeois, communes et villes viennent en aide au novateur. Les plus grands seigneurs et les plus grandes dames écrivent à Basidow pour lui demander ses conseils. Toutes les mères de famille placent ses livres dans les mains de leurs enfants. Les vieilles écoles fondées par Mélanchton sont délaissées. Le collége destiné à instruire ces réformateurs de l'espèce humaine, fondé sous le nom de *Philanthropian*, jette un moment un grand éclat, puis disparaît. L'enthousiame tombe, laissant tous les esprits ébranlés et confus...

La tendance vraie de l'esprit du siècle était de rejeter tout mysticisme, pour s'en tenir en tout aux notions les plus évidentes de la raison. Cependant, dans l'agitation violente où il était, l'esprit humain, ne sachant encore à quoi s'en prendre, se jeta tout à coup dans le surnaturel.

A la veille de la révolution française, l'Europe se couvrit d'associations singulières et de sociétés secrètes, qui étaient entièrement nouvelles, ou qui, sous des noms nouveaux, ne faisaient que rajeunir des erreurs depuis longtemps oubliées. Telles étaient les doctrines de Swedenbourg, des martinistes, des francs-maçons, des illuminés, des rose-croix, des gens de haute abstinence, des mesmériens, et de tant d'autres sectes qui ne sont que des variétés de celles-là.

Plusieurs de ces sectes n'avaient en vue, dans l'origine, que les intérêts particuliers de leurs membres. Mais toutes alors voulurent s'occuper de la destinée du genre humain. La plupart d'entre elles, à leur naissance, étaient purement philosophiques ou religieuses ; toutes alors se tournèrent ensemble vers la politique et s'y absorbèrent. Leurs moyens différaient, mais toutes se proposaient pour but commun de régénérer les sociétés et de réformer les gouvernements. Ce qu'il faut bien remarquer, c'est que ce malaise profond, ce trouble de l'esprit humain que je dépeins, ne se faisaient point voir parmi les classes inférieures, qui portaient cependant le poids des abus. Ces classes étaient encore tranquilles et muettes ; ce n'était point le pauvre qui s'agitait ainsi fébrilement dans sa condition, c'était le riche ; le mouvement ne commençait qu'aux premières couches de la bourgeoisie.

De nos jours ce sont de pauvres ouvriers, des artisans obscurs, des paysans ignorants qui remplissent les sociétés secrètes ; au temps dont je parle on n'y rencontrait que des princes, des grands seigneurs, des capitalistes, des commerçants, des lettrés.

Lorsqu'en 1786 les papiers secrets des illuminés furent saisis chez leurs principaux chefs, on y trouva plusieurs écrits anarchiques, où la propriété individuelle était signalée comme la source de tous les maux, et où l'égalité abso-

lue était préconisée. Dans ces mêmes archives de la secte, la
liste des adeptes se rencontra ; on n'y vit que les noms les
plus connus de l'Allemagne, c'étaient tous des princes, des
grands seigneurs, des ministres, et le fondateur de la secte
des illuminés était un professeur de droit canon [1]. Le roi de
Pologne [2], le prince Frédéric de Prusse [3], sont rose-croix. Le
nouveau roi (le successeur du grand Frédéric), dès les premiers jours de son règne, a fait appeler les principaux rose-
croix et leur a confié des missions importantes [4]. « On prétend, dit Mounier [5] dans son livre sur ces sectes, que plusieurs grands seigneurs de France et d'Allemagne dont plusieurs mêmes étaient protestants, se firent tonsurer pour être
admis dans la secte de haute observance. »

. . . .

Une autre chose bien digne de remarque : on vivait
dans un temps où les sciences, en devenant plus arrêtées
et plus sûres, discréditaient le merveilleux ; où l'inexpli-
cable paraissait aisément le faux, et où la raison prétendait se substituer en toutes choses à l'autorité, le réel à
l'imaginaire, et la libre recherche à la foi ; et cependant
il n'y eut presque aucune des sectes dont je viens de
parler qui ne touchât par quelque point au surnaturel ;
toutes aboutissaient par quelque côté au chimérique.
Parmi elles les unes se nourrissaient d'imaginations mysti-
ques ; d'autres croyaient avoir trouvé le secret de changer
quelques-unes des lois de la nature. Dans ce moment là

---

[1] *Histoire du dix-huitième siècle*, par F. C. Schlosser.
[2] Forster (Georges), *Correspondance*.
[3] *Id., id.*
[4] *Id.*
[5] *Influence attribuée aux philosophes, aux francs-maçons et aux
illuminés sur la Révolution.* Tubingen, 1801, p. 149.

point d'enthousiasme qui ne pût se faire science, point
de rêveur qui ne se fît écouter, point d'imposteur qui ne
se fît croire ; et rien ne montre mieux l'agitation troublée
où était alors l'esprit humain, courant çà et là comme
un homme attardé qui a perdu son chemin, et qui, au
lieu d'avancer, revient tout à coup sur ses pas. Et ce
n'était pas la foule du peuple qui était à la tête de ces folies ;
des lettrés, des savants croyaient à l'alchimie, à l'action
visible du démon, à la transmutation des métaux, à l'apparition des esprits. Spectacle singulier de la croyance
à toutes sortes de folies, se développant au milieu de
la décadence des croyances religieuses ; les hommes
croyant à toutes les influences invisibles et surnatu-
relles, excepté à Dieu !

Ces novateurs faisaient surtout les délices des princes.
Forster mande de Cassel à son père, en 1782 : « Il y a ici
une vieille aventurière française qui fait voir des esprits
au landgrave, et reçoit 150 louis d'or. Il a assez de va-
nité pour penser que le diable pourrait bien se donner la
peine de le tenter en personne[1]. Elle a aussi avec elle un
Français qui fait sortir le diable des possédés... etc., etc. »
Les grands rois avaient à leur cour les fourbes de premier ordre, Cagliostro, le comte de Saint-Germain,
Mesmer ; les moindres princes s'accommodaient, faute de
mieux, de petits sorciers ridicules.

Le spectacle de cette société était cependant l'un des
plus grands qu'ait jamais présentés le monde, en

---

[1] *Correspondance de Forster*, t. I.

dépit des erreurs et des ridicules du temps, et jamais l'humanité ne fut plus fière d'elle-même que dans ce moment, dont on peut dire que c'est, depuis la naissance des siècles, le seul où l'homme ait presque cru à sa toute-puissance.

L'Europe toute entière ressemblait à un camp qui s'éveille aux premières lueurs du jour, se tourne d'abord tumultueusement sur lui-même et s'agite en tous sens, jusqu'à ce que le soleil, en se levant, montre enfin la route à suivre et l'éclaire.

Hélas! que ceux qui viennent après une longue révolution ressemblent peu à ceux qui la commencent! Alors, que de grandes espérances, que de généreuses pensées, quels trésors de passions prêts à se répandre, que de nobles illusions, quel désintéressement de soi-même!

Beaucoup de contemporains ne pouvant percer jusqu'aux causes générales qui produisaient l'étrange bouleversement social dont ils étaient témoins, l'ont attribué à une conspiration des sociétés secrètes[1]. Comme si aucune conspiration particulière pouvait jamais rendre compte d'un mouvement aussi profond et aussi destructeur des institutions humaines. Ces sociétés ne furent assurément pas la cause de la Révolution; il faut les considérer comme un des signes les plus visibles de son apparition.

Il y avait d'autres signes.

---

[1] C'est la donnée du livre de l'abbé Barruel sur le jacobinisme. 4 vol.

On aurait tort de croire que la révolution d'Amérique ne fit naître de sympathie profonde qu'en France ; son bruit retentit jusqu'aux extrémités de l'Europe ; partout elle parut un signal.

Steffens, qui, cinquante ans après, prit une part si vive au soulèvement de l'Allemagne contre la France, nous raconte dans ses mémoires que, dans sa petite enfance, la première chose qui l'émut, ce fut la cause de l'indépendance américaine :

« Je me rappelle encore vivement, dit-il, ce qui se passa à Elseneur et sur la rade, le jour où fut conclue la paix qui assurait le triomphe de la liberté. C'était un beau jour, la rade était remplie de vaisseaux de toutes les nations. Dès la veille nous attendions avec la plus vive impatience la naissance du jour. Tous les vaisseaux avaient pris leurs habits de fête, les mâts étaient ornés de banderolles, tout était couvert de drapeaux ; le temps était tranquille, il n'y avait de vent que ce qu'il fallait pour faire voltiger les flammes et dérouler les pavillons ; le canon qui retentissait, les cris de joie que poussaient les équipages rassemblés sur les ponts des vaisseaux, achevaient de faire de ce jour un jour de fête. Mon père avait invité quelques amis à sa table ; on y célébra la victoire des Américains et le triomphe de la liberté des peuples ; à cette joie se mêlaient quelques pressentiments obscurs des grands événements qui allaient sortir de ce triomphe. C'était l'aurore douce et brillante d'un jour sanglant. Mon père voulait nous pénétrer du sentiment de la liberté politique. Contre l'usage habituel de sa maison, il nous fit venir à table; il chercha à nous faire bien comprendre l'importance de l'événement dont nous étions témoins et nous fit boire avec lui et avec ses hôtes à la santé de la nouvelle république[1]. »

Parmi les hommes qui, de tous les coins les plus reculés de la vieille Europe, se sentaient si émus en apprenant ce que faisait un petit peuple du nouveau monde, nul ne comprenait bien la cause profonde et secrète de l'émotion qu'il éprouvait, mais tous écoutaient ce bruit lointain comme un signe; ce qu'il annonçait, on l'ignorait encore. C'était comme la voix de Jean criant du fond du désert que de nouveaux temps sont proches.

Maintenant ne cherchez pas aux faits que je viens de raconter des causes particulières; tous n'étaient que les symptômes différents de la même maladie sociale.

Partout les anciennes institutions et les vieux pouvoirs ne s'ajustaient plus exactement à la condition nouvelle et aux nouveaux besoins des hommes. De là cet étrange malaise qui faisait paraître aux grands et aux hommes du monde eux-mêmes leur condition insupportable. De là cette idée universelle de changement qui se présentait à tous les esprits sans qu'on la cherchât, et quoique personne n'imaginât encore comment on pouvait changer. Un mouvement interne et sans moteur semblait ébranler à la fois toute la fabrique de la société, et faisait remuer dans leur assiette les idées et les habitudes de chaque homme. On sentait

---

[1] Breslau, 1840, vol. I, p. 78. *Mémoires de Heinrich Stöffens,* né, en 1773, à Stavagner (Norvége).

qu'on ne pouvait plus se retenir. Mais on ignorait de quel côté on allait tomber; et l'Europe entière présentait le spectacle d'une masse immense qui oscille avant de se précipiter.

CHAPITRE II

Dans l'année 1787 cette agitation vague de l'esprit humain, que je viens de décrire, et qui depuis longtemps remuait sans direction arrêtée toute l'Europe, devint tout à coup en France une passion active qui se porta vers un but précis.

Mais chose étrange! ce but ne fut pas d'abord celui que la révolution française devait atteindre; et les hommes qui ressentirent les premiers et le plus vivement cette passion nouvelle, furent ceux mêmes que la Révolution devait dévorer.

Ce ne fut point en effet, dans le principe, l'égalité des droits, mais la liberté politique qu'on eut en vue; et les Français qui s'émurent les premiers et mirent la société en branle, n'appartenaient point aux classes inférieures, mais aux plus hautes classes. Avant de descendre jusqu'au peuple, cette haine nouvelle de l'ancien pouvoir absolu et du vieil arbitraire saisit d'abord les

nobles, les prêtres, les magistrats, les plus privilégiés
d'entre les bourgeois, tous ceux enfin qui les premiers
dans l'État après le maître, avaient plus que d'autres
le moyen de lui résister et l'espérance de partager son
pouvoir.

Mais pourquoi la haine du despotisme fut-elle ce qui se
produisit d'abord? n'est-ce pas que dans le malaise universel, le point commun sur lequel il était le plus aisé de s'entendre, était la guerre au pouvoir politique, qui gênait ou
maintenait ce qui gênait tout le monde ; et que pour les nobles et les riches la liberté était le seul moyen de manifester ce malaise qu'ils ressentaient plus que tous les autres?

Je ne dirai point comment des combinaisons finan-
cières portèrent le roi Louis XVI à réunir près de lui,
dans une assemblée, les membres de la noblesse, du
clergé et de la haute bourgeoisie, et à soumettre à cette
assemblée de *notables* la situation des affaires. Je parle
sur l'histoire et ne la raconte pas.

On sait que cette assemblée, réunie à Versailles, le 22 février 1787, contenait neuf pairs de France, vingt gentilshommes, huit conseillers d'État, quatre maîtres des requêtes, dix maréchaux de France, treize évêques ou arche-
vêques, dix-huit premiers présidents, vingt-deux officiers
municipaux de diverses villes, douze députés des pays d'état,
et divers autres magistrats, en tout environ cent vingt-cinq à
cent trente membres [1].

Henri IV s'était déjà servi de ce moyen pour ajourner
les états généraux et donner en leur absence une sorte

---

[1] Histoire de Bucher et Roux, I, p. 480.

de sanction publique à ses volontés; mais les temps étaient changés. En 1596 la France sortait d'une longue révolution; elle était fatiguée de ses efforts et méfiante de ses forces; elle ne cherchait plus que le repos et ne demandait à ses chefs que les semblants de la déférence. Les notables lui firent oublier sans peine les états généraux. En 1787 ils en ranimèrent tout à coup l'image dans son souvenir.

Du temps d'Henri IV, ces princes, ces grands seigneurs, ces évêques, ces riches bourgeois qu'il appela autour de lui et consulta, étaient encore maîtres de la société. Ils pouvaient donc limiter le mouvement qu'ils faisaient naître. Ces mêmes classes sous Louis XVI, en 1787, ne conservaient que les dehors du pouvoir. Nous avons vu qu'elles en avaient déjà perdu pour jamais la substance. Elles formaient comme ces corps creux, retentissants mais faciles à briser d'un seul coup.

Elles pouvaient encore agiter le peuple, elles étaient incapables de le diriger.

Ce grand changement s'était fait insensiblement et en secret. Personne ne l'apercevait encore clairement. Les plus intéressés ignoraient qu'il eût eu lieu. Leurs adversaires eux-mêmes en doutaient. Toute la nation avait été tenue loin de ses propres affaires, et n'avait plus qu'une vue trouble d'elle-même.

Depuis longtemps déjà tout le malaise qu'on éprouvait semblait se résumer dans un mécontentement contre le pouvoir et se transformer en esprit d'opposition.

Dès qu'ils furent réunis, les notables, oubliant qu'ils n'étaient que les délégués du prince, choisis par lui pour lui apporter des conseils et non des leçons, agirent en représentants du pays. Ils demandèrent des comptes, censurèrent des actes, attaquèrent la plupart des mesures dont on leur demandait seulement de faciliter l'exécution. On cherchait leur aide : ce fut leur opposition qu'on rencontra.

Aussitôt l'opinion publique se souleva et porta tout son poids de leur côté.

On vit alors le spectacle singulier d'un gouvernement proposant des mesures favorables au peuple sans cesser d'être impopulaire, et une assemblée les combattant avec l'aide de la faveur publique.

Le gouvernement propose de réformer la gabelle, qui pesait si lourdement et souvent si cruellement sur le peuple. Il veut abolir la corvée, réformer la taille, supprimer les vingtièmes, auxquels les classes élevées étaient parvenues en partie à se soustraire. A la place de ces mêmes impôts qui seront abolis ou réformés, il propose un impôt territorial assis sur les bases mêmes de notre impôt foncier, et reporte à la frontière les douanes qui gênaient le commerce et l'industrie. Enfin à côté et presqu'à la place des intendants qui administraient chaque province, il veut mettre une assemblée élective qui sera chargée non-seulement de surveiller la gestion des affaires, mais dans la plupart des cas de les conduire.

Toutes ces mesures étaient conformes à l'esprit du temps. Elles sont combattues ou ajournées par les notables. Cependant c'est le gouvernement qui est impopulaire, et les notables qui ont la voix publique pour eux.

Craignant qu'on ne l'eût pas bien compris, le ministre Calonne explique dans un document public que l'effet des lois nouvelles sera de soulager le peuple d'une partie des impôts, et d'en reporter le poids sur les riches[1]. Cela était vrai, et il reste impopulaire. « Les prêtres, dit-il dans un autre endroit, sont avant tout des citoyens et des sujets. Il faut qu'ils soient soumis comme tous les autres à l'impôt. Si le clergé a des dettes, qu'il vende une partie de ses biens pour les acquitter[2]. » C'était viser à l'une des parties les plus sensibles de l'esprit public. Il la touche et ne l'émeut pas.

A la réforme de la taille, les notables opposent qu'elle ne pourrait s'opérer au profit des imposés, sans amener une surcharge pour les autres contribuables et en particulier pour la noblesse et le clergé *dont les priviléges en matière d'impôt se réduisent déjà à presque rien.* A l'abolition des douanes intérieures, ils objectent péremptoirement les privi éges de certaines provinces pour lesquelles il convient d'avoir de grands ménagements.

Ils approuvent hautement en principe la création des assemblées provinciales. Ils désirent du moins qu'au lieu d'y confondre dans le sein de ces petits corps locaux les trois ordres, on les y tienne séparés, et que ce soit toujours un gentilhomme ou un prélat qui les préside : « Car, disent

[1] Avertissement du 51 mars 1787.
[2] *Histoire du gouvernement français,* du 22 février 1789 jusqu'au 51 décembre.

quelques bureaux, ces assemblées tendraient à la démocratie, si elles n'étaient dirigées par les lumières supérieures des premiers ordres. »

Cependant les notables conservent leur popularité jusqu'au bout. Bien plus ils l'accroissent sans cesse. On leur applaudit, on les excite, on les soutient ; ils résistent ; on les pousse avec de grands cris à la lutte.

Et le roi se hâtant de les congédier, se croit obligé de les remercier publiquement.

On dit que plusieurs d'entre eux s'étonnèrent de cette faveur publique et de cette puissance soudaine.

Ils s'en seraient bien plus étonnés encore s'ils avaient pu prévoir ce qui allait suivre ; s'ils avaient su que ce qu'ils combattaient avec la faveur populaire, ces lois nouvelles qu'ils repoussaient ou ajournaient, reposaient sur les principes mêmes que la Révolution allait faire triompher ; que ces institutions traditionnelles qu'ils opposaient aux nouveautés que le gouvernement proposait, c'étaient précisément les institutions que la Révolution allait abattre.

Ce qui faisait la popularité des notables, ce n'était pas la forme de leur opposition, mais leur opposition même. Ils critiquaient les abus du pouvoir, censuraient ses prodigalités, lui demandaient compte de ses dépenses ; ils parlaient de lois constituantes du pays, de principes fondamentaux qui limitent la puissance illimitée du roi, et sans précisément appeler l'intervention de la nation dans ses affaires et les états généraux, ils en réveillaient à tous moments l'idée. C'était assez.

Depuis longtemps déjà le gouvernement souffrait d'un mal qui est comme la maladie endémique et incurable des pouvoirs qui ont entrepris de tout commander, de tout prévoir et de tout faire. Il était devenu responsable de tout. Quelque divisés que l'on fût sur les sujets de plaintes, on se réunissait donc volontiers pour le blâmer ; ce qui n'était jusque-là qu'une inclination générale des esprits devint alors une passion universelle et impétueuse. Toutes les douleurs secrètes que faisait naître le contact journalier d'institutions ruinées, dont les débris blessaient en mille endroits les idées et les mœurs, toutes les colères contenues qui s'entretenaient au milieu de classes divisées, de conditions contestées, d'inégalités ridicules ou oppressives, se tournèrent alors contre le pouvoir. Depuis longtemps elles cherchaient un chemin pour se faire jour. Celui-ci s'ouvrit devant elles ; elles s'y précipitèrent aveuglément. Ce n'était pas leur voie naturelle ; mais c'était la première qui s'offrait ; la haine de l'arbitraire parut donc en ce moment la passion unique, et le gouvernement l'ennemi commun.

CHAPITRE III

COMMENT LE PARLEMENT, A L'AIDE DES PRÉCÉDENTS, RENVERSA
LA MONARCHIE [1].

(DE 1787 A SEPTEMBRE 1788)

Le gouvernement féodal dans les ruines duquel on habitait encore, avait été un gouvernement mêlé d'arbitraire, de violence et de grande liberté. Sous ses lois, les actes avaient été souvent contraints, la parole y était habituellement indépendante et fière; les rois y exercèrent toujours le pouvoir législatif, mais jamais sans contrôle. Quand, en France, les grandes assemblées politiques cessèrent, les parlements prirent en partie leur place; et avant d'inscrire dans le code qui servait de règle à leur justice la loi nouvelle que le roi avait décrétée, ils exposaient au prince leurs objections, et lui adressaient leurs avis.

On a beaucoup recherché quelle avait pu être la première origine de cette usurpation du pouvoir législatif

[1] Variante : Comment le parlement, en croyant faire une opposition traditionnelle, faisait une révolution sans précédent.

par le pouvoir judiciaire. Il ne faut pas la chercher ailleurs que dans les mœurs générales du temps, qui ne pouvaient souffrir ni même concevoir un pouvoir absolu et secret avec lequel il ne fut pas du moins permis de discuter son obéissance. L'institution n'eut rien de prémédité. Elle sortit spontanément du fond même des idées des contemporains et des habitudes des rois aussi bien que de leurs sujets.

L'édit, avant d'être exécuté, était donc apporté au parlement. Les gens du roi en exposaient les principes et les avantages, les magistrats le discutaient; tout se passait publiquement, à haute voix, avec la virilité qui caractérisait toutes les institutions du moyen âge. Souvent il arrivait que le parlement envoyait à plusieurs reprises au roi des députés pour le prier de modifier ou de retirer son édit. Si le roi venait en personne, il laissait débattre avec vivacité, quelquefois avec violence, sa propre loi devant lui-même. Mais quand enfin il avait exprimé sa volonté, tout rentrait dans le silence et l'obéissance; car les magistrats reconnaissaient qu'ils n'étaient que les premiers officiers du prince et ses représentants, chargés de l'éclairer et non de le contraindre.

En 1787, on ne fit que suivre fidèlement et strictement ces antiques précédents de la monarchie. On remit en mouvement cette vieille machine du gouvernement royal; mais on s'apperçut alors qu'elle obéissait à un moteur nouveau et d'une espèce inconnue, qui, au lieu de la faire marcher, allait la rompre.

Le roi, suivant la coutume, fit donc porter au parlement les nouveaux édits [1], et le parlement, conformément à l'usage, fit parvenir aux pieds du trône ses humbles remontrances.

Le roi répondit; le parlement insista. Il y avait des siècles que les choses se passaient ainsi et que la nation entendait de temps à autres au-dessus de sa tête cette sorte de colloque politique entre le prince et ses magistrats. Il n'avait été interrompu que pendant le règne de Louis XIV, et pour un temps; mais ce qui était nouveau,

---

[1] Édits du 17 juin 1787 :

1° Pour la liberté du transport des grains;

2° L'établissement des assemblées provinciales;

3° Commutation de la corvée en argent;

4° Subvention territoriale;

5° L'impôt du timbre.

Le parlement acceptait les trois premiers et repoussait les deux autres.

Quand on réfléchit à l'importance de l'édit des assemblées provinciales qui créait de nouveaux pouvoirs locaux, et à l'immense révolution du gouvernement et de la société qu'il renfermait, on ne saurait trop s'étonner de l'accord qui se fit, à son occasion, entre les deux plus anciens pouvoirs de la monarchie, l'un pour la présenter, l'autre pour l'admettre. Rien ne saurait mieux faire comprendre jusqu'où dans ce peuple, chez lequel tout le monde jusqu'aux femmes passait le temps à discuter sur le gouvernement, la vraie science des affaires humaines était inconnue, et comment le gouvernement, en plongeant la nation dans cette ignorance, avait fini par s'y mettre lui-même.

Cet édit achevait de détruire de fond en comble tout le vieux système politique de l'Europe, renversait tout à coup ce qui restait de la monarchie féodale, et substituait à l'aristocratie la démocratie, la république à la royauté.

Je ne juge pas la valeur du changement; je dis seulement qu'il s'agissait d'un renversement immédiat et radical de toutes les institutions anciennes; et que si le parlement et le roi s'engageaient ensemble aussi résolûment dans cette voie, c'est qu'ils ne voyaient ni l'un ni l'autre où ils allaient. Ils se donnaient la main dans les ténèbres.

c'était le sujet du débat et la nature des arguments.

Cette fois le parlement, avant d'enregistrer les édits, demandait, comme pièces justificatives à l'appui, tous les comptes des finances, ce que nous appellerions aujourd'hui le budget de l'État; et comme le roi refusait avec raison de livrer ainsi le gouvernement tout entier à un corps irresponsable et sans mandat, et de partager ainsi le pouvoir législatif avec une assemblée judiciaire, le parlement déclara que le pays seul avait le droit d'accorder de nouveaux impôts et il demanda qu'on assemblât la nation[1]. C'était prendre dans ses mains le cœur même du peuple; mais pour ne le tenir qu'un moment.

Les arguments que faisaient les magistrats à l'appui de leurs demandes n'étaient pas moins nouveaux que les demandes elles-mêmes. Le roi n'était que l'administrateur et non le possesseur de la fortune publique; le représentant et le principal officier de la nation, non son maître. La souveraineté ne résidait que dans la nation elle-même; elle seule pouvait décider dans ses grandes affaires; ses droits ne dépendaient point de la volonté du prince; ils prenaient leur source dans la nature de l'homme; ils étaient inaliénables et indestructibles comme elle.

« L'institution des états généraux, est un principe fondé sur les droits de l'homme et confirmé par la raison[2]. »

---

[1] 16 juillet 1787 : « la nation réunie en états généraux a seule le droit d'octroyer au roi les subsides. »

[2] Remontrances au roi du parlement de Paris, 24 juillet 1787. (Notes prises sur les pièces officielles.)

« L'intérêt commun a réuni les hommes en société; il a donné naissance aux gouvernements; il peut seul les y maintenir [1]. L'interruption des états généraux n'a pu prescrire contre la nature des choses, et contre les droits imprescriptibles de la nation [2]. »

« L'opinion publique est rarement susceptible d'errer. Il est rare que les hommes reçoivent une impression contraire à la vérité [3]. »

Le roi ayant exilé le parlement de Paris, celui-ci dans sa réclamation déclarait que la liberté d'agir et de parler était un droit inaliénable de l'homme, et ne pouvait, sans tyrannie, lui être enlevé que suivant les formes régulières d'un arrêt de justice.

Il ne faut pas croire que le parlement présentât ces principes comme des nouveautés [4], il les tirait au contraire fort industrieusement des origines mêmes de la monarchie. Ses arrêts sont bourrés de citations historiques, reproduites souvent du moyen âge, dans un latin barbare. Il n'y est question que de capitulations provinciales, d'ordonnances de nos rois, de lits de justice,

---

[1] Parl. de Grenoble 5 janvier 1788. « Les actes du despotisme, dit le parlement de Besançon, n'obligent pas plus les peuples que ne ferait une contribution militaire, et ne sauraient proscrire contre les droits inaliénables de la nation (1787). »

[2] Remontrance du parlement de Grenoble, du 20 décembre 1787.

[3] Remontrance du parlement de Paris, 24 juillet 1787.

[4] Dans le discours prononcé par M. de Sémonville, le 16 juillet 1787, dans le parlement, il remonte jusqu'en 1301, pour prouver l'utilité, la nécessité et le non-danger des états généraux. En même temps, il parle de *constitution, patriotisme, droits de la nation, ministre des autels*, etc., etc. (*Pièces officielles.*)

d'arrêts, de priviléges, de précédents qui se perdent dans les ténèbres du passé.

En même temps qu'il proclame les *droits imprescriptibles de la nation*, le parlement de Franche-Comté proteste contre toute atteinte qui serait portée aux priviléges particuliers de la province tels qu'ils étaient à l'époque de l'acquisition sous Louis XIV [1].

Le parlement de Normandie invoque les états généraux qui vont *inaugurer un nouvel ordre de choses*, ce qui ne l'empêche pas de réclamer, en vertu de la tradition féodale, le rétablissement des états de Normandie, comme le privilége particulier de la province [2]. . . . .

. . . .

. . . .

C'est un spectacle étrange de voir des idées qui ne faisaient que de naître ainsi enveloppées et comme emmaillotées dans ces langes antiques.

C'était une tradition de l'ancienne monarchie que le parlement dans ses remontrances usât d'un langage vif et presque violent; une certaine exagération de paroles lui était permise. Les princes les plus absolus lui avaient laissé cette licence de langage, en raison même de son impuissance; comme on était sûr de le faire obéir et de le resserrer étroitement dans ses limites, on lui laissait volontiers la satisfaction de parler librement. Le parlement s'était habitué d'ailleurs à faire beaucoup de bruit,

---

[1] Remontrances du parlement de Franche-Comté, après les édits de mai 1788.

[2] 20 décembre 1787.

pour obtenir peu; ses mots dépassaient donc d'ordinaire son idée; de là était née pour les magistrats une sorte de droit.

Cette fois le parlement poussa cette vieille liberté jusqu'à une licence qui ne s'était point encore vue; car un feu nouveau qui brûlait au fond des cœurs, enflammait son langage à son insu même.

... J'ose dire que parmi les gouvernements de nos jours, qui presque tous, cependant, reposent plus ou moins sur l'épée, il n'y en a pas un seul qui pût laisser attaquer ainsi par les représentants mêmes de son autorité ses ministres et ses actes.

« Le despotisme, sire, disait le parlement de Paris, est substitué à la loi de l'État et la magistrature n'est plus que l'instrument d'un pouvoir arbitraire...

« Que Votre Majesté ne peut-elle interroger les victimes de ce pouvoir, confinées, oubliées dans ces prisons impénétrables, où règnent l'injustice et le silence; que l'intrigue, l'avidité, la jalousie du pouvoir, la soif de la vengeance, la crainte ou la haine de la justice, l'humeur, la simple convenance d'un homme y fait mettre? » . . . .

Ici, présentant en parallèle deux citoyens, l'un riche, l'autre pauvre, celui-ci opprimé par le premier, le parlement ajoutait :

« La misère est-elle donc un crime? la simple humanité n'est-elle pas un titre? un homme sans crédit, un pauvre n'est-il plus un citoyen [1]? » . . . .

. . . .

C'est surtout à propos de l'impôt et contre les agents du fisc que les corps judiciaires, même dans les temps

---

[1] Remontrances du parlement de Paris, 11 mars 1788.

les plus calmes, avaient coutume de s'exprimer avec
une violence singulière.

... Dès l'annonce du nouvel impôt le parlement de Paris
le déclare *désastreux*..., à sa seule lecture on est frappé de
consternation... son admission répandrait un deuil universel[1]... Les peuples tourmentés par les exactions du fisc sont
aux abois[2]. S'arroger le pouvoir de lever des tributs sans les
états généraux, c'est déclarer hautement qu'on ne veut pas
être le roi de France, mais celui des serfs[3]. La substance
des peuples est devenue la proie de l'avidité des courtisans
et de la rapacité des *traitants*[4].

Quelque fut alors l'agitation des esprits, il serait bien
difficile de comprendre ce langage des magistrats, si l'on
ne se rappelait ce qui s'était dit tant de fois sur le
même sujet. Comme, dans l'ancienne monarchie, la plupart des impôts étaient levés pour le compte des particuliers qui les avaient pris à ferme et par les agents de
ceux-ci, on s'était habitué depuis des siècles à ne considérer dans les impôts que le profit particulier de certains hommes, et non la fortune commune. On les trai-
tait volontiers d'*exactions odieuses*. L'impôt du sel s'appelait l'*infernale machine de la gabelle;* on parlait de
ceux qui levaient les impôts comme de voleurs publics
qui s'enrichissaient de la misère de tous. Les contribuables parlaient ainsi, les tribunaux tenaient le même lan-

---

[1] *Histoire du gouvernement français,* du 22 février 1787 au 31 décembre.

[2] Parlement de Normandie, 1787.

[3] Parlement de Toulouse, 27 août 1787.

[4] Parlement de Besançon, 1787.

gage et le gouvernement lui-même, qui avait concédé à ces fermiers les droits qu'ils exerçaient, ne s'exprimait guère autrement. Il semblait que leur affaire ne le regardât pas, et qu'il ne songeât qu'à s'esquiver au milieu du bruit qui poursuivait ses agents.

Lors donc que le parlement de Paris s'exprimait ainsi au sujet des impôts, il ne faisait que suivre une habitude ancienne et générale. La pièce était la même, mais l'auditeur était changé; et le bruit, au lieu de s'arrêter comme d'ordinaire à la limite des classes que leurs priviléges rendaient peu sensibles à l'impôt, était cette fois si éclatant et si répété, qu'il pénétrait jusqu'au sein de de celles qui en souffraient le plus, et commençait à les remplir de fureur.

Si le parlement se servait d'arguments nouveaux pour établir ses anciens droits, le gouvernement n'en employait pas de moins nouveaux pour la défense de ses antiques prérogatives.

Un écrit attribué à la cour parut alors, dans lequel on lisait :

« Ce qui excite le parlement est une question de privilége. Ils veulent conserver le droit de ne pas payer l'impôt; il ne s'agit que d'une association formidable entre la noblesse d'épée et celle de robe pour continuer, sous couleur de liberté, à assujettir et humilier le tiers état que le roi seul défend et veut relever[1]. »

« J'ai voulu, disait Calonne, combattre l'hydre des priviléges, des exemptions et des abus[2]. »

---

[1] Pamphlet intitulé : *Réclamation du tiers état au roi.* Bibliothèque Impériale. B. 570.

[2] Mémoire apologétique, 1787. Imprimé sans nom d'imprimeur.

...Cependant tandis qu'on discutait sur le principe même du gouvernement, le travail journalier de l'administration menaçait de s'arrêter : l'argent manquait. Le parlement avait repoussé les mesures relatives à l'impôt. Il refusait d'autoriser l'emprunt. Dans cette extrémité, le roi, voyant qu'il ne pouvait le gagner, essaya de le contraindre. Il se rendit dans son sein, et avant d'y commander l'obéissance, moins jaloux d'exercer ses droits que de les affirmer, il fit discuter de nouveau les édits[1].

Il commence par établir que sa puissance est absolue. Le pouvoir législatif réside dans ses mains, sans partage ; il n'a besoin d'aucun pouvoir extraordinaire pour gouverner ; les états généraux, quand il veut bien les consulter, ne peuvent donner que des conseils ; il est toujours l'arbitre suprême de leurs représentations et de leurs doléances [2].

Puis il permet à chacun de parler devant lui. Les thèses les plus diverses et souvent les plus violentes sont développées à sa face, huit heures durant ; après quoi il se retire, déclarant, pour dernier mot, qu'il refuse d'assembler les états généraux, mais en les promettant pour l'année 1791 [3].

Cependant après avoir ainsi permis de contester devant lui-même ses droits les mieux reconnus et les moins redoutés, le roi résolut de reprendre l'usage des plus contestés et des plus impopulaires. Lui-même

[1] Séance du 19 novembre 1787.
[2] Bucher et Roux, t. I, p. 227.
[3] *Histoire du gouvernement français*, depuis le 22 février 1787 jusqu'au 31 décembre.

il avait ouvert la bouche aux orateurs, il voulut les punir d'avoir parlé.

Dans l'une de ses remontrances le parlement de Paris avait dit : « Sire, la monarchie française serait réduite à l'état de despotisme, si, sous l'autorité du roi, des ministres pouvaient disposer des personnes par lettres de cachet, des propriétés par lits de justice, des affaires civiles et criminelles par évocation, et de la justice par des exils particuliers ou par des translations arbitraires [1]. »

A quoi le roi répond :

« Si la pluralité de mes cours forçait ma volonté, la monarchie ne serait plus qu'une aristocratie de magistrats [2].

« — Sire, réplique le parlement, point d'aristocratie en France mais point de despotisme... [3]. »

Deux hommes, dans cette lutte, s'étaient particulièrement fait remarquer par la hardiesse de leurs discours et par leur physionomie révolutionnaire : MM. Goislard et d'Éprémenil [4]. Leur arrestation fut résolue.

Alors se passa une scène, qui fut comme le prélude du grand drame qui allait suivre, et qui était la mieux faite pour donner à un pouvoir débonnaire les traits mêmes de la tyrannie [5].

[1] Remontrances du 4 janvier 1788.

[2] 17 avril 1788, *Pièces officielles*. Une brochure du temps, écrite pour la défense du roi, et attribuée à Lecesne des Maisons, n'est qu'une diatribe contre l'aristocratie. (Bibliothèque Impériale, N° 575.)

[3] Remontrances du 4 mai 1788.

[4] M. Goislard avait fait le rapport sur la levée des vingtièmes, et provoqué l'arrêt du 29 avril 1788. M. d'Éprémenil avait provoqué les remontrances du 3 mai 1788.

[5] 5 mai 1788, *Pièces officielles*.

Avertis de la résolution prise contre eux, les deux magistrats quittent leur demeure, se réfugient dans le sein même du parlement, se revêtent de leur costume, et se perdent au milieu de la foule des magistrats qui composaient ce grand corps. Des soldats environnent le palais et s'emparent des issues. Le vicomte d'Agout, qui les commandait, pénètre seul dans la grand'chambre. Le parlement tout entier y est assemblé dans la forme la plus solennelle et y tient séance. Le nombre des magistrats, l'antiquité vénérable du corps, la gravité des costumes, la simplicité des mœurs, l'étendue des pouvoirs, la majesté même de ce lieu si rempli de tous les souvenirs de notre histoire : tout faisait alors du parlement l'objet le plus grand et le plus respectable qu'il y eût en France, après la royauté.

A la vue de cette assemblée, l'officier reste d'abord interdit. On l'interroge sur son mandat. Il répond d'une voix tout à la fois rude et mal assurée, et demande qu'on lui désigne les deux membres qu'il était chargé d'arrêter. Le parlement demeure immobile et se tait. L'officier se retire, puis revient, puis se retire encore. Le parlement, toujours immobile et muet, ne résiste ni ne cède.

On était alors aux jours les plus courts de l'année. La nuit se fait. Les soldats allument leurs feux aux abords du palais comme autour d'une place assiégée. La foule du peuple, étonnée d'un spectacle si nouveau, les environne sans les presser. Elle est émue sans être encore *agitée*, et se borne à considérer de loin, à la lueur

du bivouac, ce spectacle si étrange et si nouveau dans
la monarchie. Elle peut voir là comment s'y prenait le
plus antique gouvernement de l'Europe, pour enseigner
aux peuples à braver la majesté des plus vieilles institutions, et à violer jusque dans leur sanctuaire les plus
révérés des anciens pouvoirs.

On était ainsi parvenu jusqu'au milieu de la nuit,
lorsque d'Éprémenil se lève enfin. Il remercie le parlement des efforts qu'il a faits pour le sauver. Il ne veut
pas abuser plus longtemps du dévouement généreux de
ses collègues. Il leur recommande la chose publique et
ses enfants; et, descendant les degrés de la cour, il se
livre. On eût dit qu'il ne sortait de cette enceinte que
pour monter à l'échafaud. Il devait y monter, en effet,
mais dans d'autres temps et sous d'autres pouvoirs.

Le seul témoin qui reste aujourd'hui[1] de cette étrange
scène, m'a raconté qu'à la voix de d'Éprémenil des
pleurs éclatèrent de toutes parts. Il semblait qu'il s'agît
de Regulus partant de Rome pour aller s'enfermer dans
le tonneau hérissé de pointes qu'on lui préparait à Car-
thage. Le maréchal de Noailles sanglotait; hélas! Combien de larmes allaient bientôt se répandre sur des
destinées plus hautes!

Ces douleurs étaient sans doute exagérées, mais non
feintes. Dans les premiers jours d'une révolution, la
grandeur des émotions dépasse toujours d'abord de
beaucoup celle des faits, de même qu'à la fin elle n'y
atteint plus.

[1] Le duc Pasquier.

Après avoir ainsi frappé le corps des parlements dans leur tête, il ne restait plus qu'à les réduire à l'impuissance.

Alors parurent à la fois six édits[1].

Ces édits qui soulevèrent la France, avaient pour but de réaliser plusieurs des réformes les plus importantes et les plus utiles que la Révolution a depuis accomplies : la séparation des pouvoirs législatif et judiciaire, l'abolition des tribunaux d'exception, et la proclamation de tous les principes qui aujourd'hui régissent, en matière civile et criminelle, notre organisation judiciaire.

Toutes ces réformes étaient dans l'esprit vrai de l'époque, répondant à des besoins réels et durables. Mais en frappant la juridiction privilégiée des parlements, elles atteignaient l'idole du moment, et venaient d'un pouvoir détesté. C'était assez. La nation ne vit dans les nouveaux édits que le triomphe du gouvernement absolu.

On n'était point encore arrivé à ces temps où le despo-

[1] On sait quel était l'objet de ces édits qui furent portés au parlement le 8 mai 1788. Le premier et le second contenaient une nouvelle organisation judiciaire. Les tribunaux d'exception étaient supprimés. De petits baillages, épars dans le pays pour juger en premier ressort, image de nos tribunaux de 1re instance ; de grands baillages pour juger en appel et en dernier ressort les procès criminels et les procès civils d'un intérêt moindre de 20,000 livres, origine de nos cours d'appel; les parlements pour l'appel des causes excédant 20,000 livres : rouage inutile, destiné à disparaître ; telle était la réforme contenue dans les deux premiers édits. Le troisième renfermait, sur la loi criminelle et pénale, des réformes non moins importantes. Désormais plus d'exécutions capitales sans un sursis qui donnerait au droit de grâce royale le temps de s'exercer; plus de question préparatoire; abolition de la sellette; plus d'arrêts criminels non motivés ; principe de l'indemnité due à celui qu'on a accusé injustement. Le quatrième et le cinquième édits touchaient uniquement aux parlements pour les modifier ou plutôt pour les détruire. (V. Histoire de Bucher et Roux.)

tisme peut se faire tout pardonner par la démocratie en donnant de l'ordre et de l'égalité. En un moment la nation fut debout.

Chaque parlement forma aussitôt un point de résistance autour duquel tous les ordres de chaque province vinrent s'appuyer pour tenir ferme contre l'action du pouvoir central.

On sait que la France était alors divisée en provinces judiciaires dont chacune ressortissait à un parlement. Tous ces parlements étaient absolument indépendants les uns des autres, tous égaux en prérogatives, tous également pourvus de la faculté de discuter l'ordre du législateur avant de s'y soumettre. Cette organisation semblera naturelle, si l'on se reporte à l'époque où la plupart de ces cours de justice avaient été fondées. Les différentes parties de la France étaient si dissemblables par les intérêts, l'esprit, les habitudes, les mœurs, qu'une même législation ne pouvait guère leur être appliquée à toutes à la fois. Comme une loi particulière se faisait d'ordinaire pour chaque province, il était naturel que dans chacune aussi il y eût un parlement chargé de vérifier cette loi. Depuis, les Français étant devenus plus semblables, la loi devint une; mais le droit de la vérifier resta partagé.

Un édit du roi également applicable à toute la France, après avoir été admis et exécuté d'une certaine manière dans une partie du territoire, pouvait donc être contesté ou modifié dans les douze autres. C'était le droit, mais ce n'était pas l'usage.

Depuis longtemps les parlements particuliers ne contestaient guère que les règlements administratifs qui étaient spéciaux à leur province. Ils ne discutaient point les lois générales, à moins que par quelqu'une de leurs dispositions l'intérêt particulier de la province ne leur parût compromis Quant au principe même de ces lois, à leur opportunité, à leur efficacité, ils s'abstenaient d'ordinaire d'y regarder ; ils avaient coutume de s'en rapporter sur ce point au parlement de Paris qui, par une sorte d'accord tacite, était considéré par tous les autres parlements comme leur directeur politique.

Cette fois chaque parlement voulut examiner les édits comme s'il ne se fût agi que de sa province et comme s'il eût été seul à représenter la France, et se signaler par une résistance particulière au milieu de la résistance commune.

Tous discutent le principe de chaque édit, aussi bien que ses applications particulières. Telle clause qui a été admise sans difficulté par l'un est obstinément contestée par l'autre ; celui-ci critique à peine ce qui excite les colères de l'autre. Assailli par treize adversaires à la fois, dont chacun l'attaquait avec des armes différentes et le frappait en mille endroits, le gouvernement, au milieu de tous ces corps, ne savait où trouver une tête pour la frapper.

Mais ce qui était plus remarquable encore que la diversité des attaques, c'était l'esprit commun qui animait la résistance. Chacune des treize cours luttait à sa manière et sur son propre terrain ; mais le sentiment qui les animait toutes était uniformément le même. Les remontrances que firent alors ces divers parlements et qui furent publiées suffiraient pour remplir plusieurs volumes. A quelque endroit qu'on ouvre le livre, il semble qu'on lit la même page ; ce sont toujours les mêmes pensées exprimées d'ordinaire dans les mêmes mots.

Tous réclament les états généraux, au nom des droits imprescriptibles de la nation ; tous approuvent la conduite du parlement de Paris, protestent contre les violences dont il a été l'objet, l'encouragent à la résistance, et imitent, autant qu'ils le peuvent non-seulement ses actes, mais le style même philosophique de son opposition :

« Les sujets, dit le parlement de Grenoble, ont des droits comme le souverain : droits essentiels à tous ce qui n'est pas esclave[1]. »

« L'homme juste, dit le parlement de Normandie, ne change point de principes, en changeant de domicile[2]. »

« Le roi, ajoute le parlement de Besançon, ne peut vouloir pour sujets des esclaves humiliés[3]. »

Écoutez les clameurs que poussent à la fois tous ces magistrats répandus sur la surface du pays, vous croirez entendre le bruit confus d'une foule ; écoutez attentivement ce qu'ils disent : c'est un seul homme.

Considérons maintenant ce qui se dit dans tout le pays au même moment. Partout vous retrouvez précisément la même idée et le même langage, de telle sorte que ce qui vous avait d'abord paru ne montrer que l'unité judiciaire vous découvre la prodigieuse unité de la nation ; et à travers cette multitude de vieilles institutions, d'usages locaux, de priviléges de province, de coutumes diverses, qui semblaient encore diviser la France en tant de différents peuples, vivant chacun

---

[1] Remontrances du parlement de Grenoble, 20 décembre 1787.
[2] *Pièces officielles.*
[3] *Id.*

de sa vie particulière, vous permet d'apercevoir l'une des nations du monde où les hommes étaient devenus les plus semblables les uns aux autres.

Cette action, tout à la fois multiple et une, des parlements, assaillant comme une foule, frappant comme un seul homme, cette émeute judiciaire était plus dangereuse pour le gouvernement que toutes les émeutes, même l'émeute militaire; parce qu'elle retournait contre lui la force régulière, civile, morale, qui est l'instrument habituel du pouvoir. On comprime pour un jour à l'aide de l'armée, mais un gouvernement ne se défend tous les jours qu'avec les tribunaux.

Et ce qui frappe encore dans cette résistance des corps judiciaires, c'est moins le mal qu'ils faisaient eux-mêmes au pouvoir, que celui qu'ils laissaient faire. Ils établissaient, par exemple, la pire des libertés de la presse; celle qui ne naît pas d'un droit, mais de la non exécution des lois, et la liberté de se réunir, qui permettait aux différents membres de chaque ordre et aux ordres entre eux, de lever un moment les barrières qui les séparaient, et de se concerter pour une action commune.

C'est ainsi que tous les ordres, dans chaque province, entrèrent peu à peu dans la lutte, mais non tous en même temps ni de la même manière.

Ce fut la noblesse qui entra la première et le plus hardiment dans la lutte commune contre le pouvoir absolu du roi [1].

C'était à la place des nobles que le gouvernement absolu

[1] « La postérité, dit un pamphlet du temps, voudra-t-elle jamais croire que la façon séditieuse de penser des parlements est partagée par les princes du sang, les ducs, les comtes, les marquis, les pairs aussi bien ecclésiastiques que laïques? » *Lettres flamandes à un ami.* Bibliothèque Impériale, B. 577.

s'était établi; c'était eux qu'humiliait et incommodait le
plus ce délégué obscur du pouvoir central qui, sous le
nom d'intendant, venait sans cesse régler et faire malgré eux les plus petites affaires locales ; c'était de leur
sein qu'étaient sortis plusieurs des écrivains qui s'étaient
le plus élevés contre le despotisme ; les institutions libres
et les idées nouvelles avaient presque partout trouvé en
eux leurs principaux appuis.

Indépendamment de leurs griefs particuliers ils étaient
entraînés par la passion commune qui alors remplissait les âmes ; et ce qui le fait bien voir c'est la nature
de leurs attaques. Ce dont ils se plaignent, ce n'est pas
que leurs priviléges particuliers soient violés, c'est que
le droit commun soit foulé aux pieds, les états provinciaux abolis, les états généraux suspendus, la nation
mise en tutelle et le pays privé du gouvernement de ses
affaires.

Dans cette première époque de la Révolution, où la
guerre n'est pas encore déclarée entre les classes, le langage des nobles est en tout semblable à celui des autres
classes ; il ne se distingue qu'en ce qu'il va plus loin et
prend un ton plus haut. Leur opposition à des traits ré-
publicains ; c'est la même passion animant des cœurs
plus fiers et des âmes plus habituées au contact des
grandeurs humaines.

Un homme, qui avait été jusque-là un ennemi violent des
ordres privilégiés, ayant assisté à l'une de ces réunions où
l'on s'essayait à la résistance, et où les nobles avaient fait
l'abandon de tous leurs droits au milieu des applaudissements

du tiers état, raconte cette scène dans une lettre à un ami et s'écrie avec enthousiasme :

« Notre noblesse (ah! vraiment noblesse!) est venue elle-même nous faire apercevoir nos droits, les défendre avec nous; je l'ai entendu de mes deux oreilles : élection libre, égalité de nombre, égalité d'impôts; tous les cœurs étaient attendris de son désintéressement, et enflammés de son patriotisme [1].

« Lorsqu'à la nouvelle du renvoi de l'archevêque de Sens [2], la joie publique éclata dans Grenoble, la ville s'illumina en un clin d'œil, et se couvrit de transparents parmi lesquels on remarquait celui-ci :

> Nobles vous méritez le sort qui vous décore,
> De l'État chancelant vous êtes les soutiens ;
> La nation, par vous, va briser ses liens :
> Déjà du plus beau jour on voit briller l'aurore [3].

En Bretagne, les nobles étaient prêts à armer les paysans pour lutter contre le pouvoir royal; et à Paris, lorsqu'éclata la première émeute (24 août 1788), à laquelle l'armée n'opposa qu'une répression molle et indécise, plusieurs des officiers qui, comme on sait, appartenaient à la noblesse, donnèrent leur démission pour n'avoir pas à répandre le sang du peuple. Le parlement qui les félicita de leur conduite, les appelait de *nobles et généreux militaires que la pureté et la délicatesse de leurs sentiments avaient forcés de se démettre de leur emploi* [4].

---

[1] *Lettre de Charles R. à Messieurs du tiers de Bretagne*, 1788.

[2] 29 août 1788.

[3] Récit des fêtes donnés au premier président et au parlement rappelés. 12 et 20 octobre 1788.

[4] Arrêté du 25 septembre 1788. *Pièces officielles.* Lors de l'espèce d'émeute excitée à Grenoble par le retour triomphal du parlement (12 octobre 1788), l'armée, au lieu de la réprimer, s'y associa elle-même sous l'inspiration de ses officiers. « Les officiers des régiments (dit un témoin oculaire) ne montrent pas moins d'empressement. Ils se

L'opposition du clergé ne fut pas moins décidée quoique plus discrète.

Elle prit naturellement la forme du corps.

Lorsque le parlement de Paris est exilé à Troyes et y reçoit les hommages de tous les corps de l'État, le chapitre de la cathédrale, organe du clergé, lui apporte ses félicitations :

« La vigueur, dit-il, rendue aux maximes constitutionnelles de la monarchie a opéré la suppression de la subvention territoriale ; et vous avez appris au génie fiscal, à respecter les droits sacrés de la propriété [1]...

« Ce deuil universel de la nation, vous-mêmes soustraits à vos fonctions, enlevés du sein de vos familles : tous ces objets étaient pour nous un spectacle déchirant, et tandis que ces murs augustes retentissaient des accents de la douleur publique, nous reportions dans nos lieux sacrés notre propre douleur et nos vœux [2]. »

Partout où les ordres se réunissent pour résister, on voit paraître des ecclésiastiques. D'ordinaire l'évêque y parle peu, mais il accepte la présidence qu'on lui défère. La fameuse assemblée de Romans, celle qui protesta avec le plus de violence contre les édits de mai, eut tour à tour pour présidents, l'archevêque de Narbonne [3] et l'archevêque de Vienne [4].

rendent en corps chez le premier président, et lui témoignent la joie que leur inspire son retour. A cette occasion, nous ne pouvons nous refuser au plaisir de leur payer un tribut d'éloges. Leur prudence, leur humanité, leur patriotisme, leur ont valu l'estime de la cité. » (C'est dans ce régiment, je crois, que servait Bernadotte.) V. Récit des fêtes données au premier président et au parlement rappelés.

[1] *Pièces officielles*, 1787.

[2] *Id.*

[3] 14 septembre 1788. L'archevêque, comme président, signa seul la lettre, écrite au nom des trois ordres, et dont le style indique qu'elle avait été rédigée par Mounier, 8 novembre 1788.

[4] 8 novembre 1788.

En général, des curés se rencontrent dans toutes les assemblées des ordres, où on les voit prendre aux délibérations une part plus vive et plus directe[1].

Au début de la lutte, la bourgeoisie se montra d'abord timide et indécise. C'est sur elle surtout que le gouvernement avait compté pour le soulager dans sa détresse, et pour recevoir des secours sans être dépouillé de ses anciens droits ; c'est aux intérêts particuliers de la bourgeoisie, c'est à ses passions qu'il avait surtout visé dans ses nouveautés. Accoutumée de longue main à obéir, elle ne s'engage d'ailleurs qu'avec crainte dans la résistance ; elle y use de ménagements.

... Elle caresse encore le pouvoir tout en lui résistant, elle reconnaît ses droits, tout en en contestant l'usage. Elle se montre en partie tentée par ses faveurs, et prête à accepter le pouvoir, pourvu qu'on lui en donne sa part. Alors même qu'elle paraît diriger, elle ne s'aventure jamais à marcher seule ; poussée par un feu intérieur qu'elle ne montre pas, elle profite plutôt de la passion des hautes classes pour en obtenir des concessions qu'elle ne les enflamme. Puis à mesure que la lutte se prolonge, elle s'excite, s'anime, s'enhardit, passe en avant des autres classes, prend le premier rôle, et ne le quitte plus jusqu'à ce que le peuple lui-même monte sur la scène.

A cet âge de la lutte on ne voit nulle trace de la guerre des classes.

« Tous les ordres, dit le parlement de Toulouse, ne respirent que la concorde ; et leur seule ambition est de concourir à la félicité commune[2].

[1] *V.* Brochure de Barnave déjà citée.
[2] 12 janvier 1788.

Un homme alors inconnu, devenu depuis illustre par ses talents et par ses malheurs, Barnave, dans un écrit dévoué à la cause du tiers état, constate cette harmonie des trois ordres, et cédant à l'enthousiasme qui l'entraîne :

« O ministres de la religion, s'écrie-t-il, vous reçûtes de la vénération de nos pères le droit de former, à vous seuls, le premier ordre de l'État ; vous êtes une partie intégrante de la constitution française, et vous devez la garantir...

« ... Vous, illustres familles, la monarchie n'a cessé de fleurir sous votre protection ; vous l'avez créée au prix de votre sang, vous l'avez plusieurs fois sauvée des étrangers, défendez-là maintenant contre les ennemis intérieurs. Assurez à vos enfants les avantages brillants que vos pères vous ont transmis ; ce n'est pas sous le ciel de la servitude qu'on honore le nom des héros [1]. »

Ces sentiments pouvaient être sincères ; une seule passion, supérieure aux autres passions, animait toutes les classes : c'était l'esprit de résistance au pouvoir, devenu l'ennemi commun ; esprit d'opposition qui respire partout, dans les petites comme dans les grandes affaires ; qui s'attache à tout, prend toutes les formes ; mêmes celles qui le défigurent.

Les uns pour lutter contre le gouvernement s'appuyaient sur ce qui restait de vieilles franchises locales. Celui-ci réclamait tel ancien privilége de sa classe, tel droit séculaire de son état et de sa corporation. Un autre, oubliant ses griefs et ses ressentiments contre les privilégiés, s'indignait de l'édit qui, disait-il, réduisait à presque rien les justices seigneuriales et *enlevait ainsi aux seigneurs toute la dignité de leurs fiefs* [2].

[1] Publié entre le 8 mai 1788 et le rétablissement des parlements.

[2] Délibération de l'hôtel de ville de Grenoble. *V.* Brochure de Barnave, publiée entre les édits de mai 1788 et le rétablissement des parlements.

Dans cette lutte violente chacun saisissait, comme au hasard, toutes les armes qui se rencontraient, même celles qui allaient le moins à sa main. Si l'on notait tous les priviléges particuliers, tous les droits exclusifs, toutes les vieilles franchises municipales ou provinciales qui furent réclamées à cette époque, affirmées et revendiquées à grands cris, on ferait un tableau très-exact et très-trompeur ; on croirait que le but de la révolution qui se préparait était, non de détruire le régime ancien, mais de le restaurer. Tant il est difficile aux individus qu'entraîne un de ces grands mouvements des sociétés humaines de démêler parmi les causes qui les remuent eux-mêmes, le vrai moteur ! qui eût dit que ce qui faisait réclamer tant de droits traditionnels était la passion même qui entraînait irrésistiblement à les abolir tous [1] !

Maintenant fermons pour un moment l'oreille à tous ces bruits tumultueux qui s'élèvent des classes moyennes et supérieures de la nation pour écouter un moment les bruits sourds qui commencent à sortir du sein du peuple.

Aucun signe que je puisse apercevoir, à la distance où nous sommes, n'annonce que la population des cam-

---

[1] On peut voir par un seul exemple comment la haine du despotisme, et l'intérêt d'état et de corps, faisaient répudier les principes mêmes de la Révolution à ceux qui devaient en être le plus partisans; après les édits de mai 1788, tous les avocats du parlement d'Aix firent une protestation où il est dit · « L'uniformité en matière de législation est-elle donc un bien si absolu? Dans une vaste monarchie, composée de peuples distincts, la différence des usages et des mœurs ne doit-elle pas en amener quelqu'une dans les lois? ... » La franchise et les coutumes de chaque province sont le patrimoine de tous les sujets. « ... Les justices seigneuriales, ce patrimoine sacré de la noblesse, sont avilies et détruite! quelle confusion, quel désordre!... »

Cette pièce, qui est l'œuvre du célèbre Portalis, est signée par lui, par Siméon et par quatre-vingts avocats.

pagnes fut déjà émue; les paysans vaquent silencieusement à leurs affaires. Cette vaste partie de la nation est neutre et comme invisible [1].

Dans les villes même, le peuple se montre comme étranger à l'émotion des hautes classes et indifférent au bruit qui se fait au-dessus de sa tête. Il écoute, il regarde; le spectacle l'étonne, il semble avoir plus de curiosité que de colère. Mais dès qu'il vient à s'agiter, on s'aperçoit qu'un esprit nouveau l'anime; quand les magistrats rentrent triomphants dans Paris, le peuple qui n'avait rien fait pour défendre les membres du parlement arrêtés sur leurs siéges, s'assemble tumultueusement pour célébrer leur retour.

J'ai dit dans une autre partie de cet ouvrage que rien n'était plus fréquent sous l'ancien régime que les émeutés; le pouvoir était si fort qu'il laissait volontiers ces ébullitions passagères suivre leur cours. Mais cette fois on s'aperçut à plusieurs signes que tout était différent de ce qu'on avait vu jusqu'alors.

On était arrivé à un moment où toutes les choses anciennes prenaient des traits nouveaux : les émeutes aussi bien que le reste.

---

[1] On lit pourtant dans un écrit publié peu de temps avant la convocation des états généraux :

« Dans quelques provinces, les habitants des campagnes sont persuadés qu'ils ne payeront plus d'impôts, et qu'ils partageront entre eux les biens des seigneurs. Déjà ils se réunissent pour connaître ces biens, et pour en régulariser la distribution. Les états généraux ne sont attendus que pour donner la forme à ces invasions. » (*Tableau moral du clergé de France* sur la fin du dix-huitième siècle, ou le Clergé français avant les états généraux. 1 vol. in-12, avril, 1789.)

Il y avait eu sans cesse, en France, des émeutes au sujet des grains. Mais leur caractère était d'être faites par des foules sans ordre, ni but, ni résistance. Ici nous voyons tout d'abord paraître l'émeute telle que nous l'avons vue depuis si souvent : le tocsin, les cris de nuits, les placards sanguinaires; quelque chose de cruel et de sauvage qui apparaît; une foule violente, mais qui a une organisation et un but; qui entre tout à coup en guerre civile et brise tout ce qui s'oppose à elle.

A la nouvelle que le parlement l'emporte et que l'archevêque de Sens se retire, le peuple de Paris se livre à des démonstrations tumultueuses, il brûle en effigie le ministre, insulte la garde. On le réprime avec violence comme on eût fait en d'autres temps; mais cette fois il s'arme, il brûle les corps de garde, désarme les soldats, tente de brûler l'hôtel Lamoignon, et n'est contenu que par les gardes françaises. C'est le génie encore enfant mais déjà terrible des émeutes de la Révolution [1].

... La Terreur apparaissait déjà derrière un voile... Paris, que de nos jours cent mille hommes contiennent à peine, était alors tenu en respect par cette espèce de mauvaise gendarmerie qu'on appelait le guet. Paris ne contenait ni casernes ni troupes; les gardes françaises et les suisses eux-mêmes étaient tenus dans les environs. Cette fois le guet allait être insuffisant.

A la vue d'une opposition si générale et si nouvelle, le gouvernement se montra d'abord surpris et troublé

---

[1] 24 août 1788.

Tous les pamphlets du temps faisaient la théorie de l'émeute : « Il appartient au peuple de briser les fers qu'on lui présente... Tout citoyen est soldat... » V. Commentaires sur l'arrêt du conseil portant suppression des délibérations contraires aux édits du 8 mai. Bibliothèque Impériale, n° 595.

plutôt qu'abattu. Il reprit toutes ses anciennes armes, mais cette fois en vain : les admonitions, les lettres de cachet, les exils ; employant la violence jusqu'où elle irrite, ne la poussant jamais jusqu'où elle fait peur. On ne fait point peur d'ailleurs à tout un peuple. Tantôt il cherche à soulever les passions de la multitude contre les riches, de la bourgeoisie contre la noblesse, de la justice inférieure contre les cours. C'était reprendre l'ancien jeu ; cette fois il le joue en vain.

Il nomme d'autres juges, la plupart des nouveaux magistrats refusent de juger ; il offre des faveurs ou de l'argent ; on est encore trop passionné pour être vénal.

Il cherche à distraire l'attention du public : elle reste fixe. Ne pouvant plus arrêter ni même limiter la liberté d'écrire, il veut la faire servir à ses desseins, et oppose une presse à la presse. Il fait publier à grands frais beaucoup de petits écrits pour sa défense[1]. On ne lit point sa défense, et l'on se nourrit de milles pamphlets qui l'attaquent.

Tous ces pamphlets tournent autour des idées abstraites du *Contrat social*. Le monarque est le roi citoyen, tout attentat aux lois est un crime de *lèse nation*. Rien n'est sain dans le corps social, la cour est le vil repaire où des courtisans affamés se disputent les dépouilles du peuple. . . . . .

. . . .

[1] On désignait comme auteurs de ces écrits favorables au gouvernement, Beaumarchais, l'abbé Maury, Linguet, l'abbé Morellet, etc. (V. *Lettre à M. le marquis de ****, par un Français retiré à Londres*, juillet 1788. Bibliothèque Impériale. L'abbé Morellet, lit-on dans cette lettre, recevait seul 22,000 francs de pension.)

On vit enfin se produire un incident qui précipita la crise.

Le parlement du Dauphiné avait résisté comme tous les autres, avait été frappé comme tous les autres. Mais nulle part la cause qu'il défendait n'avait trouvé une sympathie plus générale et des défenseurs plus vifs. Les griefs mutuels des classes étaient peut-être là plus irrités que partout ailleurs; mais la passion commune fit taire un moment toutes les passions particulières; et, tandis que dans la plupart des autres provinces, les différentes classes faisaient séparément et sans ensemble la guerre au gouvernement, dans le Dauphiné elles s'unirent régulièrement en corps politique, et se préparèrent à résister. Le Dauphiné avait eu pendant des siècles des états qui avaient été suspendus en 1618 et non abolis. Quelques nobles, quelques ecclésiastiques et quelques bourgeois s'étant réunis spontanément à Grenoble, osèrent inviter la noblesse, le clergé et le tiers état à se réunir en états provinciaux dans un château, situé près de Grenoble, et nommé Vizille [1].

C'était un grand château féodal, ancienne demeure des ducs de Lesdiguières, devenue alors la propriété d'une famille nouvelle [2]. A peine assemblés dans ce lieu, les trois ordres se constituent, donnant au désordre l'air de la règle. Le clergé a quarante-neuf membres présents, la noblesse deux cent trente-trois; le tiers, trois cent quatre-vingt-onze. On se compte, mais ce n'est pas pour se diviser; on décide sans

---

[1] Assemblée de Vizille, 21 juillet 1788.

[2] La famille Perier qui le possède encore aujourd'hui.

débat que le président sera pris dans l'un des deux premiers ordres et le secrétaire dans le tiers état; le comte de Morges est élu président; M. Mounier, secrétaire.

L'assemblée délibère alors, et proteste toute entière contre les édits de mai et contre la suppression du parlement. Elle réclame le rétablissement des anciens états de la province, détruits arbitrairement et sans droits; elle demande que dans ces états une représentation double soit donnée au tiers, elle appelle enfin la prompte réunion des états généraux, et décide que séance tenante une lettre sera adressée au roi, contenant l'expression de ses griefs et de ses vœux. Cette lettre, écrite d'un style violent et qui sent la guerre civile, est en effet aussitôt signée de tous les membres.

De pareilles protestations avaient déjà été faites; des vœux semblables avaient été exprimés avec non moins de violence; mais, ce qui nulle part ne s'était vu encore, c'était un exemple aussi éclatant de l'accord de toutes les classes.

« Messieurs de la noblesse et du clergé, porte le procès-verbal de la séance, ont été complimentés par un de messieurs du tiers état, sur la loyauté avec laquelle, oubliant d'anciennes prétentions, ils se sont empressés de lui rendre justice, et sur leur zèle pour maintenir l'union des ordres. »

Le président répond qu'ils seront toujours prêts à s'occuper avec leurs concitoyens, du salut de la patrie [1].

---

[1] Dans les réunions qui suivirent celle de Vizille, et qui eurent lieu soit à Grenoble, soit à Saint-Rambert ou à Romans, on voit se maintenir et se resserrer encore cette union. La noblesse et le clergé demandent constamment le doublement des voix du tiers, l'égalité de l'impôt et le vote par tête. Le tiers témoigne toujours sa reconnaissance. « Je suis chargé par mon ordre, dit, dans une de ces réunions (à Romans, 15 septembre 1788), l'orateur du tiers état, de vous renouveler ses remercîments. Il n'oubliera jamais votre empressement à lui rendre justice. Mêmes compliments renouvelés dans une assemblée tenue aussi à Romans le 2 novembre 1788.

Dans une lettre adressée *aux municipalités de Bretagne*, un habitant

L'assemblée de Vizille produisit un effet prodigieux dans toute la France. Ce fut la dernière fois qu'un fait, se passant ailleurs qu'à Paris, exerça une grande influence sur les destinées générales du pays.

Le gouvernement craignit que ce qui avait été osé en Dauphiné ne fût imité partout. Il désespéra enfin de vaincre la résistance qui lui était opposée, et se déclara vaincu.

Louis XVI renvoya ses ministres, abolit ou suspendit ses édits, rappela les parlements et concéda les états généraux[1].

Ce n'est pas, remarquez-le bien, une concession de détail que fait ici le roi, c'est le pouvoir absolu auquel il renonce, c'est le partage du gouvernement qu'il accepte et dont il donne un gage au pays en donnant enfin sérieusement les états généraux.

On est étonné, en lisant les écrits du temps, d'entendre parler avant 1789 d'une grande révolution déjà accomplie. C'était une grande révolution, en effet, mais destinée à s'absorber et à disparaître dans l'immensité de la révolution qui allait suivre.

On peut admirer le nombre prodigieux et la grandeur des fautes qu'il avait fallu commettre pour placer les affaires dans l'état où elles se trouvaient. Mais le gou-

---

du Dauphiné écrit : « J'ai vu le clergé et la noblesse renoncer avec une loyauté digne de respect à toutes leurs antiques prétentions dans les états; et rendre unanimement hommage au droit des communes. Je n'ai plus douté du salut de la patrie. (*Lettres de Charles R. aux municipalités de Bretagne.*)

[1] 8 août 1788.

vernement de Louis XVI s'étant laissé conduire jusque-là, on ne saurait lui faire un crime d'avoir cédé.

Tout lui manquait pour la résistance. Il ne pouvait user de la force matérielle, l'armée ne se prêtant qu'avec répugnance et sans vigueur à ses desseins. Il ne pouvait employer le droit : les tribunaux étaient contre lui. Dans l'ancienne France d'ailleurs, le pouvoir absolu n'avait jamais eu une force qui lui fût propre, ni possédé des agents qui ne dépendissent que de lui. Il n'avait jamais pris l'aspect de la tyrannie militaire ; il n'était pas né dans les camps et ne se soutenait jamais par les armes. C'était un pouvoir essentiellement civil : œuvre non de violence, mais d'art. Ce gouvernement était organisé de manière à vaincre aisément les résistances individuelles ; mais sa constitution, ses précédents, ses mœurs, celles de la nation ne lui permettaient point de gouverner avec une majorité contre lui. Les rois n'avaient établi leur puissance qu'en divisant les classes, en les isolant au milieu des préjugés, des jalousies, des haines qui étaient propres à chacune d'elles, de manière à n'avoir jamais affaire qu'à une à la fois, et à pouvoir peser sur celle-ci du poids de toutes les autres. Il suffisait que ces différentes classes, abaissant un moment les barrières par lesquelles on les avait divisées, se rencontrassent et s'entendissent sur la résistance commune, ne fût-ce qu'un seul jour, pour que le gouvernement absolu fut vaincu. L'assemblée de Vizille fut le signe matériel de cette union nouvelle et de ce qu'elle pouvait produire. Et, bien que le fait se passât au fond d'une petite province et dans

un coin des Alpes, il devint ainsi l'événement principal
du temps. Il exposa à tous les regards ce qui n'était
encore visible qu'à quelques-uns, et en un moment décida de la victoire.

CHAPITRE IV

Quand l'autorité royale eut été vaincue, les parlements s'imaginèrent d'abord que c'étaient eux qui avaient triomphé. Ils remontèrent sur leurs siéges, moins en amnistiés qu'en vainqueurs, et pensèrent n'avoir plus qu'à y jouir des douceurs de la victoire.

Le roi, en abolissant ses édits qui avaient établi de nouveaux juges, avait ordonné que du moins on respectât les arrêts que ceux-ci avaient rendus. Les parlements déclarèrent non jugé ce qui avait été jugé sans eux. Ils firent comparaître devant eux les magistrats insolents qui avaient osé aspirer à les remplacer; et retrouvant dans une circonstance si nouvelle la langue du moyen âge, ils les *notèrent d'infamie;* on vit dans toute la France les amis du roi punis pour lui avoir été fidèles, et apprenant par une expérience qu'ils ne devaient pas oublier que la sûreté n'était plus désormais du côté de l'obéissance.

L'enivrement de ces magistrats est facile à comprendre. Jamais Louis XIV dans toute sa gloire n'avait été l'objet d'une adulation plus universelle, si l'on peut donner ce nom à des louanges excessives qu'une passion vraie et désintéressée porte à donner.

Exilé à Troyes, le parlement y reçoit les hommages de tous les corps de l'État qui viennent s'incliner devant lui comme devant le souverain, et lui adresser en face les louanges les plus extravagantes.

« Sénat auguste, leur dit-on, citoyens généreux, magistrats compatissants et austères, vous méritez tous dans les cœurs français le surnom de pères de la patrie. Vous consolez la nation de ses misères... vos actes sont des actes sublimes d'énergie et de patriotisme... tous les Français vous contemplent avec attendrissement et vénération. » .   .   .   .   .

.   .   .   .

Le chapitre de Troyes les complimentant au nom de l'Église tout entière :

« La patrie et la religion, dit-il, sollicitent pour vous un monument durable de ce que vous venez de faire [1]. »

L'université elle-même vient en robes et en bonnet carré lui nasiller en mauvais latin ses hommages :

« Illustrissimi senatûs princeps, præsides insulati, senatores integerrimi : Nous nous unissons à la sensibilité générale, et nous vous témoignons le vif sentiment d'admiration qu'excite votre héroïsme patriotique... On ne savait jusquelà apprécier que la valeur militaire qui fait abandonner leurs foyers à ces légions de héros..., nous voyons aujourd'hui les héros de la paix dans le sanctuaire de la justice... semblables à ces citoyens généreux dont Rome s'honorait, lorsque

[1] 1787. Pièces officielles.

vainqueurs des ennemis de l'État, ils triomphaient aux yeux de leurs concitoyens, vous allez jouir d'un triomphe qui vous en garantit la mémoire immortelle [1]. »

Le premier président répond à toutes ces adresses comme un roi, en peu de mots : il assure celui qui a parlé de la bienveillance de la cour.

Dans plusieurs provinces l'arrestation ou l'exil des magistrats avait amené des émeutes. Dans toutes, leur retour provoque des manifestations presque folles de joie populaire.

A Grenoble, quand arrive la nouvelle du rétablissement des parlements [2], le courrier qui l'apporte est mené en triomphe par toute la ville, accablé de caresses et d'applaudissements ; les femmes qui ne peuvent parvenir jusqu'à lui embrassent son cheval. Le soir toute la ville s'illumine spontanément...; tous les corps d'état, toutes les corporations défilent devant le parlement, et débitent des compliments pleins d'emphase.

A Bordeaux, le même jour, même ovation au parlement. Le peuple détèle les chevaux de la voiture du premier président et le porte jusque dans ses appartements ; les magistrats qui avaient voulu obéir au roi, sont hués. Le premier président leur adresse un blâme public. Au milieu de cette scène le doyen du parlement s'écrie :

« Mes enfants, apprenez ceci à vos descendants, afin que ce souvenir entretienne le feu du patriotisme! »

C'était un vieillard, âgé de quatre-vingt-dix ans, qui avait passé sa première jeunesse sous Louis XIV. Quels changements dans les idées et dans le langage peuvent s'effectuer chez un

---

[1] 1787. Pièces officielles.
[2] Le 20 octobre 1788.

peuple durant l'existence d'un seul homme! On brûle enfin
sur la place publique un mannequin habillé en cardinal; ce
qui n'empêche pas le clergé de chanter un *Te Deum !*

Ces événements se passaient à la fin d'octobre 1788.

Tout à coup le bruit cesse autour des parlements.
L'enthousiasme s'éteint ; le silence et la solitude se
font autour d'eux. Non-seulement ils tombent dans l'indifférence du public, mais toutes sortes de griefs leur
sont opposés, ceux mêmes que le gouvernement avait
essayé en vain de leur susciter.

La France est inondée de brochures où toutes les injures
leur sont prodiguées.

« Ce sont, disent ces pamphlets, des juges qui n'entendent rien à la politique; au fond ils n'ont voulu que dominer;
ils sont d'accord avec la noblesse et le clergé, et sont aussi
ennemis que les autres du tiers état, c'est-à-dire de presque
toute la nation. Ils ont cru qu'en attaquant le despotisme ils
feraient oublier cela ; en réclamant les droits de la nation, ils
les mettent en problème; ces droits naissent du contrat social; les discuter, c'est leur donner les fausses couleurs d'une
concession volontaire. Les demandes mêmes qu'il font au
roi sont sur certains points excessives [1].

« ... C'est une aristocratie de légistes, qui veulent être
maîtres du roi lui-même [2]...

« Auguste corps de magistrats, nous vous avons des obligations récentes que nous ne méconnaissons pas, mais nous

---

[1] Voir notamment *Glose sur l'arrêté du parlement*, brochure attribuée à Servan, 1789.

[2] *Despotisme des parlements*. Brochure publiée le 23 septembre
1788, après l'arrêt qui rendit tout à coup le parlement impopulaire.
(Bibliothèque impériale.)

ne saurions oublier que depuis tant d'années que vous repré-
sentez le peuple, vous l'avez laissé accabler. Précepteurs de
la nation, vous avez laissé brûler presque tous les livres destinés à l'éclairer; vous avez résisté au despotisme, mais au
moment où il voulait vous écraser vous-même[1] ... »

Ce fut surtout pour le parlement de Paris que la
chute fut subite et terrible.

Comment peindre le vide immense, le silence de
mort qui se fait autour de ce grand corps, son impuissance, son désespoir[2] et la vengeance dédaigneuse
du pouvoir royal, lorsque, répondant à de nouvelles
remontrances, Louis XVI dit :

« Je n'ai rien à répondre à mon parlement et à ses
supplications. C'est avec la nation assemblée que je
concerterai les mesures propres à consolider pour toujours l'ordre public et la prospérité de l'État[3]. »

Le même acte qui avait rouvert le palais au parlement,
rendait d'Épremenil à la liberté. On se rappelle la scène dra-
matique de son enlèvement, ses paroles à la Régulus, l'attendrissement de l'auditoire, l'immense popularité du martyr.
Il était détenu aux îles Sainte-Marguerite; l'ordre de sa libé-
ration arrivé, il accourt. Il est d'abord traité sur son chemin
comme un grand homme, à mesure qu'il avance il se trouve
moins illustre : arrivé à Paris, personne ne s'occupe plus de
lui que pour s'en moquer. Afin de passer du triomphe au ridicule, il ne lui avait fallu que le temps nécessaire pour faire
deux cents lieues en poste.

---

[1] *Conditions nécessaires à la légalité des états généraux.* Brochure
attribuée à Volney.

[2] Si bien peinte dans les mémoires de M. Pasquier.

[3] Pièces officielles.

Le parlement désespéré à ce spectacle nouveau de son impopularité, tente de regagner la faveur publique. Il recourt aux grands moyens; il se sert précisément des mêmes paroles qui lui ont servi tant de fois à émouvoir le peuple en sa faveur. Il réclame le retour périodique des états généraux, la responsabilité des ministres, la liberté individuelle, la liberté de la presse... Le tout en vain.

L'étonnement des magistrats était extrême; il leur était impossible de rien comprendre à ce qui passait sous leurs yeux.

Ils continuent à parler de la *constitution* qu'il faut défendre [1]; et ne voient pas que ce mot qui était populaire quand il fallait opposer la constitution au roi, est devenu odieux à l'opinion publique depuis qu'on l'oppose à l'égalité. Ils condamnent à être brûlé par la main du bourreau un écrit qui attaque les anciennes institutions [2], et n'aperçoivent pas que la ruine de ces institutions est précisément ce que l'on veut. Ils s'interrogeaient les uns les autres, se demandant ce qui avait pu amener un pareil changement dans les esprits... Ils croyaient avoir possédé une force propre; ils ne voyaient pas qu'ils n'avaient été que les auxiliaires aveugles d'une force étrangère : tout, tant que celle-ci les employait à son usage; rien, dès que, pouvant enfin agir par elle-même, elle n'avait plus besoin de leur concours.

Ils ne voyaient pas que le même flot qui les avait poussés et un moment élevés si haut, les laissait, en se retirant, à la place où il les avait pris...

Dans l'origine le parlement se composait de jurisconsultes ou d'avocats que le roi choisissait parmi les

---

[1] Réquisitoire de M. Séguier.

[2] Écrit intitulé : *Délibération à prendre par le tiers état dans toutes les municipalités du royaume.* — Arrêt du 17 décembre 1788.

plus habiles de leur profession. Le mérite ouvrait
l'accès des honneurs et des plus hautes charges de
l'État aux hommes nés dans les conditions les plus
humbles. Le parlement était alors avec l'Église une
de ces puissantes institutions démocratiques qui étaient
nées et s'étaient implantées sur le sol aristocratique
du moyen âge.

Plus tard, les rois, pour faire de l'argent, se mirent
à vendre le droit de juger. Le parlement se remplit
alors d'un certain nombre de familles riches qui con-
sidéraient l'administration nationale de la justice comme
un privilége qui leur était propre, dont elles voulaient
avec un soin de plus en plus jaloux écarter toutes les
autres, obéissant à cette impulsion singulière qui semblait pousser chaque corps particulier à devenir de plus
en plus une petite aristocratie fermée, dans le moment
même où les idées et les mœurs générales de la nation
faisaient pencher de plus en plus la société vers la
démocratie.

Il n'y avait assurément rien qui fût plus contraire
aux idées du temps qu'une caste judiciaire rendant seule
la justice après en avoir acheté le droit. Nulle institution n'avait été en effet plus souvent et plus amèrement critiquée, depuis un siècle, que la vénalité des offices.

Cette magistrature, toute vicieuse qu'elle était, avait
cependant un mérite, que les tribunaux mieux constitués de nos jours ne possèdent pas toujours. Les juges
étaient indépendants. Ils rendaient la justice au nom du

prince, mais non suivant ses volontés. Ils n'obéissaient
pas à d'autres passions que les leurs.

Lorsque tous les pouvoirs intermédiaires qui pouvaient balancer ou tempérer la puissance illimitée du
roi étaient abattus, le parlement seul restait encore debout. Il pouvait encore parler quand tout le monde se
taisait; il pouvait se roidir un moment, quand tout le
monde était depuis longtemps forcé de plier. Aussi
devenait-il populaire, dès que le gouvernement perdait la
faveur publique. Et quand, pour un moment, la haine
qu'inspirait le despotisme fut devenue une passion ardente et le sentiment commun à tous les Français, le parlement parut la seule barrière qui restât devant le pouvoir absolu. Tous les défauts qu'on avait le plus blâmés
en lui furent des espèces de garanties politiques. On
s'abrita derrière ses vices mêmes. Son esprit de domination, son orgueil, ses préjugés furent les armes dont
la nation se servit.

Mais dès que le pouvoir absolu eut été définitivement
vaincu, et que la nation se crut sûre de pouvoir défendre elle-même ses droits, le parlement redevint tout à
coup ce qu'il était auparavant : une vieille institution
déformée et discréditée qu'avait léguée le moyen âge;
et il reprit la place qu'il avait occupée dans les haines
publiques. Pour le détruire, le roi n'avait eu qu'à le
laisser triompher.

CHAPITRE V

Le lien d'une passion commune avait tenu un instant
ensemble toutes les classes. Du moment où ce lien se
relâcha, elles se séparèrent ; et le véritable esprit de la
Révolution se montra tout à coup[1].

Dès qu'on eut triomphé du roi, il s'agit de savoir qui
retirerait le profit de la victoire ; les états généraux
étant obtenus, qui dominerait dans cette assemblée ?

Le roi ne pouvait plus refuser leur réunion ; mais il
conservait encore le pouvoir d'en indiquer la forme. Ils
ne s'étaient pas assemblés depuis cent soixante-quinze
ans. Ils n'étaient plus qu'un vague souvenir. Nul ne
savait précisément quel serait le nombre des députés,
les rapports des ordres, le mode d'élection, la forme
des délibérations. Le roi seul pouvait le dire. Il ne le
dit point. Après s'être laissé arracher les pouvoirs in-
certains dont il prétendait conserver l'usage, il ne

---

[1] Variante : et la véritable figure de la Révolution, jusque-là voilée, se
découvrit tout à coup.

voulut pas se servir de ceux qui lui étaient reconnus.

M. de Brienne, son premier ministre, eut à ce sujet une idée singulière, et fit prendre à son maître une résolution qui est sans pareille dans l'histoire.

Il considéra la question de savoir si le vote serait universel ou limité, l'assemblée nombreuse ou restreinte, les ordres séparés ou confondus, égaux ou inégaux en droits, comme une affaire d'érudition. En conséquence un arrêt du conseil chargea tous les corps constitués de faire des recherches sur la tenue des anciens états généraux, et sur toutes les formes qui y étaient suivies, et ajouta :

« Sa Majesté invite tous les savants et autres personnes instruites de son royaume et particulièrement ceux qui composent l'Académie des inscriptions et belles-lettres, à adresser à M. le garde des sceaux tous les renseignements et mémoires sur cette question[1]. »

C'était traiter la constitution du pays comme une question académique et la mettre au concours. Cet appel fut entendu. Tous les pouvoirs locaux délibérèrent sur ce qu'il fallait répondre au roi. Tous les corps réclamèrent. Toutes les classes appliquées à leurs intérêts particuliers tâchèrent de retrouver dans les ruines des anciens états généraux la forme qui leur paraissait la plus propre à les garantir. Chacun voulut dire son avis, et comme on était dans le pays le plus littéraire de l'Europe, la France fut inondée d'écrits.

---

[1] Arrêt du 5 juillet 1788.

La lutte des classes qui était inévitable, mais qui naturellement n'eût commencé que dans le sein des états
généraux, d'une manière régulière, sur un terrain cir-
conscrit et à propos d'affaires particulières, trouvant
alors un champ sans limites et pouvant se nourrir d'idées
générales, prit ainsi en peu de temps un caractère d'audace singulière et de violence inouie, que l'état secret
des cœurs fait comprendre, mais que rien d'extérieur
n'avait préparé à voir...

Entre le moment où le roi abdiqua le pouvoir absolu et
celui où les élections commencèrent, il se passa environ cinq
mois. Durant cet espace de temps il n'y eut presque pas de
changements dans les faits, mais le mouvement qui entraînait les idées et les sentiments des Français vers la subversion totale de la société, se précipita...

... D'abord on n'envisage que la constitution des états généraux, on remplit à la hâte de gros livres d'une érudition
crue, où l'on s'efforce d'accorder le moyen âge aux vues du
moment, puis la question des anciens états généraux s'efface.
On jette de côté le fatras des précédents, et l'on recherche
d'une manière abstraite et générale ce que le pouvoir législatif doit être. La vue s'étend à mesure qu'on avance; ce
n'est plus de la constitution de la législature seule qu'il s'a-
git, mais de l'ensemble des pouvoirs; ce n'est pas seulement
la forme du gouvernement, mais la société elle-même qu'on
essaie de remuer dans son assiette. Au commencement on ne
parle que de mieux pondérer les pouvoirs, de mieux ajuster
les rapports des classes, bientôt on marche, on court, on s'é-
lance vers l'idée de la pure démocratie. Au début c'est Montesquieu que l'on cite et qu'on commente, à la fin on ne
parle plus que de Rousseau; celui-ci est devenu et va rester
le précepteur unique de la Révolution dans son premier âge.

On est encore en plein ancien régime, que les institutions de l'Angleterre paraissent surannées et insuffisantes...

La racine de tous les faits qui vont suivre s'implante dans les idées ; il n'y a presque pas une opinion professée dans le cours de la Révolution, qui ne s'aperçoive déjà dans son germe ; pas une des idées que la Révolution a réalisées, que la théorie n'ait d'abord atteinte et même dépassée.

« En toute matière, c'est la majorité numérique qui fait la règle », voilà l'idée dominante qu'on retrouve partout. Que pour l'attribution des droits politiques on puisse tenir compte d'autres éléments que ceux du nombre, c'est ce qui n'entre pas dans les esprits. « Quoi de plus absurde, s'écrie un écrivain, d'ailleurs très-modéré du temps, que de faire représenter de même un corps qui a vingt millions de têtes et un autre qui en a cent mille [1] ? »

Après avoir établi qu'il y a en France quatre-vingt mille ecclésiastiques et environ cent vingt mille nobles, Sièyes ajoute simplement ceci : « Comparez le nombre de deux cent mille privilégiés à celui de vingt-six millions d'âmes, et jugez la question [2]. »

Les plus timides parmi les novateurs de la Révolution, ceux qui auraient voulu qu'on respectât les prérogatives raisonnables des divers ordres, discutaient cependant comme s'il n'y avait eu aucun ordre ni classe, et prenaient de même pour unique base de leur thèse la majorité numérique [3]. Chacun faisait de la statistique à sa manière, mais c'était toujours de la statistique. « Le rapport des privilégiés à ceux qui ne le sont pas, dit Lafon-Ladebat, est de un à vingt-

---

[1] *Le tiers état au roi*, par M. Louchet, 20 décembre 1788.

[2] *Qu'est-ce que le tiers?* p. 53.

[3] Lacretelle, *Convocation des états généraux*; Bertrand de Molleville (*Observations adressées à l'assemblée des notables.*)

deux [1]. » Suivant la ville de Bourg [2], le tiers état forme les dix-neuf-vingtièmes de la population; d'après la ville de Nîmes, les vingt-neuf-trentièmes [3]. Il ne s'agit, comme on voit, que de se compter. De cette politique arithmétique Volney déduit, comme conséquence naturelle, le suffrage universel [4]; Rœderer, le droit pour tous d'être éligibles [5]; Péthion, l'unité d'assemblée [6].

Beaucoup, en posant leurs chiffres, ne savent pas quelle sera la somme totale; et l'opération les mène souvent au delà de leurs espérances et même de leurs volontés.

Ce qui frappe en effet, dans cette époque si passionnée, ce sont encore moins les passions qui s'y font voir, que la puissance des opinions qui y dominent; et l'idée qui prévaut par-dessus toutes, c'est que non-seulement il n'existe point de priviléges, mais encore qu'il n'y a point de droits particuliers...

... Ceux qui témoignent le plus d'égards pour les priviléges et les droits particuliers, considèrent ces priviléges et ces droits comme absolument injustifiables; non-seulement ceux qu'on exerce de leur temps mais encore dans tous les temps et dans tous les pays. L'idée même d'un gouvernement tempéré et pondéré, c'est-à-dire de ce gouvernement où les différentes classes qui forment la société, les différents intérêts qui les divisent, se font contrepoids; où les hommes pèsent non-seulement comme unités, mais à raison de leurs biens, de leur patronage, de leurs intérêts dans la balance

---

[1] *Observations lues aux représentants du tiers état à Bordeaux, décembre* 1788.

[2] *Requête du tiers état de la ville de Bourg, décembre* 1788.

[3] *Délibérations de la ville de Nîmes en conseil général.*

[4] *Des conditions nécessaires à la légalité des états généraux.*

[5] *De la députation aux états généraux.*

[6] *Avis aux Français,* 1788. (Véritable esprit révolutionnaire de 1792 en 1788.)

du bien général... Toutes ces idées sont absentes de l'esprit du plus grand nombre, et sont remplacées par l'idée d'une foule composée d'éléments semblables et représentées par des individus qui sont les représentants, non d'intérêts et de personnes, mais du nombre [1].

Ce qui est encore bien digne de remarque, dans ce singulier mouvement des esprits, c'est leur marche d'abord modérée et contenue, puis tout à coup précipitée et impétueuse. Quelques mois d'intervalle suffisent pour marquer cette différence. Lisez ce qu'écrivaient dans les premiers jours de 1788 les adversaires les plus vifs de l'ancien régime, vous serez frappé de la retenue de leur langage [2]; prenez ensuite les écrits publiés durant les cinq derniers mois de la même année par les réformateurs les plus modérés, vous les trouverez révolutionnaires [3].

Le gouvernement avait demandé lui-même qu'on le discutât; il ne pouvait plus limiter la thèse. Ce même mouvement imprimé aux idées entraînait les passions avec une rapidité furieuse vers le même but...

Dans le principe, le tiers état reproche à la noblesse de vouloir pousser trop loin son droit. Vers la fin on nie qu'elle ait aucun droit. D'abord on veut partager le pouvoir avec

---

[1] L'idée qu'il y a tout un passé ayant ses droits; de certaines habitudes politiques, de certaines coutumes qui sont de véritables lois, bien que non écrites, qu'on ne doit toucher qu'avec précaution; qui ont créé des intérêts dignes de respect, qu'il ne faut changer que peu à peu, sans faire de brisement complet entre ce qui a été et ce qu'on veut qui soit; cette idée, qui est la notion même de la liberté politique pratique et régulière, est aussi absente de l'esprit de Mounier que de celle des révolutionnaires les plus violents qui allaient bientôt paraître. (V. *Nouvelles observations sur les états généraux*.)

[2] Brissot, Condorcet, Péthion, etc., etc.

[3] Lacretelle, Bertrand de Molleville, Mounier, Rabaud Saint-Étienne.

elle; bientôt on ne veut pas qu'elle ait aucun pouvoir. Elle sera comme un corps étranger dans la masse homogène de la nation; les uns disent que les privilégiés sont cent mille, les autres disent cinq cent mille. Tous s'accordent à penser qu'ils ne forment qu'une petite troupe étrangère qu'on ne peut tolérer que dans l'intérêt de la paix publique. « Retrancher par la pensée, dit Rabaud Saint-Etienne, tous les gens d'Église, retranchez même toute la noblesse, vous aurez encore la nation [1]. Le tiers état est une société complète; le reste est une superfétation inutile, non-seulement les nobles ne doivent pas être les maîtres, ils auront à peine le droit d'être des concitoyens. »

Pour la première fois peut-être dans l'histoire du monde, on voit des classes supérieures qui se sont tellement séparées et isolées de toutes les autres, qu'on peut compter leurs membres et les mettre à part comme on sépare la partie condamnée d'un troupeau, et des classes moyennes dont l'effort n'est pas de se mêler aux classes supérieures, mais au contraire de se préserver avec soin de leur contact : deux symptômes qui, si on avait pu les comprendre, auraient annoncé à tous l'immensité de la révolution qui allait s'accomplir ou plutôt qui était déjà faite.

... Avec la progression des idées suivez celle des passions; d'abord on ne montre de la haine que pour les priviléges, sans animosité contre les personnes. Peu à peu le langage devient amer, la rivalité devient de la jalousie et la haine se pousse jusqu'à la fureur, les souvenirs s'accumulent et s'entremêlent... de tout cela on forme comme un poids

---

[1] *Considrations sur les intérêts du tiers.* (Fin de 1788.)

immense que mille bras soulèvent à la fois et font retomber sur la tête de l'aristocratie pour l'écraser.

Les écrits qui attaquaient les privilégiés étaient innombrables. Ceux qui les défendaient sont en si petit nombre, qu'il est assez difficile de savoir ce qui se disait en leur faveur. Il peut paraître surprenant que les classes attaquées, qui tenaient la plupart de grands emplois et possédaient une grande partie du territoire, aient trouvé si peu et de si faibles défenseurs, tandis que tant de voix éloquentes ont plaidé leur cause depuis qu'elles ont été vaincues, décimées et ruinées. Cela se comprendra si l'on songe à l'extrême confusion où cette aristocratie tomba, quand le reste de la nation, après avoir marché un moment de concert sur ses pas, se retourna tout à coup contre elle. Elle reconnaissait avec étonnement dans les idées dont on se servait pour la frapper ses propres idées. Les notions, à l'aide desquelles on s'efforçait de l'anéantir, faisaient le fond même de sa propre pensée. Ce qui avait été l'amusement de son esprit dans ses loisirs devenait des armes terribles dirigées contre elle. Comme ses adversaires, elle croyait volontiers que la société la plus parfaite serait celle où l'on se rapprocherait le plus de l'égalité naturelle; où le mérite seul, et non la fortune et la naissance, classerait les hommes; où le gouvernement ne serait qu'un contrat et la loi l'expression de la majorité numérique...

Tous ne connaissaient de la politique que ce qu'ils avaient vu dans les livres et dans les mêmes livres.

la seule différence est que les uns avaient intérêt à réaliser ce perfectionnement social qui s'accomplissait aux dépens des autres. Mais, si les intérêts étaient différents, les idées étaient les mêmes. Il ne manquait à ces nobles-là pour faire la Révolution que d'être roturiers.

Lors donc qu'ils se virent tout à coup l'objet de tant d'attaques, ils se trouvèrent singulièrement empêchés dans leur défense. Nul d'entre eux n'avait jamais recherché de quelle manière une aristocratie peut justifier ses priviléges aux yeux du peuple. Ce qu'il fallait dire pour montrer comment seule elle peut préserver le peuple de l'oppression du pouvoir royal et de la misère des révolutions, de telle sorte que les priviléges, établis en apparence dans l'intérêt seul de celui qui les possède, forment la meilleure garantie qui se puisse rencontrer de la tranquillité et du bien-être de ceux même qui n'en jouissent pas : ils l'ignoraient. Tous ces arguments, qui sont si familiers aux classes qui ont la longue pratique des affaires et possèdent la science du gouvernement, leur étaient nouveaux et inconnus.

Au lieu de cela, ils parlent des services qu'ont rendus leurs pères il y a six cents ans, du respect superstitieux qui est dû à un passé qu'on abhorre, de la nécessité d'une noblesse pour tenir les armes en honneur et maintenir la tradition du courage militaire. Pour combattre le projet qui admettait les paysans au droit de voter dans les assemblées provinciales et même d'y parvenir à la présidence, M. de Bazancourt, conseiller d'État, dit que le royaume de France est fondé sur l'honneur et sur ses prérogatives[1], tant l'ignorance était grande et tant était profonde l'obscurité, au milieu de laquelle le pouvoir absolu avait tenu cachées les véritables lois des sociétés aux yeux de ceux même qu'il avait le plus d'intérêt d'en instruire.

Le langage des nobles était souvent arrogant, parce qu'ils avaient l'habitude d'être les premiers; il était pourtant mal assuré, parce qu'ils doutaient eux-mêmes de leur droit.

Peindrai-je maintenant les divisions dans l'intérieur des partis attaqués : l'esprit de rivalité et de contention s'introduisant au sein même de ceux qu'on isolait, la noblesse contre le clergé (la première voix qui s'élève pour demander la confiscation des biens du clergé est celle d'un noble[2]); le clergé contre la noblesse; les petits nobles contre les grands, les curés contre les évêques[3]? . . . .

. . . .

La discussion que l'édit du roi avait provoquée, après avoir parcouru le cercle immense des institutions et des lois, finissait toujours par aboutir aux deux points suivants, qui résumaient pratiquement l'objet de la lutte :

1° Dans les états généraux qui allaient se réunir, l'ordre du tiers devait-il avoir une représentation plus nombreuse que celle qui était accordée à chacun des

[1] Assemblées provinciales, 1787, 4ᵉ bureau (Archives).

[2] Le marquis de Gouy d'Arcy, *Mémoire au roi en faveur de la noblesse française, par un patricien ami du peuple*, 1788, p. 15.

[3] Note prise aux archives sur une correspondance de M. *** avec M. Necker, 1788.

deux autres ordres ; de telle sorte que le nombre de ses députés égalât celui des députés réunis de la noblesse et du clergé ?

2° Les ordres devaient-ils délibérer ensemble où séparément ?

Le doublement du tiers et le vote commun des trois ordres dans une même assemblée, paraissaient alors des choses moins nouvelles et moins considérables qu'elles ne l'étaient réellement. De petits faits antérieurs ou contemporains en cachaient la nouveauté ou la grandeur. Il y avait des siècles que les états particuliers du Languedoc étaient composés et délibéraient de cette manière : sans que cela eût eu d'autre résultat que de donner à la bourgeoisie une plus grande part dans les affaires, et de créer des intérêts communs et des rapports plus faciles entre elle et les deux premiers ordres.

Cet exemple avait été imité, depuis, dans deux ou trois assemblées provinciales qui s'étaient tenues en 1779. Au lieu de diviser les classes, cette forme de délibération les avait rapprochées.

Le roi lui-même semblait s'être déjà prononcé en faveur de ce système : car il venait de l'appliquer aux assemblées provinciales, que le dernier édit établissait dans toutes les provinces qui n'avaient pas d'états (1788). On ne faisait encore qu'entrevoir, sans l'envisager pleinement, comment une institution qui, établie dans une province, n'avait fait que modifier l'ancienne constitution du pays, ne pouvait manquer de la renverser de fond en comble et violemment, le jour où on entreprenait de l'appliquer à tout l'État.

Il était évident que le tiers état, égal en nombre aux deux ordres dans l'assemblée générale de la nation, devait sur-le-champ y dominer; non prendre une part aux affaires, mais en devenir le maître absolu. Car il marchera uni contre deux corps non-seulement divisés entre eux, mais divisés dans leur propre sein; l'un avec les mêmes intérêts, les mêmes passions, le même but; les autres avec des intérêts distincts, des buts différents et des passions souvent contraires; l'un ayant pour lui le courant de la faveur publique, les autres l'ayant contre eux. Cette pression extérieure à l'assemblée ne pouvait manquer de forcer un certain nombre de nobles et de prêtres à se joindre au tiers; et en même temps qu'elle tiendrait ensemble tous les membres du tiers, de détacher de la noblesse et du clergé tous ceux qui allaient à la popularité ou songeaient à se frayer une route nouvelle vers le pouvoir.

Dans les états de Languedoc, on voyait d'ordinaire des bourgeois abandonner leur corps pour voter avec les nobles et les évêques, parce que la force antérieure de l'aristocratie, qui dominait encore dans les idées et dans les mœurs, pesait sur eux. Ici c'était le contraire qui devait se produire; et le tiers état allait nécessairement se trouver en majorité, bien que le nombre de ses propres députés fût égal.

Son action dans l'assemblée ne pouvait manquer d'y être non-seulement prépondérante, mais violente; car il devait y rencontrer tout ce qui peut exciter les passions des hommes. Faire vivre des partis ensemble au sein d'opinions contraires est déjà difficile. Mais renfermer dans une même enceinte des corps politiques tout formés, complétement organisés, ayant chacun leur origine particulière, leur passé, leurs habitudes, leurs formes propres, leur esprit de corps ; les placer à part, constamment en face les uns des autres, et les forcer à se parler à chaque instant sans intermédiaire : ce n'est pas provoquer la discussion, c'est la guerre.

Or cette majorité qu'enflammaient ses propres passions et les passions de ses adversaires était toute-puissante. Rien ne pouvait non-seulement arrêter, mais retarder ses mouvements ; car il ne restait pour la contenir qu'un pouvoir royal déjà désarmé et qui ne pouvait manquer de plier sous l'effort concentré sur lui d'une seule assemblée.

Ce n'était pas changer peu à peu la balance du pouvoir : c'était la renverser. Ce n'était pas faire partager au tiers les droits exorbitants de l'aristocratie ; c'était faire tout à coup passer la toute-puissance dans d'autres mains ; c'était livrer la direction des affaires à une seule passion, à une seule idée, à un seul intérêt. Ce n'était pas faire une réforme, mais une révolution.

Mounier qui, seul parmi les novateurs de cette époque, semble s'être rendu compte de ce qu'il voulait faire, et s'être fait d'avance une juste idée des conditions d'un gouvernement régulier et libre, Mounier, qui, dans son plan de gouvernement a soin de diviser les pouvoirs, est favorable à cette union des trois ordres, et il en donne cette raison : « Qu'il faut avant tout une assemblée qui détruise ce qui reste de l'ancienne constitution, les droits particuliers, les priviléges locaux : or, c'est ce que ne ferait jamais une chambre haute composée de nobles et de clergé [1]. »

Il semble, en tous cas, que le doublement du tiers et le vote des trois ordres en commun fussent deux questions inséparables. Car à quoi bon augmenter le nombre des députés du tiers, si le tiers devait délibérer et voter séparément ?

M. Necker imagina de les séparer. . . . . . .

. . . .

On ne saurait douter qu'il ne voulût tout à fois le doublement du tiers et le vote des trois ordres en commun. Il est fort vraisemblable que le roi lui-même penchait du même côté. Ce qui venait de le vaincre, c'était l'aristocratie. C'était elle qui l'avait bravé de plus près, qui avait soulevé les autres classes contre l'autorité royale, et les avait conduites à la victoire. Il avait ressenti ses coups et il n'avait pas l'œil assez perçant pour comprendre que ses adversaires allaient être contraints de le défendre, et ses amis devenir ses maîtres. Louis XVI, comme son ministre, penchait donc à constituer les états généraux comme le tiers état le voulait. Mais ils n'osèrent aller jusque-là. Ils s'arrêtèrent à mi-chemin, non par la vue claire des périls, mais à cause du vain bruit qui se faisait à leurs oreilles...

Quel est l'homme ou la classe qui a jamais bien vu

---

[1] *Nouvelles observations sur les états généraux* (un peu avant les élections aux états généraux).

le moment où il fallait descendre soi-même du point élevé qu'il occupait pour n'en pas être précipité ?...

On décida que le tiers état serait à lui seul aussi nombreux que les deux autres ordres, et on laissa indécise la question du vote commun. De tous les partis c'était assurément le plus dangereux.

Rien ne sert plus, il est vrai, à nourrir le despotisme que les divisions et les jalousies mutuelles des classes : il en vit; à la condition toutefois que ces divisions n'excitent qu'un sentiment amer, mais tranquille; qui fasse envier le voisin sans le faire trop haïr; qui les divise sans les armer. Il n'y a pas de gouvernement qui ne succombe au milieu du choc violent des classes, une fois que celles-ci ont commencé à se heurter.

Il était bien tard, sans doute, pour vouloir maintenir l'ancienne constitution des états généraux, même en l'améliorant. Mais dans cette résolution téméraire on s'appuyait du moins sur l'ancienne loi du pays qui en impose. On avait pour soi la tradition, et l'on gardait dans ses mains l'instrument de la loi.

Si du même coup on eût accordé le doublement du tiers et le vote commun, c'était sans doute faire une révolution, mais c'eût été la faire soi-même; et tout en ruinant de ses propres mains les anciennes institutions, amortir leur chute. Les classes supérieures se fussent accommodées d'avance à une destinée inévitable. Sentant le poids de la royauté peser sur elles en même temps que celui du tiers état, elles eussent compris du premier coup leur impuissance. Désespérant de conserver la prépondérance, elles n'eussent combattu que pour l'égalité, et se fussent habituées d'avance à l'idée de lutter pour ne pas tout perdre, au lieu de combattre pour tout conserver.

N'aurait-on pas pu faire, dans toute la France, ce que firent les trois ordres du Dauphiné?

Dans cette province ce fût l'assemblée des états qui, par un vote commun, choisit les députés des trois ordres. Chaque ordre avait été élu à part et ne représentait que lui-même. Cependant ils se réunirent pour nommer les députés aux états généraux; chaque gentilhomme eût donc pour électeurs des bourgeois, et chaque bourgeois, des nobles. Les trois députations, en demeurant distinctes, devinrent ainsi en quelque façon homogènes. Ce qui se fit dans le Dauphiné n'aurait-il pu se faire partout?.. Les ordres, formés de cette manière, aurait-ils pu se mouvoir dans les limites d'une seule assemblée sans s'y heurter trop violemment? . . . . .

Il ne faut pas attribuer à tous ces procédés particuliers de législation trop de puissance. Ce sont les idées et les passions de l'homme, et non la mécanique des lois, qui font marcher les affaires humaines. Sans doute de quelque manière qu'on s'y fût pris alors pour former et réglementer les assemblées de la nation, on peut penser que la guerre y aurait violemment éclaté entre les classes; les haines qui divisaient celles-ci étaient peut-être déjà trop enflammées pour qu'elles voulussent marcher d'accord, et le pouvoir royal déjà trop affaibli pour les y contraindre. Mais il faut reconnaître qu'on n'aurait pu rien faire de mieux que ce que l'on fit pour rendre leur conflit immédiat et mortel.

Voyez si, de dessin prémédité, l'habileté et l'art eussent pu mieux réussir que ne firent l'impéritie et l'imprévoyance! On avait fourni au tiers état l'occasion de s'enhardir, de s'aguerrir, de se compter. Son ardeur morale s'était accrue sans mesure, et il avait doublé le poids de sa masse. Après lui avoir permis de tout espérer, on lui laissait tout craindre. On avait mis en quelque sorte sous ses yeux la victoire; mais on ne la lui avait pas donnée. On n'avait fait que l'inviter à la prendre.

Après avoir laissé pendant cinq mois les deux classes réchauffer leurs vieilles haines, reprendre toute la longue histoire de leurs griefs, et s'animer l'une contre l'autre jusqu'à la fureur, on les mettait enfin aux prises, et l'on donnait pour sujet de leurs débats la question qui renfermait toutes les autres; la seule où elles pussent vider à la fois et en un jour toutes leurs querelles!

Ce qui me frappe le plus dans les affaires de ce monde, ce n'est point la part qu'y prennent les grands hommes, mais plutôt l'influence qu'y exercent souvent les moindres personnages de l'histoire[1].

Quand je considère la révolution française, je suis étonné de la grandeur immense de l'événement, de son éclat qui s'est fait voir jusqu'aux extrémités de la terre, de sa puissance qui a remué plus ou moins tous les peuples.

---

[1] Variante : C'est moins le génie de ceux qui ont servi la Révolution en la voulant, que l'imbécillité singulière de ceux qui l'ont faite sans la vouloir.

Je contemple ensuite cette cour qui a eu tant de part à la révolution, et j'y aperçois les plus minimes tableaux que puisse montrer l'histoire : un roi qui n'a de grandeur que par des vertus qui ne sont pas celles d'un roi ; des ministres étourdis ou bornés ; des prêtres débauchés ; des courtisans téméraires ou cupides ; des femmes futiles, qui tiennent dans leurs mains les destinées de l'espèce humaine. Je vois cependant que ces petits personnages facilitent, poussent, précipitent ces événements immenses. Ils n'y prennent pas seulement part : ils y sont plus que des accidents. Ils deviennent presque des causes premières. Et j'admire la puissance de Dieu auquel il suffit de leviers si courts pour mettre en mouvement la masse des sociétés humaines.

CHAPITRE VI

Presque toutes les institutions du moyen âge avaient eu un caractère d'audace et de vérité. C'étaient des lois imparfaites mais sincères. L'astuce ne s'y rencontrait pas plus que l'art. Elles donnaient toujours tous les droits qu'elles semblaient, promettre. En même temps qu'on avait appelé le tiers état à faire partie des assemblées générales de la nation, on lui avait accordé une faculté illimitée d'y exprimer ses plaintes et d'y porter ses requêtes. Dans les villes qui devaient envoyer des députés aux états généraux, le peuple entier était appelé à dire son avis sur les abus à réprimer et sur les demandes à faire. Personne n'était exclu du droit de se plaindre, et chacun pouvait exprimer à sa manière son grief. Les moyens étaient aussi simples que le procédé politique était hardi. Jusqu'aux états de 1614, on voyait dans toutes les villes, et même à Paris, un grand coffre établi sur la place publique, en forme de tronc, destiné

à recevoir les mémoires et avis de tous, dont une commission de l'hôtel de ville était chargée de faire le
triage et l'examen. De toutes les réclamations diverses
se formait un mémoire qui exprimait le grief public
et la plainte de chacun.

La constitution physique et sociale de ce temps avait
des fondements si solides et si profonds, que cette sorte
d'enquête populaire pouvait se faire sans l'ébranler. Il
ne s'agissait point de changer le principe des lois,
mais seulement de les redresser. Ce qu'on appelait
d'ailleurs alors le tiers état, c'étaient les bourgeois
de quelques villes. On pouvait laisser au peuple des
villes une liberté entière d'exprimer leurs griefs, parce
qu'il n'était pas en état d'obtenir par la force qu'on
y fît droit; on laissait sans inconvénient à ceux-là
l'usage de la liberté démocratique, parce que partout
ailleurs l'aristocratie régnait sans conteste. Les sociétés
du moyen âge étaient des corps aristocratiques qui
contenaient seulement (et c'est en partie ce qui fit
leur grandeur) de petits fragments de démocratie.

En 1789, le tiers état, qu'il s'agissait de représenter aux états généraux, ne se composait plus seulement de bourgeois des villes, comme cela était encore
en 1614, mais de vingt millions de paysans répandus
sur toute la surface du royaume. Ceux-là ne s'étaient
jamais jusque-là occupés d'affaires publiques; la vie
politique n'était même pas pour eux le souvenir acci-
dentel d'un autre âge. C'était, de tous points, une nouveauté.

Cependant à un certain jour les habitants de chacune des paroisses rurales de France, rassemblés au son des cloches sur la place publique, à la porte de l'église, se mirent, pour la première fois, depuis le commencement de la monarchie, à conférer ensemble pour composer ce qu'on appelait le cahier de leurs doléances.

Dans tous les pays où les assemblées politiques sont élues par le suffrage universel, il ne se fait pas d'élection générale qui n'agite profondément le peuple, si la liberté de voter n'est pas un mensonge. Ici ce n'était pas seulement le vote universel. C'était la délibération et l'enquête universelles. Et ce qu'on discutait, ce n'était point un usage particulier, une affaire locale : on demandait à chaque membre d'une des plus grandes nations du monde, ce qu'il avait à dire contre toutes les lois et toutes les coutumes de son pays. Je pense qu'un pareil spectacle ne s'était pas encore vu sur la terre.

Tous les paysans de France se mirent donc, en même temps, à rechercher entre eux, et à récapituler ce dont ils avaient pu avoir à souffrir jusque-là, et ce dont ils avaient à se plaindre. L'esprit de la Révolution qui agitait les bourgeois des villes, se précipita aussitôt par mille canaux, et acheva de s'introduire dans cette population agricole, ainsi remuée dans toutes ses parties, et la pénétra jusqu'au fond; mais il ne s'y montra pas entièrement le même : il y prit une forme particulière et mieux appropriée à ceux qu'il venait animer. Là il s'était agi surtout de droits à acquérir. Ici l'on s'occupait principalement de besoins à satisfaire. Toutes les grandes théories générales et abstraites qui remplissaient l'esprit des classes moyennes, prenaient ici des formes arrêtées et précises.

Après que ces paysans furent venus à se demander les uns aux autres ce dont ils avaient à se plaindre, ils ne s'occupèrent point de la balance des pouvoirs, des garanties de la liberté politique, des droits généraux de l'homme et du citoyen. Ils s'arrêtèrent d'abord à des objets plus particuliers et plus proches d'eux, dont chacun venait d'avoir à souffrir. L'un songeait à la redevance féodale qui lui avait enlevé la moitié des grains de son année ; l'autre à la corvée qui l'avait forcé la veille de donner son temps sans salaire. Celui-ci se rappelait les pigeons du seigneur qui avaient dévoré sa semence avant qu'elle ne germât ; celui-là, les lapins qui avaient brouté ses blés en herbe. A mesure qu'ils s'animaient les uns les autres par le récit détaillé de leurs misères, il leur paraissait davantage que tous ces maux divers venaient moins des institutions que d'un seul homme qui les appelait encore ses sujets, quoiqu'il eût cessé depuis longtemps de les gouverner ; qui n'avait que des priviléges sans obligations et qui ne conservait de ses droits politiques que celui de vivre à leurs dépens ; et ils s'accordaient de plus en plus à considérer celui-là comme l'ennemi commun.

La Providence qui sans doute voulait donner en leçon au monde le spectacle de nos passions et de nos malheurs, permit qu'il survint, au moment où la révolution commençait ainsi, une grande disette et un hiver phénoménal. La récolte de 1788 fut insuffisante et les premiers mois de l'hiver de 1789, le froid sévit avec une rigueur inouïe ; une gelée, pareille à celle qui se fait sentir dans l'extrême nord de l'Europe, durcît la terre à une grande profondeur. Pendant deux mois toute la France disparut sous une couche épaisse de neige, comme les steppes de la Sibérie. L'air fut glacé ; le ciel devint terne et triste ; cet accident de la nature acheva de donner un caractère âpre et violent aux passions des hommes. Tous les griefs qu'on pouvait avoir contre les institutions et ceux qui les appliquaient, furent encore plus amèrement sentis au milieu des souffrances que la disette et le froid faisaient éprouver ; et quand le paysan quittait son foyer à peine allumé, laissant une demeure froide et nue, une famille affamée et transie, pour aller rechercher avec ses pareils ce qu'il avait à redire à sa condition, il n'avait pas de peine à découvrir la cause de tous ses maux et il lui semblait qu'il lui était facile, s'il l'eût osé, d'en désigner du doigt l'auteur.

CHAPITRE VII

Deux questions avaient divisé les classes : celle du doublement du tiers, et celle du vote en commun. La première était tranchée ; la seconde était ajournée. Cette grande assemblée que chacun avait considérée à part comme le seul moyen de réaliser ses espérances, et que tous avaient réclamée avec la même ardeur, allait se réunir. L'événement avait été longtemps attendu. Jusqu'au dernier moment il était resté douteux. Il arrivait enfin. Chacun sentait qu'on passait de la préparation à l'œuvre, de la parole à l'acte.

A cet instant solennel chacun s'arrêta et considéra la grandeur de l'entreprise : assez près de l'acte pour entrevoir la portée de ce qu'on va faire, et pour mesurer l'effort que l'œuvre va demander à tous.

Nobles, prêtres, bourgeois, aperçoivent alors clairement qu'il ne s'agit point de modifier telle ou telle de nos lois, mais de les remanier toutes, d'y introduire un nouvel esprit, de donner à toutes de nouveaux objets et une nouvelle allure. Personne ne sait encore précisément ce qu'on va détruire, ce qu'on va créer ; mais chacun sent que d'immenses ruines vont se faire, que d'immenses constructions vont s'élever. Là ne s'arrête point la pensée. Personne ne doute que la destinée du genre humain ne soit intéressée dans ce qu'on est près d'accomplir.

Aujourd'hui que le malheur des révolutions nous a rendus humbles au point de nous croire nous-mêmes indignes de la liberté dont jouissent d'autres peuples, il serait difficile d'imaginer jusqu'où allait l'orgueil de nos pères. Quand on lit ce qui s'écrivait dans ce temps-là, on s'étonne de l'immense opinion que les Français de tous les rangs avaient alors conçue de leur pays et de leur race. Parmi tous ces projets de réforme qui viennent d'éclore on n'en trouve presque aucun où l'on daigne imiter ce qui se passe à l'étranger.

Il ne s'agit pas de recevoir des leçons de la constitution anglaise, ni d'emprunter des exemples à la démocratie américaine. On ne veut rien imiter, ni rien faire qui ne soit nouveau : on fera autrement et mieux que personne ; la confiance des Français en eux-mêmes et dans la supériorité de leur raison est sans bornes ; grande cause de leurs erreurs mais aussi de leur admirable élan.

Et ce que l'on fait seuls on le fait pour tous. Il n'y avait pas un Français qui ne fût convaincu qu'on allait, non pas seulement changer le gouvernement de la France, mais introduire dans le monde de nouveaux principes de gouvernement, applicables à tous les peuples de la terre, et destinés à renouveler la face entière des affaires humaines. Chacun croyait tenir dans ses mains non-seulement le sort de son pays, mais celui même de son espèce.

Tous pensaient alors qu'il n'existe pour les hommes, quels qu'ils soient, qu'une seule bonne manière de se gouverner, et que la raison l'indique. Les mêmes institutions conviennent à tous les pays et à tous les peuples ; tout ce qui n'est pas ce gouvernement approuvé par la raison de l'homme doit être détruit et remplacé par les institutions logiques que les Français d'abord et après eux le genre humain vont adopter.

La grandeur d'une telle entreprise, sa beauté, ses hasards, saisirent l'imagination de tous les Français et les ravit. En présence de cet immense objet, chaque individu s'oublia un moment complétement lui-même. Ce ne fut qu'un moment ; mais je doute qu'il s'en soit jamais rencontré un pareil dans la vie d'aucun peuple.

Les classes éclairées n'avaient rien alors de ce naturel craintif et servile que leur ont donné les révolutions. Il y avait longtemps qu'elles ne craignaient plus le pouvoir royal, et elles n'avaient pas encore appris à trembler devant le peuple. La grandeur de leur dessein acheva de les rendre intrépides. Les réformes accomplies avaient déjà créé des maux individuels ; on s'y résignait. Les réformes inévitables altéraient la condition de milliers d'hommes ; on n'y pensait point.

L'incertitude de l'avenir avait déjà ralenti les mouvements du commerce et paralysé les efforts de l'industrie : ni la gêne ni la souffrance n'éteignaient l'ardeur. Toutes ces misères particulières se perdaient et disparaissaient, aux yeux mêmes de ceux qui les enduraient, dans la grandeur immense de l'entreprise commune.

Le goût du bien-être, qui devait finir par maîtriser tous les autres goûts, ne fut alors qu'une passion subalterne et impuissante. On courait après des jouissances plus hautes. Chacun était décidé, au fond de son cœur, à payer de sa personne le succès d'une si grande cause et à n'y marchander ni son temps, ni son bien, ni sa vie.

Hâtons-nous de parler des fières vertus de nos pères; car nos contemporains, qui déjà sont incapables de les imiter, seront bientôt incapables de les comprendre.

La nation, dans toutes ses classes, voulait alors être libre. Douter qu'elle fût en état de se gouverner elle-même eût paru une étrange insolence, et, sans doute, nul rhéteur n'eût osé lui dire qu'il fallait, pour son bonheur, la mettre en tutelle et lui lier les mains de peur qu'elle ne s'en déchirât. Pour écouter un tel langage, il faut que les peuples soient réduits à une moindre idée d'eux-mêmes.

Les passions qui venaient de mettre si violemment les classes aux prises, semblèrent elles-mêmes tout à coup s'attiédir, à cette heure où pour la première fois depuis deux siècles elles allaient avoir à agir ensemble. Toutes avaient demandé avec la même ardeur le retour de la grande assemblée qui naissait. Chacune à part y avait vu le moyen de réaliser ses plus chères espérances. Ces états-généraux si impatiemment attendus s'assemblaient enfin ! Une joie commune remplit tous les cœurs si divisés, et les rapprocha un moment avant qu'ils se séparassent pour jamais.

Les périls de la désunion frappèrent en ce moment tous les esprits. On fit un effort suprême pour s'entendre. Au lieu de chercher par où l'on différait, on ne considéra que ce que l'on voulait ensemble :

Détruire le pouvoir arbitraire, remettre la nation en possession d'elle-même, assurer les droits de chaque citoyen, rendre la presse libre, la liberté individuelle inviolable, adoucir les lois, raffermir la justice, garantir la tolérance religieuse, abolir les entraves du travail et de l'industrie humaine : voilà ce que l'on avait demandé de concert. On se le rappelait : on s'en félicitait ensemble.

Je ne crois pas qu'à aucune époque de l'histoire on ait vu, sur aucun point de la terre, un pareil nombre d'hommes si sincèrement passionnés pour le bien public, si réellement oublieux d'eux-mêmes, si absorbés dans la contemplation de l'intérêt commun, si résolus d'y hasarder ce qu'ils ont de plus cher dans la vie. C'est ce qui fit la grandeur incomparable de ces premiers jours de 1789. C'est le fond commun de passions, de courage et de dévouement, dont toutes les grandes actions qui vont remplir la Révolution sont sorties.

Ce spectacle fut court; mais il ne sortira jamais de la mémoire des hommes. Ce n'est pas seulement l'éloignement où nous en sommes qui nous le fait paraître grand. Il parut tel à tous les contemporains. Toutes les nations étrangères le virent ; toutes l'applaudirent. Toutes s'en émurent. Ne cherchez point s'il n'existe pas un coin si retiré de l'Europe où il ne fût aperçu et où il ne fît naître l'admiration et l'espérance : il n'y en a pas. Parmi cette foule de mémoires que les contemporains de la Révolution nous ont laissés, je n'en ai jamais rencontré un seul où la vue de ces premiers jours de 1789 n'ait laissé une trace ineffaçable. Partout elle communique la netteté, la vivacité et la fraîcheur des émotions de la jeunesse.

J'ose dire qu'il n'y a qu'un peuple sur la terre qui pût donner un tel spectacle. Je connais mon pays. Je ne vois que trop bien ses erreurs, ses fautes, ses faiblesses et ses misères. Mais je sais aussi ce dont il est capable. Il y a des entreprises que seule la nation française est en état d'accomplir, des résolutions magnanimes que seule elle ose concevoir. Seule elle peut à un certain jour prendre en main la cause commune et combattre pour elle. Et si elle est sujette à des chutes profondes, elle a des élans sublimes qui la portent tout à coup jusqu'à un point qu'aucun autre peuple n'atteindra jamais.....

NOTES ET PENSÉES

SE RAPPORTANT A L'OUVRAGE

L'ANCIEN RÉGIME ET LA RÉVOLUTION

NOTES SUR LE MARQUIS DE MIRABEAU
(L'AMI DES HOMMES)
ET SUR TURGOT[1]

SUR LE MARQUIS DE MIRABEAU

Ce qu'il y a de plus curieux en lisant les ouvrages du marquis de Mirabeau, c'est de voir les idées qui naissent de l'égalité et que la révolution sociale amène, pénétrant à l'insu de l'homme au milieu d'une foule de préjugés aristocratiques, d'orgueil et d'insolence no-

---

[1] On donne ces notes comme spécimen d'une multitude de notes analogues trouvées parmi les manuscrits de Tocqueville, sur les hommes, écrivains ou hommes d'État qui ont marqué dans la Révolution française : tels que Mirabeau, la Fayette, Sièyes, Mounier, Pétion, Barnave, Rabaud Saint-Étienne, Thibaudeau, Fiévée, Mallet du Pan, Montlosier, etc., etc., et les économistes, tels que Quesnay, Mercier de la Rivière, l'abbé Bodeau, Dupont de Nemours, Letrône, etc., etc.

biliaire qui remplissent la tête de l'auteur, et prenant
là les formes bizarres et inattendues que leur donne un
lieu si peu préparé à les contenir.

Rien de plus singulier que cette invasion des idées
démocratiques dans un esprit féodal. . . . . . .

. . . .

Mémoire sur les États provinciaux, publié en 1750. J'y
trouve cette pensée de César : « L'humanité entière est faite
pour servir à un petit nombre... » Je ne sais quand ni où
César a exprimé cette pensée, qui allait bien même au chef
du parti démocratique dans une société à esclaves...

Page 81. Tableau remarquable de l'administration des
communes dans les pays d'états.

Ce sont là des institutions et des mœurs libres ! Qu'est-
ce qui subalternisait, aux yeux du public, tout à la fois
l'objet de cette administration et ceux qui s'en occupaient,
et rendait presque ridicule l'importance même qu'elle
donnait ? L'absence d'un gouvernement libre, formant
l'aboutissant naturel de la liberté locale. Il n'y a que la
liberté politique qui relève celle-ci et lui donne de la
grandeur. L'idée de ne faire vivre la liberté qu'en bas,
sans la mettre en haut, est aussi absurde que celle de
la faire vivre en haut, sans la placer aussi en bas.

Jalousie nobiliaire contre la richesse :

« Deux choses, dit le marquis de Mirabeau, attirent le
respect : la naissance et les emplois. On pourrait y joindre la
richesse, mais seulement en temps d'anarchie. Dans tout État
bien policé, les richesses n'auront davantage qu'une posses-

sion tranquille, l'aisance et les agréments de la vie, jamais de considération (p. 89). »

Un noble du quatorzième siècle n'eût pas dit cela. Un noble anglais du dix-huitième ne l'aurait pas dit non plus. Dans le premier cas le noble était le riche. Dans le second, le riche devenait noble. C'est l'ordre naturel et nécessaire. La séparation durable de la noblesse et de la richesse est une chimère qui aboutit toujours après un certain temps à la destruction de la première ou à l'amalgame des deux.   .   .   .   .   .   .

.   .   .   .

Voyez comment parlaient du peuple ses défenseurs. Le marquis de Mirabeau faisant le résumé de son livre, formule cette maxime : qu'il faut au peuple, considéré *comme bête de somme*, sa charge et son entretien ; et que la politique la plus dure et la plus intéressée doit avoir soin des pauvres (p. 252).

Ce que le marquis de Mirabeau tient de sa naissance, des traditions de sa classe :

L'idée de la noblesse, moins encore comme aristocratie que comme caste.

« Le prince peut admettre au corps de noblesse ceux des hommes nouveaux qui se sont distingués par des services militaires ; mais s'il prétend que sa patente puisse accorder cette distinction pour service rendu dans un autre ordre, et attribuer à cette patente un autre effet que d'en-

registrer les adeptes comme notables en telle ou telle profession, il viole *une loi constitutive* et hors de son atteinte. »
(*États provinciaux p.* 44). Ainsi donc la noblesse est un
droit de naissance seulement, la richesse est secondaire; elle
n'est point nécessaire à celle-ci. Le marquis de Mirabeau a
même une sorte de colère habituelle contre la richesse, qui
lui suggère des idées presque socialistes comme celle-ci : « La
richesse privée n'est qu'une violation des droits de la confra-
ternité. En conséquence la richesse *seule* marque les rangs
avec le crayon de l'injustice... (Id., p. 54.) » La noblesse est
surtout à ses yeux une caste militaire.

*Ce que le marquis de Mirabeau prend à son siècle et aux
économistes :*

« Égalité des hommes reconnue et prêchée au milieu des
principes de l'inégalité sociale, » ce qui le conduit à cet
axiome : « Jamais le mélange des États et toujours celui des
sentiments. » Il prononce le mot de *fraternité*, devenu sa-
cramentel quarante ans après, lequel mot il modifie, il est
vrai : « La fraternité, avec le commandement comme droit
d'aînesse pour les gentilshommes. (Id., p. 7.) »

« Aucun droit général reconnu aux hommes de se gouverner eux-mêmes. Intérêt bien entendu qui oblige le souverain
à s'occuper des pauvres et des petits.

« Idée de la toute-puissance du gouvernement pour transformer les hommes à son gré.

« Point de fermes pour les impôts, suppression des impôts indirects. Tous les autres levés par les localités elles-
mêmes.

« Il n'y a d'accablant que les impôts indirects. C'est la
terre qui doit porter directement l'impôt.

« Liberté du commerce intérieur et extérieur.

« Point de créations de charges et d'offices ; pas d'emprunts.

« Régénération dans les lois, les habitudes et les règlements.

« Le roi peut sans danger être novateur.

« Le roi, dit le marquis de Mirabeau (5ᵉ *partie, page* 87), règne de fait sur les biens et sur la vie, mais encore sur les opinions. En aucun temps du monde, toutes les conditions renfermées dans cette définition ne se sont trouvées réunies en faveur d'un gouvernement, dans quelque état de société qu'on puisse avoir subsisté, comme elles le sont aujourd'hui en France (1758) : La nation entière semble avoir identifié ses intérêts, sa gloire, ses notions enfin en tout genre en une seule personne, le roi. Justice, police, finances, commerce, places, artilleries, villes, bourgs, hameaux, territoires, habitants, tout est au roi... »

Tout ceci écrit trente ans avant la Révolution. Il se sert de cet argument pour prouver que le gouvernement peut tout essayer, sans périls, en fait d'améliorations. Quelle confiance d'une part ces cent cinquante ans de soumission, et de l'autre les progrès de l'autorité royale et l'absence de toute expérience de liberté politique avaient donnée ! La peinture du siècle, vu d'une certaine manière, est juste ; le progrès qu'il signale, vrai. Seulement il faut mettre, au lieu du roi, le gouvernement, l'État. L'action plus grande, plus étendue, plus détaillée du gouvernement sur les affaires et même les idées était vraie. Mais c'était un signe de centralisation et de démocratie, non de stabilité.

Manière de coloniser des Français; caractère national.

« Un gouverneur, dit le marquis de Mirabeau, un intendant se prétendant tous deux les maîtres et jamais d'accord ;
un conseil pour la forme. Gaieté, libertinage, légèreté, va-
nité ; force fripons, très-rarement d'honnêtes gens, souvent
mécontents, et presque toujours inutiles. Au milieu de tout
cela des héros faits pour faire honneur à l'humanité, et d'assez mauvais sujets capables, dans l'occasion, de traits d'héroïsme. Le vol des cœurs, pour ainsi dire, et le talent de
l'amitié des naturels du pays. De belles entreprises, jamais de
suite. Le fisc qui serre l'arbre naissant, et déjà s'attache aux
branches. Le monopole dans toute sa pompe : voilà nos colonies (*page* 126). »

On croirait voir l'Algérie. Le seul trait qui manque
est l'activité stérile et tracassière de l'administration
civile.

Colonie du Canada.

« La terre, dit le marquis de Mirabeau, était excellente
dans sa production; la mer la plus poissonneuse qui soit
au monde ; le commerce des pelleteries tout neuf et si abondant qu'on n'en savait que faire. Ils se déterminèrent en
braves Français. Ils prirent tout, et tout de suite furent plus
loin pour voir s'il n'y avait pas encore quelque chose de
meilleur. Ils étaient sept. L'un demeure en Terre-Neuve et
dit : « Malgré les brouillards je tiens ici, et toute la pêche est
« à nous. » Deux en Acadie, qui bientôt se battirent entre
eux, à cause qu'ils étaient trop serrés; les quatre autres furent se poser à Québec, dont l'un fut à plein-pied par le
plus beau chemin du monde s'établir dans la baie d'Hudson;
deux autres, pour prendre l'air, remontèrent le fleuve pendant
quelques vingt, trente ou quarante jours, jargonnèrent avec

les sauvages et leur demandèrent des nouvelles, les filoutè-
rent de leur mieux, furent à la chasse des hommes avec les
premiers qui les en prièrent sans leur demander pourquoi
et seulement pour se désennuyer, fichèrent quatre bâtons en
terre qu'ils appelèrent *forts*, partout où il leur parut que
s'assemblait la bonne compagnie, et surtout plantèrent force
poteaux où ils eurent soin d'écrire avec du charbon : *De par
le roi.* » (Id., p. 126.)

Morceau charmant et, sous son air de plaisanterie,
plein de vérité et de profondeur.

————

SUR TURGOT

C'est bien moins dans le mal que fait l'arbitraire
qu'on peut juger de l'étendue de l'arbitraire que dans
le bien qu'il produit, parce que celui qui fait le mal le
cache et que l'auteur du bien le met en lumière.

. . . .

En général, Turgot, avec le caractère particulier de
ses grandes qualités de cœur et d'esprit, me paraît un
peu de la race administrative que nous connaissons :
goût de l'ordre, de l'uniformité, de l'égalité sous la
main de l'administration. Hostilité contre tous les priviléges et en général contre tout ce qui gêne une administration bien intentionnée; la vertu publique poussée
seulement jusqu'à vouloir un gouvernement juste, égal,
actif, prévoyant, bienveillant, se mêlant un peu de

tout, mais n'allant pas jusqu'à vouloir un gouvernement libre ; l'idéal du fonctionnaire dans une société
démocratique soumise à un gouvernement absolu. Rien
de plus... c'est seulement un père très-supérieur à ses
enfants... famille des économistes.

*Répugnance de la population pour la milice. Recrutement
forcé. Exceptions.*

Les exceptions de tirage qu'on *a été*, dit Turgot, *forcé
d'accorder et d'étendre depuis le gentilhomme jusqu'à
son valet*, ne font que rendre le fardeau doublement
cruel en le rendant ignominieux et en faisant sentir
qu'il n'est réservé qu'aux dernières classes de la société.

Turgot trouve ce système d'exemption naturel et
même juste... Ce qui est remarquable, c'est que parmi
les misères de la condition du soldat, Turgot lui-même
ne place pas l'impossibilité d'avancer, qui est cependant
la seule chose qui rende le métier intolérable pour
l'homme des classes bien élevées et aisées. L'idée de
cette possibilité ne semble pas se présenter à son esprit.

Avec cette constitution de l'armée qui n'était guère
qu'une suite nécessaire de la constitution même de la
société, il n'y avait qu'un système tolérable, celui de
l'enrôlement volontaire ; et c'est celui qui se pratiqua
jusque sous Louis XIV. Alors on a rendu le service militaire obligatoire sans rien changer à la constitution de
l'armée : ce qui faisait porter un poids nouveau et très-
lourd sur le peuple. Je crois me rappeler que Frédéric,
établissant les levées forcées, avait introduit quelques

tempéraments. D'ailleurs une partie de ses sujets étaient encore serfs, et l'état militaire était la liberté pour ceux-là...

Ce qui caractérise le peuple en France, c'est d'une part la liberté civile et la propriété ; de l'autre le poids de toutes les charges de la société, l'abandon des classes éclairées, l'arbitraire du gouvernement et la sujétion : c'est-à-dire la possession qui rend la privation de tout ce qui manque insupportable, et la meilleure préparation aux révolutions...

Octroi des villes. « Comme les droits d'octroi, dit Turgot, sont toujours accordés sur la demande des corps municipaux (lesquels n'étaient plus électifs mais composés d'acheteurs d'offices) et comme le gouvernement, occupé de toute autre chose, a presque toujours adopté sans examen les tarifs qui lui étaient proposés, il est arrivé presque partout qu'on a chargé par préférence les denrées que le peuple consomme, et exempté de l'impôt celles qui sont à l'usage des bourgeois.» (T. VII, p. 394.)

Ainsi les villes, représentées par des bourgeois nommés par le gouvernement, font porter le poids principal des droits d'octroi sur *le bon peuple :* contrairement à l'opinion qu'en France le gouvernement a été le tuteur du peuple. La vérité est que le gouvernement ne s'est occupé que de la bourgeoisie, presque jamais du peuple, et toujours dans des vues égoïstes de l'un et de l'autre...

Au lieu d'être amené à la pensée qu'il faudrait donner de l'importance à ce peuple si maltraité, afin

que peu à peu l'intérêt même des classes supérieures
fût d'écouter ses plaintes et de le ménager, Turgot ne
conçoit que l'idée de faire remettre dans les mains de
l'intendant de chaque province tous les titres relatifs
aux droits d'octroi. (*Id.*) . . . .

. . . .

Administration publique : « Secours aux pauvres, non levés
et administrés sur les lieux, comme en Angleterre, par les
classes éclairées de la société, mais accordés par le gouvernement central et répandus par ses agents. Progrès de la centralisation au sein de la diversité et des priviléges de l'aristocratie...

« Le roi décide (ministère de Turgot) que chaque année il
sera accordé aux différentes provinces des fonds pour soulager les habitants des villes et des campagnes les moins aisés,
en leur offrant du travail. Les intendants doivent constater
les besoins, répartir avec justice les fonds qui auront été
accordés, fixer la somme pour chaque canton, le nombre d'a-
teliers, le genre d'ouvrage de chaque atelier, le lieu des
travaux, etc. » (Œuvres de Turgot, t. VII, p. 241, 254.)

Nous sommes ici transportés d'un bond dans tous les
procédés et principes du système administratif moderne,
même poussé jusqu'à ses absurdités et ses excès. Mais
comment faire quand le peuple est ignorant, pauvre et
indolent, et que les classes éclairées et riches se trouvent à l'écart ? Il est vrai que Turgot, pas plus que les
autres, n'a l'idée de les appeler.

Dans l'instruction adressée aux subdélégués pour l'é-
tablissement et la régie des ateliers de charité au sein

des campagnes, Turgot, comme dans plusieurs autres
circonstances, fait grand usage des curés. Quand l'aristocratie est détruite, indifférente ou absente, et que le
gouvernement n'a pas encore eu l'art et le temps d'y
suppléer partout par ses propres agents, le curé qui
par sa naissance est du peuple et par son éducation au-
dessus du peuple, est un instrument de gouvernement
qui se présente naturellement. Voyez l'instruction donnée
à tous les curés du royaume à propos des émeutes sur
les grains. (T. VII, p. 281.)

Mémoire de Turgot sur les municipalités (1775).

« On a, dit-il, beaucoup trop employé, en matières graves,
cet usage de décider ce qu'on veut faire, par l'examen et
l'exemple de ce qu'ont fait nos ancêtres, dans des temps que
nous convenons nous-mêmes avoir été des temps d'ignorance
et de barbarie... Il ne faut que bien connaître les droits et
les intérêts des hommes... »

On dirait que les hommes n'ont pas de passions ! Mépris
singulier de la tradition et de la sagesse des ancêtres !
Confiance en soi, même chez les gens pratiques (Turgot
avait été trente ans dans les affaires); absence de l'idée
que ce qui existe a des raisons d'exister et ne peut être
changé qu'avec lenteur et précaution.

« Votre Majesté, tant qu'elle ne s'écartera pas de la justice, peut se regarder comme législateur absolu et compter
sur sa bonne nation pour exécuter ses ordres ! » (*Id.*, t. VII,
p. 389.)

L'idée d'une Révolution, même d'une désobéissance,

d'une résistance, est absente des esprits ! Cette bonne
nation avait cependant fait la Jacquerie, les massacres
des Maillotins, la Saint-Barthélemy et la Ligue ! et ce
qu'il y a de plus résistant et de plus permanent dans les
choses humaines, c'est le tempérament national. On
ne savait pas cela. Cent quatre-vingts ans de repos et
d'obéissance passive avaient fait oublier l'histoire, même
aux lettrés. Aucune des petites agitations de la liberté
ne leur avait fait concevoir les effets possibles des grandes. Chez les peuples libres on craint les Révolutions
quand souvent elles ne sont pas à craindre. Dans les
gouvernements absolus, on ne les redoute pas encore la
veille du jour où elles arrivent.

« Les ministres, dit Turgot, ne peuvent promettre à Votre
Majesté, ni se promettre à eux-mêmes de bien connaître la
situation de la nation, ses besoins, ses facultés ; les intendants
ne le peuvent guère plus ; les subdélégués, que ceux-ci
nomment, ne peuvent même que très-imparfaitement y parvenir, pour la petite étendue confiée à leurs soins. » (T. VII,
p. 389.)

Ce que Turgot dit là, d'une manière générale, est vrai
surtout du peuple. Il est impossible de connaître ce qui
se passe dans les classes inférieures quand on ne leur
laisse pas le moyen de le faire savoir elles-mêmes. Il y
a si peu de contact véritable entre elles et les hautes
classes, que, quand le peuple n'a pas de moyens de
faire connaître son esprit, ses besoins, ses passions, ses
intérêts par des élections, par des corps intermédiaires,
des pouvoirs locaux, les classes élevées peuvent le tou-

cher pendant des siècles, sans le pénétrer jamais, et autant ignorer ce qui se passe dans son esprit que si elles en étaient séparées par tout le diamètre de la terre.

« On a eu autrefois, dit Turgot, la mauvaise politique d'empêcher les communes de se cotiser pour faire les travaux publics qui peuvent les intéresser. La raison pour laquelle on s'opposait à ces dépenses particulières des communes, était la crainte qu'elles n'eussent plus de peine à acquitter les impôts. Cette raison est aussi mauvaise qu'ignoble; il est clair que les communes, en faisant ce qu'elles reconnaissent leur propre avantage, se mettent plus à l'aise et augmentent par conséquent la faculté de payer. » (T. VII, p. 420.)

Le trésor public jaloux des ressources communales! L'État arrêtant la civilisation de peur de diminuer la rentrée de l'impôt!

Ainsi non-seulement la classe agricole était isolée des autres classes, mais en lui interdisant toute action, on tenait encore isolés les uns des autres les éléments homogènes qui la composaient!

Plan de Turgot pour l'organisation des municipalités.

Ce plan peut se résumer ainsi :

1° Pas de corps municipal proprement dit. Une assemblée composée de tous ceux qui ont dans la paroisse six cents francs de revenu net, et des représentants nommés par les petits groupes qui, en se réunissant, représentent six cents francs de revenu net. (Turgot appelle ceux-ci des citoyens fractionnés.)

2° D'un syndic ou maire élu annuellement (ni nommé ni

accepté par le roi), mais dont la fonction se bornerait à veiller au maintien de l'ordre, à exposer la délibération et à recueillir les voix. (T. VII, p. 456.)

3° Un greffier pour tenir les registres, également élu.

L'idée de la séparation du pouvoir exécutif et du pouvoir délibératif, d'une assemblée arrêtant une mesure, et d'un fonctionnaire chargé seul de l'exécution ; ces idées, qui nous paraissent si simples, étaient absentes de la tête des Français de ce temps, même, comme on voit, de celle des administrateurs qui auraient pu si facilement les apercevoir...

On doit remarquer : 1° que l'organisation municipale de Turgot est démocratique ou du moins anti-nobiliaire, puisqu'elle n'introduit les nobles et les prêtres dans l'assemblée municipale que comme notables et ne leur donne aucun rôle à part. Ces assemblées ne sont point des états et le principe des ordres y est étranger ;

2° Qu'à un autre point de vue, elle est très-aristocratique, puisqu'elle fait reposer tous les droits sur la fortune seule et tient le cens très-haut (600 livres de revenu) ;

5° Qu'elle ne prévoit rien sur les rapports de la commune ainsi constituée avec le pouvoir central ; probablement parce qu'il entend laisser subsister tous les principes de la tutelle administrative, et aussi parce qu'il n'aperçoit pas que la commune ainsi constituée doive offrir au gouvernement des difficultés que l'ancien système ne pouvait faire prévoir...

Le pouvoir absolu détériore tout le monde : le vulgaire, en lui donnant l'âme de la servitude; et les hommes supérieurs, en privant leur esprit de l'expérience que la liberté donne.

« Toutes les villes (continue Turgot) ont déjà une sorte d'administration municipale : ce qu'on appelle un prévôt des marchands, ou un maire, des échevins, des syndics, des jurats, des consuls, ou telle autre espèce d'officiers municipaux. Dans quelques villes ces officiers achètent leurs places; dans d'autres ils sont, sans finance, à la nomination de Votre Majesté; dans d'autres, on élit plusieurs sujets entre lesquels le roi choisit; dans d'autres, l'élection suffit. Dans certaines, ces officiers sont à terme; dans d'autres, à vie; dans d'autres, héréditaires. Il n'y a d'uniforme qu'un esprit réglementaire qui tend à isoler chaque ville, bien occupée de son intérêt souvent mal entendu, bien disposée à y sacrifier les campagnes et les villages de son arrondissement. » (T. VII, p. 436.)

On voit que Turgot n'indique le système des officiers municipaux tenant leurs charges par offices, que dans quelques villes. Je crois pourtant, à en juger par les édits, que ce devait être le cas le plus général. Mais en somme, ce qui paraît le plus certain, c'est que nulle part la vie municipale n'existait à vrai dire, ne prenait sa source dans la masse et ne s'exerçait avec quelque liberté. Turgot semble croire que la commune était encore trop libre; d'abord, parce qu'il a l'esprit administratif, et, ensuite, parce que ce peu d'esprit local qui existait avait pris le caractère exclusif et étroit d'une coterie...

Observations sur le système de Turgot pour les assemblées provinciales (1775).

Chaque assemblée provinciale se composera des élus des arrondissements.

Elle aura dans ses attributions :

1° La répartition de l'impôt entre les arrondissements ;

2° Les travaux publics ;

3° L'élection d'un député à la municipalité royale (t. VII, p. 460.)

La municipalité royale se composera des députés envoyés et élus par chacune des assemblées provinciales. Sa fonction sera : la répartition de l'impôt entre les provinces. (La somme dont l'État a besoin ayant d'abord été fixée par le roi et déclarée par lui ou par son ministre à l'ouverture de l'assemblée.) Le roi comprendrait dans ce chiffre la valeur des travaux publics qu'il aurait jugé à propos d'ordonner et laisserait ensuite l'assemblée parfaitement libre de discuter, à la pluralité des voix, tels autres travaux publics qu'elle jugerait utiles, et d'accorder aux provinces tels secours ou tels soulagements qu'elle voudrait, à la charge d'en faire la répartition au marc la livre des autres impositions sur le reste du royaume (t. VII, p. 464).

Caractères communs à tout le système :

1° Tous les députés sont payés (excepté dans la paroisse);

2° Toutes les sessions sont limitées (celles de la municipalité royale à six semaines);

3° Toutes les assemblées ont le droit de demander au roi de faire les réformes qu'elles croiront utiles;

4° Si, par impossible, les assemblées municipales ne se portaient pas à demander ces réformes (cela n'était pas à craindre), « sire, dit Turgot au roi, vous n'en seriez pas moins le maître de les faire de votre seule autorité » (t. VII, p. 678);

5° Les paroisses, les arrondissements, les provinces peuvent se mettre en relation et en correspondance pour arriver à des résultats communs.

Observations sur tout le système.

1° Les difficultés qui peuvent s'élever dans l'exécution entre les différentes assemblées locales et le pouvoir administratif gouvernemental, ne semblent point aperçues. On ne sait pas dans quelle proportion les assemblées seront libres d'agir, de faire des travaux et des dépenses, d'adopter des mesures sous l'autorité de l'État; 2° comment et par qui elles feront exécuter les plans qu'elles auront conçus; 3° aucun commissaire du gouvernement ne paraît au milieu d'elles; l'intendant n'est pas nommé une seule fois : singulière omission de la part d'un ancien intendant. Cependant la vraie administration locale leur est remise. Toutes les affaires intérieures, relatives aux contributions, aux travaux publics, aux secours réciproques, à la charité nécessaire dans les paroisses et les provinces même, se trouveraient expédiées par les gens qui en seraient le mieux instruits, et qui, décidant de leur propre chose, n'auraient jamais à se plaindre de l'autorité (t. VII, p. 480).

2° La place même du gouvernement comme gouvernement, c'est-à-dire comme exécuteur des lois générales, n'est point marquée au milieu de tout ce système.

3° Le système ne s'applique qu'aux pays d'élection et non aux pays d'états. Cela peut aller encore quand il s'agit des municipalités de paroisse, d'arrondissement, de province. Mais pour la municipalité royale! que signifie cette représentation nationale des deux tiers seulement du royaume?

4° Mais ce qui confond (si Turgot a dit toute sa pensée), c'est qu'il croie faire une réforme administrative principalement destinée à faciliter la réforme de l'impôt et sa bonne répartition, et qu'il n'aperçoive pas qu'il commence une immense révolution qui change la constitution de l'État de fond en comble; que les assemblées de paroisses, d'arrondissements, de provinces deviendront des corps politiques dont on n'a pas eu l'idée jusque-là; que la municipalité royale, qui se sentira la représentation de toute ou de la plus grande partie de la nation, ne pourra être réduite longtemps à répartir un impôt qu'elle ne vote pas... une réforme si limitée et si timide si l'on considère son objet; si illimitée, si audacieuse en même temps, si on considère où elle conduit!... Ce qui confond, c'est de lui voir décider si vite un plan si nouveau dont les conséquences peuvent être infinies, en digérer si peu les idées, en proposer l'adoption immédiate sinon pour l'année courante, au moins pour l'année d'après (t. VII, p. 472), comme s'il ne s'agissait que d'une simple réforme administrative qu'on pût faire sans solennité. Enfin, ce qui confond, c'est la confiance et la tranquillité d'esprit avec lesquelles il termine son mémoire en disant :

« Au bout de quelques années, Votre Majesté aurait un peuple neuf et le premier des peuples. Au lieu de la corruption, de la lâcheté, de l'intrigue et de l'avidité qu'elle a trouvées partout, elle trouverait partout talents, vertus, le désintéressement, l'honneur et le zèle. Il serait commun d'être homme de bien ; votre royaume, lié dans toutes ses parties qui s'élargiraient naturellement, paraîtrait avoir décuplé ses forces. Il s'embellirait chaque jour davantage comme un fertile jardin ; l'Europe vous regarderait avec admiration et votre peuple vous aimerait avec une adoration sentie. » (T. VII, p. 682.)

Dix-huit ans après, Louis XVI... la France...

Pour se faire une idée de l'inexpérience politique de la nation, au moment de cette grande crise, de l'ignorance profonde de l'homme, des besoins, des passions, des vices, des faiblesses inhérentes à la nature de celui-ci (ignorance qui frappe encore plus dans ce siècle de lumière et de philosophie : car l'étude de l'homme était la grande étude du temps, et il semble qu'elle puisse, mieux qu'aucune autre, être faite par des philosophes spéculatifs) ; si l'on veut se faire une idée du mépris de la nation pour le passé et pour l'expérience des autres peuples, de son vain et confiant orgueil dans elle-même et dans ses idées ; si l'on veut comprendre la grandeur de ce qu'elle allait faire, et la légèreté et l'insuffisance de ceux qui l'entreprenaient, il ne faut pas voir le développement de toutes ces choses dans la foule, mais le considérer dans les hommes éminents et dans les hommes pratiques du temps tels que Turgot. On reste alors étonné en apercevant un accident si singulier et si effrayant de l'histoire de l'esprit humain.

NOTES ET PENSÉES

RELATIVES A UN OUVRAGE SUR LA RÉVOLUTION

DONT LE TITRE N'ÉTAIT PAS ENCORE ARRÊTÉ

ÉBAUCHE DU PLAN

LA RÉVOLUTION FRANÇAISE

ET

NAPOLÉON

Ce que je veux peindre, c'est cette grande Révolution dans laquelle Napoléon a joué un rôle principal ; la juger avec un esprit plus libre que ne l'ont fait jusqu'à présent ceux qui en ont parlé, et en profitant des lumières qui se répandent sur elle à mesure qu'elle dure : tableau qui peut être grand et original...

Bien saisir la physionomie française au milieu de cette Révolution générale, de cette phase de l'humanité ; ce que cette Révolution a emprunté au caractère national ; point de vue nouveau, si j'y apporte la liberté d'esprit dont je suis capable ; surtout aujourd'hui que désintéressé de mon temps et de mon pays, je n'ai aucune passion qui me porte à embellir ou à charger, et n'ai plus d'autre passion que de chercher le vrai et de le rendre...

Nous sommes encore trop près des événements pour en connaître les détails. Cela paraît singulier, mais est vrai. Les détails ne s'apprennent que par les révélations posthumes, contenues dans les *Mémoires*, et sont souvent ignorés, des contemporains. Ce qu'ils savent mieux que la postérité, c'est le mouvement des esprits, les passions générales du temps, dont ils sentent encore les derniers frémissements dans leur esprit ou dans leur cœur ; c'est le rapport vrai des principaux personnages et des principaux faits entre eux. Voilà ce que les voisins des temps racontés aperçoivent mieux que ne fait la postérité. Celle-ci doit faire l'histoire de détail. Les voisins de l'événement sont mieux placés pour en tracer l'histoire générale, les causes premières, le grand mouvement des faits, le courant des esprits dont les hommes placés trop loin ne se font plus d'idée, parce que ces choses ne peuvent s'apprendre dans les mémoires.

———

« Sorrente, décembre 1850.

« ..... Ce que je voudrais peindre, c'est moins les faits en eux-mêmes, quelque surprenants et grands qu'ils soient, que l'esprit des faits ; moins les différents actes de la vie de Napoléon, que Napoléon lui-même : cet être singulier, incomplet, mais merveilleux, qu'on ne saurait regarder attentivement sans se donner l'un des plus

curieux et des plus étranges spectacles qui puissent se
rencontrer dans l'univers.

« Je désirerais montrer ce que dans sa prodigieuse
entreprise il a tiré réellement de son génie et ce que lui
ont fourni de facilités l'état du pays et l'esprit du temps ;
faire voir comment et pourquoi cette nation indocile
courait en ce moment d'elle-même au-devant de la servitude ; avec quel art incomparable il a découvert dans
les œuvres de la révolution la plus démagogique tout ce
qui était propre au despotisme, et l'en a fait naturellement sortir.

« Parlant de son gouvernement intérieur, je veux
contempler l'effort de cette intelligence presque divine
grossièrement employée à comprimer la liberté humaine;
cette organisation savante et perfectionnée de la force,
telle que le plus grand génie au milieu du siècle le plus
éclairé et le plus civilisé pouvait seul la concevoir ; et,
sous le poids de cette admirable machine, la société
comprimée et étouffée devenant stérile; le mouvement
de l'intelligence se ralentissant ; l'esprit humain qui
s'alanguit, les âmes qui se rétrécissent, les grands
hommes qui cessent de paraître ; un horizon immense
et plat, où, de quelque côté qu'on se retourne, n'apparaît plus rien que la figure colossale de l'empereur lui-
même.

« Arrivant à sa politique extérieure et à ses conquêtes,
je chercherais à peindre cette course furieuse de sa fortune à travers les peuples et les royaumes ; je voudrais
dire en quoi ici encore l'étrange grandeur de son génie

guerrier a été aidée par la grandeur étrange et désor-
donnée du temps. Quel tableau extraordinaire, si on savait peindre, de la puissance et de la faiblesse humaines,
que celui de ce génie impatient et mobile faisant et dé-
faisant sans cesse lui-même ses œuvres, arrachant et
replaçant sans cesse lui-même les bornes des empires,
et désespérant les nations et les princes, moins encore
par ce qu'il leur faisait souffrir que par l'incertitude
éternelle où il les laissait sur ce qui leur restait à
craindre !

« Je voudrais enfin faire comprendre par quelle suite
d'excès et d'erreurs il s'est de lui-même précipité vers
sa chute ; et malgré ces erreurs et ces excès, faire bien
suivre la trace immense qu'il a laissée derrière lui dans
le monde, non-seulement comme souvenir, mais comme
influence et action durable : ce qui est mort avec lui, ce
qui demeure.

« Et pour terminer cette longue peinture, montrer
ce que signifie l'empire dans la Révolution française ;
la place que doit occuper cet acte singulier dans cette
étrange pièce dont le dénouement nous échappe encore.

« Voilà de grands objets que j'entrevois : mais com-
-ment m'en saisir ?. . . . . . . »

ASSEMBLÉE CONSTITUANTE

Prise de la Bastille, 14 juillet 1789...

Pour les contemporains la prise de la Bastille a été la victoire de la Révolution de 1789. Pour nous, qui voyons l'événement à soixante-dix ans de date, c'est la première manifestation dans les faits de la dictature de Paris, établie déjà dans les mœurs et dans les habitudes administratives : dictature, mère des révolutions à venir.

Prise de la Bastille. — Éclat et retentissement de la révolution au dehors.

Un Allemand, Heinrich Steffens, raconte ainsi dans ses mémoires la manière dont il apprit la prise de la Bastille :

« J'avais seize ans... mon père rentre à la maison hors de lui, il appelle ses fils. Témoins de sa profonde émotion, nous attendons un moment avec anxiété ce qu'il va nous dire. Enfin, s'écrie-t-il, que vous êtes dignes d'envie ! quels jours heureux et brillants se lèvent devant vous ! Maintenant si vous ne vous créez pas chacun une position indépendante, la faute n'en sera qu'à vous. Toutes les barrières de la naissance et de la pauvreté vont tomber ; désormais le dernier d'entre vous va pouvoir lutter contre le plus puissant à armes égales et sur le même terrain. Que ne suis-je jeune comme vous? mais toutes mes forces sont épuisées, toutes sortes d'entraves qui n'existeront plus pour vous m'ont comprimé de tous côtés. Vous seriez bien stupides et méprisables si l'enthousiasme d'un pareil moment ne vous ravissait pas ! — En disant ces mots, il s'arrêta vaincu par son émotion, et avant de pouvoir se reprendre il se mit à sangloter pendant quelque temps. Au milieu de la profonde solitude où nous vivions, nous n'avions encore rien appris des agitations qui, à Paris, pronostiquaient une crise prochaine; nous regardions donc notre père avec stupéfaction et attendions sans répondre ce qu'il allait ajouter. Alors il nous raconte, avec des paroles entrecoupées, les scènes du Palais-Royal, l'immense enthousiasme qui avait saisi le peuple, comment cet enthousiasme avait renversé tous les obstacles; comment enfin la Bastille avait été prise, et les victimes du despotisme délivrées : prodigieux mouvement, en effet! Ce n'était pas seulement une révolution qui commençait en France, mais dans toute l'Europe; elle avait ses racines dans des millions d'âmes... ces premiers moments d'enthousiasme qu'allait suivre une si terrible ruine, avaient en eux-mêmes quelque chose de pur et de saint qui ne s'oubliera jamais..... (*Was ich erlebte*, vol. I, p. 562.) »

14 juillet 1789.

Caractère ordonné et désordonné du peuple de Paris en émeute. Idée qu'il est devenu un autre peuple. Mirage qui se voit à chaque révolution.

Dès le 14 juillet 1789, on voit ces traits se montrer...

« Au milieu du tumulte, les prisonniers pour crimes com-

muns allaient s'échapper, le peuple s'est opposé à leur éva-
sion, en disant que des criminels n'étaient pas dignes de se
mêler aux fauteurs de la liberté... Si parmi les hommes ar-
més quelqu'un commettait quelque bassesse, il était sur-
le-champ conduit en prison par ses camarades. . . . .

« ... Ceci donne lieu de penser qu'il s'est opéré dans cette
partie du peuple connue sous le nom de *populace*, un changement, et que l'amour de la liberté l'animait plus que celui de la licence... » (*Correspondance des députés de l'Anjou*,
p. 575.)

Comme on sent bien encore là ce mépris des classes
supérieures pour le bas peuple, et l'on aperçoit la transition qui va mener à traiter ce même peuple *connu*
sous le nom de populace comme la puissance la plus
respectable et la représentation la plus autorisée de la
France !...

1789.

Pourquoi la révolution n'a pas engendré et ne pouvait pas
engendrer la guerre civile...?

... Cela ne venait pas du petit nombre ou de la faiblesse
morale de ceux qui ne l'aimaient pas ou voulaient lutter
contre elle...

Il n'y avait pas de centre de résistance ni autour de certains hommes ni autour d'administrations locales.

Pourquoi, au contraire, la révolution a engendré des
émeutes et pourquoi elle s'est faite par émeutes et coups de
main?...

1789.

Impuissance d'un homme ou même des hommes en parti-
culier au début de la révolution et tant que dure son impul-
sion propre !

C'est un des grands caractères de la révolution... grand
et terrible spectacle...

Immédiatement après le 14 juillet 1789, l'assemblée était
déjà le gouvernement. Après le 14 juillet, elle entre de plein
pied dans la place du pouvoir exécutif; elle reçoit des députa-
tations, des adresses ; elle demande le renvoi des ministres,
la nomination de M. Necker; c'est à elle que le maréchal de
Broglie annonce que l'armée se retire, et tous les grands
corps de l'État viennent en personne lui rendre hommage ; la
cour des monnaies, la cour des aides, celle des comptes, le
grand conseil, le parlement enfin. Les habitudes de la monarchie favorisaient les usurpations de l'assemblée; tout ce
qu'elle faisait n'était pas des nouveautés ; on en trouverait
la racine dans des habitudes anciennes qui y avaient préparé
les esprits... Il était d'usage dans les assemblées des corps
judiciaires de parler en public, de donner des audiences, de
recevoir des adresses, de tenir un langage exagéré, de s'agiter dans un cercle peu connu d'attributions; il n'y a que le
résultat produit cette fois par tout ceci qui est nouveau.
Pour ceux qui voyaient le présent et ne connaissaient pas l'a-
venir, les actes de l'assemblée ne paraissaient pas aussi inusités
et aussi révolutionnaires qu'à nous; beaucoup de choses qui
sont devenues des signes infaillibles d'anarchie n'avaient pas
encore ce caractère. Les assemblées d'États avaient reçu, par
exemple, des députations, des adresses, et s'étaient mises
en relation avec le dehors.

Le parlement de Paris avait fait la même chose à Troyes,
un an auparavant, et se serait mis aussi à la place du sou-

verain, s'il avait pu le faire comme l'assemblée nationale...
Mais l'assemblée, victorieuse à l'aide du peuple, se trouve singulièrement embarrassée et faible en présence de l'anarchie
et des crimes populaires, elle ménage, même dans ses plus
grands excès, la force irrégulière qui vient de la sauver. On
la voit perdre son temps à faire des scrutins... L'horrible
meurtre de Foulon et de Berthier de Sauvigny ne peut la tirer
de son inaction ; plus de dix jours se sont écoulés et elle n'a
pas encore voté l'adresse timide qu'on lui propose pour re-
commander la modération au peuple. C'est là la plus grande
faute, on pourrait dire le plus grand crime de l'assemblée
constituante ; de ce jour elle était destinée à obéir et non à
commander ; le peuple de Paris devenait le souverain. Le
pouvoir n'avait fait que passer un moment à elle pour arriver à lui. Elle avait alors une autorité morale immense ; elle
semblait unanime ; elle portait de tous les côtés sur la nation ; si elle avait senti sa force et son poids, elle eût tout à
la fois fait face à la royauté et au peuple, et gardé dans ses
mains la direction de la révolution. Assurément la majorité
le voulait, mais il lui manquait la vue claire des conséquences des événements, que donne l'expérience des révolutions
populaires, et la sûreté de main que procure seule la longue
pratique des affaires. Elle manquait de forces organisées et
disciplinées comme les classes elles-mêmes qu'elle représentait. Elle ne ressemblait en rien à ce parlement anglais
de 1688, qui, en même temps qu'il déposait le roi Jacques,
empêchait le bas peuple de trancher les questions avant qu'il
les eût résolues lui-même, faisait et ne permettait pas d'é-
meutes. (*Notes prises sur la lecture de la correspondance
des députés de l'Anjou.*)

...Une fois dans la Constituante, montrer la justesse
de ses vues générales, la grandeur vraie de ses desseins,
la générosité, la hauteur de ses sentiments, l'union ad-

mirable du goût de la liberté et de l'égalité qu'elle faisait voir...

Sa maladresse, son ignorance pratique faisant aboutir tant de bonnes intentions, tant de vues justes, à un gouvernement impossible, à une administration anarchique et impuissante, et enfin à la désorganisation générale d'où sort la Terreur.

Comment l'idée du vote universel s'est trouvée l'idée naturelle de tout le monde en 1789.

. Cette idée ultra-démocratique s'est trouvée dans tous les esprits, à cause de la division de la nation par ordres dont les limites étaient parfaitement et définitivement tracées, c'est-à-dire par suite des faits les plus éloignés de la démocratie.

L'idée du privilége politique s'attachant à la classe, non à l'individu qui en faisait partie (dans l'intérieur de chaque classe il paraissait naturel et nécessaire que chacun fût consulté sur l'intérêt commun), cette idée. était celle de tout le monde et que personne ne c o-battait. Le tiers-état d'un village était dans une situation subordonnée à celle du seigneur et du curé, et avait des charges et des intérêts à part. Mais quand il s'agissait de ces charges et de ces intérêts, nul ne doutait que le moindre paysan n'eût voix au chapitre.

Embarras, inexpérience du tiers-état aux premières séances de l'Assemblée constituante :

... Tout le monde y parle à la fois : on s'y agite sans but; on ne sait quelle forme suivre; on ne se connaît point les uns les autres. Les grands talents n'y ont point encore pris la tête du mouvement. Mounier y est appelé *monsieur* Mounier, *Dauphinois;* Robespierre, M. *Robert-Pierre;* Barnave, M. *Barnabé.* D'une autre part, des gens qui seront inconnus après, se font sur-le-champ remarquer. Les députés d'Anjou et Mirabeau, dans le *Courrier de Provence* (page 4), signalent les grands talents oratoires et les beaux discours de *monsieur* Populus, dont je n'ai pu trouver le nom dans aucune biographie... Malgré cette confusion l'assemblée est déjà toute-puissante, par l'unité de ses sentiments et le courant de l'opinion qui la porte, et qu'elle sent sous ses pieds. (V. *Correspondance des députés de l'Anjou.*)

14 juillet 1789.

...On voit clairement que l'arrivée du peuple sur la scène change entièrement tout l'aspect du monde politique. . . . .

Toute assemblée politique obéit à la pensée dans laquelle on l'a créée. La Constituante de 1789 avait été envoyée pour combattre l'aristocratie et le despotisme. Elle fut pleine de vigueur contre l'une et l'autre, mais sans force contre l'anarchie, qu'elle n'était point préparée à combattre. Tandis que la Constituante de 1848, qui était sans doute bien inférieure en toutes choses à sa

devancière, ayant été élue spécialement pour combattre
l'anarchie, s'acquitta bien plus bravement et plus efficacement de cette partie de sa tâche. Elle fut aussi
violée; mais elle rentra chez elle à main armée et
trouva ainsi dans l'événement une cause de force et
non d'affaiblissement.

Il est rare qu'un homme, et presque impossible qu'une
assemblée, puissent alternativement faire de violents efforts en sens contraires. Ce ressort qui les pousse avec violence d'un côté, les amortit de l'autre.

Nuit du 4 août 1789.

...On voit que la cause première de cette scène mé-
morable a été le soulèvement presque universel des
paysans contre les châteaux. L'événement a été le produit combiné, mais dans des doses impossibles à pré-
ciser, de la peur et de l'enthousiasme. On était poussé
par la peur dans le sens des opinions qui occupaient le
fond de toutes les âmes, même celles des privilégiés :
voilà la cause.

Voici l'occasion :

Le 3 août, émue par le récit des désordres, l'assemblée
décide qu'une proclamation émanée d'elle-même sera adressée au peuple pour la conservation et le respect des propriétés.

Le 4, au soir, le comité chargé de rédiger la pensée de
l'assemblée propose, par la voix de Target, un projet de

proclamation qui déclare que les lois anciennes subsistent et doivent être respectées jusqu'à ce qu'elles aient été abolies ; les impôts doivent continuer à être payés dans leur forme ancienne ; les prestations et redevances accoutumées doivent continuer jusqu'à ce qu'il en soit ordonné autrement. Rien n'annonce encore la tempête de désintéressement qui va s'élever.

Tout le reste de la séance n'a pour acteurs que la noblesse et le clergé, le tiers restant à l'état de chœur soutenant les voix par les cris que les diverses émotions lui arrachent.

C'est le vicomte de Noailles qui commence ; qui, faisant avec raison remonter les causes des désordres à la passion du peuple contre les charges matérielles, propose de déclarer immédiatement l'égalité absolue d'impôts, le rachat de tous les droits féodaux, l'abolition sans indemnité des corvées et autres servitudes personnelles... La bourgeoisie veut des droits politiques ; le peuple, du bien-être.

Cette motion est accueillie avec des tempêtes de joie inexprimable, dit le compte rendu.

L'évêque de Nancy demande que la motion soit appliquée aux biens ecclésiastiques. L'évêque de Chartres renonce aux droits de chasse. Une multitude de voix se sont élevées, dit le compte rendu ; elles partent de messieurs de la noblesse, se réunissant pour consommer cette renonciation à l'heure même...

Des curés veulent sacrifier leur casuel...

M. de Saint-Fargeau demande que toutes ces résolutions aient un effet rétroactif au 1er janvier 1789.

Les signes de tempête et d'effusion des sentiments généreux dans l'assemblée deviennent plus vifs d'heure en heure. L'archevêque d'Aix demande des lois qui empêchent désormais toute clause dans les contrats ayant un caractère féodal. Suit un moment d'apaisement. On ne sait plus ce qu'on peut sacrifier.

Puis le mouvement, qui a soulevé les âmes, les pousse aussi impétueusement vers un autre point. Voici successivement tous les députés qui viennent sacrifier tous les priviléges des provinces; ils se pressent, ils se serrent, ils se succèdent; on se coupe la parole pour arriver plus vite à livrer les droits de ses commettants. Ils ne peuvent atteindre assez tôt la tribune qui est comme une place assiégée.

L'archevêque de Paris demande qu'on ordonne un *Te Deum*, et l'on se sépare à deux heures du matin. Je ne crois pas qu'il y ait rien dans toute l'histoire de plus extraordinaire que cette scène, ni une seule circonstance où le caractère français se montre aussi en relief...

Le 17 août 1789, Mirabeau fait le rapport sur la *déclaration des droits de l'homme*, proposée par la Fayette.

L'assemblée passe près de quinze jours (la France étant dans la plus épouvantable anarchie et les caisses publiques vides) à se perdre dans cette métaphysique politique, au milieu d'une confusion d'idées singulière : personne ne sachant par quel bout prendre les questions, qu'ajouter à ces principes abstraits; qu'en retrancher; les rédactions s'entassant sur les rédactions; le tout avec de très-brillants tours oratoires, le sujet prêtant singulièrement et étant d'ailleurs merveilleusement adapté à l'esprit particulier du temps.

Ce qu'il faut bien remarquer c'est à quel point la déclaration et les discussions qu'elle entraîne ont pour objet *la liberté* encore plus que l'égalité; ce qui montre combien le caractère de 1789 est libéral, quoi qu'en disent certains publicistes d'aujourd'hui.

Il ne faut pas oublier non plus que c'est par ces discussions, qui nous semblent oiseuses, qu'on faisait en-

trer la Révolution dans toutes les têtes du reste du
monde, et qu'on travaillait à rendre l'événement européen et non français : idée à moitié exprimée dans le
rapport de Mirabeau.

Journées des 5 et 6 octobre 1789.

La tempête grossissante dans Paris n'a aucun retentissement dans l'assemblée...

Dès le 30 août, le peuple de Paris avait voulu se porter sur
Versailles. Pendant tout le mois de septembre, les discussions
sur la constitution, la licence effrénée de la presse, surtout
la misère et la famine de Paris, si bien décrites dans le manifeste de Bailly et de la Fayette, préparaient la reprise victorieuse de ce projet. Il n'y avait que l'effort combiné de la
classe moyenne triomphante et de l'assemblée qui pût avoir
la chance de l'arrêter. Du moment où le roi, par sa lettre
pleine de réticences sur les réformes déjà faites, et les manifestations aussi impuissantes qu'hostiles de la cour, font
craindre à cette classe et à cette assemblée pour leurs conquêtes, le ressort comprimé se détend sans obstacles et la
journée du 6 octobre a lieu : journée où l'on voit, comme au
14 juillet et bien mieux, cette classe et cette assemblée, tout
à la fois *secourue* et *dominée* par le peuple de Paris, appelé
ou non refusé comme défenseur, et en même temps subi
comme maître.

Jusqu'à ce jour-là, on eût dit une assemblée, sûre d'elle-
même et uniquement occupée des affaires générales, ou plutôt une société de philosophes dissertant sur les principes
du gouvernement...

Dans la discussion de la constitution on a vu que Mirabeau,
soit qu'il espérât prendre en main le pouvoir, comme ministre

de Louis XVI, soit que son génie politique prît le dessus sur les passions et les intérêts du moment, Mirabeau s'était montré plus conservateur que son parti. Ses phrases sur la nécessité de la monarchie et sur celle du *véto* sont restées ; mais à l'approche du 6 octobre, soit qu'il vît que le roi lui échappait, et qu'il fût avant tout inquiet pour la révolution ; soit que le torrent des passions révolutionnaires l'entraînât, on le retrouve le même homme qu'en juillet, et passé maître dans ce génie des révolutions, qui consiste à choisir le moment et la forme les plus propres pour soulever la tempête...

...Je n'examine jamais le système des lois de la Constituante sans y trouver ce double caractère : LIBÉRALISME, *démocratie ;* ce qui me ramène amèrement sur le présent...

Démocratie. — Institutions démocratiques. — Principes de 1789. — Divers sens de ces mots. — Confusion qui en résulte.

Ce qui jette le plus de confusion dans l'esprit, c'est l'emploi qu'on fait de ces mots : *démocratie, gouvernement démocratique.* Tant qu'on n'arrivera pas à les définir clairement et à s'entendre sur la définition, on vivra dans une confusion d'idées inextricables, au grand avantage des démagogues et des despotes.

On dira qu'un pays gouverné par un prince absolu est une démocratie, parce que ce prince gouverne au milieu d'institutions qui sont favorables à la condition du peuple. Son gouvernement sera un gouvernement, une monarchie *démocratique*.

Or, les mots *démocratie, gouvernement démocratique*, ne peuvent vouloir dire qu'une chose, suivant la vraie signification des mots : un gouvernement auquel le peuple prend une part plus ou moins grande. Son sens est intimement lié à l'idée de la liberté politique. Appeler démocratique un gouvernement où la liberté politique ne se trouve pas, c'est dire une absurdité palpable, suivant le véritable sens du mot.

Ce qui a fait adopter ces expressions fausses ou tout au moins obscures, c'est : 1° le désir de faire illusion à la foule, le mot de gouvernement démocratique ayant toujours un certain succès auprès d'elle ; 2° L'embarras réel où l'on était pour exprimer par un mot une idée aussi compliquée que celle-ci : un gouvernement absolu où le peuple ne prend aucune part aux affaires, mais où les classes placées au-dessus du peuple ne jouissent d'aucun privilége et où les lois sont faites de manière à favoriser autant que possible son bien-être.

DE LA CONSTITUANTE

AU 18 BRUMAIRE

L'émigration.

La mesure si nouvelle et si extraordinaire, l'émigration en masse, s'explique par la circonstance aussi nouvelle et aussi extraordinaire dans l'histoire de tout un corps de noblesse qui, planté depuis mille ans, se trouve tout à coup si privé de racines qu'il ne voit aucun moyen de rester debout à sa place ; de toute la haute classe qui ne peut trouver dans aucune des autres classes dont la nation se compose une force de résistance à laquelle elle puisse s'unir, des sympathies, des intérêts communs..... qui se trouve comme un corps d'officiers contre lequel tous les soldats feraient feu...

C'est sa condamnation et, dans le cas particulier, c'est son excuse.

CHAP.

Pourquoi la nouvelle religion politique, prêchée par la révolution française, a-t-elle pu naître d'abord en France? Comment a-t-elle pu, bientôt après, se répandre aisément dans toute l'Europe?. . . . .

. . . .

Il y a des temps où les hommes sont si loin de se ressembler, qu'une loi commune et également applicable à tous leur semble incompréhensible. Ne leur parlez pas des droits généraux de l'homme et du citoyen. Ils n'ont pas même l'idée de ce qu'il faut entendre par un citoyen. Ils savent ce que c'est qu'un paysan, un bourgeois, un noble ; l'homme même leur échappe. Il y en a d'autres, au contraire, où il suffit de leur faire apercevoir de loin et confusément l'image d'une telle loi, pour qu'ils la reconnaissent aussitôt et accourent vers elle.

Ce qu'il y a d'extraordinaire, ce n'est pas tant que la révolution française ait employé les procédés qu'on lui a vu mettre en œuvre et conçu les idées qu'elle a proclamées. La grande nouveauté est que la plupart de tant de peuples fussent arrivés à la fois à ce point que de tels procédés pussent être efficacement employés et de telles idées facilement admises. . . . .

CHAP.

Mouvement de la Révolution au dedans. — La Terreur.

La Terreur était impossible ailleurs qu'en France avec les

caractères qu'elle a eus chez nous. Produit de causes générales, que des causes *locales* ont poussées au delà de toutes
bornes; née de nos mœurs, de notre caractère, de nos habitudes, de la centralisation, de la destruction subite de toute
hiérarchie... ses moyens; sa forme vraie, sa puissante organisation; son écrasante unité au milieu des désordres de toutes
choses et de l'anarchie apparente...

CHAP.

*Caractère général des époques qui suivent; mouvement
général de la révolution à travers les réactions, les désen-
chantements, la fatigue, l'ennui des assemblées et de la liberté, la prépondérance croissante du pouvoir militaire; caractère militaire que prenait de plus en plus la révolution...*

M. Vogt, poussant le parlement de Francfort (septembre 1848) à rompre avec les grandes puissances de
l'Allemagne, à propos de l'armistice de Malmoë, s'écrie :

« On s'effraye de notre situation, si l'armistice est rejeté,
notre situation sera celle de la France en 1793. Menacée
comme nous au dedans et au dehors, elle s'appuya sur les
forces populaires, elle créa des hommes, elle fit sortir de
terre des armées, et l'Europe fut vaincue. C'est une Convention qui fit cela. Il n'y a qu'une Convention qui puisse reproduire ces grandes choses. »

La Convention, qui a fait tant de mal momentané aux
contemporains par ses fureurs, a fait un mal éternel
par ses exemples.

On ne voit pas les circonstances particulières où se

trouvaient la France et l'Europe en ce moment, et qui ont permis à la Convention de triompher ; et l'on croit qu'il suffit de tenter comme elle ce qui paraît impossible, et de le tenter avec violence et avec audace pour réussir.

La Convention a créé la politique de *l'impossible*, la théorie de la folie furieuse, le culte de l'audace aveugle...

CHAP.

Ce qui fit vaincre la révolution au dehors.

Mouvement de la révolution au dehors. Guerres de la révolution, les causes de leur succès. Avantages particuliers des armées démocratiques, lorsque la révolution démocratique est en train. Le monde nouveau contre le vieux monde. La victoire enlevée par surprise ; nouveauté de tout à la guerre. La nouveauté de la révolution plus visible là que partout ailleurs.

Propagande ; l'Europe ravagée et aidant ses dévastateurs.

Imbécillité sénile des princes qui sont brisés avant d'avoir compris ce qui se passait de nouveau dans le monde...

Caractère des conquêtes de la révolution. Il arriva alors quelque chose d'analogue à ce qu'on vit à la naissance de l'islamisme, quand les Arabes convertirent la moitié de la terre en la ravageant...

Ce qui rend les Français aptes à la guerre.

C'est une erreur de croire que les Français réussissent à la guerre parce qu'ils en ont la passion. Ils n'ont pas *à priori* la passion de la guerre (bien que leur imagination, comme celle, je crois, de tous les peuples, se plaise volontiers dans les récits guerriers.) Ils n'en ont pas même le goût ; ils en redoutent beaucoup les conséquences, répugnent beaucoup aux sacrifices qu'elle impose, s'effarouchent d'avance de ses périls et de ses misères, et ne quittent leur village pour se rendre à l'armée qu'en pleurant. Ce qui les rend si propres à la guerre, c'est une certaine concordance cachée, ignorée d'eux-mêmes, entre la guerre, leurs qualités et leurs défauts. La guerre est le théâtre où les unes et les autres se montrent le plus naturellement et concourent également au succès.

Pourquoi les armées sont restées énergiques et pleines d'enthousiasme quand la nation cessait de l'être...

La centralisation favorisant la grandeur de la France au dehors.

Ce même travail de concentration du pouvoir, d'amalgame de toutes les parties, de formation de corps compacte et homogène qui nous a préparés d'abord à la révolution et ensuite à la servitude, a eu en même temps pour résultat de faire de la France, jusqu'au moment où son exemple a été imité par tout le continent, la dominatrice de l'Europe ; de Paris, l'école de la civilisation. Car ces mêmes choses qui rendent les États instables, les rendent forts dans un moment donné. Ce même gouvernement qui empêche la paix de porter tous ses fruits et la liberté de s'établir tranquille, est très-favorable un jour donné à la guerre, et donne au pouvoir qui possède cette force un avantage immense sur tous les autres. La même cause a produit la grandeur de Louis XIV et la Révolution ; et quand je pense à tous les avantages que cela nous a donnés pour l'attaque et la conquête au dix-septième siècle, ce qui m'étonne, ce n'est pas ce que nous avons fait alors, c'est que nous n'ayons pas fait plus. Nous devions conquérir la moitié de l'Europe, si nous avions bien employé l'arme que les premiers nous avions su fabriquer.

CHAP.

Pourquoi la révolution a pu durer malgré l'état des finances, et n'a pas péri, malgré les prédictions, faute d'argent.

On peut réussir dans les choses qui demandent les qualités que l'on possède ; mais on n'excelle que dans les choses où l'on est encore servi par ses propres défauts. Ceci explique pourquoi les Français sont si supérieurs dans la guerre à ce qu'on les voit dans la vie civile et le gouvernement, et en général partout ailleurs que sur le champ de bataille.

Puissance militaire qui subsiste au milieu de la faiblesse du gouvernement intérieur et du mépris qu'il inspire, visible surtout sous le Directoire...

Révolution profonde dans la manière de faire la guerre, nouvel aspect de la guerre ; l'un des plus grands caractères de la révolution française.

Audace et violence naturelles aux gouvernements démocratiques, accrues quand ils sont révolutionnaires et j'ajoute français.

❡ Connivence des vices de l'esprit de l'homme et de ceux du temps; un esprit désordonné dans un temps révolutionnaire; réaction de l'une des deux causes sur l'autre.

Presque tous les plans de coalition ont échoué jusqu'à celui de 1813.

Cause : La vieille diplomatie qui ne pouvait se faire à la nouveauté de la situation, où tous les avantages particuliers étaient secondaires au prix de la chute de l'ennemi commun.

— Pourquoi la coalition a réussi en 1813 :

1° L'élan des peuples poussant les rois ;

2° Les victoires mêmes de la République et de l'Empire qui avaient détruit les petits États et concentré toute l'activité politique dans deux ou trois mains.

Bien mettre en relief et faire toucher du doigt cette désunion de l'Europe qui, avec la concentration de la puissance publique en France, a été la cause des victoires.

Finir ce chapitre sur les guerres de la révolution française par l'Angleterre capable de se défendre, parce qu'elle a opposé à la force française une force analogue, un gouvernement centralisé et une nation debout. Ce n'est pas la mer qui la sauve : c'est son esprit; c'est sa constitution; c'est surtout sa liberté. Grand spectacle : la liberté seule capable de lutter contre la révolution...

Il n'y a pas eu de costumes pendant toute l'époque terrible de la Révolution. Ce n'est que quand le pouvoir fut tombé dans les mains misérables du Directoire qu'on inventa un costume splendide pour celui-ci, et lorsque, après le 18 fructidor, le Corps législatif se fut laissé mutiler et avilir, qu'on imagina le manteau de pourpre pour le couvrir...

Note sur le Mercure britannique (*Mallet du Pan*).

Quoique ce recueil soit très-remarquable, surtout aux approches du 18 brumaire, il y règne moins de liberté et de sérénité de jugement que dans les correspondances de Mallet du Pan avec les princes. On voit que la colère a gagné l'auteur et qu'il écrit pour un public que le même sentiment contre la révolution française et la France emporte. Comparé à d'autres écrivains du temps il est singulièrement modéré ; au point de vue de la vérité absolue, il est très-violent...

Ce qu'on voit le mieux dans cet ouvrage, c'est le mouvement extérieur et conquérant de la Révolution française dans ses différentes vicissitudes. D'abord à la fin de 1798 et au commencement de 1799, l'insolence et l'avidité du Directoire victorieux, la destruction de la monarchie sarde et du royaume de Naples, l'occupation de la Suisse, le langage hautain des plénipotentiaires à Rastadt ; le mépris, l'horreur qu'inspire le gouvernement français à tous ceux qui sont ennemis de la Révolution ; la peur qui domine tous ces sentiments ; l'Europe vaincue et éperdue ; le désespoir de résister désormais à la puissance de la France ; l'irrésistibilité de ses armes ; la patience et l'accablement des grands cabinets, excepté le cabinet anglais ; les jalousies et les cupidités persévérantes des petites puissances qui ne songent encore qu'à profiter de l'épuisement de l'Europe ; l'immobilité de la Prusse ; la colère des peuples foulés et pillés par la France, qui commence à dominer leur goût révolutionnaire pour elle; puis vers le printemps, quand les Russes entrent pour la première fois en scène et que les Autrichiens reprennent les armes, les revers de la France, la joie mêlée d'étonnement de ses ennemis, le mépris pour ses forces aussi exagéré que l'idée écrasante qu'on en avait un peu auparavant, l'élan de l'espérance de ses ennemis allant immédiatement jusqu'à conquérir le pays. Les peuples commencent à répondre à l'appel du souverain, mais bien moins qu'on ne pouvait le prévoir. Les souverains eux-mêmes craignent encore presque autant l'appui des peuples que leur indifférence, et ne désirent d'eux que des hommes et de l'argent. Enfin, vers l'été, ce gouvernement révolutionnaire de France, qu'on avait cru impuissant après l'avoir jugé tout-puissant, reformant ses armées, écrasant les Russes en Suisse, reportant la guerre en Allemagne et rétablissant l'égalité de la lutte (sans avoir repris pourtant l'Italie perdue), et arrivant ainsi à l'hiver, durant lequel la révolution se transforme par le 18 brumaire, et devient uniquement militaire et conquérante.

Époque qui suit la Terreur.

Conversation entre MM. Molé, *** et moi, sur la Révolution et les temps qui ont suivi. (3 avril 1855.) Curieuse surtout comme se rapportant au temps qui succéda à la Terreur.

Le livre de M. de B***, disait ***, est, en somme, ce qu'on a écrit de plus fidèle sur la Révolution française, celui qui fait connaître le mieux les événements et les actes des hommes. Mais la vie réelle ne s'y trouve pas mieux qu'ailleurs. L'auteur comprend tout, excepté la passion vraie. La boursouflure, le mauvais goût des personnages lui font toujours croire qu'ils jouent un

rôle. Le côté sérieux lui échappe. Il ne peut se figurer
ce qu'il y avait de sincère et de vrai au milieu de toutes
ces exagérations. M. Molé fut de cet avis. — Cette vérité
intime, dit-il, manque en effet à l'ouvrage pour ceux
qui ont vécu dans ce temps; mais je ne la retrouve
dans aucun livre. Aucun des historiens de la Révolution
ne se sont mis en plein dans l'esprit de l'époque et ne le
reproduisent dans leurs écrits. On s'en ferait mieux une
idée en parcourant tous les petits écrits du temps. Il y a
surtout une époque qui m'est plus présente que hier;
c'est celle qui a succédé à la terreur, le temps du Directoire : aucune histoire n'en donne la moindre idée.
— Il vient de paraître, répondit ***, un livre qui fait
mieux connaître l'époque dont vous parlez que tout ce
que j'ai lu. C'est l'*Atelier de David*, par *Delécluze*. On
ne saurait rien imaginer de plus vivant et qui peigne
mieux cette époque transitoire. Ce qui me frappe le
plus, ajoutait ***, c'est à quel degré ce temps, au milieu
de toutes ses incohérences, de ses vices, de son chaos,
était supérieur en un point au nôtre. On avait des con-
victions vraies; chacune suivait hardiment, passionnément la sienne, s'occupant d'elle et non du rôle qu'elle
lui faisait jouer, faisant ainsi les choses les plus excen-
triques, les plus bizarres, quelquefois les plus ridicules,
sans vouloir se singulariser. — M. Molé disait que c'é-
tait parfaitement vrai; que cette peinture du temps
était exacte; que jamais elle n'a été bien faite dans un
livre, et que c'est pour cela que la lecture d'aucun ouvrage sur la Révolution ne lui a jamais donné l'idée de la

vérité ni pu concorder avec ses propres souvenirs. Personne n'a bien reproduit non plus le spectacle que présentaient les hautes classes au retour de l'émigration.
Ce temps est resté pour moi le plus attachant de toute
ma vie. Nous n'avions aucune idée de rechercher la jouissance du bien-être matériel. Nous n'avions aucune préoc-
cupation d'affaires, point d'ambition ; nous ne vivions
que pour les choses de l'esprit, les plaisirs intellectuels
des idées, le culte des arts. Jamais l'esprit n'a plus
créé la véritable égalité entre des gens de conditions
différentes.

Pour en revenir au livre de Delécluze, disait ***, il
est bien certain qu'au sortir même de la terreur, et
malgré l'horreur qu'inspirait David, son talent transpor-
tait toutes les âmes. Ma bonne me menait pour le voir
passer. Je savais trois noms : Bonaparte, Moreau et
David. C'était une ardeur et un enthousiasme de re-
naissance. — Cela est si vrai, disait M. Molé, que tels
et tels (il les nommait) qui venaient de perdre toutes
leurs familles sur l'échafaud et exécraient de toutes les
forces de leur âme les terroristes, allaient néanmoins
étudier dans l'atelier de David, et adoraient le peintre...

— On en vint à parler de Napoléon. Personne ne
l'a encore peint tel que je l'ai connu, disait M. Molé.
Les historiens de l'Empire ont peint l'Empereur ; mais
l'homme lui-même, la réalité de cet être étrange leur
échappe. Ce que personne notamment n'a encore peint,
c'est Bonaparte, maître de tout avant de rien connaître,
apprenant toutes choses en même temps qu'il gouvernait

toutes choses ; abordant tous les sujets dans ses conversations, ceux même qui lui étaient le moins familiers,
se livrant à toutes sortes de témérités intellectuelles, trouvant son plaisir à se lancer dans toutes les voies, toujours
inattendu, éclatant, osant dire ce qu'il n'aurait jamais osé
dire quelques années plus tard. Cette première fougue
du génie dans l'inconnu et le nouveau, qui l'a décrite ?

On a cité alors comme donnant quelques notions
vraies sur lui le nouveau livre de Rœderer, les Mémoires inédits du duc de *Vicence* alors disgrâcié et
mécontent ; ouvrage très-curieux qu'a lu M. Pasquier.

...Cette demeure est triste, dit Rœderer au premier
consul nouvellement installé aux Tuileries.

— Comme la Grandeur, répond l'autre...

DU 18 BRUMAIRE A L'EMPIRE

Bonaparte.

..... On peut dire qu'il a étonné le monde avant qu'on sût son nom, car lors de la première campagne d'Italie on le voit écrit et prononcé de différentes manières; entre autres dans une ode à sa louange de l'an V, intitulée *Vers sur les premières victoires de Buonaparte*, et où l'on trouve cet hémistiche :

> Et toi, postérité,
> Comble de tes honneurs l'heureux *Buonaparté*...

... Je lis dans une lettre de Cicéron, qu'étant à la campagne, il s'étonnait de voir que tous les paysans étaient du parti de César. Il n'aperçoit cela qu'en causant avec eux. Ne croirait-on pas être en France (1800)?...

Idée que les étrangers eux-mêmes ont que Bonaparte doit prendre le souverain pouvoir...

Dès le temps du Directoire, Wieland, dans les dialogues où il discute et réprouve le système des Jacobins, soutient que, pour finir les maux de la France, il faut concentrer tous les

pouvoirs dans les mains d'un seul homme, et que cet homme
doit être Bonaparte...

(*V.* Mounier, *Influence attribuée aux philosophes. Tübin-
gen.* P. 215.)

Centralisation administrative.

Il ne faut pas s'exagérer l'influence qu'exercent sur
la destinée des peuples les vices de la machine administrative. Les principales sources du bien et du mal
sont toujours dans l'esprit qui les meut. Cette vérité fut
bien mise en lumière au moment où la centralisation
se reforma.

Ce sont les mœurs, non les idées qui l'ont faite.

Condorcet, comme tous les hommes de ce temps, est ennemi de la centralisation administrative. Tout en voulant
ôter aux provinces ou ne pas leur laisser les droits de la
souveraineté, ils leur accordent une grande liberté pour l'administration de leurs affaires, et en général respectent la
liberté locale [1] ;

De même Péthion, qui veut abolir les intendants et remettre
toute l'administration entre les mains d'assemblées locales [2].

18 brumaire.

Quand il s'agit de savoir ce qui peut ou doit arrêter
une révolution, ce n'est pas la grandeur ou la force, in-

---

[1] *Essai sur la constitution et les fonctions des assemblées provinciales,* Condorcet, 2 vol. in-8, 1788.

[2] *Avis aux Français,* Péthion, 1 vol. grand in-12, 1788.

trinsèque de l'obstacle à vaincre qu'il faut considérer, mais l'ensemble des circonstances.

Il y a des temps où un géant n'est pas assez fort pour arrêter le cours d'une révolution, et dans d'autres un nain y suffit.

Au commencement de la Révolution française; on croyait à chaque instant qu'elle allait être arrêtée, tantôt par celui-ci, tantôt par celui-là. Vers la fin on ne croyait pas qu'elle pût être arrêtée par rien. Il semblait que tout ce qui voulait y faire obstacle dût être ou immédiatement ou bientôt emporté par la mobilité de toutes choses : double erreur...

Comment les mêmes faits paraissent supportables ou insupportables au même peuple suivant qu'ils tombent dans le courant de l'opinion ou en dehors...

Bonaparte impose vingt-cinq centimes additionnels en arrivant au pouvoir; on ne dit rien. Le peuple ne se retourne pas contre lui. L'ensemble de ce qu'il faisait était populaire. Le gouvernement provisoire prend une mesure analogue en 1848 et succombe aussitôt sous l'anathème. Le premier faisait la révolution dont on voulait; le second, celle dont on ne voulait pas.

Consulat.

Bonaparte avait pour les Jacobins le mérite d'être l'adversaire d'une restauration royaliste; pour les royalistes, celui d'être un obstacle au retour de la Terreur...

Bonheur des pouvoirs neutres qui suivent les longues et violentes révolutions. Toutes les haines des partis se tournent pour eux en tolérance. On les aime, non pour la puissance qu'ils exercent, mais à cause de celle qu'ils empêchent d'exercer.

18 brumaire.

Le 18 brumaire est un événement qui n'a point eu de précédents dans les événements antérieurs, et qui n'a point d'analogue dans toute l'histoire de notre révolution...

Événements des 18 et 19 brumaire et jours suivants. (Recueil de pièces officielles, fait et publié aussitôt après l'événement, par Rondonneau; brochure.)

J'y remarque :

1° Les Anciens sont réunis à huit heures du matin par les commissaires-inspecteurs de la salle, présidés par Lemercier. Carnot fait le rapport; Regnier l'appuie.

Dans ces deux documents dont le style est violent à froid, ampoulé, entortillé, on parle en termes obscurs d'un complot qu'on n'explique pas. Cela sue l'embarras et le mensonge. Le caractère et l'esprit du mouvement (mouvement anti-jacobin au fond) ne s'y montre pas...

Le décret de translation est voté. Une proclamation au peuple français aussi obscure et aussi vague que la discussion. Bonaparte est introduit; prononce quelques mots de son style, quoique des plus mauvais; bref et pourtant vague et incohérent; une grande phrase générale et boursouflée, jetée au travers, sans rien qui l'amène ni qui la suive; serment de fidélité et de dévouement à la République. Tout le

monde en général parle de la République. Tout se fait au cri
de : « Vive la République. » Tout annonce que l'entreprise
était, surtout paraissait être plus difficile et plus audacieuse
qu'elle ne nous semble. *Vive la République* d'ailleurs voulait
dire *Vive la Révolution ! pas de Réaction royaliste !*

2° Séance du 19 à Saint-Cloud. A deux heures, événements
des Cinq-Cents.

Ce sont les scènes que l'on connaît. Mais ce que je ne savais pas, c'est que la prétention ait été de n'avoir pas dissous
par la force le Conseil des Cinq-Cents, d'avoir seulement rétabli l'ordre ; cette assemblée demeurant et se réunissant en
majorité le même jour avec son président, à neuf heures du
soir, et déclarant tout d'abord que Bonaparte et ses troupes
ont bien mérité de la patrie.

Lucien y fait ensuite un long discours plein d'invectives
contre les anarchistes qui, ayant violé cent fois la Constitution et s'apprêtant à la violer encore, l'invoquent aujour-
d'hui.

Bon modèle du seul parti qu'il y ait à prendre, quand on
viole ouvertement les lois, lequel consiste à prendre l'initia-
tive de l'attaque et de l'injure contre ceux qui le trouvent
mauvais. Méthode aussi vieille que le monde, et qui réussit
toujours quand la masse à laquelle on s'adresse ne veut qu'un
prétexte pour vous aider.

Discours de Boulay. — La Constitution est la cause de tous
les maux...

Les principes généraux de la Constitution sont bons : ce
sont les principes de tout gouvernement républicain : la souveraineté du peuple, l'unité de la République, l'égalité des
droits, la liberté, le régime représentatif... Mais nécessité
d'une autre organisation constitutionnelle...

Il conclut à ce que le pouvoir exécutif soit *transitoirement*
confié à trois consuls...

Discours de Cabanis qui l'appuie. — Rien n'indique dans

ces discours qu'on veuille sortir de la liberté, et cette crise ressemblerait à plusieurs qui lui ont succédé, si on ne savait qu'on est à la fin d'une révolution, et que Bonaparte est chargé de tirer parti du coup d'État : ce à quoi Cabanis ne paraît pas avoir songé, quand il s'écrie : « Égalité, Liberté, République, noms chéris, noms sacrés, tous nos vœux, tous nos efforts, toutes les puissances de nos âmes vous appartiennent; c'est pour vous que nous vivons, c'est pour votre défense que nous sommes prêts à périr... »

Suit un décret qui déclare :

1° Qu'il n'y a plus de Directoire ;

2° Consulat, etc., etc. Lesquels changements doivent avoir pour but de consolider, garantir et consacrer invariablement la souveraineté du peuple, la république, le système représentatif, la liberté, l'égalité, la sûreté et la propriété...

Avant de se séparer, on vote une adresse aux Français sur la proposition de Cabanis...

Puis Lucien fait un discours où il dit : « Que la liberté vient de prendre sa robe virile. Elles sont finies dès aujourd'hui toutes les convulsions de la liberté (sans doute parce que la malade est morte); j'entends ce cri sublime de la postérité : si la liberté naquit dans le jeu de paume de Versailles, elle fut consolidée dans l'orangerie de Saint-Cloud... Vive la République. »

Les consuls entrent; ils prêtent serment à la souveraineté du peuple, à la République, à l'égalité, à la liberté et au système représentatif, et la séance se lève au milieu des cris mille fois répétés de : « Vive la République. »

3° Pendant la séance du matin des Cinq-Cents, il y avait eu une séance des Anciens; là ceux qui n'avaient pas été avertis la veille se plaignent; l'opposition ayant pris courage se montre; à quatre heures et demie, Bonaparte entre. Il faut lire cette improvisation malheureuse pour voir ce génie extraordinaire succomber à la manière des hommes vulgaires

qui veulent parler en public ; la passion manquant de l'art
de se contenir et de s'exprimer, et ne se faisant jour que par
des mots incohérents ; la pensée préparée d'avance ne laissant plus d'autres traces dans l'esprit de celui qui veut la
rendre, « que les expressions saillantes qui devaient la résumer, mais qui isolées restent obscures et sans proportion
avec ce qui les entoure ; » l'embarras aussi des interruptions
et des questions qui se tourne en colère, en violence de langage, en enchevêtrements de pensées ; en somme un des
plus grands, des plus boursouflés et des plus maladroits ga-
limatias (quoique le succès ait été complet) qui soient jamais
sortis de la bouche d'un grand homme.

Après sa sortie, Lucien entre à son tour pour dire qu'une
minorité factieuse et armée de poignards domine le conseil
des Cinq-Cents, mais que la majorité adhère au conseil des
Anciens...

En général, le 18 brumaire est un des coups d'État les
plus mal conçus et les plus mal conduits qu'on puisse imaginer : réussissant par la toute-puissance des causes qui
l'amènent, l'état de l'esprit public et les dispositions de l'armée, plus la première cause peut-être que la seconde...

DU CONSULAT A L'EMPIRE

...Quand j'arriverai à l'Empire, bien analyser cette fabrique : le despotisme d'un seul s'élevant sur une base démocratique : la combinaison la plus complète pour amener, suivant le temps et les hommes, le despotisme le plus illimité, le mieux appuyé sur l'apparence d'un droit et d'un intérêt sacré, celui du plus grand nombre, et en même temps le moins responsable : ce qui paraît extraordinaire d'un gouvernement qui puise son origine (au moins supposée) dans l'élection populaire, et ce qui cependant est vrai.

Ici comparaison. Souvenir de l'Empire romain. Étudier et résumer la nature de ce gouvernement, ses causes, son organisation. En quoi il ressemble par tout cela à l'idée conçue par l'Empereur, et plus complétement réalisée par son neveu.

Montrer dès le début, par des exemples, l'action du légiste faisant la théorie et la philosophie du pouvoir que la violence et la force ont créé...

Depuis surtout que l'étude du Droit romain s'est répandue, l'exemple de toutes les nations de l'Europe a prouvé qu'il n'y a pas de tyrannie qui ait manqué de légistes plus que de bourreaux.

Ces deux races foisonnent sous la main d'un despote, et il n'y a pas de si médiocre usurpateur qui n'ait rencontré un jurisconsulte pour prouver que la violence était le droit, la tyrannie l'ordre, et la servitude le progrès...

Raconter et juger à la fois.

D'abord la manière dont Napoléon saisit le pouvoir; la facilité qu'il trouve pour s'en emparer et pour le constituer... quelle constitution il lui donne.

Époque de la Révolution française à laquelle on était arrivé.

Développement des changements qui se font dans le caractère même de Napoléon, en même temps que sa fortune grandit, que son pouvoir devient irrésistible et qu'il est délivré de la salutaire sauvegarde de la peur.

Peindre l'activité et la nature prodigieuse de son esprit appliqué aux choses administratives, avant d'arriver au tableau des institutions elles-mêmes qu'il a créées.

CHAPITRE PREMIER.

Prise du pouvoir.

Comment? Pourquoi?

Peinture de la société telle que la Révolution l'avait faite, et qui facilitait un tel événement.

Force du courant vers non-seulement l'ordre, mais la servitude.

CHAPITRE II.

Napoléon devenu le maître.

Détails sur sa manière de travailler. Son caractère comme législateur. Ce qu'il fonde... Pourquoi? Facilité qu'il trouve. Ce qui était nouveau, ce qui était ancien dans son œuvre.

Révolution anarchique aboutissant naturellement à la plus grande centralisation administrative qui ait été.

AUTRE CHAPITRE.

Développement et progrès du gouvernement civil de l'Empire. Toutes les garanties abolies. Toutes les libertés supprimées. Le despotisme devient uniforme. Atmosphère étouffante. Abaissement des âmes. Frémissement des intelligences. Engourdissement et sommeil de l'esprit humain au milieu de tout le grand bruit de la victoire.

Arts et littérature nuls. Talent administratif sans génie ; capacité militaire même sans invention ni grandeur. Une personnalité immense pèse sur le monde et écrase tout.

AUTRE CHAPITRE.

Politique extérieure de l'Empereur.

Exposer les principaux événements diplomatiques et politiques du règne en raccourci.

Comment il est vrai et faux qu'il ait été poussé sans cesse irrésistiblement à la guerre.

La principale cause est en lui-même. Génie qui ne sait s'arrêter. Peinture de cette course furieuse de sa fortune à travers les territoires, les peuples, les empires.

AUTRE CHAPITRE.

Ne pas s'étendre sur les batailles. Prendre pour exemple une campagne. Tâcher de la résumer. Se donner le spectacle merveilleux de ce génie guerrier au milieu de son élément naturel.

AUTRE CHAPITRE.

Chute de l'Empire. Épuisement de toutes les ressources. Énervation de toutes les forces. Abus de la nationalité française. L'armée même fatiguée.

AUTRE CHAPITRE (FINAL).

Ce qu'a été l'Empire dans le grand drame de la Révolution française. Ce qui n'a été que passager; ce qui a été durable. Ce qu'il a fait; ce qu'il a préparé.

AUTRE CHAPITRE.

Comment Napoléon a fait sa part de despotisme dans les œuvres de la Révolution. Ce qu'il a pris d'elle; ce qu'il a mis de côté. Le départ savant et égoïste qu'il a fait dans ses œuvres, et ses tendances.

AUTRE CHAPITRE.

Comment l'entraînement de la fortune l'a mené hors de

son plan originaire, et l'a porté à essayer d'amalgamer des matériaux anciens aux nouveaux, dans le nouvel édifice.

Le côté petit du grand homme; en quoi il sentait le parvenu; son goût pour la fausse grandeur, le gigantesque.

Incohérence; absence de plan; mutabilité de sa politique extérieure...

Grande cause de sa chute : l'Europe était si vaincue, les princes si brisés et si médiocres, qu'ils se seraient soumis à toute énormité dont on aurait annoncé d'avance les limites fixes et précises. Ce qui les a réduits au désespoir, c'est moins ce qu'ils souffraient que l'incertitude perpétuelle de leur avenir et l'attente effrayante de quelque chose de pire encore...

Oppression qu'il faisait peser sur les vaincus, tout en améliorant leur condition et leurs lois. Résultat en partie inévitable de la manière dont Napoléon faisait la guerre, en partie causé par un faux point de vue sur la nécessité d'attacher l'armée à la guerre par la rapine. Résultat : les peuples même qui ont le plus regretté ses institutions ou qui les ont le mieux fondées et qui ont prospéré depuis lui et par lui, ont été les plus ardents à le combattre.

Caractère de ses conquêtes, différant de celles de tous les autres conquérants. Propagandiste et guerrier, conservant dans une certaine mesure le caractère propagandiste des guerres de la République. Violences mêlées de philosophie et de lumière. Il y a du Napoléon et du dix-neuvième siècle ensemble.

Caractère audacieux, incohérent, inouï, des entreprises de
l'Empereur et de son génie, venu non-seulement de sa nature, mais du temps de bouleversement, de nouveautés extraordinaires dans lequel il vivait; du tour imprévu, étrange,
sans précédent, qu'avaient pris les affaires humaines...

Côté italien du génie de l'Empereur, ou du moins méri-
dional...

Impressions ineffaçables de l'ancien régime dans cet esprit
si éminemment novateur...

*Différences et ressemblances entre les diverses révolutions
qui, en France et à Rome, ont fait passer de la liberté au
despotisme.*

A Rome, c'était la liberté qui était dans les habitudes; en
France, c'était le pouvoir absolu. Auguste, en ôtant la substance du gouvernement républicain, a été forcé d'en laisser
l'ombre. Napoléon n'était pas obligé aux mêmes précautions.
Pour l'un, il s'agissait de faire sortir la nation de ses mœurs;
pour l'autre, de l'y faire rentrer.

..... Des deux côtés passions et idées démocratiques ex-
ploitées.

Même procédé : gouverner au nom du peuple sans le
peuple; représenter le nombre et administrer par les classes
éclairées. Satisfaire les basses classes par la déclaration qu'on
les représente, par l'abolition de tous les ordres intermédiaires qui les humilient, par la satisfaction donnée au sentiment de l'envie et à celui de l'égalité sous la forme la plus
grossière (tout le monde étant soumis au niveau de la même
servitude). Satisfaire les hautes classes en leur assurant
l'ordre matériel, la possession tranquille de leurs biens, le
bien-être et l'enrichissement par l'industrie et des places...

Différences :

La Révolution romaine s'efforçant de se rattacher au passé, et conservant les noms quand elle abolit les choses. La Révolution française se flattant de faire en tout du nouveau, et le despotisme qui en est sorti ayant en partie cette prétention lui-même, ce qui naît de la différence des points de départ...

History of the Romans under the Empire, by Merivale.

Ce qui frappe, entre autres, dans ce livre bon à consulter, quoique trop partial en faveur de l'Empire, c'est à quel point Auguste, et suivant Merivale, ses premiers successeurs, tout en se disant les représentants du peuple romain et les champions de la démocratie, se servent, pour gouverner, exclusivement de l'aristocratie (qu'ils avaient, il est vrai, ou créée eux-mêmes ou mise dans une étroite dépendance) ; la petite part qu'ils laissent à l'action populaire, la grande part qu'ils font au Sénat, qui non-seulement les aide à gouverner, mais gouverne encore directement sous Auguste, au moins une partie des provinces romaines (les plus paisibles et celles où il ne se trouve pas d'armées), de telle sorte que l'Empereur apparaît plus encore comme le fondateur de l'ordre que comme le destructeur de l'aristocratie.

Ce qui est digne de remarque aussi dans Auguste, c'est le semblant d'élection et de pouvoir populaire qu'il laisse encore subsister, tout en ayant soin de le rendre illusoire et impuissant ; la substitution des places payées aux fonctions gratuites de la République ; la multiplication des emplois ; les armées permanentes. Une partie de l'armée tient garnison pour la première fois à Rome même, le pouvoir d'*Imperator* lui donnant toute action dans l'armée, et cela lui permettant de laisser un semblant d'aristocratie et de démocratie dans le gouvernement.

La puissance tribunitienne lui confère l'inviolabilité, quoique la raison qui avait fait établir l'inviolabilité n'existe

plus ; la puissance censoriale lui permet de nommer les séna-
teurs : la puissance pontificale le met à la tête de la religion.

Enfin toutes les fonctions que les Romains avaient séparées, et à chacune desquelles ils avaient remis pour l'objet
qu'elles avaient en vue la toute-puissance qu'a l'État dans
une République (dans laquelle la courte durée des fonctions
et l'élection permettent l'arbitraire, et même compensent par
la grandeur et le vague des attributions la faiblesse qu'un
pouvoir court et précaire donne à chaque magistrat), toutes
les fonctions, dis-je, sont réunies sur un seul homme, et deviennent perpétuelles dans ses mains...

Beaucoup plus d'art et beaucoup plus de précautions prises
par Auguste que par Napoléon, ou de notre temps, pour cacher l'établissement du despotisme et ménager la transition...

..... Lorsque la liberté romaine succomba sous la force militaire des
Empereurs, les formes de la République furent conservées, et l'autorité
passa dans leurs mains sans que l'ancienne Constitution fût renversée[1] ;
le pouvoir suprême, en théorie, résidait dans le peuple. En effet, Ulpien
et Saius, en disant que la volonté du prince est loi, en montrent la raison
dans cette loi qui avait lieu au commencement de tout règne, et qui, par
le Sénat, transmettait au prince tous les droits du peuple (*quum omne
jus suum populus in principem transferret*[2]. (*Mémoire à l'Académie*, 1853.)

Physionomie démocratique de l'Empire romain :

Trajan ne veut pas permettre de confréries d'ouvriers,
parce que, dit Pline, *neque enim secundum est nostri seculi
morem*. (*Épist.*, livre X.)

[1] Tacite, *Annales*, livre II.
[2] Tacite, *Hist.*, IV, 3. *Cuncta principibus solita decernit senatus,*
Ulpianus et Saius (*Fragm.* 1, D. d. *Constit. princip.*, l. L, Gaius. *Inst.*,
I. 2, 5, 6).

Trajan lui-même, le grand et vertueux Trajan, après un siècle de gouvernement impérial incontesté, ne pouvant souffrir que des ouvriers s'associent pour se secourir, et tenant à la maxime que devant le souverain, unique représentant du peuple romain, il ne doit y avoir que des individus isolés !...

Il faut bien étudier cette monarchie démocratique du monde romain. Grandes analogies. Servitude commune tenant lieu de liberté commune. L'égalité devant le maître plus chère aux âmes basses et vulgaires que l'égalité devant la loi, laquelle laisse subsister des inégalités sociales permanentes, et oblige encore au respect en garantissant de l'oppression.

Gouvernement romain : non pas une des formes de la démocratie, comme l'ont dit bassement ou sottement des gens qui ignorent la valeur des mots dont ils se servent, ou ne veulent pas la donner; mais l'une des formes auxquelles l'égalité démocratique peut le plus facilement conduire les hommes, et que les mauvaises passions et les instincts pervers qui naissent dans l'égalité, peuvent leur faire admettre et même aimer...

...Napoléon voulait diriger l'enthousiasme, non le proscrire... Il voulait supprimer tous les grands efforts de l'âme au profit de l'un d'eux, celui qui fait bien mourir les armes à la main. Ce grand génie comprenait qu'il faut toujours quelques hautes passions pour vivifier le cœur humain, qui sans cela tombe en gangrène et en pourriture. Il n'aurait jamais imaginé de vouloir fixer tous les esprits et tous les cœurs sur le seul bien-être individuel...

Inégalité des charges de la conscription sous l'Empire.

Rapport sur les bases de la répartition du contingent pour 1809, entre les départements.

Ce rapport, fait par le ministre de la guerre, fut, par une grande imprudence, distribué au conseil d'État, et aussitôt retiré. Mais M. ***, à cette époque auditeur, ayant mis son exemplaire dans sa poche, l'a aujourd'hui dans sa possession ; et c'est sur la pièce même que j'ai copié ce qui suit :

« ... Les considérations d'après lesquelles la population, prise comme base générale et primitive, paraît devoir être modifiée, peuvent se rattacher à trois divisions principales :

1° L'espèce des hommes ;

2° L'étendue, la nature et les besoins du sol comparés à la population ;

3° L'*esprit* des départements.

« 1° Dans quelques départements, presque tous les hommes sont propres au service militaire. Dans d'autres, à peu près la moitié de l'espèce est hors d'état de supporter les fatigues de la guerre. Si à deux départements d'une population égale, mais dont l'un serait dans la première classe et l'autre dans la seconde, on atteignait un contingent égal, on serait évidemment injuste. . . . .

« ...Dans tous les pays manufacturiers où l'enfance a une vie sédentaire et peu propre au développement des facultés physiques ; dans les départements pauvres où la disette des bras condamne à des travaux précoces ;

dans les lieux où se perpétuent les maladies endémiques, les réformes sont toujours nombreuses... Nous concluons que le nombre des réformes doit influer sur la répartition.

« 2° L'étendue d'un département comparé à sa population, la stérilité ou la fertilité de son sol, sont autant de causes qui nous ont paru devoir être prises en considération et faire augmenter ou diminuer le nombre des conscrits à lever. Si d'un sol riche, fécond et chargé d'une population forte, on enlève tous les ans un certain nombre de jeunes gens, c'est en quelque sorte donner à la végétation en hommes une nouvelle activité[1]. Mais qu'on demande un égal nombre de recrues à un pays aride et ingrat, on multiplie les causes de dépopulation ; et bientôt l'espèce est menacée de tomber au dernier degré de dégénérescence...

« Mesurer le sol et calculer ses ressources ; évaluer les besoins de la culture et de l'industrie ; déterminer les qualités et les habitudes de la population ; juger les points où elle surabonde et ceux où elle s'appauvrit ; fixer les sacrifices qu'elle peut faire ; indiquer les ménagements régénérateurs dont elle a besoin ; tout cela appartient au ministre de l'intérieur[2], et bientôt sans doute nous aurons sur ces sujets des lumières aussi certaines qu'étendues. Mais en attendant ce moment heureux, nous croyons devoir prier Votre Majesté de

---

[1] Comparaison prise à l'art de faire des coupes.

[2] C'est-à-dire que la levée doit devenir arbitraire ; et la seule raison de s'y soumettre, l'égalité, en disparaît.

permettre que nous nous aidions de celles que les levées précédentes nous ont fournies[1].

« 5° Les causes morales influent aussi très-puissamment sur tous les résultats des levées et doivent être prises en considération. Aujourd'hui comme autrefois, presque tout l'Est et le Nord volent sans peine et même avec empressement sous les drapeaux. Le centre de l'Empire se rend aux appels sans efforts. L'Ouest obéit sans murmure. Mais sur plus d'un point le Midi oppose une résistance, qui, sous tout autre prince, serait invincible. Emploiera-t-on la force et l'autorité pour ramener toutes ces contrées au même esprit? ou bien recourra-t-on à de sages tempéraments, à des ménagements insensibles? Tout me porte à croire que ce dernier moyen est préférable. En s'attachant trop rigoureusement au premier, on accroîtrait le nombre des coupables et on assurerait ainsi leur impunité.

« Quoique très-convaincu, Sire, de la nécessité de prendre en considération chacune de ces causes, je ne proposerai pas à Votre Majesté de leur donner toute l'influence qui leur paraît due. Quelques-unes de mes observations ne sont pas appuyées sur une assez longue suite de faits ; d'autres n'ont pas acquis tout le degré de certitude que le temps leur donnera. D'ailleurs un changement trop rapide et trop grand ne serait pas sans inconvénients majeurs. Aussi me suis-je borné, dans le tableau de répartition que j'ai l'honneur de soumettre à Votre Majesté pour 1809, à proposer les modifications qui m'ont paru d'une justice

---

[1] On n'est encore qu'au premier pas. Jugez ce que cela a dû être en 1813.

et d'une nécessité évidentes, laissant à l'expérience le soin de nous donner des lumières plus certaines. »

Suivent les tableaux ; le numéro 7 ci-dessous en est le résumé.

DÉPARTEMENTS.	RÉPARTITION DE 80,000 HOMMES, APRÈS LA DIMINUTION OPÉRÉE POUR L'INSCRIPTION MARITIME ET LES GARDE-COTES	MODIFICATION DU CONTINGENT POUR LA CAUSE INDIQUÉE CI-DEVANT.		RAPPORT DES MODIFICATIONS AU CONTINGENT EXPRIMÉ EN CENTIÈMES.		RÉPARTITION DÉFINITIVE.
		EN PLUS.	EN MOINS.	EN PLUS.	EN MOINS.	
Aisne.	934	48	»	5	»	1,005
Allier.	554	»	48	»	9	516
Alpes (Basses–). . .	310	12	»	4	»	330
Alpes Maritimes. . .	282	»	12	»	5	239
Apennins.	441	»	20	»	5	391
Ardèche.	616	»	56	»	9	576
Ardennes.	578	30	»	5	»	622
Ariége.	482	»	40	»	8	454
Aube.	506	20	»	4	»	538
Aude.	514	»	30	»	6	480
Aveyron.	738	»	44	»	6	712
Bouches-du-Rhône. .	623	»	29	»	5	559
Calvados.	1,076	53	»	5	»	1,109
Cantal.	536	»	46	»	9	503
Charente.	691	»	35	»	5	668
Cher.	478	»	24	»	5	466
Corrèze.	542	»	48	»	9	508
Côte-d'Or.	748	40	»	5	»	807
Creuze.	477	»	38	»	8	451
Dordogne.	900	»	80	»	9	839
Doubs.	477	24	»	5	»	513
Eure.	896	54	»	5	»	958
Eure-et-Loir.	562	45	»	5	»	605
. . . .	. . .	. .	. .	. .	. .	. . .
. . . .	. . .	. .	. .	. .	. .	. . .
Manche.	1,216	56	»	5	»	1,168

Guerre. Empire. Soulèvement de l'Allemagne après la · guerre de Russie.

· ...Ce sont les peuples qui sauvent les rois. Les rois sont tentés de voir un mouvement révolutionnaire et subversif dans l'émotion et dans les nobles et fières passions qui les sauvent ; ils se laissent sauver en tremblant...

L'enthousiasme pour la révolution française se change peu à peu en haine contre les Français. Le prestige de Napoléon au dehors est impuissant contre l'instinct des peuples...

PERTHÈS ET JEAN DE MÜLLER.

En 1804, Perthès se lie avec Jean de Müller : liaison politique. En ce temps-là, Müller, d'accord avec Gentz, s'efforçait avec la plus grande ardeur d'unir la Prusse et l'Autriche contre la France. Publications dans ce sens pour enflammer le sentiment allemand et soulever la colère contre l'oppresseur de l'Allemagne. Attiré par ces écrits, Perthès écrit à Müller (1805) : « Dans ce temps, lui dit-il, où le vieux et le jeune, le riche et le pauvre, le fort et le faible, tous ceux enfin qui aiment la patrie, la liberté, l'ordre et la loi, doivent s'unir[1]. » A quoi Müller répond : « Merci, noble jeune homme, cœur généreux (*edeldenkender Mann*), c'est une grande douceur de trouver de pareils sentiments allemands. Sans vous avoir vu, je suis votre ami. Le moment est venu où tous ceux qui pensent de même doivent s'unir fraternellement pour l'œuvre de la délivrance nationale. La vie n'a plus pour moi de charmes que là. Entre ceux qui pensent de même, il

[1] *Vie de Perthès*, 1856, t. I, p. 144.

y a une langue intérieure, une fraternité invisible qui se reconnaît à chaque mot[1]. »

Cependant grandeur des événements. Changements qui
frappent et effrayent les imaginations. Fondation de la confédération du Rhin. Dissolution finale du saint Empire. Effets que cela produit sur Jean de Müller. On voit par une
lettre de Perthès, où celui-ci lui reproche de désespérer de
l'avenir, que Jean de Müller commence à plier. « Votre
lettre m'a troublé, écrit Perthès ; si des hommes tels que vous
désespèrent de leur temps, que deviendrons-nous[2] ?

« Les faits dont le monde est témoin, écrit Müller à
Perthès, dépassent tous les calculs de la politique[3]. Nulle
part on n'aperçoit l'apparence d'un aide. Dieu doit retirer
un homme, ou en susciter un plus grand, ou amener des
événements jusqu'à présent imprévus. L'inquiétude et la
terreur s'emparent de moi. La scène devient trop solennelle.
L'ancien des jours tient ses assises. Les livres sont ouverts,
et les princes sont pesés. Quelle sera l'issue de ce que nous
voyons? Un ordre nouveau se prépare bien différent de celui que le supposent ceux qui ne sont que d'aveugles instruments. Ce qui est ne demeurera pas. Ce qui était peut difficilement revenir... »

Un an après la bataille d'Iéna il écrit : « Je pense aux
prophètes des anciens jours qui avaient reconnu à des signes
que Dieu voulait faire quelque chose de nouveau. Jérémie vit
que Jérusalem et son peuple allaient être livrés au roi de Ba-
bylone, et il conseille de s'accommoder à cette destinée. En
cela il ne mit pas en oubli ni son peuple ni ses sentiments
fondamentaux. De même aujourd'hui, par les merveilles
de l'année 1807, nous voyons les nations emprisonnées

---

[1] *Vie de Perthès*, p. 161.
[2] *Ibid.*, p. 165.
[3] *Ibid.*, p. 171.

comme dans le filet de l'oiseleur. De Cadix à Dantzig, de
Bayonne à Hambourg, et bientôt de tous les côtés, tout est
Empire français. Cela doit-il durer soixante-dix ans, comme
dans l'Empire babylonien, ou sept cents ans, comme dans le
Saint-Empire? qui peut le savoir[1]? »

Il est curieux de voir :

1° Comment l'imagination, chez les uns (comme Perthès),
poussait dans le même temps à l'héroïsme de la résistance,
chez les autres, comme Müller, au désespoir.

2° Comment un grand esprit joint à une âme faible sert à
augmenter quelquefois la faiblesse de celle-ci. Les brillantes
facultés de l'un donnent des raisons et des couleurs à la lâcheté de l'autre. L'homme qui écrivait ces lignes était déjà
vaincu au fond de son cœur, avant que l'entrevue avec Napoléon (à Berlin) le plaçât derrière le char du vainqueur...

Orgueil de la race qui persiste chez l'Allemand au milieu
de ses revers. Idée gigantesque qu'il a de lui-même, tout
en étant par terre.

« Dieu comptait particulièrement, et avant tout, sur le
peuple allemand (écrit Perthès), pour la grande rénovation.
Nous autres Allemands sommes un peuple choisi (1807), un
peuple qui représente l'humanité entière et qui travaille
pour le compte de tous. Nous n'avons jamais été un peuple
purement national... Tout ce qui a été trouvé ailleurs a été
pensé en Allemagne. Tant que nous avons eu une vie, nous
n'avons pas vécu pour nous-mêmes, mais pour toute l'Europe... »

Dieu a rempli le cœur de tous les peuples de la même
fumée, afin que se croyant plus qu'ils ne sont, ils se
croient obligés de faire tout ce qu'ils peuvent...

[1] *Vie de Perthès*, t I, p. 175.

« Nos gouvernements, écrit Perthès, après la paix de Pres-
bourg, ont mis suffisamment au jour leur lâcheté égoïste et
leur soumission à Napoléon. Nos peuples sont trahis. Nous
sommes livrés au déshonneur par nos chefs... Le salut ne
peut venir que des peuples mêmes (t. I, p. 182). »

Mouvements intérieurs qui se produisent chez le peuple
allemand. Cohésion. Union nouvelle qui se fait sous la pression de Napoléon.

Comment les Allemands, divisés de toutes les manières
entre eux et par l'étranger, conservent leur unité intellectuelle par la littérature, seule chose qui leur reste commune.

La littérature, en tant qu'elle demeurait littérature, n'inspirait point de crainte à Napoléon...

...Toujours même erreur des hommes d'action, même les
plus grands et les plus ouverts par l'esprit. Un de leurs plus
grands périls est le mépris des idées...

Perthès fonde un Recueil (*das Deutsche Museum*) destiné
à servir de point de réunion à tous les esprits qui sont restés
allemands, et qui forment une sorte de franc-maçonnerie
secrète. Il y attire Jean Paul, Rumohr, Wilkes, Faubach,
A. W. Schlegel, Gentz, Adam Müller, C. L. von Haller, Eich-
born, Savigny, Stolberg, Arnim, Lichtenstein, Grimm, Rau-
mer, Rechberg (écrivain de la Révolution), le vieil Hege-
wich de Kiel, etc., etc.; tout en approuvant l'entreprise,
Gœthe refusa de s'y associer avec ce magistral égoïsme qui
le caractérisait (t. I, p. 208).

Ce Recueil parut en 1810, mais peu de temps après disparut, Hambourg, siège de la publication, étant devenu une
ville française. « Votre muséum a péri, écrit un ami à
Perthès, mais son esprit vivra (t. I, p. 217). »

1er avril 1852. Conversation avec M. X***, ancien
conseiller d'État.

Prisons d'État sous l'Empire. 1812.

« J'ai fait partie, me dit M. X***, d'une promotion très-nombreuse d'auditeurs au conseil d'État. On tira au sort notre répartition entre les différents ministères, et j'échus au ministère de la police que dirigeait le duc de Rovigo. Je fus recommandé particulièrement à celui-ci par un de ses amis. Un jour il me fit venir et me dit : On m'assure que vous ne craignez ni la retraite ni le travail, et que vous aimez beaucoup le jeu des échecs. J'ai une mission importante à vous confier. Il s'agit d'aller habiter un certain temps l'hôpital du mont Cenis. Vous trouverez là un prieur qui est grand joueur d'échecs et vous pourrez rendre un service précieux. Je réclamai contre cette destination, et demandai ce qu'il y avait à faire. Je compris enfin qu'il ne s'agissait rien moins que de rendre compte des voyageurs qui traversaient journellement ce point de partage entre l'Italie et la France, de vivre à la table d'hôte où ils mangeaient, en un mot, de faire un rôle d'espion. Je refusai, mais avec ménagement, et je ne perdis pas la bonne volonté du ministre qui, à quelque temps de là, me dit : j'ai à vous proposer un nouvel emploi. Par le décret (un sénatus-consulte, je crois) l'Empereur a créé huit prisons d'État. Mais plusieurs de ses vues n'ont pas été remplies. Il s'agirait de régulariser ce service et d'abord de l'inspecter. Voulez-vous vous en charger de compagnie avec un médecin M. ***? Cette fois j'acceptai. Nous devions commencer par examiner Vincennes où l'on supposait que les choses devaient se passer mieux qu'ailleurs et que nous devions prendre en quelque sorte pour type. Nous n'avions ni à visiter les détenus ni même à nous enquérir de leurs noms et de leur histoire; mais seulement à constater comment les choses se passaient dans l'administration de ces maisons. La curiosité m'était si peu permise qu'au bout de trois semaines mon compagnon de voyage, le docteur ***, un ami du duc de Rovigo, m'avoua qu'il était secrètement chargé de me surveiller et de voir si je ne me mêlais pas de trop savoir. Il me demanda à son tour si je n'étais pas chargé de quelque mission analogue à son égard : ce qui n'était pas.

« Les vues de l'Empereur, nous avait dit le duc de Rovigo, sont que les prisons d'État contiennent des demeures propres à des prisonniers de toutes les conditions. Car enfin, avait-il ajouté, je suppose que je veuille renfermer, dans l'une d'elles, ou un de mes frères ou mon oncle. J'entends qu'ils y soient traités suivant leur rang, qu'ils puissent y trouver salon, bibliothèque, billard...

« Tous ces perfectionnements n'eurent pas le temps d'être apportés au système. Lorsque je fis ma tournée, à la fin de 1811 ou au commencement de 1812, il n'y avait de prisonniers que dans cinq prisons, où en général ils étaient tous fort mal. Les autres n'existaient que sur le papier. Les châteaux qu'on avaient désignés n'existaient même plus. Il en était ainsi de la prison de (j'ai oublié le nom), département du Mont-Tonnerre. Il se trouva que le château était déjà détruit quand intervint le décret. Mais, en revanche, il se trouvait des pri-

sonniers d'État dans une foule de prisons ordinaires.
Nous ne fûmes pas chargés d'inspecter ceux-là. J'eus
seulement la preuve qu'ils étaient en grand nombre.

« Nous commençâmes donc par Vincennes. Tout au
haut du donjon, je trouvai un Espagnol qui était traité
avec assez d'égards. Il avait quelques livres, une boîte
de couleurs, une famille de pigeons qu'il élevait dans
son réduit. On me cacha son nom. Mais je sus plus tard
que c'était le célèbre Palafox, pris à Saragosse, que l'Empereur, je ne sais pourquoi, avait cru devoir faire disparaître. On avait enterré avec grande pompe une bûche
à sa place. Toute la terre croyait Palafox mort. Sa propre famille, sa femme, étaient dans la même erreur. Il
vivait au haut du donjon de Vincennes. Je vis aussi sous
un escalier où il ne pouvait pas se tenir debout, un jeune
comte allemand, jeune homme de dix-huit ans, accusé
d'avoir voulu assassiner l'Empereur et que l'intervention du roi de Saxe avait empêché d'être fusillé. Il était
déjà malade dans cet horrible réduit et il y est mort.

« A Fenestrelle, dans les montagnes de la Savoie, je
trouvai un grand nombre de cardinaux et d'autres prêtres : ils se plaignaient avec raison de ne pouvoir vivre
dans ce séjour des neiges. Un peu plus loin, dans une
autre prison d'État, je vis environ deux cents Napolitains
d'assez basse condition, mais au milieu desquels se trouvaient cependant quelques grands seigneurs de la même
nation.

« Toutes ces maisons étaient mal tenues et n'offraient
aucune garantie quelconque. Aucune des formalités in-

diquées au décret qui avait légalisé les prisons d'État n'étaient observées. On vous enlevait pour vous y mettre ; on vous y laissait tant qu'on voulait. Vous étiez retiré du monde et disparu.

« Je sais que les prisonniers d'État étaient très-nombreux : mais je ne pourrais en dire le nombre exact : d'autant plus qu'ils étaient répandus dans toutes les prisons de France et que ma mission, ainsi que je l'ai dit, ne s'est étendue qu'aux prisons d'État proprement dites. »

––––––

...Je vois sous mes yeux un singulier phénomène : des esprits impatients, déréglés, insatiables de liberté, qui se trouvaient à l'étroit dans les règles d'une constitution...

Un peu de gêne les surexcitait ; beaucoup de gêne les *calme*. Je me sers de ce mot à dessein. Ils ne sont pas seulement soumis, ils sont *calmes*.

Que je suis d'une autre nature ! une liberté restreinte me suffisait, et je supportais sans peine une grande autorité sous l'empire des lois ! La gêne complète m'exaspère et le despotisme me donne des passions révolutionnaires !...

NOTES DE VOYAGES

VOYAGE AUX ÉTATS-UNIS
1831-1832

NEW-YORK. SINGSING. ALBANY. UTICA. VALLÉE DE LA MOHAWK. SYRACUSE. LE LAC ONÉIDA. AUBURN. CANANDAGUA. BUFFALOO. QUINZE JOURS AU DÉSERT.

New-York, 20 mai 1831.

Jusqu'à présent tout ce que je vois ne m'enthousiasme point, parce que j'en sais plus de gré à la nature des choses qu'à la volonté de l'homme. Le spectacle que j'ai devant les yeux n'en est pas moins un immense spectacle. Jamais peuple ne s'est trouvé réunir des conditions d'existence aussi heureuses et aussi puissantes. Ici la liberté humaine agit dans toute la plénitude de son pouvoir ; son énergie trouve un aliment dans ce qui est utile à chacun sans nuire à personne. Il y a, on ne peut en disconvenir, quelque chose de fébrile dans le mouvement imprimé ici à l'industrie et à l'esprit de l'homme ; mais jusqu'à présent cette fièvre semble ne faire qu'augmenter les forces sans altérer la raison. La nature physique, quoi qu'on fasse, est toujours plus grande que les efforts tentés pour tirer parti des ressources qu'elle présente: Ce qui reste à faire semble s'étendre en proportion de ce qu'on a déjà fait. New-York, qui avait 20,000 âmes au moment de la guerre d'Amérique, en compte maintenant 200,000 ; et chaque année ajoute des développements immenses à sa grandeur. On nous assure que les déserts du Mississipi se peuplent plus rapidement encore. Tout le monde nous dit qu'on y trouve le sol le plus fertile de l'Amérique ; et ils s'étendent presque indéfiniment. Au milieu de cet incroyable mouvement matériel, l'agitation politique me paraît fort accessoire. Elle est à la surface, et n'agite point profondément les masses. On nous assure qu'on a de la peine à faire accepter des fonctions publiques, qui détourneraient des affaires privées. Le fait est que cette société-ci marche toute seule ; et bien lui prend de ne rencontrer aucun obstacle : le gouvernement me semble ici dans l'enfance de l'art.

Singsing, 29 mai 1831 [1].

Le principe des républiques anciennes était le sacrifice de l'intérêt particulier au bien général. Dans ce

---

[1] Singsing, petit village situé sur l'Hudson, entre New-York et Albany ; connu par l'établissement pénitentiaire auquel il a donné son nom.
(*Note de l'Éditeur.*)

sens on peut dire qu'elles étaient *vertueuses*. Le principe de la république américaine me paraît être de faire rentrer l'intérêt particulier dans l'intérêt général : une sorte d'égoïsme raffiné et intelligent semble le pivot sur lequel roule toute la machine. On ne s'embarrasse pas ici de rechercher si la vertu publique est bonne ; mais on prétend prouver qu'elle est utile. Si ce dernier point est vrai, comme je le pense en partie, cette société serait plutôt éclairée que vertueuse. Mais jusqu'à quel point le bien individuel et le bien général peuvent-ils s'unir et se confondre ? Jusqu'à quel point une conscience qu'on pourrait appeler de *réflexion et de calcul* pourra-t-elle maîtriser les passions politiques, qui ne sont pas encore nées, mais qui ne manqueront pas de naître? C'est ce que l'avenir seul nous montrera.

Singsing, 31 mai 1831.

Il y a à Singsing un vieillard qui se rappelle avoir vu les Indiens établis dans ce lieu. Le nom même de Singsing est tiré du nom d'un chef indien.

(*Idem.*) On nous montre une maison où demeure un descendant d'Olivier Cromwell.

M. S..., avocat obscur de New-York, résidant à Singsing, me dit :

Je ne crois pas qu'une République puisse exister sans mœurs, et je ne crois pas qu'un peuple puisse avoir des mœurs lorsqu'il n'a pas de religion. Je juge donc le maintien de l'esprit religieux un de nos plus grands intérêts politiques.

New-York, 7 juin 1831.

Conversation avec M. Gallatin, ancien ministre des États-- Unis en France et en Angleterre.

Nous n'avons point, me dit-il, de village en Amérique, c'est-à-dire de lieu peuplé par des gens cultivant la terre. Le propriétaire vit sur son bien, et les maisons sont toutes dispersées dans la campagne. Ce que vous prenez pour des villages mérite plutôt le nom de villes, puisque leur population est composée de marchands, d'artisans et d'*avocats*.

D. Je vous arrête à ce dernier mot, *les avocats*. Les avocats sont donc très-nombreux parmi vous?

R. Beaucoup plus, je le pense, qu'ils ne sont en aucune partie de l'Europe.

D. Quelle est leur position sociale et leur caractère?

R. L'un s'explique par l'autre : les avocats occupent les premiers rangs dans la société; ils exercent une grande influence. Il en résulte que leur caractère, au lieu d'être inquiet et remuant comme en Europe, est plutôt stationnaire. Sans les avocats nous aurions déjà révisé nos lois civiles; mais ils sont les défenseurs naturels des abus et des obscurités dont ils profitent.

D. Jouent-ils un grand rôle dans les assemblées publiques?

R. Ils composent la plus grande partie des membres de ces assemblées. Mais on a remarqué que les orateurs les plus distingués et surtout les plus grands hommes d'État n'étaient point avocats.

D. Quelle est la position, le rang et le caractère de votre magistrature?

R. Les magistrats sont tous pris dans le corps des avocats, et excepté la discipline de l'audience, ils restent sur le pied de l'égalité avec ces derniers. Notre magistrature est extrêmement respectée : soutenue seulement par l'opinion publique, elle a besoin de faire de continuels efforts pour en conserver la faveur. Son intégrité est hors de question. Je regarde la magistrature, soutenue en toute occasion comme elle l'est par le corps des avocats, comme le régulateur des mouvements irréguliers de notre démocratie, et ce qui maintient l'équilibre dans la machine. Remarquez que, pouvant refuser d'appliquer une loi inconstitutionnelle, elle est en quelque sorte un pouvoir politique...

D. Est-il vrai, comme on me l'assure, qu'en ce pays les mœurs soient pures?

R. La fidélité conjugale y est admirablement gardée. Il n'en est pas toujours ainsi de la vertu avant le mariage. Il arrive fort souvent dans nos campagnes (non dans les villes) que l'extrême liberté dont jouissent les jeunes gens des deux sexes, a des inconvénients. Les nations sauvages qui nous entourent poussent encore plus loin l'oubli de la chasteté avant le mariage. Ils ne la regardent pas comme une obligation morale...

New-York, 7 juin 1831.

Caractère national des Américains (premier aperçu).

L'inquiétude du caractère me paraît être un des traits distinctifs de ce peuple-ci. L'Américain est dévoré du désir de faire fortune : c'est l'unique passion de sa vie ; il n'a point de souvenirs qui l'attachent à un lieu plutôt qu'à un autre ; point de coutumes invétérées ; nul esprit de routine ; il est témoin journalier des changements les plus brusques de la fortune, et craint moins qu'aucun habitant du monde d'exposer l'acquis dans l'espérance d'un meilleur avenir, parce qu'il sait qu'on peut sans peine recréer de nouvelles ressources. Il entre donc dans la grande loterie des choses humaines avec l'assu-

rancc d'un joueur qui ne risque que son gain. Le même
homme, nous a-t-on dit souvent, a quelquefois essayé de
dix états. On l'a vu successivement marchand, homme
de loi, médecin, ministre évangélique ; il a habité vingt
lieux différents, et n'a trouvé nulle part de liens qui le
retinssent. En un mot, l'homme ici n'a pas d'habitudes,
et le spectacle qu'il a sous les yeux l'empêche d'en
prendre : 1° beaucoup sont venus d'Europe et y ont
laissé leurs coutumes ; 2° ceux mêmes qui sont établis
depuis plus longtemps dans le pays ont conservé cette
différence d'habitudes. Il n'y a pas encore de mœurs
américaines. Chacun prend de l'association ce qui lui
convient, et reste dans son originalité... et comment
n'en serait-il pas ainsi ? Ici les lois varient sans cesse ;
les magistrats se succèdent ; les systèmes d'administration varient ; la nature elle-même change plus rapidement que l'homme. Par une interversion singulière de
l'ordre ordinaire des choses, c'est elle qui paraît mobile, et l'homme immuable...

Le même homme a pu donner son nom à un désert
que nul n'avait traversé avant lui ; il a pu voir renverser
le premier arbre de la forêt, élever au milieu de la solitude la maison du planteur, autour de laquelle s'est
d'abord groupé un hameau, et qu'entoure aujourd'hui
une vaste cité. Dans le court espace qui sépare la mort
de la naissance, il a assisté à tous ces changements.
Dans sa jeunesse, il a habité parmi des nations qui ne
sont plus ; depuis qu'il vit, des fleuves ont changé ou
diminué leur cours ; le climat même est autre qu'il ne l'a

vu jadis, et tout cela n'est encore dans sa pensée qu'un premier pas dans une carrière sans bornes. Quelque puissant et impétueux que soit ici le cours du temps, l'imagination le devance : le tableau n'est point assez grand pour elle ; elle s'empare déjà d'un nouvel univers. C'est un mouvement intellectuel qui ne peut se comparer qu'à celui que fit naître la découverte du Nouveau-Monde il y a trois siècles ; et, en effet, peut-on dire que l'Amérique est découverte une seconde fois. Et qu'on ne croie pas que de pareilles pensées ne germent que dans la tête du philosophe ; elles sont aussi présentes à l'artisan qu'au spéculateur, au paysan qu'à l'habitant des villes. Elles s'incorporent à tous les objets ; elles font partie de toutes les sensations ; elles sont palpables, visibles, senties en quelque sorte. Né sous un autre ciel, placé au milieu d'un tableau toujours mouvant, poussé lui-même par le torrent irrésistible qui entraîne tout ce qui l'environne, l'Américain n'a le temps de s'attacher à rien ; il ne s'accoutume qu'au changement, et finit par le regarder comme l'état naturel à l'homme ; il en sent le besoin ; bien plus, il l'aime : car l'instabilité, au lieu de se produire à lui par des désastres, semble n'enfanter autour de lui que des prodiges...

L'idée d'un mieux possible, d'une amélioration successive et sans terme de la condition sociale, cette idée se présente à lui sans cesse et sous toutes ses faces.

New-York, 10 juin 1831.

Aujourd'hui, à un club où j'étais, on a soutenu que les Américains, en s'étendant dans l'intérieur des terres, verraient diminuer leur marine. M. Galatin a évalué à soixante mille (à peu près) le nombre des matelots qui naviguent actuellement sous le pavillon américain. Il a ajouté : « Comme nous n'avons ni la *presse* des Anglais ni l'inscription maritime des Français, je prédis qu'à la première guerre il nous sera impossible de trouver des matelots en nombre suffisant pour conduire douze de nos vaisseaux. »

Albany, 4 juillet 1831.

Grande fête de l'anniversaire de la déclaration d'indépendance...

Départ d'Albany le 4 juillet, dans la nuit.

Vallée de la Mohawk. Pas de trace des Indiens. Les Mohawks, la plus ancienne et la plus brave des tribus confédérées des Iroquois !

Arrivée à Utica.

Charmante ville de dix mille âmes, fondée depuis la guerre de la Révolution...

Utica, 6 juillet 1831.

Les races indiennes se fondent au contact de la civilisation de l'Europe comme la neige aux rayons du soleil.

Les efforts qu'elles font pour lutter contre leur destinée ne font qu'accélérer pour elles la marche destructive du temps. Tous les dix ans à peu près, les tribus indiennes qui ont été repoussées dans les déserts de l'Ouest s'aperçoivent qu'elles n'ont point gagné à reculer, et la race blanche s'avance encore plus rapidement qu'elles ne se retirent. Irritées par le sentiment même de leur impuissance, ou enflammées par quelque nouvelle injure, elles se rassemblent et fondent impétueusement sur les contrées qu'elles habitaient jadis et où s'élèvent maintenant les habitations des Européens. Les Indiens parcourent le pays, brûlent les habitations, tuent les troupeaux, enlèvent quelques chevelures. La civilisation recule alors, mais elle recule comme le flot de la mer qui monte. Les États-Unis prennent en main la cause du moindre de leurs colons, et déclarent que ces misérables peuplades ont violé la loi des nations. Une armée régulière marche à leur rencontre. Non-seulement le territoire américain est reconquis, mais les blancs, poussant les sauvages devant eux, détruisent leurs wigwams, et, prenant leurs troupeaux, vont poser l'extrême limite de leurs possessions cent lieues plus loin qu'elles n'étaient auparavant. Ainsi privés de leur nouvelle patrie adoptive par ce qu'il a plu à l'Europe savante et éclairée d'appeler le droit de la guerre, les Indiens reprennent leur marche vers l'Ouest, jusqu'à ce qu'ils fassent halte dans quelque nouvelle solitude où la hache du blanc ne tardera pas à se faire entendre de nouveau.

Dans le pays qu'ils viennent de saccager, placé désormais à l'abri de leur invasion, s'élèvent déjà de riants villages qui bientôt formeront de populeuses cités. Marchant en avant de l'immense famille européenne dont il forme comme l'avant-garde, le pionnier s'empare à son tour des forêts délaissées par les sauvages. Il y bâtit sa cabane rustique, et attend que la première guerre lui ouvre le chemin vers de nouveaux déserts...

6 juillet, départ d'Utica.

Nous rencontrons les premiers Indiens à Oneida-Castle, à cent seize milles d'Albany. Ils mendiaient. Arrivée à Syracuse.

Syracuse, 7 juillet 1831 [1].

12 juillet 1831, Auburn [2].

Conversation avec M. Troop, gouverneur de l'État de New-York. Conversation avec M. Elam Lynds, fondateur du pénitencier de Singsing [3].

Canandagua, 14 juillet 1831.

Conversation avec M. John Spencer, légiste très-distingué, qui a été successivement avocat, district-attorney (procureur du roi), membre du Congrès, et présentement membre de la législature de l'État de New-York. Il a été l'un des rédacteurs des *Revised Statutes* de cet État.

D. Les membres qui composent les deux chambres des diverses législatures sont-ils élus par les mêmes électeurs et suivant les mêmes conditions d'éligibilité?

R. Oui, dans l'État de New-York en particulier, c'est ab-

---

[1] C'est alors que Tocqueville fit au lac Onéida, voisin de Syracuse, l'excursion qu'il raconte dans le morceau intitulé: *Course au lac Onéida.* Voyez t. V (note de l'éditeur).

[2] Petite ville de l'État de New-York, célèbre par sa prison et par son système pénitentiaire auquel elle a donné son nom (*note de l'éditeur*).

[3] Cette conversation est rapportée textuellement dans les notes du *Système pénitentiaire aux États-Unis* (édit. in-18, p. 310).

solument la même espèce d'hommes qui remplissent les deux chambres.

D. Mais quelle est alors l'utilité d'avoir deux chambres?

R. L'utilité est immense, et si bien sentie que c'est désormais un axiome reconnu par tous en Amérique qu'un Corps législatif unique est une détestable institution. Voici les plus grands avantages d'un Corps législatif à deux branches :

Le premier et le plus grand, c'est de soumettre une résolution à deux épreuves. Il s'écoule entre les deux discussions un temps dont le bon sens et la modération profitent, et il arrive sans cesse que le Sénat, bien que composé des mêmes éléments et mû par le même esprit que la législature, voit la même question sous un jour différent, et corrige ce que celle-ci, engagée comme elle l'est par un premier vote, ne peut corriger.

Le second avantage que je vois dans l'institution de notre Sénat, c'est que les membres qui le composent, restant en fonctions plus longtemps que les représentants, et étant renouvelés successivement, forment toujours au sein de la législature une masse d'hommes instruits des précédents et ayant déjà fait leur éducation politique. Ils donnent à nos assemblées législatives une habileté pratique et un esprit de suite qui sans cela leur manqueraient souvent...

D. Quelle est l'influence de la presse sur l'opinion publique?

R. Elle a une grande influence, mais elle ne s'exerce pas de la même manière qu'en France. Ainsi nous n'attachons que très-peu de valeur aux opinions des journalistes. La presse n'obtient d'influence que par les faits qu'elle publie et la tournure qu'elle leur donne. C'est ainsi que parfois elle parvient à égarer l'opinion sur le compte d'un homme ou sur le caractère d'une mesure. En somme, par tous pays et sous tous les gouvernements, la presse sera toujours un instrument redoutable.

D. Quelles sont les bornes que vous mettez à sa liberté?

R. Notre principe à cet égard est très-simple. Tout ce qui est dans le domaine de l'opinion est parfaitement libre. On pourrait imprimer tous les jours en Amérique que le gouvernement monarchique est le meilleur de tous. Mais lorsqu'un journal publie des faits calomnieux, lorsqu'il suppose gratuitement des intentions coupables, alors il est poursuivi, et ordinairement puni d'une forte amende. Il n'y a pas longtemps j'en ai eu un exemple. Lors du procès intenté à la suite de la disparition de Morgan (affaire de franc-maçonnerie), un journal publia que les jurés avaient rendu leur verdict de condamnation par esprit de parti. Je poursuivis l'auteur de l'article et le fis condamner.

D. Quel est, à votre avis, le moyen de diminuer la puissance de la presse périodique?

R. Je suis parfaitement convaincu que le plus efficace de tous est de multiplier autant que possible le nombre des journaux, et de ne les poursuivre que dans les cas extrêmes. Leur force diminue à mesure qu'ils sont plus nombreux. C'est ce que l'expérience nous a rendu manifeste. J'ai entendu dire qu'en France il n'y avait que deux ou trois grands journaux en crédit. Je conçois qu'alors la presse devienne un agent très-dangereux.

D. Avez-vous des hommes influents qui écrivent dans vos journaux?

R. Les chefs de parti le font souvent, mais sans signer leur nom...

D. A quoi attribuez-vous la tolérance religieuse qui règne aux États-Unis?

R. Principalement à l'extrême division des sectes. Celle-ci est presque sans bornes. Si deux religions seulement se trouvaient en présence, nous nous couperions la gorge. Mais aucune n'ayant même la majorité, toutes ont besoin de tolérance. Du reste, c'est une opinion générale chez nous, opinion que je partage, qu'une religion quelconque est nécessaire à l'homme en société, et d'autant plus qu'il est plus libre. J'ai entendu dire qu'en France on était bien tenté d'abandonner toute religion positive. Si cela est vrai, vous n'êtes pas près, même avec votre esprit de liberté, de voir consolider chez vous les institutions libres, et vous ne pouvez espérer que dans la prochaine génération.

D. Quel serait, à votre avis, le meilleur moyen de rendre à la religion son empire naturel?

R. Je crois la religion catholique moins apte que la réformée à s'accorder avec les idées de liberté. Cependant, si le clergé était absolument séparé de toute influence temporelle, je ne puis croire qu'avec le temps il ne regagnât pas l'influence intellectuelle et morale qui naturellement lui appartient. Je pense que paraître l'oublier sans lui être hostile est le meilleur et même le seul moyen de le servir. En agissant ainsi, vous verrez peu à peu l'instruction publique tomber entre ses mains; et la jeunesse prendra avec le temps un autre esprit.

D. Est-ce que parmi vous le clergé dirige l'instruction publique?

R. Absolument. Je ne connais que deux exemples du contraire dans l'État de New-York. Cet état de choses me paraît conforme à la nature.

Canandagua, 16 juillet 1831.

Indiens.

Parmi les tribus indiennes dont les territoires se trouvent enclavés aujourd'hui dans les possessions européennes, il se rencontre encore quelques hommes dont l'intelligence supérieure prévoit la destinée fatale de leur race, et dont l'énergie sauvage lutte cependant encore contre cette fatalité. *Red-Jacket*, qui est mort en 1829, près de Buffaloë, dans le village indien des Sénécas, était un de ces hommes qu'on peut appeler les derniers des Indiens.

M. Spencer me contait hier sur lui les anecdotes suivantes :

Red-Jacket a été de notre temps le plus grand ennemi que les blancs, et par haine d'eux le christianisme, aient eus dans le Nouveau-Monde. Comprenant que le temps était passé de lutter à force ouverte contre les Européens, il usait du moins de tout le pouvoir moral dont il jouissait parmi ses compatriotes pour les empêcher de se fondre au milieu de nous. Red-Jacket connaissait nos usages et entendait l'anglais, mais il dédaignait de le parler. Son influence sur les Indiens était immense. Il est difficile d'entendre un homme dont l'éloquence fût plus naturelle et plus entraînante, et qui sût manier l'ironie avec plus d'habileté. Je me rappelle qu'il y a dix ans, un Indien des environs de Buffaloë fut accusé d'avoir tué un Américain. On l'arrêta, et on le traduisit devant un de nos jurys. J'étais alors *district attorney* (fonctions du ministère public aux États-Unis), et j'eus à porter la parole contre lui. Red-Jacket se présenta pour le défendre, et bien qu'il fût obligé de se servir d'un interprète, il gagna sa cause. Après l'audience il s'approcha de moi, et me dit avec une grande apparence de simplicité : « Sans doute mon *frère* (il parlait de l'accusé) t'avait jadis fait une grande injure? » Je lui répondis qu'avant son crime je ne savais pas qu'il existât. « Je comprends, reprit Red-Jacket, le blanc qu'on a tué était ton frère, et tu voulais le venger. » Je cherchai encore à le désabuser et à lui faire comprendre la nature de mes fonctions. Red-Jacket, après m'avoir écouté attentivement, me demanda si les anciens de mon peuple me payaient pour faire ce que je venais de lui expliquer. Je lui

dis que oui. Alors, feignant d'éprouver la plus vive indignation, il s'écria : « Quoi! non-seulement tu voulais tuer mon
frère qui ne t'avait jamais fait de mal, mais tu avais vendu
son sang d'avance! — Je confesse, ajouta M. Spencer, que
je demeurai tout étourdi de l'apostrophe. »

. . . .

Il y a bien des années, continua-t-il, les presbytériens de
Boston envoyèrent un missionnaire aux Indiens mohawks,
établis alors dans la vallée qui porte encore leur nom. Red-
Jacket était parmi eux. La tribu s'assembla pour entendre le
missionnaire : après quoi on tint, suivant l'usage, une délibération générale; et Red-Jacket, ayant fait décider qu'on
renverrait le ministre presbytérien, fut chargé de lui faire
connaître cette résolution. « Mon père a bien parlé, dit Red-
Jacket; mais mes frères ont un doute qu'ils voudraient
éclaircir. Nos aïeux ont raconté à nos pères qu'ils avaient vu
le Grand-Esprit, et nous croyons nos Pères. Les hommes
blancs nous disent qu'ils croient un livre que le Grand-
Esprit leur a donné : mais on prétend que chacune des innombrables tribus des hommes blancs donne un sens différent à ce livre. A-t-on fait un faux rapport à nos frères? » —
Le missionnaire fut obligé d'avouer qu'il y avait quelque
chose de vrai dans ce que disait l'Indien, et celui-ci reprit
avec un air d'humilité : « Si les hommes blancs, dont le
Grand-Esprit a pris soin d'ouvrir l'intelligence sur toutes
choses et auxquels il a donné le livre, ne sont pas sûrs de le
comprendre, comment mon frère veut-il que de pauvres sauvages puissent y réussir? » — Le missionnaire s'efforça de
lui expliquer que les chrétiens ne différaient que sur quelques points, et s'accordaient sur tout le reste. Red-Jacket,
après l'avoir laissé parler tant qu'il voulut, termina l'entretien en disant : « Ces choses sont difficiles à comprendre
pour les hommes rouges. Mais que mon Père aille les répéter
à nos plus proches voisins, les hommes blancs; et si le ré-

sultat de ses discours est d'empêcher les hommes blancs de voler nos terres et nos troupeaux, comme ils le font tous les jours, mon Père pourra revenir vers les hommes rouges, et il trouvera leurs oreilles mieux ouvertes. »

18 juillet, arrivée à Buffaloe.

Le 19, départ de Buffaloe sur le bateau à vapeur l'*Ohio*, pour Détroit (Michigan) [1].

DU 31 JUILLET AU 20 AOUT 1831

VOYAGE SUR LES GRANDS LACS. LE LAC ÉRIÉ.
LE LAC HURON. LE LAC MICHIGAN. LE SAUT SAINTE-MARIE. LE LAC SUPÉRIEUR.
MICHILLIMACHINAC. GREEN BAY (LA BAIE VERTE).

31 juillet 1831. Retour à Détroit.

Rencontre d'un de nos passagers de l'*Ohio* qui nous apprend qu'un grand bateau à vapeur, le *Steamboat Superior*, venant de Buffaloe, va parcourir les grands lacs, le lac Érié, le lac Huron et le lac Michigan, pour la première fois jusqu'à Green-Bay. Nous changeons immédiatement tous nos projets, et nous nous déterminons à aller à Green-Bay.

1er août 1831. Nous nous embarquons sur le *Superior*. Nous remontons la rivière de Détroit.

Lac Saint-Clair. Le soir on danse sur le pont. Gaîté américaine.

---

[1] Ici se place l'excursion de Tocqueville sur les grands lacs et dans la forêt vierge, dont il a fait le récit sous le titre de *Quinze jours au désert*. Voir t. V (Note de l'éditeur).

2 août 1831. En vue du lac Huron. Nous entrons dans cet immense lac.

Visite au fort. Gratiot, où notre bâtiment vient chercher du bois. Black-River. Chasse au marais de l'autre côté de la rivière Saint-Clair. Rencontre de huit Indiens sauvages, tout nus, barbouillés de la tête aux pieds de diverses couleurs, les cheveux hérissés, une massue de bois à la main, sautant comme des diables; beaux hommes; ils dansent devant nous le *War-dance* (la danse de guerre), pour gagner un peu d'argent; horrible spectacle! nous leur donnons un shelling...

5 août. Arrivée le soir à l'extrémité du lac Huron.

Nous apercevons dans le lointain quelques montagnes. Le fond du lac est parsemé d'une multitude innombrable de petites îles qui ressortent comme des bosquets sur la surface de l'eau. Parfaite solitude. Des forêts de tous les côtés. Pas la moindre trace de l'homme. Pas un vaisseau en vue. En côtoyant l'île Saint-Joseph, ruines du fort de ce nom. Nous entrons dans la rivière Sainte-Marie, tantôt large comme un lac, tantôt resserrée entre les îles et les pointes de terres couvertes de bois.

De temps en temps une famille d'Indiens sur la rive, assis immobiles auprès de leur feu. Leur canot tiré sur la grève. Un grand canot monté de huit hommes vient vers nous. Les Indiens tirent des coups de fusil, poussent des cris de joie. Ils nous donnent des pigeons ramiers; nous leur donnons de l'eau-de-vie. Au coucher du soleil nous entrons dans un canal fort étroit. Vue admirable; instant délicieux. Les eaux de la rivière immobiles et transparentes; une forêt superbe qui s'y réfléchit. Dans le lointain, des montagnes bleues et illuminées par les derniers rayons du soleil. Feu des Indiens

qui brille à travers les arbres. Notre vaisseau s'avance ma-
jestueusement au milieu de cette solitude au bruit des fan-
fares que l'écho des bois renvoie de tous les côtés. A la nuit,
on met à l'ancre. Danse sur le pont. Étonnement et admiration des Indiens à la vue du premier vaisseau à vapeur *wor-
king-in-the-water*.

6 août 1831. — Brouillard épais qui nous empêche de partir. Il se lève, et découvre à nos yeux des collines sans
fin et d'éternelles forêts. A neuf heures du matin arrivée à
Saut-Sainte-Marie. Site délicieux. Temps admirable. Sainte-
Marie : un carré palissadé, avec un mât surmonté d'un immense pavillon américain au milieu ; plus loin, deux pointes
de terre couvertes de beaux arbres qui resserrent la rivière ;
sous les arbres, des wigwams. Entre les pointes, *les Rapides*.
Plus loin, des montagnes et d'interminables forêts. A notre
arrivée, toute la population sur le rivage et sur les toits des
maisons. On ne voit qu'une fois par an un vaisseau comme
le nôtre. Caractère singulier de cette population. Mélange
de tous les sangs. Les plus nombreux, les Canadiens. Bois
brûlés ou métis ; nuances depuis l'Européen jusqu'au sauvage. Nous prenons un canot indien pour aller au lac *Supérieur*.

Ce qu'était ce canot d'écorce peint. Assis au fond (huit en
nous comptant), sérieux et immobiles. Aux deux bouts un
Canadien demi-sauvage, mais qui a retenu toute la gaîté de
ses pères et fait voler le canot en chantant et en disant des
bons mots. Singulier effet que produit sur nous cette langue
française entendue là à la fin du monde avec son vieil idiome
et son accent provincial : la faridondaine, la faridondon !
Ohé ! jou ! Ohé ! jou !... Nous arrivons à la *pointe aux chênes*.
Petit village indien. Costume du chef : pantalon rouge, une
couverture ; les cheveux retroussés sur le haut de la tête ;
deux plumes dedans. Je demande ce que c'est que ces
plumes : il me répond avec un sourire de fierté qu'il a tué

deux Sioux (il est un *Sauteur* de nation, toujours en guerre
avec l'autre). Je lui fais demander une de ces plumes en lui
disant que je la porterai dans le pays des grands guerriers,
et qu'on l'admirera. Il la détache aussitôt de ses cheveux et
me la donne, puis me tend sa main et serre la mienne.

Visite au camp des *Indian-Traders*.

Un Anglais, froid trafiquant, au milieu d'une foule de
Canadiens et de sauvages qu'il mène commercer avec les Indiens du lac Supérieur. Les Canadiens nous entourent avec
la franchise et la bonhomie des Français. Ils paraissent char-
més de voir des Français. Nous leur demandons des renseignements sur les Indiens. Les Indiens vont tous les ans jusqu'à *fond du lac*, portent le même habillement que ceux que
nous avons vus. Bons et hospitaliers en paix. Bêtes féroces à
la guerre, brûlent leurs prisonniers. Antipathie des Indiens
pour la langue anglaise. Leur goût pour le français. Dans les
déserts les plus éloignés, les Indiens saluent les Européens
en disant : *Bon jour*.

Nous revenons. Descente des Rapides. Habileté incroyable
des Canadiens. Passage à travers les rochers comme une
flèche. Empressement des Indiens vers M. Mullon, prêtre
catholique. Baptêmes dans la chambre du vaisseau.

Même jour, 7 août, à bord du *Supérieur*. Conversation avec le révérend M. Mullon, prêtre catholique, qui
vient de Détroit et se rend à Michillimachinac pour
y porter l'instruction religieuse à une colonie d'Indiens catholiques nouvellement établie à l'*Arbre-Crochu* :

D. Pensez-vous que l'appui de la puissance civile soit utile
à la religion?

R. Je suis profondément convaincu qu'il lui est nuisible.
Je sais que la plupart des prêtres catholiques en Europe ont
une croyance contraire : je connais leur manière de voir. Ils
se méfient de l'Esprit de liberté, dont le premier effort a été
dirigé contre eux; ayant d'ailleurs toujours vécu sous l'empire des institutions monarchiques qui les protégeaient, ils
sont naturellement portés à regretter cette protection. Ils
sont donc victimes d'une erreur inévitable. S'ils pouvaient
habiter ce pays, ils ne tarderaient pas à changer d'opinion.
Toutes les croyances religieuses sont ici sur le même pied.
Le gouvernement n'en soutient ni n'en persécute aucune. Et
sans doute il n'y a pas de pays au monde où la religion catholique compte des sectateurs plus fervents et des prosélytes
plus nombreux. Je le répète, moins la religion et ses ministres seront mêlés au gouvernement civil, moins ils pren-
dront de part dans les discussions politiques, et plus les
idées religieuses gagneront de pouvoir.

D. Quels sont aux États-Unis les sectaires les plus ennemis
du catholicisme?

R. Toutes les sectes se réunissent dans la haine du catholicisme; mais il n'y a que les presbytériens qui soient violents. Ce sont aussi ceux qui ont le plus de zèle.

D. Rencontrez-vous quelquefois quelque trace des travaux
des Jésuites parmi les Indiens?

R. Oui; à l'*Arbre-Crochu* il y a des familles qui ont reçu,
il y a cent cinquante ans, les premiers principes du christianisme, et où j'en retrouve encore la trace. Les tribus qui
ont reçu des Jésuites quelques notions du christianisme, et
chez lesquelles ces notions ne sont pas tout à fait effacées,
y sont ramenées très-vite, quand on peut arriver jusqu'à
elles. En général les Indiens conservent avec vénération le
souvenir des *robes noires*. De temps en temps on rencontre encore dans le désert des croix élevées jadis par les Jésuites.

D. Est-il vrai que les Indiens aient une éloquence naturelle?

R. Rien n'est plus vrai. J'ai souvent admiré le sens profond et la concision de leurs discours. Leur style a quelque chose de lacédémonien.

D. Font-ils encore la guerre avec la même férocité?

R. La même. Ils brûlent et tourmentent de mille manières leurs prisonniers. Ils scalpent les morts et les blessés. Ce sont cependant des hommes doux et honnêtes, quand leurs passions ne sont pas irritées par la guerre. J'ai vu leurs danses guerrières. Jamais je n'ai assisté à un spectacle plus effroyable. Les guerriers qui doivent danser ont soin de se rendre aussi horribles que possible en se barbouillant de couleurs. En dansant, ils imitent toutes les scènes barbares auxquelles une guerre entre Indiens donne toujours lieu. Dans leurs pantomimes ils ont tantôt l'air de casser la tête à leur ennemi, tantôt de le tourmenter, tantôt de le scalper. Il y a quelques années, l'évêque de Cincinnati fit proposer à une tribu indienne (j'ai oublié le nom que m'a dit M. Mullon) de lui envoyer un certain nombre d'enfants pour les instruire. J'assistai à la délibération à laquelle cette offre donna lieu. Je vous assure que, bien que l'assemblée fût composée de sauvages, elle n'en était pas moins imposante. Ils étaient assis en cercle. Chacun parlait à son tour avec une grande gravité et une éloquence naturelles. Il n'arrive jamais à un Indien d'interrompre l'orateur.

D. Quel pouvoir public existe chez les sauvages?

R. Ils ont des chefs. Plusieurs sont héréditaires, et leur famille ne perd ses droits qu'à la suite de quelque crime honteux. Il y a, du côté de la rivière Saint-Joseph (Michigan), un chef indien qui fait remonter sa descendance directe jusqu'à celui de ses ancêtres qui a reçu le premier Français dans le pays.

D. Les Indiens de l'*Arbre-Crochu* sont-ils fervents?

(Ici la figure de M. Mullon s'est animée d'une manière extraordinaire.)

R. Je ne connais pas de meilleurs chrétiens. Leur foi est absolue; leur obéissance aux lois de la religion est entière. Un Indien converti se ferait plutôt tuer que de manquer aux règles de son culte. Leur vie devient très-morale. Vous avez pu voir avec quel empressement la population indienne *du saut Sainte-Marie* (à l'entrée du lac Supérieur) est venue me trouver dès qu'on a su qu'il y avait un prêtre à bord. J'ai baptisé beaucoup d'enfants.

D. Comment le clergé américain se recrute-t-il?

R. Jusqu'à présent la plupart des prêtres sont venus d'Europe. Nous commençons seulement à en avoir d'originaires de l'Amérique : ce qui vaut bien mieux. Nous avons maintenant douze ou treize séminaires dans l'Union. Depuis quarante ans, le catholicisme fait d'incroyables progrès parmi nous.

D. Comment se payent les dépenses du culte?

R. Au moyen de dons volontaires. Les bancs que chaque famille a dans l'église (*pews*) forment le principal revenu.

D. Comment se nomment les évêques?

R. Le pape les nomme directement; mais dans l'usage il consulte le corps des évêques en fonction. Il lui est quelquefois arrivé de ne pas le faire, et alors les choix ont rarement été heureux.

7 août 1831. Nous partons à une heure du matin.

Nous traversons la pointe sud-ouest du lac Huron. Flotte de vingt-deux canots indiens qui se croisent avec nous et retournent chez eux après avoir reçu les présents des Anglais.

A trois heures nous longeons *Bois-Blanc* et l'Ile ronde, et nous arrivons à Michillimachinac, île de trois lieues de tour;

sol assez élevé. Au sommet les constructions blanches d'un fort américain.

7 août 1831. Michillimachinac.

Le soir, me promenant sur le bord du lac, j'arrivai à un bivouac de Canadiens. C'étaient, comme je le reconnus bientôt, de ces Canadiens qui font le commerce avec les Indiens. Je m'assis à leur feu, et j'eus avec le principal d'entre eux la conversation suivante :

D. Que sont devenus les Hurons et les Iroquois qui ont joué un si grand rôle dans l'histoire des colonies?

R. Les Hurons sont presque disparus. Les Iroquois, à moitié détruits aussi, se sont fondus presque tous avec les Chippeways. Beaucoup sont établis à Green-Bay et dans les environs. Les Iroquois formaient une nation astucieuse, toujours prête à se mettre de notre côté ou de celui des Anglais, suivant le côté vers lequel la fortune semblait pencher.

D. Avez-vous quelque chose à craindre des Indiens en commerçant avec eux?

R. Presque rien. Les Indiens ne sont pas voleurs, et d'ailleurs nous leur sommes utiles.

D. Pensez-vous que les Indiens soient meilleurs ou plus mauvais en proportion qu'ils sont plus près ou plus éloignés des Européens?

R. Je pense qu'ils sont beaucoup meilleurs quand ils n'ont point de contact avec nous, et certainement plus heureux. Il y a plus d'ordre, plus de gouvernement parmi eux, à mesure qu'on avance davantage dans la forêt sauvage.

D. Les Indiens éloignés dont vous parlez ont-ils des chefs?

R. Oui, monsieur, ils ont des chefs dont le pouvoir est très-respecté pendant la paix. Ils sont héréditaires, et leur origine se perd dans la nuit des temps. Ils nomment un chef particulier (le plus brave) pour les mener à la guerre. Ils n'ont pas précisément de justice régulière. Cependant lorsqu'un meurtre est commis, on livre le meurtrier à la famille du mort. Quelquefois il parvient à se racheter ; plus souvent on le tue, et on l'enterre avec sa victime.

D. Comment vivent ces Indiens éloignés dont vous parlez?

. R. Dans une aisance absolument inconnue près des établissements européens. Ils ne cultivent. point la terre. Ils sont moins bien couverts et ne se servent que d'arcs et de flèches. Mais le gibier est d'une abondance extrême dans leurs déserts. Je me figure qu'il en était ainsi jusqu'à l'Atlantique avant l'arrivée des Européens. Mais le gibier fuit vers l'ouest avec une rapidité incroyable. Il précède les blancs de plus de cent lieues.

D. Est-ce que les Indiens n'ont pas l'idée que tôt ou tard leur race sera anéantie par la nôtre ?

R. Ils ont une extrême insouciance de l'avenir. Ceux qui sont à moitié détruits déjà ou sur les pas desquels nous marchons, voient avec désespoir les Européens s'avancer vers l'ouest ; mais il n'est plus temps de résister. Toutes les nations éloignées de l'Ouest (j'ai entendu dire qu'il y en avait bien encore trois millions) ne semblent pas se douter du danger qui les menace.

D. Est-il vrai que les Indiens aiment les Français?

R. Oui, monsieur, extrêmement. Ils ne consentent à parler que le français. Dans les déserts les plus éloignés, la qualité de Français est près d'eux la meilleure recommandation. Ils se rappellent toujours nos bons traitements quand nous étions les maîtres du Canada. D'ailleurs beaucoup d'entre nous leur sont alliés et vivent presque comme eux.

8 août. Départ de Michillimachinac.

Navigation à droite et à gauche des terres basses couvertes de forêts.

9 août. Arrivée à huit heures du matin à Green-Bay (la Baie-Verte); gros village au milieu d'une prairie sur le bord d'une rivière.

Grand *Settlement*. Village indien (iroquois). Je vais chasser. Rivière traversée à la nage. Herbes au fond de l'eau. Je me perds un moment dans la forêt. Retour au même endroit sans m'en douter.

Green-Bay, 12 août 1831. Conversation avec le major X... Le major X..., homme très-bien élevé et d'un grand sens, a été pendant un an et demi en cantonnement à la *Prairie du Chien*, vaste plaine située près du Mississipi. Les Européens y ont un poste avancé, et ce lieu est considéré par les Canadiens comme un territoire neutre où les différentes nations se rencontrent en paix.

D. Croyez-vous que les Indiens se plient jamais à la civilisation?

R. J'en doute. Ils répugnent au travail, et surtout ils ont des préjugés qui les retiendront toujours dans la barbarie. Les nègres cherchent à imiter les Européens, et ne peuvent y parvenir. Les Indiens le pourraient, mais ils ne le veulent point. Ils n'estiment que la guerre et la chasse, regardent le travail comme une honte. Loin de désirer le bien-être de la civilisation, ils le méprisent et le dédaignent. J'ai vu des Indiens, par les jours les plus froids de l'année, n'ayant pour vêtement qu'une couverture. Loin de nous envier nos fourrures et nos manteaux, ils les regardaient en pitié. Ils ne peuvent concevoir pourquoi on désire autre chose qu'un wigwam, lorsqu'on y peut dormir à couvert; ni pourquoi on cultive un champ, lorsque avec son fusil on peut attraper le gibier qui est nécessaire à la vie.

13 août. Retour à Détroit.

20 août 1831. Niagara... Lac Ontario.

Montréal (Canada), 24 août 1831.

Le Canada est sans comparaison la portion de l'Amérique, jusqu'ici visitée par nous, qui a le plus d'analogie avec l'Europe, et surtout avec la France. Les bords du fleuve Saint-Laurent sont parfaitement cultivés, couverts de maisons et de villages, en tous points semblables aux nôtres. Toutes les traces de la *Wilderness* ont disparu : des champs cultivés, des clochers; une population, aussi serrée que la nôtre en France, a remplacé la forêt sauvage.

Les villes, et en particulier Montréal (nous n'avons pas encore vu Québec), ont une ressemblance frappante avec nos villes de province.

Le fond de la population et l'immense majorité est partout française. Mais il est facile de voir que les Français sont le peuple vaincu. Les classes riches appartiennent pour la plupart à la race anglaise. Bien que le français soit la langue universellement parlée, la plupart des journaux, les affiches et jusqu'aux enseignes des marchands français sont en anglais. Les entreprises commerciales sont presque toutes en leurs mains. Je crains qu'il n'en soit longtemps ainsi, et cependant le doute sur ce point est permis. Le clergé et une partie des classes sinon riches, du moins éclairées et françaises, commencent à sentir vivement leur position secondaire. Les journaux français que j'ai lus font contre les Anglais une opposition constante et animée. Jusqu'à présent, le peuple ayant peu de besoins et de passions intellectuelles, et menant une vie matérielle fort douce, n'a que très-imparfaitement entrevu sa position de nation conquise, et n'a fourni qu'un faible point d'appui aux classes éclairées. Mais depuis quelques années la Chambre des communes, presque toute canadienne, a pris des mesures pour répandre à profusion l'instruction. Tout annonce que la nouvelle génération sera différente de la génération actuelle; et si d'ici à quelques années la race anglaise n'augmente pas beaucoup par les émigrations et ne parvient pas à parquer les Français dans l'étroit espace qu'ils occupent aujourd'hui, les deux peuples se trouveront en présence. Il est difficile qu'ils se fondent jamais et qu'il s'établisse entre eux une complète union. On peut donc espérer qu'en dépit de la conquête, les Français arriveront un jour à former à eux seuls un bel empire dans le Nouveau-Monde, plus éclairés peut-être, plus moraux et plus heureux que leurs pères! Quant à présent cette division entre les races est toute favorable à la domination de l'Angleterre.

Québec, 25 août 1831.

Toute la population ouvrière de Québec est française. On n'entend guère que du français dans les rues.

Il y a deux théâtres à Québec : tous deux sont anglais. L'intérieur de la ville est laid, mais il n'offre aucune analogie avec les villes américaines. Il ressemble d'une manière frappante à l'intérieur de la plupart de nos villes de province.

Québec, 26 août 1831.

J'ai été aujourd'hui au cabinet de lecture. Presque tous les journaux imprimés au Canada sont anglais. Ils ont la dimension à peu près de ceux de Londres. Il paraît à Québec un journal appelé la *Gazette*, semi-anglais, semi-français, et un journal absolument français appelé le *Canadien*. Ces journaux ont à peu près la dimension de nos journaux français. J'en ai lu avec soin plusieurs numéros. Ils font une opposition violente au gouvernement et même à tout ce qui est anglais. Le *Canadien* a pour épigraphe : « *Notre religion, notre langue, nos lois.* » Il est difficile d'être plus franc. Le contenu répond au titre. Tout ce qui peut enflammer les grandes et les petites passions populaires contre les Anglais, est relevé avec soin dans ce journal. J'ai vu un article dans lequel on disait que le Canada ne serait jamais heureux, jusqu'à ce qu'il eût une administration canadienne de naissance, de principe, d'idées, de préjugés même. Dans ce même journal se trouvaient des pièces de vers français assez jolis. On y rendait compte des distributions de prix, ou les élèves avaient joué *Athalie*, *Zaïre*, la *Mort de César*. En général le style du journal est un peu commun, mêlé d'anglicismes et de tournures étrangères. Il ressemble beaucoup aux journaux publiés dans le canton de Vaud, en Suisse. Je n'ai encore vu au Canada aucun homme de talent ni aucune production qui en fît preuve. Celui qui doit remuer la population française et la lever contre les Anglais n'est pas encore né [1].

---

[1] Les libertés que l'Angleterre avait eu le mérite de donner au Canada, et dont la population, française d'origine, a tiré parti pour revendiquer ses droits, ont amené pendant vingt ans, entre le gouvernement anglais et les partis, des luttes graves, dans lesquelles on se rappelle avoir vu

Québec, 26 août 1831.

Visite à l'un des tribunaux de Québec : salle spacieuse remplie de gradins sur lesquels se tenait une foule dont toutes les apparences étaient françaises... Au fond étaient peintes en grand les armes britanniques. Au-dessous de ce tableau siégeait le juge en robe et en rabat. Devant lui étaient rangés les avocats.

Au moment où nous entrâmes, on plaidait une affaire de diffamation. Il s'agissait de faire condamner à l'amende un homme qui en avait traité un autre de *Pendard* et de *Crasseux*. L'avocat plaidait en anglais. *Pendard*, disait-il, en prononçant le mot avec un accent tout britannique, signifie un homme qui a été pendu. — Non, répondit gravement le juge, mais qui mérite de l'être. A cette parole, l'avocat du défendeur se levait avec indignation, et plaidait sa cause en français. Son adversaire lui répondait en anglais. On s'échauffait de part et d'autre dans les deux langues sans se comprendre sans doute parfaitement. L'Anglais s'efforçait de temps en temps d'exprimer ses idées en français pour suivre de plus près son adversaire. Ainsi faisait aussi parfois celui-ci. Le juge s'efforçait, tantôt dans une langue, tantôt dans l'autre, de remettre l'ordre ; et l'huissier criait

figurer comme chefs du parti canadien MM. Neilson et Papineau, et ont forcé le gouvernement anglais à d'importantes concessions. Ces concessions éclairées, qui paraissent avoir donné aux deux races une satisfaction présente, assureront-elles dans l'avenir la pacification et la prospérité du Canada ? La question que M. de Tocqueville se posait en 1831 n'est peut-être pas encore résolue. (*Note de l'Éditeur.*)

silence, en donnant alternativement à ce mot la pronon-
ciation anglaise et française[1]. Le calme rétabli, on produisit des témoins. Les uns baisèrent le Christ d'argent
qui couvrait la Bible, et jurèrent en français de dire la
vérité; les autres firent en anglais le même serment, et
baisèrent en leur qualité de protestants l'autre côté de la
Bible qui était tout uni. On cita ensuite la coutume de
Normandie; on s'appuya de Denizart, des arrêts du Parlement de Paris et des statuts du règne de Georges Ier.
Après quoi le juge :

Attendu que le mot *Crasseux* emporte l'idée d'un
homme sans moralité, sans conduite et sans honneur,
condamne le défendeur à dix livres sterling (ou dix louis)
d'amende.

Les avocats que j'entendis là et qu'on prétend les
meilleurs de Québec, ne firent preuve de talent ni dans
le fond des idées ni dans la manière de les exprimer.
Ils parlent français avec l'accent normand des classes
moyennes. Leur style est vulgaire et mêlé d'étrangetés
et de locutions anglaises. Ils disent qu'un homme est
chargé (*charged*) de dix louis pour dire qu'on lui demande dix louis. — Entrez dans *la boîte* (*the box*),
crient-ils au témoin pour lui indiquer de se placer dans
le banc où il doit déposer.

. . . .

L'ensemble du tableau a quelque chose de bizarre,
d'incohérent et de burlesque même. Le fond de l'im-

---

[1] *Silence*, messieurs; *saïlence*, gentlemen.

pression qu'il faisait naître était cependant triste. Je n'ai jamais été plus convaincu qu'en sortant de là, que le plus grand et le plus irremédiable malheur pour un peuple, c'est d'être conquis.

Québec, 27 août 1831.

CONVERSATION AVEC M. NEILSON. (Écossais d'origine, né au Canada, chef du parti constitutionnel, opposé au gouvernement anglais, quoique protestant; nommé, depuis quinze ans, membre de la *Chambre d'assemblée* par toute la population catholique du Bas-Canada : esprit vif et original.)

D. Que coûte le Canada année courante au gouvernement anglais?

R. De deux cents à deux cent cinquante mille livres sterling (de cinq à six millions de fr.).

D. Lui rapporte-t-il quelque chose en argent?

R. Rien. Les droits perçus par la douane sont employés pour la colonie. Nous nous battrions plutôt que de livrer aux Anglais un penny de notre argent.

D. Mais quel intérêt l'Angleterre a-t-elle à conserver le Canada?

R. D'abord l'intérêt qu'ont les grands seigneurs à conserver de grandes possessions qui figurent dans leurs titres, mais leur coûtent de grandes dépenses et leur suscitent de mauvais procès. Ensuite on ne peut nier que l'Angleterre n'ait un intérêt indirect à nous conserver. En cas de guerre avec les États-Unis, le Saint-Laurent est un canal par lequel elle fait pénétrer ses marchandises et ses armées jusqu'au sein de l'Amérique. En cas de guerre avec les peuples du Nord de l'Europe, le Canada lui fournit tous les bois de construction dont elle a besoin. Ajoutez que la charge n'est pas aussi onéreuse qu'on le suppose. L'Angleterre est obligée de tenir l'empire de la mer, non pour sa gloire, mais pour son exis-

tence. Les dépenses qu'elle est obligée de faire pour arriver
à cette suprématie rendent l'occupation de ses colonies beaucoup moins dispendieuse pour elle qu'elle ne le serait pour
une nation qui n'aurait pour but que leur conservation.

D. Pensez-vous que les Canadiens secouent le joug de l'Angleterre?

R. Non, à moins que l'Angleterre ne nous y force. Sans
cela il est absolument contraire à notre intérêt de nous
rendre indépendants... L'Amérique du Nord appartient désormais tout entière à la race anglaise. La fortune a prononcé.

D. Quel est le caractère du paysan canadien?

R. C'est à mon avis une race admirable. Le paysan canadien est simple dans ses goûts et éminemment sociable...

L'opinion a ici une force incroyable. Il n'existe aucune
autorité publique dans les villages. Cependant le bon ordre
s'y maintient mieux que dans aucun autre pays du monde.
Un homme commet-il une faute, on s'éloigne de lui; il lui
faut quitter le village. Si un vol est commis, on ne dénonce
pas le coupable, mais il est déshonoré et obligé de fuir. Les
enfants illégitimes sont une chose à peu près inconnue dans
nos campagnes.

Le Canadien est fortement attaché au sol qui l'a vu naître,
à son clocher, à sa famille. De là la difficulté qu'il y a de
l'engager à aller chercher fortune ailleurs. Les réunions
entre amis, l'office divin en commun, l'assemblée à la porte
de l'église, voilà ses seuls plaisirs. Le Canadien est profondément religieux. Il paye la dîme sans répugnance.

D. En quoi consiste la dîme?

R. Dans le vingt-sixième de la récolte. Chacun s'en trouverait dispensé de droit, en se déclarant protestant. Il n'y a
point encore d'exemple d'un pareil fait. Le clergé n'a point
de propriétés foncières; il ne forme ici qu'un corps compact avec le peuple. Il partage ses idées, entre dans ses in-

térêts politiques et lutte avec lui contre le pouvoir. Sorti de lui, il n'existe que pour lui. Ici le gouvernement l'accuse d'être démagogue. Le fait est qu'il est libéral, éclairé et cependant profondément croyant. Ses mœurs sont exemplaires... Cet esprit de sociabilité dont je vous parlais tout à l'heure et qui distingue les paysans canadiens, est sans doute ce qui les porte à s'entr'aider les uns les autres dans toutes les circonstances critiques. Un sinistre vient-il à atteindre l'un d'eux, la commune tout entière se met ordinairement en mouvement pour le réparer. Dernièrement la grange de X... fut frappée du tonnerre; cinq jours après elle était rebâtie par les voisins, sans frais.

D. Existe-t-il quelques restes de féodalité?

R. Oui, mais si légers qu'ils sont presque inaperçus : 1° le seigneur reçoit pour les terres qu'il a originairement concédées une rente presque insignifiante : six à huit francs par exemple pour quatre-vingt-dix arpents; 2° on est obligé de faire moudre à son moulin; mais il ne peut demander plus d'un certain prix fixé par la loi, et qui est au-dessous de celui qu'on paye aux États-Unis avec la liberté de la concurrence; 3° il y a les droits *de lods et ventes*, c'est-à-dire que, quand le propriétaire d'une terre inféodée la vend, il est obligé de donner le douzième du prix au seigneur. Cette charge serait assez pesante, si l'esprit de la population n'était pas de rester invinciblement attachée au sol. Tels sont tous les restes du système féodal au Canada. Du reste le seigneur n'a point de droits honorifiques, point de priviléges d'aucune sorte. Il n'y a point de noblesse, et il ne peut y en avoir ici, pas plus qu'aux États-Unis. Il faut travailler pour vivre. On ne trouve point de fermier. Le seigneur est donc ordinairement lui-même un cultivateur.

D. Où en est l'instruction primaire?

R. ..... La population saisit avec une incroyable ardeur l'occasion de s'instruire. Le clergé nous aide de tous ses efforts. Déjà nous avons dans nos écoles la moitié des enfants, cinquante mille environ. Dans deux ou trois ans je ne doute pas que nous ne les ayons tous. J'espère qu'alors la race canadienne commencera à quitter les bords du fleuve et à s'avancer vers l'intérieur des terres. Jusqu'à présent nous nous étendons sur les deux rives du Saint-Laurent dans une longueur de cent vingt lieues; mais cette ligne a rarement d'un côté ou de l'autre dix lieues de large. Au delà cependant se trouvent des terres excellentes qu'on donne toujours pour presque rien (ceci à la lettre), et qui sont très-cultivables.

..... Nous allâmes voir avec M. Neilson le village de Lorette, où une partie de la population est composée d'Indiens, presque tous de sang mêlé.

M. Neilson nous montre l'ancienne église fondée par les Jésuites, dont, nous dit-il, la mémoire est adorée des Indiens. Les maisons des Indiens sont propres; eux-mêmes parlent le français et ont une apparence presque européenne, bien que leur costume soit différent.

Je m'étonnais de ne pas les voir cultiver la terre. « Bah ! me dit M. Neilson, ce sont des *gentlemen* que ces Hurons-là; ils croiraient se déshonorer en travaillant à gratter la terre. Cela ne convient qu'à des Français ou à des Anglais! Ils vivent encore de la chasse et des petits ouvrages que font leurs femmes. »

D. Est-il vrai que les Indiens aient une prédilection pour les Français?

R. Oui, cela est incontestable. Le Français qui, de tous les peuples, est peut-être celui qui garde le plus en définitive sa trace originelle, est cependant celui qui se plie le plus facilement pour un temps aux mœurs, aux idées, aux préjugés même de celui chez lequel il vit. C'est en devenant sauvages que vous avez obtenu des sauvages un attachement qui dure encore.

D. Que sont donc devenus les Hurons qui ont montré un attachement si constant aux Français et ont joué un si grand rôle dans l'histoire de la colonie?

R. Ils se sont fondus peu à peu. C'était cependant la plus grande nation indienne de ce continent. Elle pouvait mettre soixante mille hommes sous les armes; vous en voyez le reste. On pense que presque tous ces sauvages de l'Amérique du Nord ont la même origine. Il n'y a que les Esquimaux de la baie d'Hudson qui appartiennent évidemment à une autre race...

Québec, 28 août 1831.

M. Neilson est venu nous chercher aujourd'hui pour nous mener voir le pays. L'impression de cette promenade a été on ne saurait plus favorable à la population canadienne. Nous avons trouvé des terres bien cultivées, des maisons où respire l'aisance. Nous sommes entrés dans plusieurs. La grande salle est garnie de lits excellents; les murs sont peints en blanc, les meubles très-propres. Un petit miroir, une croix ou quelques gravures représentant des sujets de l'Écriture sainte complètent l'ensemble. Le paysan est fort, bien constitué, bien vêtu. Son abord est plein de la cordialité franche qui manque souvent à l'Américain : il est poli sans servilité et vous reçoit sur le pied de l'égalité, mais avec prévenance. Il y a dans leurs formes quelque chose de distingué dont on est frappé tout d'abord. Cette race d'hommes, inférieure en lumières aux Américains, nous semble supérieure à ceux-ci par sa manière de sentir. L'esprit des Canadiens est peu cultivé, mais leur intelligence est simple et droite; ils font moins de calculs et d'entreprises que leurs voisins, et vivent plus par le cœur.

Québec, 29 août 1831.

Aujourd'hui nous sommes montés à cheval pour aller visiter la campagne sans guide.

Dans la commune de Beaufort, à deux lieues et demie de Québec, nous avons vu le peuple sortir de l'église. Sa mise annonce la plus grande aisance. Ceux qui appartenaient à un hameau voisin s'en retournaient presque tous en voiture. Nous nous sommes écartés dans les sentiers, et nous avons causé avec tous les habitants que nous avons rencontrés, tâchant de faire porter l'entretien sur des sujets graves. Voici ce qui nous a paru résulter de ces conversations : 1° il règne, quant à présent, un grand bien-être dans cette population. La terre aux environs de Québec se vend extrêmement cher, aussi cher qu'en France à l'entour des villes, et elle rapporte beaucoup ; 2° les idées des Canadiens sont encore peu développées ; cependant ils sentent déjà très-bien que la race anglaise s'étend autour d'eux d'une manière alarmante ; qu'ils ont tort de se renfermer dans un rayon, au lieu de s'étendre dans le pays encore libre. Leur jalousie est vivement excitée par l'arrivée journalière des nouveau-venus d'Europe. Ils sentent qu'ils finiront par être absorbés. On voit que tout ce que l'on dit à ce sujet remue leurs passions, mais ils n'aperçoivent pas clairement le remède, et semblent redouter de le voir. Ils craignent trop de perdre de vue leur clocher. « Vous avez bien raison, nous disent-ils. Que voulez-vous, nous sommes nés là ; il faudra bien y mourir. »

Pareil au Français, le paysan canadien a l'esprit gai et vif, et met toujours dans ses reparties quelque chose de piquant. Comme je demandais à un cultivateur pourquoi les Canadiens se laissent resserrer dans un petit territoire, tandis qu'à vingt lieues de là ils pouvaient trouver des terres fertiles et incultes. — Pourquoi, me répondit-il, aimez-vous mieux votre femme, quoique celle du voisin ait de plus beaux yeux?

Ils ont conservé aussi tous les idiotismes français. L'un d'eux me disait : « Si on en vient jamais aux mots, les Anglais ne sont pas blancs! »

En .général cependant ils sentent leur condition de peuple vaincu. Ils comptent moins sur eux-mêmes que sur leurs représentants dans l'assemblée du Parlement.

Ils paraissent avoir pour ceux-ci cet attachement exalté qu'ont en général les peuples opprimés pour leurs protecteurs. Au total, cette population nous a paru capable d'être dirigée, mais incapable de se diriger elle-même.

Nous sommes arrivés dans ce pays précisément au moment de la crise. Si les Canadiens ne sortent pas de leur apathie d'ici à vingt ans, il ne sera plus temps d'en sortir. Il y a aujourd'hui des symptômes de réveil. Mais si, dans l'effort qui va peut-être être tenté, les classes intermédiaires et supérieures de la nation canadienne abandonnent les basses classes et se laissent entraîner dans le mouvement anglais, la race française est à jamais perdue en Amérique, et ce sera en vérité dommage, car il y a ici tous les éléments d'un grand peuple... Un homme de génie qui comprendrait, sentirait et serait capable de développer les passions nationales du peuple, aurait ici un admirable rôle à jouer. Il deviendrait bientôt l'homme le plus puissant de la colonie. Mais je ne le vois encore nulle part.

Ce qui me paraît le plus dangereux pour le sort futur de la population canadienne, c'est une classe d'hommes dont M. Neilson est le type dans les assemblées politiques, et dont la *Gazette de Québec* est le drapeau dans la presse. Cette classe forme la transition entre le Français et l'Anglais. Ce sont des Anglais alliés à des Canadiens, des Anglais mécontents de l'administration, des Français en place. Elle n'excite ni la jalousie ni la défiance du peuple. Elle paraît plus canadienne qu'anglaise d'intérêt, parce qu'elle fait de l'oppo-

sition au gouvernement. Au fond cependant elle est anglaise
de mœurs, d'idées, de langue. Si elle prenait jamais la place
des hautes classes et des classes éclairées parmi les Canadiens,
la nationalité de ceux-ci serait perdue sans retour. Ils végé-
teraient comme les Bas-Bretons en France. Heureusement la
religion met un obstacle au mariage entre les deux races, et
crée dans le clergé une classe éclairée qui a intérêt à parler
français et à se nourrir de la littérature et des idées françaises.

Nous avons pu apercevoir dans nos conversations avec le
peuple de ce pays-ci un fond de haine et de jalousie contre
les seigneurs. Ce n'est qu'en embrassant vivement le parti
populaire que quelques-uns d'entre eux sont parvenus à se
faire élire à la Chambre des communes. Les seigneurs cependant n'ont pour ainsi dire point de droits. Ils sont peuple autant qu'on peut l'être, et réduits presque tous à cultiver la
terre. Mais l'esprit d'égalité de la démocratie est vivante là
comme aux États-Unis; et, quoi qu'en dise M. Neilson, les
paysans se souviennent de l'état de sujétion dans lequel on les
tenait sous le gouvernement français. Il y a surtout un mot
qui est resté dans leur mémoire comme un épouvantail politique : c'est *la taille*. Ils ne savent pas précisément quel est
le sens du mot; mais ce mot représente toujours pour eux
une chose insupportable. Je suis convaincu qu'ils pren-
draient les armes, si l'on tentait d'établir une taxe quelconque à laquelle on donnât ce nom... J'ai retrouvé au fond du
cœur des paysans les passions politiques qui ont amené
notre Révolution et qui influent encore sur nos destinées.
Ici elles sont inoffensives ou à peu près, parce que rien ne
leur résiste. Nous avons cru remarquer aussi que le paysan
ne voyait pas sans peine le droit que le clergé a de prélever
la dîme, et ne considère pas sans envie la richesse que cet
impôt met dans les mains de quelques ecclésiastiques. Si la
religion perd jamais son empire au Canada, c'est par cette
brèche que l'ennemi entrera.

Québec, 2 septembre 1831.

On me disait aujourd'hui que dans la Chambre d'assemblée, composée surtout de Canadiens, les discussions étaient vives, emportées ; que souvent on prenait des résolutions précipitées dont on se repentait quand la lutte était finie. Ne croirait-on pas entendre parler d'une Chambre française ?

Québec, 3 septembre 1831.

Nous sommes allés aujourd'hui sur la rive droite du Saint-Laurent jusqu'au village de Saint Thomas, situé à dix lieues de Québec. C'est le point où le Saint-Laurent prend une largeur de dix lieues qu'il conserve pendant l'espace de cinquante. Toutes les campagnes que nous avons parcourues sont d'une fertilité admirable. Jointes au Saint-Laurent et aux montagnes du Nord, elles forment le plus complet et le plus magnifique tableau...

Dans cette portion du Canada on n'entend point l'anglais. La population n'est que française. Cependant, là encore, lorsqu'on rencontre une auberge ou un marchand, on voit une enseigne en anglais.

Remarques générales :

Il résulte de nos conversations avec plusieurs Canadiens que leur haine se dirige plus encore contre le gouvernement que contre la race anglaise en général. Les instincts du peuple sont contre les Anglais ; mais beaucoup de Canadiens appartenant aux classes éclairées ne nous ont pas paru animés, au degré que nous supposions, du désir de conserver intacte la trace de leur origine et de former un peuple entièrement à part. Plusieurs ne nous ont pas paru éloignés de se fondre avec les Anglais, si ceux-ci voulaient adopter les intérêts du pays. Il est donc à craindre qu'avec le temps et surtout l'émigration des Irlandais catholiques la fusion ne s'opère, et elle ne peut s'opérer qu'au détriment de la race, de la langue et des mœurs françaises.

Cependant il est certain que :

1º Le Bas-Canada (heureusement pour la race française) forme un État à part. Or, dans le Bas-Canada, la population française est à la population anglaise dans la proportion de dix contre un. Elle est compacte. Elle a son gouvernement, son parlement à elle [1]. Elle forme véritablement un corps de nation distinct. Dans le parlement, composé de quatre-vingt-quatre membres, il y a soixante-quatre Français et vingt Anglais.

2º Les Anglais jusqu'à présent se sont toujours tenus à part. Ils soutiennent le gouvernement contre la masse du peuple. Tous les journaux français font de l'opposition. Tous les journaux anglais sont pour le pouvoir, à l'exception d'un seul, *the Vindicator*, à Montréal. Mais encore a-t-il été fondé par des Canadiens.

3º Dans les villes, les Anglais et les Canadiens forment deux sociétés. Les Anglais affichent un grand luxe. Il n'y a parmi les Canadiens que des fortunes très-médiocres. De là jalousie de race et de classe.

4º Les Anglais ont dans les mains tout le commerce extérieur, et dirigent en chef le commerce intérieur; de là encore jalousie.

5º Les Anglais s'emparent tous les jours des terres que les Canadiens croyaient réservées à leur race.

Enfin les Anglais se montrent au Canada avec tous les traits de leur caractère national, et les Canadiens ont conservé toute la physionomie du caractère français. A vrai dire, les Canadiens sont encore des Français trait pour

[1] Appelée la Chambre d'assemblée (*the House of assembly*).

trait, conséquemment l'opposé des populations anglaises
qui les environnent : vifs, railleurs, aimant la gloire et le
bruit, intelligents, éminemment sociables. Le peuple y est
seulement plus moral, plus hospitalier, plus religieux qu'en
France. Il n'y a qu'au Canada qu'on puisse trouver ce qu'en
France on appelle un *bon enfant* : chose inconnue en Angleterre et aux États-Unis.

Il est encore possible que le Bas-Canada finisse par devenir
un peuple entièrement français ; mais ce ne sera jamais un
peuple nombreux. Tout deviendra anglais autour de lui : ce
sera la goutte d'eau qui se perd dans l'Océan.

Québec, 4 septembre 1831.

QUELQUES IDÉES SUR LES CAUSES QUI S'OPPOSENT A CE QUE LES FRANÇAIS AIENT DE BONNES COLONIES.

Les premières difficultés, il faut bien le dire, se rencontrent dans notre caractère national, nos habitudes
politiques et nos lois.

Il est facile de remarquer dans le caractère national
un singulier mélange de penchants casaniers et d'ardeur
aventurière : deux choses également mauvaises pour la
colonisation.

. Le Français est tout à la fois l'homme le plus attaché
naturellement au foyer domestique, et, quand par hasard
il l'a quitté, le plus prompt à se passionner pour les accidents de la vie sauvage.

Ces deux dispositions qui se rencontrent dans le caractère français sont singulièrement défavorables à l'établissement d'une colonie.

Il est presque impossible de déterminer la population pauvre et honnête de nos campagnes à aller chercher fortune hors de sa patrie. Le paysan craint moins la misère dans le lieu qui l'a vu naître que les chances et les rigueurs d'un exil lointain. C'est cependant avec cette espèce d'hommes qu'on peut former le noyau d'une bonne colonie.

Transporté à grand'peine sur un autre rivage, on le fixe difficilement. On ne remarquera jamais chez lui ce désir ardent et obstiné de faire fortune qui stimule chaque jour les efforts de l'Anglais et semble tendre à la fois tous les ressorts de son esprit vers un seul but. Le colon français améliore lentement la terre qu'on lui livre. Ses progrès en tout sont peu rapides; peu de chose suffit à ses besoins; on le voit sans cesse entraîné par les charmes d'une vie oisive et vagabonde.

A ce premier obstacle qu'oppose notre caractère national, viennent se joindre ceux qui naissent de nos habitudes politiques et de nos lois.

Depuis plusieurs siècles, le gouvernement en France travaille sans cesse à attirer à lui la décision de toutes les affaires. Aujourd'hui on peut dire que non-seulement il gouverne, mais encore qu'il administre toutes les parties du royaume. Je ne recherche point ici ce qu'il peut y avoir d'utile ou de dangereux dans cet état de choses : je me borne à constater qu'il existe.

Les obligations légales et les habitudes politiques qui en résultent sont peu favorables à la fondation et surtout au développement d'une colonie. Si le gouvernement

se trouve souvent dans l'impossibilité de juger saine-
ment et trancher en temps opportun les difficultés qui
s'élèvent dans une province voisine du centre de l'empire, il en sera à plus forte raison de même quand il
faudra s'occuper d'intérêts qui s'agitent à trois mille
lieues de lui.

Fournir les moyens d'exécution, choisir d'habiles
agents, imposer certaines lois générales dont il ne soit
pas permis de s'écarter, telles sont les seules obligations
que doive s'imposer la mère-patrie lorsqu'elle envoie
quelques-uns de ses enfants chercher fortune dans un
autre hémisphère. Quant aux soins journaliers de l'administration publique, aux efforts individuels des colons,
la métropole ne peut ni ne doit avoir la prétention de les
diriger. Cette marche est celle qu'ont adoptée toutes les
grandes nations colonisantes. Mais on doit remarquer
qu'aucune d'elles n'avait centralisé le gouvernement dans
son sein.

Il n'en a jamais été de même chez nous. On a vu au
contraire la France s'efforcer sans cesse de transporter
au delà des mers des principes de gouvernement et des
règles administratives que repoussait la nature même des
choses. Soit manque de confiance dans ceux qu'il employait, soit plutôt jalousie de pouvoir et empire des habitudes, le gouvernement français a toujours fait des efforts surprenants pour conserver à la tête de la colonie
la même place qu'il occupe au centre du royaume. On
l'a vu vouloir juger ce qu'il ne pouvait connaître, réglementer une société différente de celle qui était sous ses

yeux, pourvoir à des besoins qu'il ignorait, et pour faire
meilleure justice, tenir tous les intérêts et tous les droits
en suspens. Il a voulu tout prévoir à l'avance. Il a craint
de s'en rapporter au zèle ou plutôt à l'intérêt personnel
des colons. Il lui a fallu tout examiner, tout diriger, tout
surveiller, tout faire par lui-même. Il a embrassé une
œuvre immense et s'est épuisé en vains efforts.

D'un autre côté l'éducation politique que le colon français reçoit dans sa patrie l'a rendu jusqu'à présent
peu propre à se passer facilement d'une tutelle. Transporté dans un lieu où, pour prospérer, il lui faut se diriger lui-même, il se montre gêné dans l'exercice de ses
droits nouveaux. Si le gouvernement a la prétention de
tout faire pour lui, lui de son côté n'est que trop porté à
en appeler au gouvernement dans tous ses besoins. Il ne
se fie point à ses propres efforts. Il se sent peu de goût
pour l'indépendance, et il faut presque le forcer d'être
libre.

L'exemple du Nouveau-Monde a prouvé cependant que
si l'énergie individuelle et l'art de se gouverner soi-même
était utile à toutes les sociétés, il en était surtout ainsi
pour celles qui naissent et se développent, comme les
colonies, dans un isolement forcé.

L'histoire des derniers siècles présente, il faut l'avouer,
un singulier spectacle.

On y voit la France entreprendre un vaste système de
colonies. Les plans sont habilement conçus, les lieux
bien choisis. Il s'agissait d'unir par une chaîne non in-
terrompue d'établissements le Saint-Laurent au Missis-

sipi, et de fonder ainsi dans le centre de l'Amérique du Nord un nouvel empire français dont le Canada et la Louisiane eussent été les deux débouchés.

De grands sacrifices d'hommes, d'énormes dépenses d'argent et de soins sont faits pour atteindre ce but. Le gouvernement s'occupe sans cesse de ces nouveaux établissements et n'abandonne pas un seul instant le devoir de les diriger; et pourtant, malgré tant d'efforts, les colonies languissent. La terre s'ouvre en vain devant les pas des Français; ils ne s'avancent point dans les déserts fertiles qui les entourent; la population ne croît qu'à peine. L'ignorance semble s'étendre. La société nouvelle reste stationnaire. Elle ne gagne ni force ni richesse. Elle succombe enfin après avoir lutté avec un courage héroïque contre l'agression étrangère.

Près de là, sur le littoral de l'Océan, viennent s'établir les Anglais. Les uns sont envoyés par la mère-patrie, les autres sont plutôt échappés de son sein. Une fois qu'ils ont mis le pied sur le sol américain, on dirait qu'ils sont devenus étrangers à l'Angleterre, tant celle-ci semble peu préoccupée du soin de les gouverner. Ils ont dès le principe leurs assemblées politiques et leurs tribunaux; ils nomment la plupart de leurs magistrats, organisent leur milice, pourvoient à leurs besoins, font leurs règlements de police et leurs lois. La métropole ne se mêle presqu'en rien de leurs affaires intérieures; elle n'agit que pour protéger leur commerce et les garantir des attaques de l'étranger.

Et cependant ces établissements ainsi abandonnés à eux-

mêmes, qui ne coûtent ni argent, ni soins, ni efforts à la
mère-patrie, doublent leur population tous les vingt-deux
ans, et deviennent des foyers de richesses et de lumières.

Il faut le reconnaître, parce que l'expérience le dé-
montre, fonder une colonie est pour la France se livrer à
une entreprise pleine de périls et d'un succès très-incer-
tain..

Dernière chose à considérer :

Pour fonder une colonie lointaine, il faut être assuré
d'avoir et de conserver l'empire de la mer...

LE LAC CHAMPLAIN. BOSTON. HARTFORD. NEW-YORK. PHILADELPHIE.
BALTIMORE. PITTSBURG. CINCINNATI. LOUISVILLE. SANDY-BRIDGE. MEMPHIS.
LA NOUVELLE-ORLÉANS. NORFOLK. WASHINGTON.

10 septembre. Départ de Québec. Lac Champlain. Retour
à Albany...

Boston, 19 septembre 1831.

Nous avons parcouru l'État de Massachusetts dans sa
plus grande étendue, allant d'Albany à Boston. Nous avons
trouvé que son aspect différait entièrement de celui de
l'État de New-York. Il n'y a plus de log-houses, plus d'arbres
brûlés, plus de troncs abandonnés au milieu des champs ;
en un mot plus de traces de la *Wilderness*.

Les terres sont bien cultivées ; le pays a l'air ancien. Les
maisons sont presque toutes charmantes (surtout dans les
villages). Il y règne un luxe de propreté singulière. La contrée

est elle-même plus pittoresque, parsemée de collines et de montagnes.

Boston, 20 septembre 1831.

Boston est une jolie ville située sur plusieurs collines, au milieu des eaux.

Ce que nous avons vu de ses habitants jusqu'à ce moment diffère entièrement de ce que nous avons observé à New-York. La société, du moins celle dans laquelle nous avons été introduits, ressemble presque complétement aux hautes classes d'Europe. Il y règne du luxe, de certaines recherches. Presque toutes les femmes y parlent bien français, et tous les hommes que nous avons vus jusqu'à présent ont été en Europe. Leurs manières sont distinguées. Leurs conversations roulent sur des sujets intellectuels. On se sent sortir de ces habitudes commerciales et de cet esprit financier qui dominent dans la société de New-York. Il existe déjà à Boston un certain nombre de personnes qui, n'ayant rien à faire, recherchent les plaisirs de l'esprit. Quelques-uns écrivent. Nous avons déjà vu trois ou quatre bibliothèques fort jolies et toutes littéraires.

Il est vrai que nous ne voyons presque que les hommes distingués, mais ceux-ci sont d'un autre genre que les hommes distingués de New-York. Il paraît, du reste, que le préjugé contre les gens qui ne font rien (préjugé en somme très-utile) a encore une grande force à Boston. A Boston, le travail de l'esprit se dirige surtout sur les matières religieuses. Sur vingt-cinq publications semi-périodiques qu'on trouve à l'Athenæum, il y en a douze qui ont plus ou moins de rapport avec la religion.

Boston, 22 septembre 1831.

..... Ce qui nous gêne le plus en Europe, ce sont les hommes qui, nés dans un rang inférieur, ont reçu une éducation qui leur donne l'envie d'en sortir, sans leur en fournir les moyens.

En Amérique, cet inconvénient de l'éducation est presque insensible. L'instruction fournit toujours les moyens naturels de s'enrichir, et ne crée aucun malaise social.

Boston, 22 septembre 1831.

Conversation avec M. Gray, sénateur de Massachussets (homme de beaucoup de talent.)

M. Gray me disait aujourd'hui :

Je regarde comme plus difficile encore d'établir chez un peuple des institutions municipales que de grandes assemblées politiques. Quand je dis institutions municipales, je veux parler non des formes, mais de l'esprit même qui les vivifie. L'habitude de traiter toutes les affaires par discussion et de les conduire toutes, même les plus petites, par le moyen des majorités, cette habitude s'acquiert plus difficilement que toutes les autres. C'est elle seule cependant qui constitue les gouvernements vraiment libres. C'est elle qui distingue la Nouvelle-Angleterre non-seulement de tous les pays d'Europe, mais encore de toutes les autres parties de l'Amérique. Nos enfants mêmes ne s'adressent jamais à leurs maîtres pour vider leurs différends. Ils règlent tout entre eux, et il n'y a pas d'*homme de quinze ans*, chez nous, qui n'ait déjà

cent fois rempli les fonctions de juré. Je ne doute point
que le dernier homme du peuple à Boston n'ait un esprit
plus véritablement parlementaire et ne soit plus habitué
aux discussions publiques que le plus grand nombre de
vos députés. Mais aussi nous travaillons depuis deux
cents ans à former cet esprit, et nous avons pour point de
départ l'esprit anglais et une religion toute républicaine.

D. Croyez-vous que le *caractère politique* des habitants de la Nouvelle-Angleterre ne tienne pas beaucoup à
leur nature?

R. La nature y est pour quelque chose; mais c'est surtout le fait des lois et encore plus des habitudes.

Boston, 22 septembre 1831.

... Comment voulez-vous qu'un homme qui a contracté
l'habitude d'obéir à une volonté étrangère et arbitraire
dans presque toutes les actions de sa vie, et notamment
dans celles qui touchent le plus près le cœur humain, con-
çoive un véritable goût pour la grande liberté politique?

Les institutions communales non-seulement donnent
l'art de se servir de la liberté, mais elles font contracter
le véritable goût de la liberté. Sans elles le goût de la
liberté politique prend aux peuples comme des désirs
d'enfant ou des fougues de jeune homme, que le premier
obstacle vient éteindre et calmer.

Boston, 25 septembre 1831.

Pour que la démocratie puisse gouverner, il faut des
citoyens, des gens qui, prenant intérêt à la chose pu-

blique, aient la capacité de s'en mêler et le veuillent :
point capital auquel il faut toujours revenir.

Boston, 1ᵉʳ octobre 1831.

*Entrevue avec M. John Quincy Adams, ancien président
des États-Unis.*

Nous l'avons rencontré chez M. Édouard Everett, chez
lequel nous dînions. On le reçut avec beaucoup de politesse,
comme un hôte distingué : mais voilà tout. La plupart des
assistants l'appelaient *sir.* Quelques-uns lui donnaient par
courtoisie le nom de M. *le président.* M. Adams est un
homme de soixante-deux ans, qui paraît posséder encore
toute sa vigueur d'esprit et de corps. Il parle le français
avec facilité et élégance. J'étais placé à côté de lui à table,
et nous avons eu ensemble une longue conversation. Je lui
exprimais l'étonnement que j'éprouvais en voyant à quel
point le peuple américain se passe de gouvernement. Je re-
marquais, entre autres, cet usage commun à toutes les opinions et à tous les partis politiques d'envoyer leurs représentants dans un lieu désigné d'avance et de les réunir en
Convention. M. Adams répondit : « L'usage de ces Conven-
tions ne date que de cinq à six ans. Aujourd'hui nous en
avons pour toutes sortes de choses. Mais, pour vous exprimer
franchement mon opinion, je crois que ces assemblées sont
dangereuses. Elles usurpent la place des corps politiques, et
peuvent finir par entraver absolument leur action. »

Nous parlions du caractère des Américains en général, et
il disait : — Il y a deux faits qui ont une grande influence sur
notre caractère : au nord, les doctrines religieuses et politiques des premiers fondateurs de la Nouvelle-Angleterre ;
au midi, l'esclavage.

D. Regardez-vous, lui dis-je, l'esclavage comme une
grande plaie pour les États-Unis ?

R. Oui, sans doute, répondit-il, c'est là que se trouvent presque tous les embarras du présent et les craintes de l'avenir.

D. Les habitants du Sud se rendent-ils compte de cet état de choses?

R. Oui, au fond de leur cœur. Mais c'est une vérité qu'ils ne s'avouent point, quoiqu'il soit évident qu'elle les préoccupe. L'esclavage a modifié tout l'état de la société dans le Midi, ajoutait M. Adams. Là les blancs forment entre eux une classe qui a toutes les idées, toutes les passions, tous les préjugés de l'aristocratie. Mais ne vous y trompez pas; nulle part l'égalité parmi les blancs n'est si grande qu'au Sud. Ici nous avons une grande égalité devant la loi; mais elle cesse absolument dans les habitudes de la vie. Il y a des classes supérieures et des classes ouvrières. Tout homme blanc au Sud est un être également privilégié, dont la destinée est de faire travailler les nègres sans travailler lui-même. Vous ne pouvez concevoir à quel point l'idée que le travail est un déshonneur est entrée dans l'esprit des Américains du Sud. Toute entreprise où les nègres ne peuvent servir d'agents inférieurs ne saurait réussir dans cette partie de l'Union. Tous ceux qui font un grand commerce à Charleston et dans les villes sont venus de la Nouvelle-Angleterre. Je me souviens qu'un député du Sud étant à ma table à Washington, ne pouvait s'empêcher d'exprimer son étonnement de voir des domestiques blancs occupés à nous servir. Il disait à madame Adams : « Je trouve que c'est dégrader l'espèce humaine que de se servir d'hommes blancs pour domestiques. Lorsque l'un d'eux vient pour changer mon assiette, je suis toujours tenté de lui offrir ma place à table. » De cette oisiveté dans laquelle vivent les blancs au Sud il résulte de grandes différences dans leur caractère. Ils s'adonnent aux exercices du corps, à la chasse, à la course. Ils sont robustes, braves, pleins d'honneur. Ce qu'on appelle le point d'honneur y est plus délicat là que partout ailleurs; les duels y sont fréquents.

D. Pensez-vous, dis-je, qu'en effet on ne puisse se passer de noirs dans le Sud?

R. Je suis convaincu du contraire, reprit M. Adams. Les Européens travaillent à la terre en Grèce et en Sicile. Pourquoi ne le feraient-ils pas dans la Virginie et les Carolines, où il ne fait pas plus chaud?

D. Le nombre des esclaves augmente-t-il?

R. Il diminue dans toutes les provinces qui se trouvent au nord de la Delaware, parce que là on cultive du blé et du tabac, cultures pour lesquelles les nègres sont plutôt à charge qu'utiles. On les transporte donc de là dans les provinces où se cultivent le coton et le sucre. Dans ces provinces leur nombre augmente. Ils sont peu nombreux dans ceux des États de l'Ouest où on les a introduits. Je ne connais rien de plus insolent qu'un noir, ajoutait M. Adams, lorsqu'il ne parle point à son maître et ne craint pas d'être battu. Il n'est même pas rare de voir des nègres traiter très-mal leur maître, quand ils ont affaire à un homme faible. Les négresses surtout abusent fréquemment des bontés de leurs maîtresses. Elles savent qu'il n'est pas d'usage de leur infliger des châtiments corporels...

Nous parlâmes de la religion, que M. Adams paraissait considérer comme une des principales garanties de la société américaine.

Je lui demandais s'il croyait que le principe religieux fût en décadence aux États-Unis?

— Si on compare l'état actuel à celui d'il y a un siècle, oui, me répondit-il; mais si on compare ce qui existe aujourd'hui et ce qui existait il y a quarante ans, je crois que la religion a gagné au lieu de perdre. Il y a un demi-siècle, la philosophie de Voltaire en France, l'école de Hume en Angleterre, avaient ébranlé toutes les croyances de l'Europe;

le contre-coup s'en faisait fortement sentir en Amérique.
Depuis, les crimes de la révolution française ont fait une
profonde impression sur nous; il y a eu réaction dans les
esprits, et cette impression dure encore.

Remarquez cependant, lui dis-je, le chemin qu'ont fait
les esprits depuis le point de départ du catholicisme. Ne
pensez-vous pas que leur marche se continue, et ne voyez-
vous pas dans l'unitairianisme de ce pays-ci le dernier
anneau qui sépare le christianisme de la religion naturelle?

M. Adams m'avoua que telle était son opinion. Il ajouta :
— Au reste, tous les unitaires de Boston réclament fortement
contre cette conséquence attribuée à leur doctrine, et se
maintiennent avec fermeté dans le poste extrême qu'ils occupent...

M. Adams semble croire qu'une des plus grandes garanties de l'ordre et de la tranquillité intérieure des États-Unis
se trouve dans le mouvement de la population, qui du littoral se porte vers l'Ouest. — Il se passera bien des générations, ajouta-t-il, avant que nous nous apercevions du trop
plein.

... Je lui parlai alors des dangers plus prochains de
l'Union et des causes qui pouvaient amener sa dissolution. M. Adams ne répondit rien; mais il était facile de
voir que, sur ce point, il n'avait pas plus de confiance
que moi dans l'avenir.

M. Adams vient d'être nommé membre du Congrès. Beaucoup de gens s'en étonnent. C'est le premier des *Présidents*
qui soit rentré dans les affaires publiques.

Boston, 2 octobre 1831.

M. Sparks (Jared Sparks, éditeur de la *Correspondance de Washington*) me disait aujourd'hui : — Les propriétés foncières, au Massachusetts, ne se divisent plus ; l'aîné succède presque toujours à la totalité des terres. — Et que deviennent les autres enfants ? dis-je. — Ils émigrent à l'Ouest.

(Ce fait a une immense portée.)

Boston, id.

J'ai été voir aujourd'hui M. Channing, le plus célèbre prédicateur et l'écrivain le plus remarquable qui soit aujourd'hui en Amérique (dans le genre grave). M. Channing, chef de l'Église unitairienne de Boston, est un petit homme qui a l'air épuisé par le travail. Ses yeux sont cependant pleins de feu, ses manières affectueuses. Il a un des organes les plus pénétrants que je connaisse... Il nous reçut à merveille, et nous eûmes avec lui une longue conversation dont voici quelques parties.

Nous lui parlions du peu de religion qui existait en France (comparativement à ce qui existe aux États-Unis), et il répondait : — Je prends le plus vif et le plus constant intérêt à la France : je crois qu'à sa destinée est jointe la destinée de toute l'Europe.

Vous exercez une puissance morale immense autour de vous, et toutes les nations du continent vous suivront dans la voie où vous vous engagerez. Vous avez dans vos mains le pouvoir du bien ou du mal à un plus haut degré qu'aucun peuple qui ait jamais existé. Je ne puis croire qu'il faille désespérer de voir la France religieuse. Tout dans votre histoire témoigne que vous êtes un peuple religieux, et puis je crois que la religion est un besoin si pressant pour le cœur de l'homme, qu'il est contre la nature des choses qu'une grande nation reste irréligieuse. J'espère, au contraire, que vous ferez faire un nouveau pas à la perfectibilité humaine, et que vous ne vous arrêterez pas, comme les Anglais, à moitié chemin. Ils sont restés au protestantisme du dix-septième siècle. J'ai la confiance que la France est appelée à de plus hautes destinées et trouvera une forme religieuse plus pure encore.

Nous parlâmes à M. Channing de l'unitairianisme, et nous lui dîmes que beaucoup de gens appartenant à des sectes protestantes nous en avaient parlé avec défaveur.

— La question entre nous, répondit M. Channing, est de savoir si le dix-septième siècle peut revenir, ou s'il est passé sans retour. Ils ont ouvert la route, et prétendent s'arrêter précisément au point où le premier novateur s'est arrêté lui-même. Nous, nous prétendons marcher; nous soutenons que si la raison humaine va en se perfectionnant, ce qu'elle a cru dans un siècle encore grossier et corrompu, ne peut convenir en tout au siècle éclairé où nous vivons.

— Mais ne craignez-vous pas, lui dis-je franchement, qu'à force d'épurer le christianisme, vous ne finissiez par en faire disparaître la substance? Je suis effrayé, je l'avoue, du chemin qu'a fait l'esprit humain depuis le catholicisme; j'ai peur qu'il n'arrive enfin à la religion naturelle.

— Je crois qu'un pareil résultat, reprit M. Channing, est peu à redouter. L'esprit humain a besoin d'une religion positive; et pourquoi abandonnerait-il jamais la religion chrétienne? Ses preuves ne craignent rien du plus sérieux examen de la raison.

— Permettez-moi une objection, dis-je; elle s'applique non pas seulement à l'unitairianisme, mais à toutes les sectes protestantes, et elle a même une grande portée dans le monde politique. Ne pensez-vous pas que la nature humaine est ainsi constituée que, quels que soient les perfectionnements de l'éducation et l'état de la société, il se rencontrera toujours une grande masse d'hommes incapables, par la nature de leur position, de faire travailler leur raison sur les questions théoriques et abstraites, et qui, s'ils n'ont pas une foi dogmatique, ne croiront précisément à rien?

M. Channing répondit : — L'objection que vous venez de faire est, en effet, la plus sérieuse de toutes celles qu'on peut soulever contre le principe du protestantisme. Je ne crois pas cependant qu'elle soit sans réplique. Premièrement, je pense que, pour tout homme qui a le cœur droit, les questions religieuses ne sont pas aussi difficiles que vous semblez le croire, et que Dieu en a mis la solution à la portée de l'homme. En second lieu, il me semble que le catholicisme ne lève point la difficulté. J'avoue qu'une fois qu'on a admis le dogme de l'infaillibilité de l'Église, le reste devient facile. Mais pour admettre ce premier point, il vous faut bien faire un appel à la raison.

Cet argument me parut plus spécieux que solide : mais comme nous n'avions qu'un temps limité, j'envisageai la question sous une autre face, et repris :

— Il me semble que le catholicisme avait établi le gouvernement des habiles ou de l'aristocratie dans la religion, et que vous y avez introduit la démocratie : or, je vous l'avoue, la possibilité de gouverner la société religieuse comme la société politique par le moyen de la démocratie ne me semble point encore prouvée par l'expérience.

M. Channing répondit : — Je crois qu'il ne faut pas pousser trop loin la comparaison entre les deux sociétés. Pour ma part, je crois tout homme en état de comprendre les vérités religieuses, et ne crois pas tout homme en état d'entendre les questions politiques. Quand je vois soumettre au jugement du peuple la question du tarif, par exemple, qui divise les plus grands économistes, il me semble qu'on ferait aussi bien de prendre pour juge mon fils que voilà (nous montrant

un enfant de dix ans). Non, je ne puis croire que la société
civile soit faite pour être dirigée d'une manière directe par
les masses, toujours comparativement ignorantes. Je pense
que nous allons trop loin...

Hartford (Connecticut), 5 octobre 1851.

J'ai vu aujourd'hui à l'hôpital des sourds-muets une jeune
fille sourde-muette et aveugle. Elle parvenait cependant à
coudre, et enfilait une aiguille. De temps en temps elle sou-
riait à ses pensées. C'était un singulier spectacle.

Comment le ridicule ou le plaisant peut-il se produire à
une âme ainsi murée? Quelle forme prend-il?

Le directeur nous disait qu'elle était douce et très-facile
à conduire. Il ajoutait que son odorat était si perfectionné,
qu'elle reconnaissait par ce seul sens celui ou celle qui arrivait près d'elle...

Il y a déjà eu ici trois ou quatre nègres dans l'établissement. On m'a assuré qu'on n'apercevait aucune différence
entre leur intelligence et celle des blancs.

New-York, 15 octobre 1851.

On a remarqué en Europe que la division du travail
rendait l'homme infiniment plus capable de s'occuper
du détail auquel il s'applique, mais diminuait sa *capacité générale*. L'ouvrier ainsi classé devient passé maître
dans sa spécialité, brute sur tout le reste. Exemple
de l'Angleterre : état effrayant des classes ouvrières
dans ce pays. Ce qui rend l'Américain du peuple un
homme si intelligent, c'est que la division du travail
n'existe pour ainsi dire pas en Amérique. Chacun fait
un peu de tout. Il fait chaque chose moins bien que

l'Européen qui s'en occupe exclusivement, mais sa capacité générale est cent fois plus étendue. Grande cause de supériorité dans les affaires habituelles de la vie et du gouvernement de la société!

New-York, 15 octobre 1831.

Du pouvoir judiciaire et de la légalité.

Pour qu'il y ait légalité, il faut non-seulement qu'on ne puisse rien faire qu'*au nom* de la loi, mais encore que ce soient toujours des tribunaux qui soient chargés de lui *donner* force et de l'*interpréter.*

En France, le règne de la loi est proclamé, mais l'arbitraire se réfugie dans l'exécution.

Il y a une multitude de cas où l'action administrative n'a pas besoin d'avoir recours à la justice pour se faire obéir : c'est l'administrateur qui déclare que telle est la loi et qui la fait exécuter comme s'il était revêtu du mandat de la justice.

Philadelphie, 28 octobre 1831.

Conversation avec M. Brown, avocat, très-riche planteur de la Louisiane. (Il a été huit ans ambassadeur en France.)

... Comme nous parlions des quakers, il me dit : — C'est bien dommage que les quakers se soient avisés de porter un costume ridicule et d'interdire en toute circonstance la résistance à l'oppression. Leur doctrine, du reste, est admirable. Parmi toutes les sectes religieuses, c'est la seule qui ait toujours *pratiqué* la tolérance et la charité chrétienne dans toute son étendue. Les divertissements sont défendus aux quakers; *faire le bien* est leur seule jouissance. Malheureusement leur nombre diminue, et de plus ils sont divisés entre eux. Pendant longtemps ils ont professé la doctrine que c'étaient les œuvres et non les croyances qui sauvaient; mais depuis ils ont abandonné ce grand principe. Aujourd'hui ils forment deux Églises distinctes, dont l'une a une grande analogie avec les unitairiens et nie comme ceux-ci la divinité de Jésus-Christ.

D. Puisque nous en sommes sur le chapitre de la religion, apprenez-moi donc ce que je dois penser du principe religieux dans ce pays-ci : n'existe-t-il qu'à la surface, ou est-il profondément enraciné dans les cœurs? Est-ce une croyance ou une doctrine?

R. Je crois qu'il y a au fond des âmes du plus grand nombre une assez grande indifférence sur le dogme. On n'en parle jamais dans nos Églises, c'est de morale seulement qu'il s'agit. Mais, en Amérique, je ne connais pas de matérialiste. La ferme croyance à l'immortalité de l'âme et à la théorie des récompenses et des peines est, on peut le dire, universelle. C'est là le champ commun où toutes les sectes se rencontrent. J'ai été longtemps avocat, et j'ai toujours vu un grand respect pour la foi du serment.

Nous parlâmes de la Nouvelle-Orléans, qu'il a habitée vingt ans; il me disait : — Il y a à la Nouvelle-Orléans une classe de femmes dévouées au concubinage. Ce sont les femmes de couleur. L'immoralité est en quelque sorte pour elles une profession qu'elles remplissent avec fidélité. Une fille de couleur est destinée, depuis sa naissance, à être la maîtresse d'un blanc. Lorsqu'elle devient nubile, sa mère a soin de la pourvoir : c'est une sorte de mariage temporaire. Il dure ordinairement plusieurs années, pendant lesquelles il est très-rare qu'on ait à reprocher aucune infidélité à celle qui s'est liée de cette manière. Elles passent ainsi de main en main jusqu'à ce qu'ayant acquis une certaine fortune, elles se marient pour tout de bon avec un homme de leur condition, et font entrer leurs filles dans la même voie. — Voilà, dis-je, un ordre de choses bien contraire à la nature; il doit jeter une grande perturbation dans la société? — Pas tant que vous pourriez le croire, répondit M. Brown; les jeunes gens riches sont très-dissolus; mais l'immoralité est resserrée dans la sphère des femmes de couleur. Les femmes blanches de race française et américaine ont des mœurs très-pures. Elles sont vertueuses d'abord, j'imagine, parce que la vertu leur plaît, et ensuite parce que les femmes de couleur ne le sont pas. Avoir un amant serait s'assimiler à elles...

Dans un autre moment M. Brown me disait : — Une chose bizarre, c'est qu'à la Nouvelle-Orléans les hommes de couleur font toujours cause commune avec les blancs contre les noirs.

Philadelphie, 29 octobre 1851.

De la supériorité des mœurs sur les lois.

Après qu'on a bien réfléchi aux principes qui font agir les gouvernements, à ceux qui les soutiennent ou les ruinent; lorsqu'on a passé bien du temps à calculer avec soin quelle est l'influence des lois, leur bonté relative et leur tendance, on en arrive toujours à ce point qu'au-dessus de toutes ces considérations, en dehors de toutes ces lois, se rencontre une puissance supérieure à elles : c'est l'*esprit* et les *mœurs* du peuple, son *caractère*. Les meilleures lois ne peuvent faire marcher une constitution en dépit des mœurs; les mœurs tirent parti des pires lois. C'est là une vérité commune, mais à laquelle mes études me ramènent sans cesse. Elle est placée dans mon esprit comme un point central. Je l'aperçois au bout de toutes mes idées.

Les lois cependant *concourent* à produire l'*esprit*, les *mœurs*, le *caractère* du peuple. Mais dans quelle proportion? Là est le grand problème auquel on ne saurait trop réfléchir.

Baltimore, 30 octobre 1831.

Conversation avec M. Latrobe, avocat distingué de Baltimore.

D. Baltimore, qui compte aujourd'hui quatre-vingt mille âmes, n'avait pas trente maisons à l'époque de la Révolution. Qui a donc pu donner à cette ville un accroissement si rapide?

R. D'abord le résultat de notre Révolution; ensuite la ruine de Saint-Domingue, qui a fait refluer chez nous beaucoup de familles françaises, et nous a donné l'approvisionnement de la colonie; enfin les guerres de la révolution en Europe. L'Angleterre était en guerre avec tout le continent et dominait les mers : nous sommes devenus les facteurs de l'Europe.

D. Est-il vrai qu'il existe des différences très-grandes entre les Américains du Nord et ceux du Sud?

R. Oui; à Baltimore, nous croyons pouvoir reconnaître dans la rue un Yankee ou même un habitant de New-York ou de Philadelphie.

D. Mais quels sont les traits principaux qui distinguent les gens du Nord et ceux du Sud?

R. J'exprimerais la différence de cette manière : Ce qui distingue le Nord, c'est l'esprit d'entreprise... Ce qui distingue le Sud, c'est l'esprit aristocratique (*spirit of chivalry*). Les manières de l'habitant du Sud sont franches, ouvertes; il est excitable, irritable même, chatouilleux sur le point d'honneur. L'homme de la Nouvelle-Angleterre est froid, calculateur, patient. Tant que vous êtes chez un homme du Sud, vous êtes le bienvenu ; il partage avec vous tous les plaisirs de sa maison. L'homme du Nord, après vous avoir reçu, commence à réfléchir s'il ne pourrait pas faire affaire avec vous.

D. Pensez-vous qu'on pût se passer d'esclaves au Maryland ?

R. Oui, j'en suis convaincu. L'esclavage est en général un moyen de culture dispendieux. . . . .

. . . .

Il y a quinze ans, il n'était pas permis de dire que l'esclavage pût être aboli au Maryland. Aujourd'hui personne ne le conteste...

Baltimore, 1er novembre 1831.

Conversation avec M. Stuart, médecin.

M. Stuart me disait : — Les médecins exercent une certaine influence dans les petites localités. Ils ont la confiance du peuple et sont souvent envoyés aux législatures et au Congrès. On y envoie aussi quelquefois des ecclésiastiques ; mais le cas est très-rare. On tient en général à maintenir le clergé dans l'Église et à le séparer de l'État.

D. Quelle est votre opinion sur l'esprit religieux aux États-Unis. Quelqu'un hier me dépeignait le peuple américain comme assez indifférent, au fond, en matière religieuse, malgré sa ferveur apparente, et les classes éclairées comme sceptiques et incrédules, ne voyant dans la religion qu'une institution morale et politique qu'il importe de conserver ?

R. Cette peinture est au moins très-exagérée. La grande majorité aux États-Unis, parmi le peuple et même parmi les classes éclairées, est *véritablement* croyante, et tient

fermement cette opinion, qu'un homme non chrétien ne
donne aucune garantie sociale. Cette opinion est si profondément enracinée qu'elle est la source d'une intolérance
dont vous ne pouvez vous faire d'idée. Si un ministre évangélique, connu par sa piété, déclarait que dans son opinion tel
homme est *infidèle*, la carrière de cet homme serait presque
certainement brisée.... L'opinion publique fait chez nous ce
que l'Inquisition n'a jamais pu faire. J'ai vu, j'ai connu un
certain nombre de jeunes gens qui, après avoir reçu une éducation scientifique, ayant cru découvrir que la religion chrétienne n'était pas vraie, et emportés par le feu de la jeunesse,
ont commencé à montrer hautement cette opinion. Ils se
sont indignés contre l'intolérance des chrétiens zélés, et se
sont mis en hostilité ouverte contre eux. Eh bien ! les uns
ont été obligés de quitter le pays ou d'y végéter misérable-
ment. Les autres, sentant que la lutte était inégale, ont été
contraints de rentrer extérieurement dans les voies de la religion, ou du moins de garder le silence. Le nombre de ceux
que l'opinion publique a ainsi fini par réduire est considérable. On ne publie point chez nous de livres antichrétiens,
ou du moins la chose est très-rare. L'irréligion cependant
commence à percer dans quelques journaux. Il y a un journal de ce caractère à Boston, un à New-York, un dans le
Jersey, un autre à Cincinnati. Mais les progrès de cette tendance sont très-lents.

Baltimore, 5 novembre 1831.

Ce soir, nous avons été visiter Charles Carroll. C'est le
dernier survivant des signataires de l'acte d'indépendance. Il descend d'une très-ancienne famille anglaise. Il
possède le plus vaste domaine qui soit aujourd'hui en
Amérique. La terre sur laquelle il habite contient treize

mille acres d'étendue et trois cents nègres esclaves. Il a marié sa petite-fille au duc de Wellesley. Il est catholique. Charles Carroll a quatre-vingt-quinze ans. Il se tient fort droit, n'a aucune infirmité; sa mémoire seule est peu sûre. Cependant il cause encore très-bien, en homme instruit et aimable. Il a reçu son éducation en France. Il nous a accueillis avec beaucoup de bonté et d'affabilité. La conversation roula sur la grande époque de sa vie, qui est la révolution. Il nous rappela avec un orgueil bien naturel qu'il avait signé l'acte d'indépendance, et que par cette démarche il risquait tout à la fois son existence et sa fortune, la plus considérable qui fût en Amérique. Je me hasardai à lui demander si dès le principe de la querelle les colonies avaient eu la pensée de se séparer de la Grande-Bretagne.

— Non, me répondit Charles Carroll; nous étions fortement attachés de cœur à la mère-patrie; mais elle nous a forcés par degrés à nous séparer d'elle.

Il ajoutait avec une grande bonhomie :

— Non, sans doute, nous ne croyions pas que les choses iraient si loin! Lors même que nous signions l'acte d'indépendance, nous pensions que la Grande-Bretagne, effrayée de cette démarche, chercherait à se rapprocher de nous, et que nous pourrions encore redevenir bons amis. Mais les Anglais ont poussé leur pointe et nous la nôtre.

Nous parlâmes du gouvernement des États-Unis. Charles Carroll témoigna regretter les anciennes institutions aristocratiques du Maryland. En général, tout dans

sa conversation respirait le ton et les idées de l'aristocratie anglaise, combinés quelquefois d'une manière
originale avec les habitudes du gouvernement démocratique dans lequel il vit, et les souvenirs glorieux de la
révolution américaine. Il finit par nous dire :

« *A mere democracy is but a mob*[1]. » Le gouvernement
d'Angleterre est le seul qui vous convienne, ajouta-t-il; si
nous supportons le nôtre, c'est que nous pouvons pousser
chaque année dans l'Ouest nos novateurs.

Toutes les manières d'être et la tournure d'esprit de
Charles Carroll le font ressembler complétement à un
gentilhomme d'Europe. Probablement les grands propriétaires du Sud, à l'époque de la Révolution, ressem-
blaient beaucoup à ce modèle. C'est une race qui disparaît aujourd'hui après avoir fourni les plus grands
hommes à l'Amérique. Avec elle se perd la tradition
des mœurs élevées. Le peuple s'éclaire, les connaissances s'étendent, une capacité moyenne devient commune. Les talents saillants, les grands caractères sont
plus rares. La société est moins brillante et plus prospère. Ces divers effets de la marche de la civilisation
et des lumières, dont on se doute seulement en Europe, apparaissent dans tout leur jour en Amérique. A
quelle cause première tiennent-ils? Je ne le vois pas encore.

---

[1] Une démocratie pure n'est autre chose qu'une populace.

Philadelphie, 18 novembre 1851.

Conversation avec M. Biddle, président de la banque des États-Unis... Conversation avec M. Poinsett, ancien ambassadeur au Mexique...

Sur le steamboat *Ohio* (trajet de Pittsburg à Louisville), 25 novembre 1851. Sur la rivière Ohio.

Si la nature n'a pas donné à chaque peuple un caractère national *indélébile*, il faut reconnaître du moins que les habitudes, que des causes physiques ou politiques ont fait prendre à l'esprit d'un peuple, sont bien difficiles à arracher, même quand il cesse d'être soumis à aucune de ces causes. Nous avons vu au Canada des Français vivant depuis soixante-dix ans sous le gouvernement anglais, et restés absolument semblables à leurs anciens compatriotes de France. Au milieu d'eux vit une population anglaise qui n'a rien perdu de son caractère national.

Il y a cinquante ans au moins que des colonies d'Allemands sont venues s'établir dans la Pensylvanie. Ils ont conservé intact l'esprit et les mœurs de leur patrie. Autour d'eux s'agite une population nomade chez laquelle le désir de s'enrichir n'a point de bornes, qui ne tient à aucun lieu, n'est arrêtée par aucun lien, mais se porte partout où se présente l'apparence de la fortune. Immobile au milieu de ce mouvement général, l'Allemand borne ses désirs à améliorer peu à peu sa position et celle de sa famille. Il travaille sans cesse, mais n'abandonne rien au hasard ; il s'enrichit sûrement, mais lentement ; il tient au foyer domestique, renferme son bonheur dans son horizon, et ne sent nulle curiosité de connaître ce qui se trouve au delà de son dernier sillon...

Effets du mode d'élection :

A double degré : bons choix.
Directe : mauvais choix...

Cincinnati, 2 décembre 1831.

Conversation avec M. Mac-Lean, juge à la Cour suprême des États-Unis...

Louisville, 9 décembre 1831...

Sandy-Bridge, 15 décembre 1831. (Tenessee[1]).

Je suis venu, me dit notre hôte de Sandy-Bridge, de la Caroline du Sud m'établir en ce pays, il y a plusieurs années.

D. Expliquez-moi pourquoi toutes les habitations que nous rencontrons au milieu des bois offrent un abri si incomplet contre le mauvais temps. Les parois en sont à jour, de telle sorte que la pluie et le vent s'y introduisent sans peine. Une pareille demeure doit être désagréable et malsaine pour le propriétaire comme pour l'étranger. Serait-il donc si difficile de se clore ?

R. Rien ne serait plus facile : mais l'habitant de ce pays est en général indolent. Il regarde le travail comme un mal. Pourvu qu'il ait une nourriture suffisante et une maison qui

---

[1] Sandy-Bridge est le lieu où Tocqueville tomba malade. (V. notice, chap. ii, *Voyage d'Amérique,* tome V.)   (*Note de l'Éditeur.*)

puisse lui offrir un demi-abri, il est content et ne pense qu'à fumer et à chasser.

D. Quelle est, à votre avis, la plus grande cause de cette indolence?

R. L'esclavage. Nous sommes habitués à ne rien faire par nous-mêmes. Il n'y a pas dans le Tenessee de cultivateur qui n'ait un ou deux noirs. Quand il n'en a pas un plus grand nombre, il est souvent obligé de travailler avec eux aux champs. Mais pour peu qu'il en ait une dizaine, ce qui est très-fréquent, il a en même temps un blanc qui les dirige, et lui ne fait absolument rien que monter à cheval et chasser. Il n'y a pas de petit cultivateur qui ne passe une partie de son temps à la chasse et n'ait en sa possession un bon fusil.

D. Pensez-vous que la culture par les esclaves soit économique?

R. Non, je la crois plus coûteuse que si on se servait d'ouvriers libres.

Memphis, 25 décembre 1831...

Nouvelle-Orléans, 1ᵉʳ janvier 1832.

Conversation avec M. Mazureau, un des premiers avocats de la Louisiane.

D. On dit qu'on trouve à la Nouvelle-Orléans un mélange de toutes nations?

R. Cela est vrai, nous voyons ici le mélange de toutes les races. Il n'y a pas de pays de l'Amérique et de l'Europe qui ne nous ait envoyé des représentants. La Nouvelle-Orléans donne un échantillon de tous les peuples.

D. Mais au milieu de cette confusion quelle est la race qui domine et imprime le mouvement au reste?

R. La race française jusqu'à présent. C'est elle qui donne le ton et modèle les mœurs. . . . .

Nouvelle-Orléans, 2 janvier 1852.

Conversation avec M. Guillemin, consul de France.

— Ce pays, me dit M. Guillemin, est encore essentiellement français d'idées, de mœurs, d'opinions, d'usages, de modes. On se modèle ostensiblement sur la France. J'ai souvent été frappé du retentissement qu'avaient ici nos passions politiques, et de l'analogie qui existe encore sur ce point entre la population de la Louisiane et la population de France. Il m'est souvent arrivé de tenter de prédire, par l'impression qu'un événement faisait ici, celle qu'il produisait en France, et j'ai toujours deviné juste. Les habitants de la Louisiane s'occupent plus des affaires de la France que des leurs.

D. Cette disposition doit être favorable aux rapports commerciaux qui existent entre nous et les États-Unis?

R. Très-favorable. Je regarde comme un des plus grands intérêts pour la France que les mœurs françaises se conservent dans la Louisiane. De cette manière, une des grandes portes de l'Amérique nous reste ouverte. Il nous eût été bien difficile de conserver la Louisiane comme colonie. Mais on aurait pu du moins la retenir assez longtemps et y donner assez de soins pour y créer un peuple français qui se serait maintenu ensuite par lui-même. Nous sommes bien faibles maintenant pour nous soutenir contre la pression des populations américaines. Presque toutes les terres de la Louisiane sont encore dans les mains des Français : mais le haut commerce est entre les mains des Américains. Il y a, il faut le dire, une différence très-grande entre les dispositions des deux peuples pour les affaires. Les Français de la Louisiane ne sont pas entreprenants en fait d'industrie. Ils n'aiment point à risquer l'acquis pour le douteux; ils craignent le déshonneur d'une faillite. Les Américains qui tombent ici du

Nord chaque année sont dévorés du désir des richesses ; ils
ont tout quitté pour cela ; ils viennent ayant peu de chose
à perdre, et fort peu scrupuleux sur le point d'honneur qui
attache les Français à payer leurs dettes.

D. De cette lutte qui paraît exister entre les Américains et
les Français à la Louisiane, ne résulte-t-il pas de l'aigreur
entre les deux nations?

R. On se censure de part et d'autre ; on se voit peu ; mais
au fond il n'existe aucune inimitié véritable. Les Français ne
sont point ici comme au Canada un peuple vaincu. Ils vivent,
au contraire, sur le pied d'une égalité réelle et complète. Il se
contracte sans cesse des unions entre eux et les Américains.
Enfin le pays jouit d'une immense prospérité.   .   .   .   .   .

.   .   .   .

Nouvelle-Orléans, 2 janvier 1832.

Conversation avec M. ***, avocat très-célèbre à la Nouvelle-Orléans.

Il me disait :

Lorsque la législature est réunie et délibère, on peut dire
que la législation tout entière est en question. Nos chambres
sont composées en grande partie de jeunes avocats, ignorants et fort intrigants. Tout le monde ici croit pouvoir être
législateur. Ils font, défont, tranchent et coupent à tort et
à travers. En voici un exemple : Depuis la cession à l'Es-
pagne, beaucoup de points de notre droit civil étaient réglés par les lois espagnoles. A la fin de 1828, la session
étant à son terme, on a fait passer inaperçu un bill qui abro-
geait toutes les lois en masse sans rien mettre à la place.
Le lendemain, en se réveillant, le barreau et les juges ont appris avec stupéfaction l'œuvre de la veille. Mais la chose était
faite.

D). Mais pourquoi les hommes remarquables n'arrivent-ils pas à la législature?

R. Je doute que le peuple les nommât. D'ailleurs on tient peu aux emplois publics, et les hommes saillants ne les briguent pas.

(Ceci est en même temps ce qui fait aller l'État si mal, et ce qui le sauve des révolutions.)

. . . .

Je suis d'ailleurs frappé de plusieurs faits qui contrebalancent ce qui précède : ainsi, le gouverneur actuel de la Louisiane, nommé à l'élection populaire, est un homme de talent et de caractère. M. Johnson et M. Ed. Livingston, également élus, sont deux des premiers hommes de l'Union américaine.

Alabama, 6 janvier 1832.

Conversation avec M. ***, avocat distingué de Montgommery.

D. Trouvez-vous une grande différence entre l'état social du Nord et celui du Midi?

R. Immense. Nous autres hommes du Midi nous avons peut-être plus de moyens naturels que ceux du Nord; mais nous sommes bien moins actifs et surtout moins persévérants. Notre instruction est très-négligée Il n'existe parmi nous aucun système régulier d'école. Un tiers de notre population ne sait pas lire. On ne voit point le même soin donné à tous les besoins de la société, la même prévoyance de l'avenir.

D. Quelle force a parmi vous le sentiment religieux?

R. Il y a parmi nous infiniment moins de moralité qu'au Nord. Mais le sentiment religieux proprement dit y est peut-être plus exalté. Au Nord il y a de la religion ; ici du fanatisme. La secte des méthodistes y domine. . . . . . .

Norfolk (Virginie), 17 janvier 1852.

Conversation avec M. Poinsett.

D. Ne pensez-vous pas que dans l'absence de moyens coercitifs, tels que la *presse* et l'*inscription maritime*, il serait difficile à l'Union de trouver des matelots en temps de guerre?

R. Non. D'abord le haut prix des engagements nous amènera toujours une foule de matelots étrangers ; et de plus, en temps de guerre le commerce souffre, et une multitude de matelots sans emploi ne demandent pas mieux que de monter sur les vaisseaux de l'État. . . . .

D. Quels sont les principes de l'Union en matière de commerce et de droit maritime?

R. La réciprocité la plus parfaite en matière de commerce. Nous avons remarqué que les avantages particuliers que nous obtenions de l'étranger n'étaient en aucune façon équivalents au tort qui résulte de l'obligation d'accorder en retour des priviléges chez nous. Non-seulement donc nous ne demandons jamais à être reçus sur un pied exceptionnel dans les ports étrangers, mais nous refusons positivement les priviléges. C'est ce que j'ai fait quand j'étais chargé de négocier un traité de commerce avec les peuples de l'Amérique du Sud. Quant à notre droit maritime, nous soutenons que le pavillon couvre la marchandise : je crois qu'en cela nous avons tort. Je ne sais pas d'abord si cette règle est en effet dans le droit des gens. Mais ce qu'il y a de certain, c'est que le principe contraire est d'une grande utilité aux peuples qui dominent sur mer. Or, nous sommes appelés dans un court espace de temps à nous trouver dans cette position. Il nous faudra alors désavouer nos principes, ce qui fait toujours tort à une nation comme à un homme. Le principe que le pavillon couvre la marchandise n'est bon que pour les nations qui ne peuvent espérer de dominer jamais les mers.

· · · · · · · · · · · · ·

Washington, 28 janvier 1832.

Réunion du Congrès. Petit nombre des membres du Congrès... Plus les assemblées politiques sont nombreuses, plus elles donnent prise à la direction oligarchique de quelques membres.

Washington, 30 janvier 1832

Grands hommes des premiers temps de la République! Leurs lumières, leur patriotisme vrai! Leur caractère élevé!

Les dieux s'en vont!!!

On a admiré Washington de n'avoir pas voulu s'emparer de la dictature, d'être rentré dans la foule... Ignorance du véritable état des choses; souvenirs historiques mal appliqués; Cincinnatus!... Washington ne pouvait raisonnablement penser à dominer.

Mais où il faut l'admirer, c'est dans sa résistance aux exagérations de l'opinion populaire. C'est là sa supériorité; c'est là le point culminant.

Washington ne pouvait s'élever par les armes (ab-

surde), mais par la faveur populaire; et il ne l'a pas recherchée un moment.

Voilà pourquoi Washington, auquel la majorité a fini
par manquer de son vivant, est devenu plus qu'un
homme après sa mort...

VOYAGE EN ANGLETERRE

(1833)

NOTES, IDÉES ET OBSERVATIONS

QUE J'AI RECUEILLIES EN ANGLETERRE PENDANT LE SÉJOUR DE CINQ SEMAINES
QUE J'Y AI FAIT EN 1833.

Londres, 14 août 1833.

UNE SÉANCE A LA CHAMBRE DES LORDS.

Les lords discutaient ce soir-là divers amendements
de détail relatifs au bill des esclaves (Slavery-Bill). On
ne comptait guère plus d'une cinquantaine de membres
présents. Ils étaient rangés autour d'un grande table qui
occupe le bout supérieur de la chambre, ou négligem-
ment établis sur les coussins qui recouvrent tous les
bancs. Ils avaient conservé leur tenue du matin. La plupart étaient en redingote et en bottes. Beaucoup conservaient leur chapeau sur la tête. Il ne régnait dans cette
assemblée aucun apparat, mais en général un air de
bonne compagnie, une aisance de bon goût et un certain

parfum d'aristocratie. Au milieu de ces pairs négli-
gemment vêtus se trouvaient plusieurs évêques en grand
costume, et lord Brougham enseveli sous une mon-
strueuse perruque poudrée à blanc. Les secrétaires
avaient également la perruque. Pourquoi les perruques
se sont-elles maintenues dans cette assemblée et sur les
bancs des juges? Je concevrais à la rigueur qu'on ne pût
se présenter à la chambre des lords qu'avec le costume
du moyen âge, afin de manifester la perpétuité et l'immobilité de la constitution anglaise. Mais pourquoi du
costume de nos pères n'avoir précisément choisi que la
perruque, qui certes ne rappelle aucune idée héroïque,
et qui de plus a l'inconvénient de n'être ni ancienne ni
moderne, puisqu'elle ne se rapporte qu'au dix-septième
siècle? Mais poursuivons.

Sur une question de détail, lord Wellington se leva.
La gloire est entourée d'un si singulier prestige qu'en
le voyant se découvrir et ouvrir la bouche, je sentis
comme un frémissement parcourir mes veines. Je ne
pouvais m'imaginer qu'il n'y eût pas quelque chose d'extraordinaire dans chacune des paroles de cet homme qui
avait fait retentir si loin le bruit de son nom; mais j'étais
bien loin de compte. Le duc commença son discours
avec embarras et hésitation, et ne put jamais se remettre
complétement. C'était un des plus singuliers spectacles
que j'ai eus de ma vie que celui du triomphateur de tant
de batailles et du vainqueur de Napoléon, aussi embarrassé qu'un enfant récitant sa leçon devant un péda-
gogue impitoyable. Le héros de Waterloo ne savait, à la

lettre, où placer ses bras et ses jambes, ni comment
établir l'équilibre de sa longue personne. Il prenait et
quittait son chapeau, se tournait à droite et à gauche,
boutonnait et déboutonnait sans cesse le gousset de sa
culotte, comme s'il eût voulu y chercher ses mots, qui, à
vrai dire, nè découlaient pas aisément de son intelligence. Jamais je ne vis une application plus directe de
ce vers de la Fontaine :

> Ne forçons pas notre talent...

Londres, 15 août 1833.
Une élection à Londres.

..... C'était le dernier jour du Poll (*vote*). Je ne pus me
rendre à Guildhall (lieu où se faisait l'élection) qu'un peu
avant quatre heures. C'était le moment où le député devait être
proclamé. Toutes les rues adjacentes étaient remplies d'hommes du peuple portant au haut d'un bâton de grands écriteaux sur lesquels était inscrit le nom de l'un des candidats avec quelques mots à sa louange. C'est ainsi qu'on y
lisait : *Kemble for the City of London! Kemble for ever!
Crawford and Reform!* Plusieurs de ces écriteaux présentaient un appât grossier aux passions du peuple. C'est ainsi
que sur un écriteau en l'honneur de Crawford, le candidat
libéral, on lisait : *Poor laws in Ireland! better wages in
England!* Au bas de ces écriteaux que portaient les partisans
du candidat qui réunissait le plus de chances, on écrivait à
la main les résultats du Poll, à mesure qu'ils étaient connus,
afin d'entraîner les indifférents par la presque certitude de la
victoire. C'est ainsi que j'appris que la majorité en faveur des
whigs donnait déjà un chiffre plus considérable que la totalité des voix obtenues par le candidat tory.

A mesure qu'on approchait de Guidhall, le nombre des porteurs d'écriteaux augmentait. En avant de l'édifice, il s'en trouvait une cinquantaine. De plus, tous les murs environnants étaient placardés d'écrits semblables.

Guidhall renferme une vaste salle gothique ornée de plusieurs statues en l'honneur des grands hommes que l'Angleterre a produits. C'est là que se faisait l'élection. Tout le long des murs étaient placées de petites tables devant lesquelles se trouvaient des individus remplissant apparemment l'office de secrétaires.

La salle était encombrée par une foule de curieux. La plupart appartenaient évidemment aux dernières classes du peuple. Ils portaient même imprimé sur leur front ce caractère de dégradation qu'on ne rencontre que dans la populace des grandes villes. Au milieu d'eux se trouvaient pourtant confondus un certain nombre d'habits noirs. L'ensemble de la réunion contrastait d'une manière fort grotesque avec la majesté féodale du lieu qui la renfermait. C'est à travers cette foule que passaient les électeurs pour aller donner leur vote. Le vote se donnait sans doute publiquement (ce que je ne pouvais vérifier, étant trop loin), car à chaque instant s'élevaient soit des bravos, soit des sifflets et des quolibets que les partisans des deux candidats se renvoyaient assez régulièrement de minute en minute. C'était, en somme, un spectacle fort tumultueux et d'assez mauvais goût. Au moment où l'horloge sonna quatre heures, il se fit un cri général de satisfaction, puis un grand silence, et un officier de la Cité, s'avançant sur le bord d'une estrade, proclama M. Crawford député. Aussitôt il s'éleva un tonnerre d'applaudissements, car les whigs étaient en grande majorité dans l'assemblée, et M. Crawford prit la parole. Il parla dix minutes environ. Son style me parut en général vulgaire comme l'assemblée qui l'écoutait. Il se permit sur son adversaire des plaisanteries qui auraient paru peu piquantes en France, mais qui furent accueillies ici avec acclamation. L'assemblée interrompait sans cesse l'orateur. C'était une espèce de colloque entre elle et lui.

Au milieu de cette scène électorale se montraient cependant des habitudes viriles qu'il est juste d'admirer. C'est ainsi qu'il était évident que la victoire n'avait point fait disparaître le parti vaincu, comme cela arrive fréquemment parmi les hommes. Les battus faisaient, au contraire, tête à l'orage avec une fermeté remarquable. Kemble, le candidat tory, bien qu'il fût sûr de sa défaite dès le matin, s'était cependant rendu au poste avec plusieurs de ses amis. Après que Crawford eut parlé, il se leva à son tour, et, bravant les marques d'improbation qui lui étaient prodiguées, il soutint ses principes, railla ses adversaires en face, leur reprocha leurs manœuvres et les mauvais moyens dont ils s'étaient servis. En l'écoutant, je ne pouvais m'empêcher de penser à ces sauvages de l'Amérique du Nord qui se plaisent à insulter leurs ennemis pendant qu'on les brûle. Le peuple accueillit assez bien la fermeté du candidat : et il en fut quitte pour quelques huées. Après son discours, l'assemblée se sépara ; Crawford fut escorté triomphalement jusqu'à la taverne prochaine par une foule à peu près déguenillée, et le reste s'écoula en paix. Il n'y avait pas un seul soldat aux environs, mais beaucoup d'officiers de police. (Ces officiers sont en uniforme, mais n'ont point d'armes.) Il m'a semblé que le sentiment de la populace envers eux était le même à peu près que celui de la populace française envers les gendarmes et les sergents de ville.

L'impression que produisirent sur moi ces excès de la liberté anglaise, fut un sentiment de tristesse. Je conçois très-bien que de pareilles scènes, qui ne sont que de rares accidents de la lutte électorale, ne présentent aucun danger. Il n'y a d'ailleurs que les dernières classes du peuple qui y prennent part. Aux yeux de toutes les autres, elles nuisent plutôt à la cause du peuple qu'elles ne la servent. Je ne serais pas étonné que cette licence, tolérée dans la populace, en Angleterre, ne contribuât à maintenir l'aristocratie, en donnant aux classes moyennes l'horreur des formes purement démocratiques, dont on leur montre ainsi le côté effrayant et hideux... Cela me rappelait les Lacédémoniens qui faisaient enivrer un esclave pour donner aux hommes libres l'horreur du vin.

Londres. Un meeting (19 août 1855.)

M. Bulwer [1], membre distingué de la chambre des communes, m'a proposé aujourd'hui d'aller avec lui à un meeting qui se tenait en faveur des Polonais (ceux qui, après avoir quitté la France pour aller en Suisse, se trouvaient dépourvus de toutes ressources). L'assemblée se tenait dans une salle magnifique qui pouvait contenir environ douze cents personnes, autant que j'en pus juger. Sur une estrade très-élevée se trouvaient le *chairman* (le président), les personnes qui avaient l'intention de prendre la parole, et un certain nombre de curieux. Bulwer me fit asseoir avec lui au premier rang. On avait donné la présidence de l'assemblée à lord ***. L'auditoire était assurément favorable à Sa Seigneurie dont les moindres paroles, pourvu qu'elles caressassent un peu les passions du jour, étaient applaudies à toute outrance. Au milieu de son improvisation il lui arriva de rester court : ce que voyant, les assistants firent re-

---

[1] Aujourd'hui sir Henry L. Bulwer, ambassadeur d'Angleterre à Constantinople.

tentir la salle d'un tonnerre d'applaudissements, afin que l'orateur eût l'air d'être interrompu malgré lui et trouvât le temps de renouer le fil de ses idées. Bien des gens auraient pu prendre cet enthousiasme factice pour une épigramme : mais il n'en était rien. On verra plus bas que l'assemblée n'avait pas tort de savoir gré à un grand seigneur de la présider.

Après lord *** vint lord ***, qui fit un discours tout pompeux et plein de rhétorique sur les Polonais et la liberté; puis M. H..., de la chambre des communes. Tous ces orateurs débitèrent des lieux-communs, employèrent ces grands mots, et produisirent ces idées banales avec lesquelles on remue, en général, le peuple en France. Comme M. H... venait de terminer, un homme du peuple se leva au milieu de l'assemblée et demanda la parole. Le président hésitait; mais de toutes parts on cria : *Hear ! hear !* (Écoutez, écoutez !) L'orateur monta sur un banc. C'était un petit homme assez mal mis, jeune, et d'une figure vulgaire. Personne ne le connaissait; mais il circula bientôt qu'il se nommait Duffey et appartenait à l'union politique des classes ouvrières (*the political Union of the working classes*). Il commença par s'adresser avec respect au président en l'appelant mylord (monseigneur). Il s'exprimait sans embarras; sa pose était ferme et assurée; sa voix faisait vibrer l'air dans toutes les parties de la salle. Nous avions enfin sous nos yeux un orateur. Il se jeta du premier bond hors des lieux-communs, que pouvaient fournir l'héroïsme de la Pologne, la cause de la liberté des peuples, etc., etc. Il se plaça sur le terrain tout anglais. Il représenta avec une énergie sans égale quels liens sacrés l'Angleterre avait contractés avec la Pologne au congrès de Vienne. Il représenta son intérêt, son honneur attachés au maintien de l'indépendance polonaise. Il maintint que cet engagement ne liait pas seulement le gouvernement anglais, mais les Anglais de tous les rangs : « Et moi, s'écria-t-il enfin, moi aussi! Je trouve que mon honneur est engagé à la cause de la Pologne, et pourtant je ne suis qu'un simple ouvrier. » A ces mots des applaudissements frénétiques partirent de tous les points de la salle. Encouragé et porté pour ainsi dire par la faveur populaire qui l'environnait, l'orateur saisit tout à coup son sujet sous un point de vue tout nouveau. Au lieu de féliciter ses concitoyens sur l'intérêt qu'ils portaient à la Pologne, comme avaient fait ceux qui avaient parlé avant lui, il s'indigna au contraire de voir le peuple anglais se contenter d'aussi insignifiants résultats, et *faire la charité à ceux qu'il était de son devoir de défendre.* Cette partie de son discours pouvait être considérée comme une ironie sanglante, dirigée non-seulement contre le gouvernement, mais encore contre les membres des deux chambres présents au meeting, et qui se bornaient, en effet, à demander l'aumône pour la Pologne au lieu de la protéger efficacement dans le parlement. Lorsque l'orateur se rassit, les cris d'enthousiasme furent si violents pendant cinq minutes que la séance resta comme suspendue. Le reste du meeting fut insignifiant. Ce fut là l'épisode saillant et capital de la soirée.

J'ai rarement, dans ma vie, été subjugué par la parole comme je le fus ce soir-là en entendant cet homme
du peuple. Mon âme tout entière était entraînée comme
par un torrent irrésistible : tant on sentait de véritable
chaleur dans les pensées, et d'énergie dans l'expression
et le débit de l'orateur! Il y avait d'ailleurs une idée qui
ne cessa pas de m'être présente pendant qu'il parlait.
En lui je voyais le précurseur de ces révolutionnaires
qui, sans doute, un jour, tenteront de changer la face
de l'Angleterre. La vieille et la nouvelle société anglaise
semblaient être ici en présence et vouloir lutter corps
à corps. C'était un lord qui présidait. C'étaient des lords
ou de riches propriétaires qui s'adressaient à cette assemblée démocratique. Cette guerre entre le passé et
l'avenir se retrouvait jusque dans les paroles de l'homme
du peuple. Son langage, en s'adressant aux classes élevées de la société, avait conservé ces formules de respect que l'usage antique a consacrées. Mais quel orgueil
immense et révolté dans ces simples paroles qui suivaient un exposé de nobles sentiments : « Et pourtant,
moi, je ne suis qu'un simple ouvrier! » Avec quelle
complaisante et superbe humilité il se reprit pour ajouter : « Un ouvrier appartenant aux rangs inférieurs de
l'industrie. » Quand les hommes paraissent si contents
et si fiers de leur bassesse, ceux qui sont placés plus
haut n'ont qu'à trembler.

Un spectacle bien extraordinaire dans ce meeting était
encore celui qu'offrait l'aristocratie présente, obligée de
se laisser primer sans mot dire : bien plus, contrainte de

flatter les préjugés et les passions de la démocratié pour
acheter son indulgence et mériter ses bravos.

Oxford, 24 août 1833.

Oxford est maintenant une des villes les plus curieuses qui
existent en Europe. Elle donne fort bien l'idée des cités féodales du moyen âge. On y voit rassemblés sur une surface
fort étroite dix-neuf colléges, dont la plupart conservent
exactement l'architecture gothique. Ce n'est pas que tous
datent de l'époque de la fondation. Il n'y en a même aucun,
je pense, dans lequel on retrouve aujourd'hui les matériaux
qui ont été employés dans le moyen âge ; mais on a eu soin
de les réparer toujours dans le même style, de sorte que l'illusion est complète. (Je dois même remarquer ici, entre pa-
renthèses, que l'architecture gothique me paraît s'appliquer
aussi bien aux palais qu'aux églises, et qu'à tout prendre elle
me semble bien supérieure, sinon à l'architecture antique,
du moins à notre architecture moderne. Elle a, de plus, le
mérite d'être originale.)

Le premier sentiment qu'on éprouve en visitant Oxford est
un respect involontaire pour l'antiquité qui a fondé de si
immenses établissements, afin de faciliter les développements de l'esprit humain, et pour les institutions politiques
du peuple qui les a préservés intacts à travers les âges. Mais
quand on examine les choses de près et qu'on vient à percer
à travers cette magnifique surface, l'admiration se réduit à
peu de chose, et l'on aperçoit une multitude d'abus que la
première vue ne vous avait point fait découvrir.

Les colléges dont la réunion compose l'Université d'Oxford,
ont été fondés dans l'origine, pour qu'on pût s'y procurer
l'instruction que comportaient les siècles qui les ont vus
naître. On les dota richement dans le but d'y fixer les meilleurs maîtres et d'y faire donner gratuitement la meilleure

éducation possible. Tel fut évidemment le but et l'esprit de ces fondations dont plusieurs remontent au quinzième et au quatorzième siècle. Suivant la coutume de ce temps, qui ne connaissait guère et ne prisait que la richesse territoriale, une immense étendue de terrain fut accordée aux colléges comme propriété inaliénable. Voyons maintenant ce que tout cela est devenu.

La principale étude à laquelle on s'applique dans l'université d'Oxford, est celle du grec et du latin, comme au moyen âge. A cela je verrais peu d'inconvénients, si aux études du quatorzième siècle on joignait celles du dix-neuvième. Mais c'est ce qu'on ne fait que d'une manière fort incomplète. On a introduit, il est vrai, les sciences exactes dans les cours de l'Université ; mais je n'ai pas entendu dire qu'elles y soient poussées bien loin : les langues vivantes en sont exclues.

Les immenses richesses dont ces colléges sont dotés (on m'a assuré que celui de la Madeleine, *Magdalene-College*, avait à lui seul quarante mille livres sterling de rente, un million de francs), avaient certainement dans l'origine pour objet exclusif l'instruction et l'éducation. Aujourd'hui le revenu du collége est sans doute employé d'abord à l'entretien de l'établissement et au traitement des maîtres qui enseignent ; mais ce qui reste, et ce reste est considérable, est distribué parmi les *fellows* qui occupent les colléges et qui en sont, à vrai dire, les propriétaires.

Pour comprendre ce que sont ces *fellows* et à quel titre ils jouissent d'un pareil droit, il faut remonter à l'origine même des fondations :

Comme, dans le moyen âge, les propriétaires fonciers (il n'y avait pas d'autres propriétaires alors) passaient leur vie dans les soins de la guerre et du gouvernement, on ne trouvait personne parmi eux qui voulût ou pût donner son temps aux sciences et aux lettres. La pauvreté d'autre part empêchait les hommes des autres classes de s'y livrer.

Les hommes religieux et éclairés qui fondèrent les collèges anglais voulurent tout à la fois créer des lieux où l'instruction fût donnée gratuitement et où les gens instruits pussent se livrer à leurs goûts studieux. Ils voulurent que les revenus de l'établissement qu'ils fondaient appartinssent : 1° à un certain nombre de savantes et doctes personnes qui prirent le nom de *fellows*, et qui trouvèrent dans l'argent du collège le moyen de suivre leur carrière intellectuelle ; 2° à l'instruction d'un certain nombre d'enfants qui devaient être élevés gratuitement. Les *fellows* n'étaient pas nécessairement les maîtres chargés de l'enseignement de ceux-ci.

Cet ordre de choses était excellent pour l'état de la société dans les siècles qui virent créer les établissements. Maintenant il est curieux de voir l'application qu'on fait aujourd'hui des mêmes principes. Dans ce siècle de lumières où la science et la littérature mènent aussi vite à la fortune que les armes dans les temps féodaux, on continue à distribuer les richesses des fondateurs non à des savants et à des littérateurs célèbres, mais à des gens qui touchent l'argent sans remplir aucun office, et le plus souvent n'ont d'autre mérite que d'avoir pris leur degré à l'université, ou d'être parents et amis des *fellows* en exercice. C'est absolument l'histoire des abbayes de l'ancien régime dont les titulaires n'étaient pas prêtres. Il y a des *fellows* qui touchent cinq cents livres sterling (douze mille cinq cents francs) pour leur part annuelle. Ce sont les *fellows* qui, à mesure des extinctions, se remplacent eux-mêmes par l'élection dont ils sont seuls maîtres. C'est, à vrai dire, une bourse commune ouverte aux branches cadettes de l'aristocratie. Tandis que le nombre des *fellows* est le même qu'au moyen âge et l'admission dans leur sein soumise aux mêmes règles, le nombre des enfants élevés gratis est diminué et des écoliers payants ont été introduits, de manière que le dividende des *fellows* augmente à mesure que la subvention devient plus inutile. Du reste, on a conservé le système d'études consacré par le moyen âge; et tandis que la vie d'un homme de nos jours suffit à peine à l'étude de la science, on a conservé à Oxford les six mois de vacances qui avaient été accordés sans inconvénient aux écoliers du quatorzième siècle.

Lorsqu'on demande à la génération actuelle pourquoi on ne change pas, en partie du moins, ces choses : Il faut respecter, dit-on, la volonté des fondateurs. Mais pourquoi alors, s'il vous plaît, possédez-vous des biens qui, dans l'origine, furent donnés à des institutions tout à la fois littéraires et mona- cales, vous qui avez rejeté le catholicisme? Il est vrai que par un mezzo-termine qui est tout Anglais, après avoir chassé les moines, on a imposé aux *fellows* l'obligation de ne pas se marier. . . . .

. . . .

Comme les propriétés de l'université d'Oxford sont restées territoriales, il en résulte qu'elle tient dans ses mains une immense étendue de terrains, dont l'industrie particulière ne peut que très-incomplétement profiter. Toute la ville d'Ox- ford et presque tout le comté appartiennent à l'université.

Ainsi tout est abus maintenant dans cet établissement : le mode de produire le revenu et l'emploi du revenu.

Si l'État parvient jamais à se remettre en possession de ces terres (il pourrait le faire légalement et paisiblement en ne permettant pas au corps des *fellows* de se recruter et en pro- fitant de chaque extinction), je ne doute pas qu'il ne réus- sisse à entretenir avec cent fois moins de frais une univer- sité bien supérieure en talents et en utilité que celle d'Ox- ford.

Oxford, avec ses vingt-deux colléges, ne contient annuelle- ment que quinze cents étudiants (ainsi l'un dans l'autre, cha- cun de ces immenses colléges n'a pas plus de soixante-huit écoliers); on donne à chacun d'eux plusieurs chambres, et on permet à ceux qui sont riches de se procurer toutes les jouissances du luxe.

Oxford, à l'heure qu'il est, est menacé par la Réforme. Ainsi tomberont peu à peu tous ces abus secondaires sur lesquels s'appuyait l'aristocratie. Après la chute de celle-ci, l'Angleterre sera-t-elle plus heureuse? Je le pense. Aussi grande? J'en doute.

Longford-Castle [1], 3 septembre 1833.

Une séance de la justice de paix (petty sessions).

Les juges de paix sont nommés par la Couronne sur la présentation du lord-lieutenant du comté. La loi veut qu'ils aient cent livres sterling de revenu. Mais ce statut n'est point observé, et il suffit qu'ils soient propriétaires fonciers. Les juges de paix sont compétents pour toutes les affaires du comté; mais en général ils ne se mêlent que des affaires de leur district. Leur compétence est fort étendue et mal définie. Ils sont tout à la fois les juges de tous les petits délits et les *administrateurs* du pays.

Les communes n'ont point en général de corps municipal, ou du moins le corps municipal ne se mêle que de fort peu de choses. Ce sont les juges de paix qui administrent. Sous ce point de vue ils sont maîtres absolus. Mais comme juges, on peut appeler de leur sentence.

Lord Radnor, qui est un des juges de paix du comté de Wilts, dans le sud de l'Angleterre, me proposa hier de l'accompagner à la ville voisine, Salisbury, pour assister à l'une des séances de la justice de paix du comté. J'acceptai avec grand plaisir. Nous pénétrâmes ensemble dans une vaste salle coupée en deux par un banc de bois. Derrière le banc se trouvait une petite table, autour de laquelle étaient assis trois gentlemen. Lord Radnor prit place au milieu d'eux. Il m'expliqua qui ils étaient. L'un d'eux, un *attorney* (avocat) de

---

[1] Château appartenant à lord Radnor, dans le Wiltshire.

Salisbury, assistait à la séance comme *clerk* (greffier) et faisait connaître aux autres la loi. Les deux autres étaient des propriétaires du voisinage.

La première affaire qui se présenta fut celle de deux jeunes gens accusés d'avoir cassé des carreaux à coups de pierre. Les juges de paix entendirent des témoins sous serment. Il n'y a pas de plaidoirie. Les délinquants furent condamnés à une amende et à des dommages et intérêts, et, à défaut de pouvoir payer, à deux mois de prison.

Vint ensuite un vieillard, vêtu d'un excellent habit noir et coiffé d'une perruque. Il avait tout l'air d'un rentier. Il s'approcha de la barre et prétendit que le *vestry* de sa commune (assemblée chargée de répartir le produit de la taxe des pauvres) avait diminué sans raison la part qu'il recevait dans la charité publique. On remit l'affaire pour entendre les observations du *vestry*.

Après cet homme parut une jeune femme enceinte, habitante de Salisbury, qui vint se plaindre de ce que l'*overseer of the poor* refusait de l'assister. L'overseer parut ; il donna plusieurs raisons, entre autres que le beau-père de cette femme était un marchand aisé de Salisbury, et qu'on devait espérer qu'il voudrait bien se charger de sa belle-fille. On fit venir le beau-père ; on tâcha de lui faire honte de sa conduite. Mais on ne pouvait le forcer à prendre soin de sa fille, et l'affaire fut ajournée pour prendre des renseignements sur les moyens d'existence de la jeune femme.

Après elle vinrent cinq ou six hommes, grands, jeunes et vigoureux, qui se plaignirent que le *vestry* de leur village ne voulait pas les faire travailler aux frais de leur commune ni leur distribuer des secours. Ils s'adressaient aux juges de paix pour demander de l'argent ou du travail. Il fut encore sursis, et des témoins furent appelés pour la prochaine séance.

Lord Radnor me dit : Vous venez de voir dans un cadre

étroit une partie des abus sans nombre que produit la loi
des pauvres.

Ce vieillard qui s'est présenté le premier a probablement
de quoi vivre. Mais il croit qu'il a le droit d'exiger qu'on
l'entretienne dans l'aisance, et il ne rougit plus de réclamer
la charité publique, qui a perdu aux yeux du peuple son caractère dégradant.

Cette jeune femme, qui paraît honnête et malheureuse,
serait certainement aidée par son beau-père si la loi des pauvres n'existait pas. Mais l'intérêt ôte à ce dernier toute honte,
et il se décharge sur le public d'un poids qu'il devrait porter.

Enfin ces jeunes gens qui se sont présentés les derniers,
je les connais. Ils sont dans mon voisinage. Ce sont de détestables sujets. Ils dissipent dans les cabarets l'argent qu'ils
gagnent, parce qu'ils savent qu'ensuite l'État viendra à leur
secours. Aussi vous voyez qu'à la première gène causée par
leur faute, ils s'adressent à nous.

La séance se continua. Une jeune femme se présenta à la
barre ; elle portait un enfant dans ses bras ; elle s'approcha
sans donner le moindre signe d'hésitation ou de pudeur. L'O-
verseer ôf the Poor [1] de sa commune l'accusa d'avoir eu il-
légitimement l'enfant qu'elle portait dans ses bras, ce dont
elle convint très-volontiers. On lui fit alors prêter serment de
dire la vérité ; on lui fit baiser la Bible, et on lui demanda quel
était le père. Elle nomma un paysan qui se trouvait à côté
d'elle, et qui reconnut fort complaisamment l'exactitude du
fait. Il fut condamné à payer pension, et ils se retirèrent l'un

---

[1] Lorsqu'une fille accouche d'un enfant naturel et que la pauvreté de
la mère fait craindre que cet enfant ne tombe à la charge de la commune, l'*overseer of the poor* a le droit de conduire la mère devant les
juges de paix et de lui faire déclarer quel est le père de l'enfant. Si
celui-ci n'est pas lui-même un pauvre, on le condamne à faire une rente
à la femme. De plus, on peut envoyer celle-ci en prison pour une année ;
mais c'est ce qu'on ne fait presque jamais, même pour un temps bien
moins long.

et l'autre, sans que cet incident causât la moindre impression dans un auditoire habitué à de semblables scènes.

Après cette jeune femme, s'en présenta une autre. Celle-ci était grosse. Rien ne l'obligeait à paraître devant les magistrats : ce n'est qu'après la naissance de l'enfant que la mère est tenue de nommer le père. Mais elle vint de bonne volonté. Elle déclara, avec le même sang-froid que la première, dans quelle position elle se trouvait, et nomma le père de l'enfant qui allait naître. Comme l'individu n'était pas présent, on remit à un autre jour pour le confronter.

Lord Radnor me dit : Vous venez encore de voir là les résultats funestes de l'une de nos lois : nous avons facilité tant que nous avons pu l'inconduite des femmes dans les basses classes. Car si elles deviennent grosses par suite de leur faute, leur position matérielle se trouve améliorée grâce à la législation, au lieu d'être pire. Elles peuvent donner à leur enfant un père riche et le faire condamner à leur payer une rente considérable. Et, en tous cas, la loi des pauvres est là pour venir à leur secours. Aussi vous avez pu voir à quel point les femmes qui se sont présentées devant nous aujourd'hui avaient perdu tout instinct de pudeur, et comme le sentiment de la moralité était effacé parmi le public qui nous entourait. Ces sortes d'événements sont devenus si fréquents, que personne ne s'en indigne plus.

La séance fut levée en ce moment, et nous revînmes à Longford-Castle...

J'ai longtemps cru que la loi française, qui défend la recherche de la paternité, favorisait les mauvaises mœurs. J'incline aujourd'hui à penser tout le contraire.

Les bonnes mœurs chez un peuple dépendent presque toujours des femmes et non des hommes. On ne pourra jamais empêcher les hommes d'attaquer. Le point est donc de faire qu'on leur résiste, ce qui revient à ce que je disais plus haut. Toutes les lois qui rendent plus commode la position de la femme qui faillit sont donc immorales : telles, par exemple, que nos lois actuelles sur les enfants trouvés. Or, la loi qui permet la recherche de la paternité peut bien servir à contenir les hommes; mais elle diminue beaucoup chez les femmes la force de résistance : ce qu'il faut surtout éviter. Tout peuple qui admettra la recherche de la paternité sera obligé d'en croire la femme sur parole. Car comment prouver autrement un fait de cette nature ? La femme aura donc un moyen infaillible de diminuer pour elle les conséquences de sa faute, et même de la rendre productive. C'est ainsi qu'en Angleterre une fille du peuple qui a des enfants naturels, se marie plus facilement, en général, qu'une fille sage...

Londres, 21 août 1833.

..... Ce qui distingue surtout l'aristocratie anglaise de toutes les autres, c'est la facilité avec laquelle elle a ouvert ses rangs.

On a beaucoup dit qu'en Angleterre les hommes, dans toutes les situations sociales, pouvaient parvenir aux emplois. Ceci était, je crois, bien moins vrai qu'on ne pense ; ce qu'on a pris pour une règle était une exception très-rare. En général, l'aristocratie disposait de tout.

Mais tout le monde pouvait, avec une grande richesse, espérer d'entrer dans les rangs de l'aristocratie. Or, comme tout le monde peut espérer de devenir riche, surtout dans un pays aussi commerçant que l'Angleterre, il arrivait, chose singulière, que les priviléges mêmes de l'aristocratie, qui, en d'autres pays, soulèvent contre elles tant de passions, étaient ce qui y attachait le plus les Anglais. Chacun ayant l'espérance d'arriver au nombre des privilégiés, les priviléges rendaient l'aristocratie non pas odieuse, mais plus précieuse...

Ce qui a fait de l'aristocratie en France le but de toutes les haines, ce n'est pas tant que les nobles eussent seuls droit à tout, mais de ce que personne ne pouvait devenir noble...

C'est, en Angleterre, cette heureuse combinaison qui fit et qui fait encore la force de l'aristocratie. L'aristocratie anglaise tient beaucoup, par ses passions et ses préjugés, à toutes les aristocraties du monde. Mais elle n'est point fondée sur la naissance, chose inaccessible ; elle repose sur l'argent que chacun peut acquérir ; et cette seule différence lui permet de résister, lorsque toutes les autres succombent, soit devant les peuples, soit devant les rois.

L'aristocratie, en Angleterre, a donc, même de nos jours, une puissance et une force de résistance qu'il est très-difficile à un Français de bien concevoir. Les idées générales qu'il a pu se former dans son pays ou même dans beaucoup d'autres sur la force ou la faiblesse des principes aristocratiques, il faut qu'il les abandonne ici, parce qu'il se trouve sur un terrain tout nouveau.

L'aristocratie anglaise me paraît cependant exposée maintenant à des dangers sous lesquels elle finira par succomber.

J'ai remarqué plus haut que l'aristocratie, en Angleterre, s'appuyait non-seulement sur elle-même, mais sur les passions de toutes les classes, qui espéraient entrer dans ses rangs. Cela était vrai à mesure qu'on s'approchait d'elle et que les chances d'arriver au partage de ses priviléges étaient plus grandes. Ainsi le banquier millionnaire et près de devenir un grand propriétaire, était naturellement plus partisan de l'aristocratie que le simple commerçant de Londres : celui-ci que le marchand de la cité, et celui-là enfin que l'ouvrier. Or, de nos jours, les classes qui n'ont presque aucune espérance d'arriver jamais au partage des priviléges aristocratiques sont devenues beaucoup plus nombreuses qu'elles n'étaient autrefois ; elles sont plus éclairées et voient mieux ce que je viens de dire. Dans les classes qui

ont des chances pour partager les priviléges de l'aristocratie, il y a une foule de gens qui conçoivent qu'ils pourraient arriver plus vite par une autre voie. L'esprit démocratique, qu'en Europe on pourrait appeler l'esprit français,
a fait parmi elles des progrès visibles.

Un Français qui voit pour la première fois l'Angleterre, est
frappé de l'aspect d'aisance qu'elle présente, et ne saurait
concevoir ce qui fait que le peuple se plaint. Sous ce vernis
brillant se cachent de très-grandes misères... Il ne faut pas
juger ici par comparaison; l'expérience prouve que les besoins factices sont presque aussi impérieux chez l'homme
que les besoins naturels. De là vient que tant de gens se
tuent pour des maux qui paraissent imaginaires à leurs
voisins. De même pour le peuple anglais, le manque de
certaines superfluités auxquelles un long usage l'a accoutumé, est aussi pénible que le défaut de vêtements ou de
nourriture pour un Russe. Il crée chez lui un sentiment
d'irritation et d'impatience au moins aussi grand.

L'aristocratie anglaise a donc non-seulement à lutter
contre les difficultés générales de toutes les aristocraties de
notre temps, mais encore contre des passions irritées par la
souffrance ou tout au moins le malaise.

... Si l'aristocratie anglaise parvient à faire corps compact
avec toutes les classes qui ont quelque espérance d'arriver à
partager ses priviléges, elle pourra encore résister : car rien
n'est plus difficile au peuple que de faire une révolution à
lui tout seul; mais le pourra-t-elle ?

A mesure que la démocratie devient une puissance, on
voit augmenter le nombre de ceux qui préfèrent la chance
prochaine d'élévation qu'elle peut donner aux chances éloignées que l'aristocratie présente. De là vient que le peuple
trouve jusqu'à présent des appuis nombreux parmi les hommes que leur position ou leur naissance classaient naturellement dans le parti de l'aristocratie...

Londres, 24 août 1833.

M *** me disait aujourd'hui : « L'Angleterre est le pays de la décentralisation. Nous avons un gouvernement central, mais nous n'avons pas d'administration centrale. Chaque comté, chaque ville, chaque commune soigne ses propres intérêts. L'industrie est abandonnée à elle-même : aussi ne voyez-vous en Angleterre aucuns monuments inachevés, parce que tous sont faits dans un but d'intérêt particulier; qu'on ne les entreprend qu'avec les capitaux nécessaires, et que tant qu'ils ne sont pas finis le capital est mort. Chez vous, l'industrie est sujette à une multitude d'entraves; ici ses mouvements sont infiniment plus libres. Je conçois que rien n'est plus difficile que d'habituer les hommes à se gouverner eux-mêmes. Là, cependant, est le grand problème de votre avenir. Votre centralisation est une conception magnifique, mais inexécutable. Il n'est pas dans la nature des choses qu'un gouvernement central puisse veiller à tous les besoins d'une grande nation. Dans la décentralisation est la grande cause des progrès matériels de l'Angleterre. Jamais vous n'obtiendrez du pouvoir de décentraliser. La centralisation offre un trop grand appât aux passions des gouvernants; ceux même qui ont prêché la décentralisation abandonneront toujours leur doctrine en arrivant au pouvoir. Vous pouvez en être certain... »

Londres, 25 août 1833.

La plupart de ceux même qui en France parlent contre la centralisation ne veulent point au fond la détruire : les uns, parce qu'ils tiennent le pouvoir; les autres, parce qu'ils comptent le posséder.

Il leur arrive ce qui arrivait aux prétoriens qui souf-

fraient volontiers la tyrannie de l'empereur, parce
que chacun d'eux pouvait un jour parvenir à l'empire.
Les uns sont les gouvernants, et je les récuse; les autres aiment la centralisation comme les prétoriens aimaient le pouvoir des césars; ils espèrent devenir empereurs.

La décentralisation comme la liberté est une chose
que les chefs du peuple promettent, mais ne donnent
jamais. Pour l'obtenir et la garder, le peuple ne doit
compter que sur ses propres efforts; et si lui-même n'a
pas le goût de la chose, le mal est sans remède.

Londres, 25 août 1833.

L'Angleterre prouve une vérité que j'avais déjà reconnue bien des fois : c'est que l'uniformité dans les
lois secondaires, au lieu d'être un bienfait, est presque
toujours un grand mal, parce qu'il est peu de pays dont
toutes les parties puissent supporter la même législation
jusque dans ses détails. Sous cette apparente diversité
qui en Angleterre frappe le regard de l'observateur superficiel et le choque si fort, se trouve la véritable harmonie politique qui consiste dans une administration appropriée aux besoins de chaque localité.

Mais en France on ne voit point ceci : l'uniformité
dans les moindres choses est une aussi grande nécessité
pour un esprit français que l'ordre et la relation harmo-
nique des sons pour une oreille allemande. Nous devons
donc bien remercier le ciel d'être libres, car nous avons

presque toutes les passions les plus propres à favoriser
l'établissement de la tyrannie...

« Pour en revenir à l'Angleterre, une des grandes difficultés qu'on rencontre, quand on veut peindre ses institutions, naît de leur extrême diversité, me disait hier M***.
Westminster, où nous sommes en ce moment, a des lois et
des habitudes municipales entièrement différentes de ce
qui se voit à deux milles d'ici dans la Cité. Je ne prétends
pas que dans le cas spécial nous retirions de grands avantages de ce défaut d'uniformité ; mais le principe que les
lois municipales doivent se plier aux localités, et non les
localités aux lois municipales, est excellent. Ce qui vous
empêche le plus de décentraliser l'administration en France,
c'est que vous vous croyez obligés d'appliquer au même
moment la même règle à tout votre immense territoire, à
ceux qui peuvent déjà se gouverner seuls, comme à ceux qui
en sont encore incapables. Si vous ne teniez pas tant à l'u-
niformité, votre législation pourrait attribuer à chacun le
degré de liberté qui est en rapport avec sa civilisation. »

Londres, 25 août 1833.

L'état de la religion en Angleterre me semble de nature à causer quelque inquiétude. La majorité des Anglais, comme on sait, professe la religion anglicane, ce
qu'on appelle *the established Church*. Or, cette Église
se trouve dans une position assez analogue à celle de
l'Église catholique de France avant la Révolution de
1789. Elle a dans ses mains d'immenses richesses ; elle
présente de grands désordres et de grands abus ; enfin
elle est un pouvoir politique : trois grandes causes de
ruine pour les puissances spirituelles. L'Église nationale

en Angleterre est devenue un parti politique; elle se défend et elle est attaquée comme tel. Elle soutient comme tel une lutte inégale, ayant contre elle les intérêts et les passions du plus grand nombre. Aussi rien n'est plus populaire, à l'heure qu'il est, que d'attaquer et d'outrager le clergé anglican. Les journaux sont pleins de diatribes contre lui.

Le lendemain de mon arrivée à Londres il se tint un meeting pour parvenir à faire lever certaines restrictions qui, à ce qu'il paraît, s'opposent au développement de l'art théâtral. Les évêques avaient lutté, dans la chambre des lords, contre le bill proposé à ce sujet; et au point de vue de la moralité publique je crois qu'ils avaient raison. Ils n'en furent pas moins attaqués, dans ce meeting, avec la dernière violence. On leur prodigua les mépris et les sarcasmes. On eût cru entendre le langage d'une assemblée française du même genre. Or l'expérience a prouvé qu'une religion dont les ministres sont un objet de haine ou de mépris est en danger, même relativement à sa doctrine : l'esprit humain, pris dans sa généralité, étant incapable de séparer longtemps l'homme du précepte.

L'esprit d'irreligion ou tout au moins d'indifférence fait donc et fera de grands progrès en Angleterre. Je ne pense pas cependant que de longtemps il y arrive au degré où nous le voyons malheureusement en France de nos jours; et cela par plusieurs raisons :

1° Il n'y a que l'*Église établie* que l'on attaque, et les sectes opposées qui sont très-nombreuses gagnent au contraire par ses pertes. En France, toute espèce d'esprit religieux était attaqué avec le catholicisme.

2° Les Anglais sont un peuple qui a moins de passions et d'imagination que nous. Il fait plus aisément la séparation du prêtre et de la religion.

5° Le peuple anglais est plus sérieux que le nôtre, et les caractères sérieux sont plus portés aux idées religieuses que les autres.

Londres, 26 août 1855.

On ne peut rien imaginer de plus admirable que la justice criminelle, et rien de plus vicieux que la police judiciaire en Angleterre.

Les défauts de celle-ci peuvent se réduire aux suivants :

1° Point de centralisation dans ses efforts. Il n'existe point de hiérarchie entre ses agents. Chacun est maître dans son district, de telle sorte que non-seulement on ne sait comment transmettre les renseignements d'un lieu à un autre, mais qu'il est presque impossible de faire exécuter les mandats.

2° Les officiers de police judiciaire sont si peu payés par l'État, qu'il est admis que les parties intéressées les payent elles-mêmes : d'où il suit que la justice n'est à la portée que du riche, ce qui est une grande plaie sociale en matière criminelle. Cet ordre de choses a de plus le grand inconvénient d'intéresser ceux qui doivent réprimer les crimes à ce qu'il s'en commette un grand nombre, et à ce qu'il se commette plus de grands crimes que de petits.

5° Il n'y a pas de fonctionnaire chargé de poursuivre d'office : ce qui d'abord rentre dans le défaut plus haut signalé, de mettre la justice hors de la portée du pauvre, et ce qui fait que la loi criminelle n'est jamais appliquée d'une manière continue et ferme...

(Idem.) Procédure criminelle :

..... La procédure criminelle anglaise, si supérieure à la nôtre sur quelques points, présente plusieurs défauts énormes :

1° Les Anglais ont multiplié les nullités d'une manière absurde. Ainsi le seul acte d'accusation peut fourmiller de nullités radicales et qui portent cependant sur des points presque indifférents à la bonne administration de la justice, telles qu'une erreur sur le prénom de l'accusé, sur la circonscription territoriale où le crime a été commis, etc., etc.

2° Non-seulement les causes de nullités sont multipliées à l'infini, mais la présence de la nullité entraîne l'acquittement au lieu d'entraîner seulement l'annulation de la procédure qui l'a précédée, le tout en vertu de cette maxime gothique, sans application utile de nos jours, que la vie ou la liberté d'un homme ne doivent pas être mis deux fois en péril (*in geopardise*).

5° Le tribunal du lieu où le crime a été commis est le seul compétent pour juger : règle qui assure l'impunité de beaucoup de crimes, surtout en Angleterre où, comme je l'ai remarqué pour la police judiciaire, il est difficile de communiquer d'un district judiciaire à l'autre.

Londres, 7 septembre 1833.

DERNIÈRES IMPRESSIONS SUR L'ANGLETERRE.

Depuis un mois que je suis en ce pays, me mêlant autant que possible à toutes les classes, écoutant les hommes de tous les partis, voici, lorsque je m'interroge, ce que je rassemble de net et de précis dans ces impressions diverses :

Je suis arrivé en Angleterre avec la persuasion que ce pays était sur le point d'être précipité dans les malheurs d'une violente révolution : mon opinion est en partie changée sur ce point.

Si on appelle révolution tout changement capital apporté dans les lois, toute transformation sociale, toute substitution d'un principe régulateur à un autre, l'Angleterre est assurément en état de révolution, car le principe aristocratique, qui était le principe vital de sa constitution, perd chaque jour de sa force ; et il est certain que le principe démocratique tend à prendre sa place. Mais si on entend par révolution un changement violent et brusque, l'Angleterre ne me paraît pas mûre pour un semblable événement ; et je vois même bien des raisons de douter qu'elle le soit jamais. Ceci demande que j'explique ma pensée.

En Angleterre, un nom illustre est un grand avantage qui donne un grand orgueil à celui qui le porte. Mais en général on peut dire que l'aristocratie est fondée sur la

richesse, chose *acquérable*, et non sur la naissance qui
ne l'est pas. D'où il·résulte qu'on voit bien en Angleterre où l'aristocratie commence; mais il est impossible
de dire où elle finit. On pourrait la comparer au Rhin,
dont on trouve la source sur le sommet d'une haute
montagne, mais qui se divise en mille petits ruisseaux
et disparaît pour ainsi dire avant d'arriver à l'Océan. La
différence entre la France et l'Angleterre sur ce point
ressort de l'examen d'un seul mot de leur langue.
Gentleman et *gentilhomme* ont évidemment la même
origine; mais *gentleman* s'applique en Angleterre à
tout homme bien élevé, quelle que soit sa naissance,
tandis qu'en France *gentilhomme* ne se dit que d'un
noble de naissance. La signification de ces deux mots
d'origine commune est devenue si différente par suite
de l'état social des deux peuples, qu'aujourd'hui ils sont
absolument intraduisibles, à moins d'employer une péri-
phrase. Cette remarque grammaticale en dit plus que de
très-longs raisonnements.

L'aristocratie anglaise ne peut donc jamais soulever
ces violentes haines qui animaient en France les classes
moyennes et le peuple contre la noblesse, caste exclusive
qui, en même temps qu'elle accaparait tous les priviléges et blessait toutes les susceptibilités, ne laissait
aucun espoir d'entrer jamais dans ses rangs.

L'aristocratie anglaise se mêle à tout; elle est acces-
sible à tous; et celui qui voudrait la proscrire ou l'attaquer comme corps, aurait beaucoup de peine à la
définir.

Le pouvoir de l'aristocratie en Angleterre, qu'on
pourrait appeler la domination des classes riches, perd
cependant chaque jour de son étendue. Cela vient de
plusieurs causes :

La première résulte du mouvement général imprimé
à l'esprit humain dans tout le monde de nos jours. Le
siècle est éminemment démocratique. La démocratie
ressemble à la mer qui monte; elle ne recule que pour
revenir avec plus de force sur ses pas; et au bout d'un
certain temps, on s'aperçoit qu'au milieu de ses fluctua-
tions elle n'a cessé de gagner du terrain. L'avenir prochain de la société européenne est tout démocratique :
c'est ce dont on ne saurait douter. Le peuple commence
donc en Angleterre à concevoir qu'il pourrait aussi se
mêler du gouvernement. La classe placée immédiatement au-dessus de lui, et qui n'atteint pas au degré de
richesse nécessaire pour prendre une part notable aux
affaires, éprouve surtout ces désirs vagues d'accroissement et de pouvoir, et elle devient chaque jour plus
nombreuse et plus inquiète. D'ailleurs les embarras et
les misères réelles qu'éprouve l'Angleterre de notre
temps font naître des idées et excitent des passions qui
auraient peut-être continué à dormir longtemps encore,
si l'État avait été prospère.

La marche irrésistible des choses mène donc au développement graduel du principe démocratique. Ainsi
chaque jour on dirige quelque nouvelle attaque contre
les priviléges de l'aristocratie; on leur fait une guerre
lente, mais continue.

Ce qui d'ailleurs de nos jours augmente beaucoup la force de la démocratie, c'est la même cause à laquelle on doit attribuer la longue domination de l'aristocratie durant les temps précédents.

Lorsqu'un corps ne se compose que d'un certain nombre de membres parfaitement désignés et ayant exclusivement droit à certains priviléges, comme la noblesse de France, un pareil corps réunit sur sa tête d'effroyables haines; mais quand on l'attaque, il se défend comme un seul homme, tous ses membres ayant un intérêt certain et défini à la protection de l'ensemble.

Mais en Angleterre, où les limites de l'aristocratie sont inconnues, il y a une multitude de ses membres qui partagent les idées démocratiques à un certain degré, ou qui voient leur intérêt dans l'extension du pouvoir populaire. De là vient que dans beaucoup de questions la chambre des pairs est d'une opinion, et tout le reste de l'aristocratie est avec le peuple. D'un côté il y a attaque continuelle, et de l'autre résistance divisée et souvent faible. Le déclin graduel du principe aristocratique en Angleterre semble donc inévitable.

Voici maintenant les symptômes que j'ai remarqués, et qui, à quelque cause qu'on les attribue, me semblent annoncer que la révolution violente que bien des gens croient imminente est encore loin de nous.

Lorsqu'un peuple a été tenu pendant des siècles en dehors de tout mouvement politique et dans l'ignorance de tout ce qui se rapporte au gouvernement de la société, et que tout à coup la lumière lui arrive, il est impossible de prévoir quelle sera la marche de ses idées. Telle opinion extrême qui s'était à peine présentée au cerveau le plus échauffé peut devenir, pour un pareil peuple, dans le cours d'une seule année, un article de sa foi politique; et rien ne serait plus dangereux que de juger par l'état des esprits d'aujourd'hui ce qu'ils seront demain.

Mais cette remarque n'est pas applicable à l'Angleterre. Dans ce pays la liberté de la presse existe depuis plus d'un siècle. Toutes les questions qui se rapportent au gouvernement de la société ont été, sinon traitées toutes avec détail, du moins soulevées. Il n'y a pas de théorie si destructive de l'ordre actuel qui n'ait trouvé un écho parmi ces esprits hardis qui, comme les pionniers d'Amérique, s'avancent dans les déserts et précèdent souvent de très-loin la masse du peuple qui les suit.

Lorsqu'une idée ne s'est pas encore emparée de la conviction du peuple anglais, on peut donc compter qu'elle mettra un certain temps à le faire.

Or, autant que je puis en juger, et c'est sur ce sujet que mes observations ont surtout porté, l'opinion publique en Angleterre est bien loin d'en être arrivée au point où il faudrait qu'elle fût, pour menacer l'ordre actuel des choses d'une subversion totale et subite.

Il est facile de remarquer en Angleterre un certain esprit d'innovation répandu dans toutes les classes et qui menace, plus que toute autre chose, le principe aristocratique. Ce qui distinguait le plus jadis le peu-

ple anglais de tous les autres, c'était une parfaite satisfaction de lui-même; tout était bien alors à ses yeux,
dans ses lois comme dans ses mœurs. Il s'enivrait alors
de l'encens qu'il se prodiguait à lui-même, et déifiait
jusqu'à ses préjugés et à ses misères. Cette disposition
orgueilleuse fut encore augmentée par les écrivains
français du dix-huitième siècle, qui tous prirent les Anglais au mot, et poussèrent la louange plus loin qu'eux
encore. Aujourd'hui il n'en est plus ainsi. Dans l'Angleterre de nos jours un esprit de mécontentement du présent et de haine du passé commence à se montrer. L'esprit humain y incline vers un excès contraire. Il cherche
plutôt ce qu'il y a de mal autour de lui, et songe bien plus
à corriger ce qui est mauvais qu'à conserver ce qui est bon.

Les Anglais sont donc engagés dans une voie dangereuse ; mais ils y procèdent par des réformes de détail,
et n'ont encore conçu aucune de ces grandes idées générales qui annoncent l'approche d'un renversement total
de l'ordre existant.

Les priviléges de l'aristocratie sont donc attaqués. Il
est facile de voir qu'elle perd à chaque pas quelque chose
de sa force. Mais on ne lutte contre elle que par voie
indirecte. L'opinion publique est bien loin d'avoir pris
un parti sur l'utilité d'une aristocratie en général. Je
crois même que dans l'état actuel des esprits la majorité
est encore décidément en faveur des principes aristocratiques poussés plus ou moins loin, suivant les dispositions d'esprit de chacun.

J'ai expliqué plus haut ce qui avait rendu l'aristocratie

si puissante en Angleterre. Cette puissance, quoique
ébranlée, est encore très-grande. J'ai été singulièrement
frappé, durant mon séjour en ce pays, du degré auquel
le principe aristocratique avait pénétré dans les mœurs.
C'est un point sur lequel j'ai eu occasion de faire une
série de remarques qui m'ont paru décisives.

Causez avec un homme du peuple ou des classes
moyennes, vous lui verrez un sentiment indéfini de malaise. Il se plaindra de tel ou tel lord, ou de la marche
que la Chambre des lords a adoptée ; mais il n'aura pas
l'air d'imaginer qu'on puisse se passer de lords. Sa
colère se portera contre tel individu, mais l'on n'aper-
cevra que très-rarement en lui ce sentiment violent et
plein d'envie qui en France anime les classes inférieures contre tout ce qui est au-dessus d'elles. Ces sentiments naissent, il est vrai, dans l'Anglais, mais ils n'y
sont pas encore développés ; et peut-être seront-ils bien
longtemps encore avant de l'être, si l'aristocratie évite
d'entrer en collision avec le peuple.

Mettez ce même homme sur le sujet du gouvernement ;
il aperçoit bien qu'il doit prendre part aux affaires ;
mais l'idée d'attribuer le gouvernement au peuple ne
se présente pas à son imagination. De même, adressez-
vous à un anglais des classes moyennes : vous lui verrez
de l'irritation contre les aristocrates, mais aucune haine
contre l'aristocratie. Au contraire, il est plein lui-même
de préjugés aristocratiques. Il méprise profondément le
peuple ; il aime le bruit, l'importance territoriale, les
équipages ; il vit dans l'espérance d'arriver à tout cela à

son tour, au moyen du vernis démocratique dont il se couvre. En attendant, il donne une livrée à son seul domestique qu'il appelle un laquais, et parle de. ses rapports avec le duc de ***, et du lien très-éloigné de famille qui l'unit à tel autre noble lord.

Toute la société anglaise est encore évidemment montée sur un pied aristocratique, et a contracté des habitudes qu'une révolution violente ou l'action lente et continuelle de nouvelles lois peuvent seules détruire. Le luxe et les jouissances de l'orgueil sont devenus ici des besoins de la vie.

Beaucoup d'Anglais préfèrent encore la chance douteuse de se les procurer dans leur entier, à celle d'établir autour d'eux une égalité universelle, où rien ne vienne les humilier. Plusieurs observations positives m'ont convaincu de ce que j'avance.

On sait que l'Angleterre est administrée par les juges de paix que le roi nomme dans chaque comté. Ces magistrats sont tous pris dans la classe des propriétaires. Il y a dans cet arrangement deux choses qui choquent singulièrement nos habitudes démocratiques :

La première, c'est d'attribuer exclusivement la direction des affaires provinciales aux grands propriétaires fonciers ; la seconde est de les faire nommer par le roi et d'attribuer à des magistrats ainsi nommés le pouvoir de taxer les comtés. Cet ordre de choses nous choque, non-seulement parce qu'il est contraire à nos habitudes, mais aussi parce qu'il est en opposition avec certaine théorie générale admise chez nous par la majorité. Mais il n'en est point ainsi en Angleterre. On élève bien quelques réclamations contre le système que je viens de décrire. Les juges de paix sont attaqués indirectement et sur des mesures de détail dans plusieurs écrits politiques; mais on ne voit point de grands courants d'opinion se diriger de ce côté. Le besoin de changement ne se fait point sentir d'une manière générale, et le peuple se laisse fort tranquillement taxer et gouverner par des hommes qu'il ne nomme pas, et qui ne sont pas pris dans ses rangs. Si les idées et les passions démocratiques avaient pris en Angleterre le développement qu'on leur suppose, il en serait sans doute autrement. Voici une autre observation plus concluante encore :

Il n'est pas rare d'entendre un Anglais se plaindre de l'extension des priviléges aristocratiques, et parler avec amertume de ceux qui les exploitent; mais arrivons à lui proposer le seul moyen de détruire l'aristocratie, qui est de changer la loi des successions : vous le verrez sur-le-champ reculer. Je n'en ai pas encore rencontré un seul qui ne m'ait paru effrayé à l'aspect d'une pareille idée. Tant il est vrai qu'il y a de l'hostilité contre les aristocrates, mais que l'opinion publique est bien loin d'envisager de sang-froid la destruction de l'aristocratie!

Bien plus, cette loi des successions, qui est comme la pierre angulaire de l'aristocratie, cette loi est entrée dans les mœurs de toutes les classes. En France, le code permet de laisser à l'aîné un préciput, et il est très-rare que le père le fasse. En Angleterre, la loi n'oblige presque personne à faire des substitutions, mais il est

peu d'hommes riches qui n'en fassent : tant le système
de l'inégalité des fortunes et de la perpétuité des familles
est entré dans les mœurs! En cela du reste, comme en
toute autre chose, la vieille société s'ébranle sur sa
base ; mais on l'attaque indirectement et non en face,
par des faits successifs, non par des principes généraux
et absolus. Chaque jour voit disparaître quelques-unes
des sinécures lucratives destinées à devenir le partage des cadets, que les instincts aristocratiques de leurs
pères avaient ainsi déshérités. Quand les cadets ne pour-
ront plus trouver facilement à vivre, il faudra bien que
les aînés partagent. Ici donc encore la révolution marche, mais elle va lentement.

L'état des pauvres est la plaie la plus profonde de
l'Angleterre. Le nombre des pauvres augmente ici dans
une progression effrayante, ce qui doit être attribué en
partie aux vices de la loi. Mais bien des gens estiment
que la cause première et permanente du mal se trouve
dans l'extrême indivision de la propriété foncière. En
Angleterre, le nombre des personnes qui possèdent le
sol tend plutôt à diminuer qu'à croître, et celui des prolétaires s'augmente au contraire sans cesse avec la population. Alors même que cette concentration de la terre
dans quelques mains serait un bien, quoi de plus naturel que le peuple y vît un mal, dont le morcellement
du sol lui paraîtrait le remède? Eh bien! (et c'est ce qui
m'a le plus frappé) non-seulement cette idée n'est pas
généralement répandue, mais la pensée de la division,
même graduelle et successive des terres, est à peine en-

trée dans les esprits. Quelques spéculateurs la conçoivent : quelques agitateurs cherchent à l'exploiter ; mais, à mon extrême surprise, la masse ne s'en préoccupe point encore. Les Anglais ont l'esprit toujours imbu de cette doctrine économique que les grandes propriétés sont nécessaires au perfectionnement de l'agriculture, et ils semblent encore convaincus que l'inégalité extrême des fortunes est l'ordre naturel des choses. Remarquez que je ne parle point ici des riches, mais de la classe moyenne et même en grande partie des pauvres. Tant que l'imagination des Anglais n'aura pas brisé cette entrave et ne sera pas entrée dans une autre voie, les chances d'une révolution violente sont peu à craindre ; car ce sont bien plus les idées qui remuent le monde, que d'aveugles besoins. Certes, quand la Révolution française a éclaté, l'esprit humain chez nous avait déjà dépassé de bien loin toutes ces limites.

L'Angleterre me paraît donc dans une situation critique, en ce que certains événements possibles, quoique placés en dehors des prévisions, peuvent la précipiter dans un état de révolution violente. Mais, si les choses suivent leur cours naturel, je ne crois pas que cette révolution arrive, et je vois beaucoup de chances pour que les Anglais parviennent à modifier leur état politique et social, avec un grand malaise sans doute, mais sans convulsion et sans guerre civile.

Londres, septembre 1833.

RESSEMBLANCE ET DISSEMBLANCE DES RÉVOLUTIONS DE 1640 ET DE 1789.

Ressemblance :

1° Effort instinctif et en même temps théorique et systématique vers la liberté ; l'affranchissement civil et intellectuel réclamé comme un droit absolu... Par là non-seulement elles se tiennent, mais elles se rattachent l'une à l'autre
au grand mouvement de l'esprit humain ;

2° Effort, quoique à un degré très-inégal, vers l'égalité.

Différence :

1° Bien que chacune des deux révolutions ait été accomplie en vue de la liberté et de l'égalité, il y a entre elles
cette immense différence que la révolution d'Angleterre a
été faite presque uniquement en vue de la liberté, tandis
que celle de France l'a été principalement en vue de l'é-
galité ;

2° La multitude, le peuple proprement dit, n'ont pas
joué le même rôle dans les deux révolutions. Son rôle a été
principal dans celle de France. Il a presque toujours été
secondaire dans celle d'Angleterre, qui a été non-seulement
reconnue, mais conduite par une grande partie des hautes
classes et des classes moyennes, et par la puissance organisée
de l'armée. Elle s'est servie des anciens pouvoirs en les étendant, plutôt qu'elle n'en a créé de nouveaux ;

3° La troisième différence, c'est que la Révolution française a été antireligieuse, tandis que la révolution d'Angleterre a été plus religieuse que politique. Quand on voit l'espèce de facilité avec laquelle Charles Ier a tenu tête à ses
ennemis tant qu'il n'a eu en face de lui que des passions
politiques ; la mollesse et l'intermittence de ces passions,
qui, plus générales que les autres, étaient en même temps

moins vives et moins tenaces ; la nécessité où ont été les chefs des partis politiques, pour lutter, d'appeler à leur aide et contre leur gré l'appui des passions religieuses, on se sent plein de doute sur le point de savoir si, sans la complication religieuse, l'Angleterre ne se fût pas laissé entraîner par le courant qui, à cette époque, menait toute l'Europe vers le pouvoir absolu...

Londres, septembre 1853.

Ici la liberté n'est pas un droit de l'homme, mais un privilége particulier de l'Anglais. (L'Allemand, lui, dit que la liberté est un fruit de l'éducation.)

VOYAGE DE 1835

Londres, 8 mai 1835.

... L'esprit français est de ne pas vouloir de supérieur ;
l'esprit anglais, de vouloir des inférieurs. Le Français
lève les yeux sans cesse au-dessus de lui avec inquiétude.
L'Anglais les baisse au-dessous de lui avec complaisance.
C'est de part et d'autre de l'orgueil, mais entendu de
manières différentes. . . . .

. . . .

Quelle est la raison de ceci ? Cela ne viendrait-il pas
de ce que, dans une société démocratique, les rangs n'é-
tant plus marqués, chacun désespérant de se placer à un
point visible de la hiérarchie sociale, et de dépasser tout
le monde, veut du moins que personne ne le dépasse ?
Si cela était, l'orgueil anglais serait l'orgueil naturel à
l'homme. L'orgueil français tiendrait à une cause particulière : ce serait l'orgueil ne faisant pas ce qu'il désire,
mais réduit à un pis aller. Il y a là à creuser...

Cet effet ne vient-il pas seulement de ce que l'Anglais
a été habitué à l'idée qu'il pouvait s'élever, le Français
non. L'un, pour être quelque chose, a dû alors détruire
ce qui était au-dessus de lui, l'autre a dû chercher à
gagner ce niveau élevé...

Londres, 8 mai 1835.

Conversation avec M. X***, avocat, et radical.

D. Qu'est-ce que les hommes du peuple en Angleterre font de leur argent, quand ils ont du surplus ?

R. Ils le dépensent en orgies, ou ils le placent dans le commerce.

D. Ont-ils l'idée d'acheter de la terre ?

R. Nullement. Pareille idée n'entre jamais dans la tête d'un paysan anglais.

D. D'où vient cela ?

R. En partie de ce que le paysan anglais n'a pas sous les yeux de petites propriétés foncières, et aussi de ce que les ressources que présente le commerce sont infiniment plus nombreuses ici qu'en France.

D. Ainsi tout ce qui s'élève au-dessus de la classe de manœuvres entre dans le commerce ou l'industrie ?

R. Oui.

D. Ainsi, lorsque le pauvre voit auprès de lui un propriétaire qui, à lui tout seul, possède la moitié d'un comté, il ne lui vient pas dans l'idée que cette immense propriété, divisée entre tous les habitants du voisinage, pourrait donner à chacun d'eux de l'aisance, et il ne regarde pas ce grand propriétaire comme une sorte d'ennemi commun ?

R. Non. Ce sentiment n'est pas encore né. Je répète que le goût de la propriété foncière est un goût d'homme riche. Quand on est devenu millionnaire dans le commerce, on achète une grande terre qui rapporte à peine 2 pour 100, qui vous oblige à une très-grande représentation, mais qui en même temps vous donne une haute position sociale.

Londres, 11 mai 1835.

Conversation avec M***.

RELIGION.

D. Sait-on le nombre des dyssenters (des dissidents de l'Église anglicane)?

R. Non. On ne pourrait se procurer ce chiffre qu'avec l'aide du gouvernement, et le gouvernement a eu jusqu'à présent intérêt à le cacher.

D. Quel est le mouvement religieux de ce pays?

R. On ne peut constater à cet égard que certains faits curieux.

Quant au catholicisme, on voit dans toutes les classes des hommes qui y arrivent par lassitude des sectes [1]. Leur nombre augmente rapidement, mais le mouvement religieux, dans l'intérieur du protestantisme, est corrélatif à des faits qui lui sont étrangers.

On remarque que quand une famille arrive à la richesse, qu'elle gagne le niveau de cinq à six mille livres de revenu (de 125 à 150,000 francs de rente), elle passe des *dyssenters* à l'Église établie. C'est une manière d'entrer dans le sein de la haute aristocratie, ou du moins de s'y frotter. On se trouve alors dans de jolies églises où l'on ne rencontre que des tapis, des *pews* commodes (des bancs), des gens bien mis, des prédicateurs bien élevés.

Le pauvre, qui est né dans le sein de la religion établie, se trouve gêné par cette splendeur même; le sentiment de son infériorité le porte vers une église où il trouve dans les assistants ses semblables; dans le prêtre un homme moins supérieur à lui, et qui dit des choses plus à sa portée. Un grand nombre de pauvres (et je donne à ce mot un sens non

---

[1] Lord *** m'avait dit la même chose.

absolu, mais comparatif), quittent l'église établie pour ces
motifs, et n'en prennent point d'autre ; mais, quoiqu'ils ne
soient pas encore enrôlés sous une bannière ennemie, ils sont
déjà cependant des adversaires et non des neutres.

D. Ainsi, vous n'avez pas seulement une aristocratie et
une démocratie politiques, mais une religion aristocratique
et une démocratique. Les passions religieuses marchent dans
le même sens que les passions politiques : graves symptômes
pour l'avenir.

27 mai 1835.

RELIGION, HABITUDES RELIGIEUSES.

Aujourd'hui j'ai été déjeuner chez lord ***. Avant de
se mettre à table, lord *** est passé dans son cabinet ;
lady *** et sa fille s'y sont rendues aussi, et, au bout d'un
moment, onze ou douze femmes et huit ou neuf domestiques mâles sont arrivés. Ils marchaient avec mesure et
suivaient un ordre hiérarchique, comme il était facile
d'en juger, en examinant l'âge et l'habillement de chacun
d'eux. A la tête des femmes se trouvaient la gouvernante
des enfants, puis la femme de charge, enfin la femme
de chambre, autant que j'en pouvais juger, puis des
domestiques inférieurs. A la tête des hommes marchait
le maître d'hôtel ; à la queue, les grooms. Ces vingt personnes se sont rangées tout autour de la salle, et se sont
mises à genoux, la tête tournée du côté du mur. Près de
la cheminée, lord et lady ***, et lady *** se sont aussi
agenouillés, et lord X*** a lu à haute voix une prière, à
laquelle les domestiques répondaient. Cette espèce de

petit service a duré six à huit minutes, après quoi chacun s'est relevé, et les domestiques mâles et femelles ont
défilé dans le même ordre pour aller reprendre leurs
travaux.

Londres, 11 mai 1835.

Conversation avec M. X***.

FONCTIONS GRATUITES.

D. Avez-vous dans l'administration beaucoup de fonctions
rétribuées?

R. Presque toutes les fonctions sont gratuites. Dans les
comtés, les lords lieutenants, les high sheriffs, les juges de
paix, les *overseers of the poor* ne sont pas payés. On ne paye
que les *road-surveyers*, parce que ceux-là sont des industriels qui consacrent leur temps au service du public. Chez
nous, la plupart de ceux qui acceptent des fonctions rétribuées perdent plus qu'ils ne gagnent au marché. Ils le font
par ambition, non par cupidité. Les obligations de représentation qui leur sont imposées les forcent toujours à mettre
du leur.

D. Quels sont les débouchés de l'aristocratie dans ses
branches cadettes?

— R. D'abord l'Église établie : les grands propriétaires ont
en général le droit de nommer à certaines cures, lesquelles
sont richement rétribuées.

Secondement, le barreau : il faut être déjà riche pour pouvoir prendre ses grades. Le propriétaire riche fait cette première dépense pour son fils, et, au moyen de cette première
dépense, celui-ci se trouve placé dans un corps d'élite où la
concurrence est nécessairement bornée, puisqu'il faut de
grandes ressources pour y entrer.

Troisièmement, l'armée : les commissions sont achetées, et le soldat ne devient presque jamais officier.

Quatrièmement. La grande ressource est l'Inde. L'Inde offre un assez grand nombre de places d'un revenu énorme (10,000 liv. sterling par exemple, plus de 250,000 francs); l'aristocratie pousse ses cadets de ce côté. C'est une ressource inépuisable pour elle, d'autant plus que le climat est si meurtrier dans ce pays, que l'Anglais qui y passe a trois contre un à parier qu'il y mourra ; mais, s'il n'y meurt pas, il est sûr de s'y enrichir. Ainsi, l'Inde présente toujours un grand nombre de places vacantes, et ces places sont toujours recherchées.

D. Ne pensez-vous pas que le moyen le plus efficace de détruire l'aristocratie serait de supprimer ces sources de richesses ou de les rendre accessibles à tous ?

R. Oui. La démocratie est représentée ici par une immense armée, mais sans chef. Ces chefs qui manquent sont dans l'aristocratie elle-même; mais il faut les faire paraître. Il faut que l'arrière-garde de l'aristocratie devienne l'avant-garde de la démocratie, et il en sera ainsi le jour où, sans attaquer les grands seigneurs, vous réduirez à la gêne leurs fils et leurs frères.

Londres, 11 mai 1835.

TOUTE LA SOCIÉTÉ ANGLAISE EST BATIE SUR LE PRIVILÉGE DE L'ARGENT. DÉMONSTRATION DE CECI.

Il faut être riche pour être ministre, puisque la représentation à laquelle les mœurs obligent les ministres leur fait dépenser beaucoup plus d'argent qu'ils n'en reçoivent de l'État, et cela se conçoit sans peine, puisqu'un ministre en Angleterre est forcé de vivre au milieu d'un monde politique tout plein de splendeur.

Il faut être riche pour être membre des Communes, puisque l'élection coûte immensément.

Il faut être riche pour être juge de paix, lord lieutenant, haut sheriff, maire, *overseer of the poor*, puisque ces places ne sont point rétribuées.

Il faut être riche pour être avocat et juge, puisque l'éducation qui mène à ces deux professions est extrêmement chère.

Il faut être riche pour être ecclésiastique, puisqu'il faut aussi, pour le devenir, s'être procuré une éducation dispendieuse.

Il faut être riche pour être plaideur, car celui qui ne peut donner caution doit aller en prison. Il n'y a pas de pays au monde où la justice, ce premier besoin du peuple, soit plus le privilége des riches. Au delà du juge de paix, il n'existe pas de tribunaux pour le pauvre.

Enfin, pour acquérir cette richesse, qui est la clef de tout le reste, le riche a encore de grands priviléges, puisqu'il trouve plus facilement des capitaux ou des situations qui lui permettent de s'enrichir encore lui-même ou d'enrichir ses parents.

Comment s'étonner du culte de ce peuple pour l'argent? L'argent n'est pas seulement le signe représentatif de la richesse, mais du pouvoir, mais de la considération, mais de la gloire. Aussi, tandis que le Français dit : *un tel a cent mille francs de rente*, l'Anglais dit :

un tel vaut cent mille livres de rente (he is worth four thousand pounds a year).

Les mœurs vont plus loin encore dans ce sens que les lois; ou plutôt les lois ont modelé les mœurs sur elles.

L'esprit, la vertu même, paraissent peu de chose sans l'argent. L'argent se mêle à tous les mérites et s'y incorpore en quelque sorte. Il comble tous les vides qui peuvent se trouver entre les hommes, mais rien ne saurait le suppléer.

Les Anglais n'ont laissé au pauvre que deux droits : celui d'être soumis à la même législation que les riches et de s'égaler à eux en acquérant une richesse égale. Encore ces deux droits ne sont-ils pas plus apparents que réels, puisque c'est le riche qui fait la loi et qui crée à son profit, ou à celui de ses enfants, les principaux moyens d'acquérir la richesse.

Londres, 8 juin 1835.

Les lois sur les contrats sont si obscures et si mal faites, que, pour s'assurer la propriété d'une terre, il faut de toute nécessité recourir aux soins d'un avocat habile, lequel ne peut qu'après de longues études, et en se faisant payer très-cher, vous garantir contre l'expropriation et le double payement. On n'achète donc que de grandes terres, et on ne les achète que quand on est déjà très-riche. Ainsi le pauvre est exclu de la propriété foncière.

Londres, 29 mai 1835.

J'ai vu aujourd'hui deux des radicaux les plus vifs de la chambre des communes. L'un, M. R***, me disait que la ré- forme ne marcherait jamais franchement tant qu'on n'aurait pas refoulé au milieu des tories les whigs, qui, après tout, n'en sont qu'une fraction mitigée.

— Permettez-moi, lui répondis-je, d'envisager les objets sous un autre aspect. Le succès prochain (car le succès final est, je crois, assuré) de la réforme dépend, je crois, d'un évé- nement contraire. La société anglaise me paraît divisée en trois catégories :

Dans la première se trouvent la presque totalité de l'aristo- cratie proprement dite, et une grande partie des classes moyennes, en les prenant par le haut ; elle forme le parti tory ou conservateur.

La seconde se compose d'une partie des classes moyennes, en les prenant par le bas, et de cette portion de l'aristocra- tie, que la première catégorie ne comprend pas. Celle-là a des instincts plutôt que des opinions arrêtées de réforme ; elle se laisse aller sans résistance à l'esprit du temps qui porte là. Ce sont les whigs ; ils marchent au jour le jour, sans trop savoir où le chemin qu'ils suivent aboutira.

La troisième se compose des basses classes, du peuple proprement dit. Celle-là sait, ou plutôt ses chefs savent pré- cisément ce qu'ils veulent faire ; ils détruisent tout l'ancien édifice de la société aristocratique de leur pays...

Il me semble que dans l'état actuel de la société et des opi- nions en Angleterre, avec les cent mille liens d'habitudes, de goûts, de vanités et d'intérêts, qui unissent ensemble toutes les classes placées au-dessus du simple peuple, les réforma- teurs doivent considérer comme un bonheur inespéré de trouver dans l'intérieur de ces mêmes classes des auxiliaires qui les aident à démolir, sans vouloir la démolition. Dans tout pays, et peut-être surtout dans celui-ci, vouloir faire une révolution complète avec le peuple seul contre toutes les classes riches et éclairées réunies a toujours été une entreprise presqu'impraticable, et dont les résultats ont été funestes. Je considère donc l'union des *Reformers* à une portion de conservateurs comme la circonstance la plus favorable à la marche lente, mais toujours progressive des premiers, et je regarderais comme un ajournement presque certain de la réforme l'union des whigs et des tories, avant que la grande majorité des whigs n'eût été entraînée peu à peu dans une voie d'innovation où la retraite ne fût plus possible.

A cela, MM. R*** et X*** répliquèrent que les radicaux, en s'effaçant derrière les whigs, en se laissant oublier, en ne marchant plus en un mot à la tête des passions et des idées du parti qui les avait envoyés à la chambre, risquaient de se perdre au profit des tories, car les whigs avaient déjà éprouvé assez de désertions pour n'être plus en état de tenir seuls la campagne, et les radicaux ne pouvaient venir efficacement à leur secours qu'en tenant toujours en mouvement les passions du peuple (*in creating a great excitement*) : ce qu'ils ne pouvaient faire en se mettant purement et simplement à la remorque des whigs.

Ils ajoutaient qu'une partie des lumières de la nation et la presque totalité de la propriété étaient dans les mains des tories. Ceux-ci, à la longue et dans les luttes de détail, ne pouvaient manquer de triompher, comme nous le voyons déjà, tandis que les radicaux ne pouvaient espérer de réussir que par à *coups* et dans une agitation générale, le mouvement des passions publiques faisant taire alors la voix de l'intérêt privé. Or, ce mouvement, ils ne pouvaient le créer, et pouvaient même perdre la faculté de le produire en se laissant absorber par les whigs [1].

---

[1] Je persiste à croire tout cela plus subtil que vrai : un raisonnement

Ils ajoutaient encore : Toute la classe supérieure et la plus grande partie de la classe moyenne, comme vous le disiez tout à l'heure, est déjà passée aux tories ; une portion de la classe moyenne, qui se rapproche le plus du peuple, y passe journellement. — Cela étant, dis-je, il est probable que d'ici à un an nous verrons sir Robert Peel[1] dans le ministère, et qu'il se fera un point d'arrêt momentanément dans la marche de la réforme, car vous ne paraissez en état ni de saisir vous-même le gouvernement, ni de diriger dans votre sens ceux qui le tiennent.

Ils avouèrent l'un et l'autre que l'événement leur semblait probable.

Caractères généraux des radicaux anglais.

Il existe des analogies générales entre les radicaux anglais et ceux de France. Mais on remarque entre eux des différences bien plus grandes encore. Voici les plus saillantes, telles qu'elles s'offrent jusqu'à présent à ma pensée :

1° Tout ce que j'entends dire aux radicaux (je parle des chefs) inspire un véritable respect pour le principe au nom duquel ils agissent. Je n'ai jamais surpris en eux l'intention d'imposer à la nation (même pour son bien) un état politique qui ne fût pas de son choix. Toute la question, pour eux, est de gagner la majorité : et je n'ai jamais vu qu'ils eussent l'idée de le faire autrement qu'à l'aide des formes légales.

Le trait le plus caractéristique du radical français est de vouloir faire par la puissance de quelques-uns le bonheur du

d'hommes pressés de jouir, plutôt que d'hommes préoccupés du soin d'assurer le succès.

[1] On sait qu'à cette époque (1835) sir Robert Peel, devenu plus tard le promoteur des plus grandes réformes, était encore le chef du parti conservateur.   (*Note de l'éditeur.*)

plus grand nombre, et de mettre la force matérielle et le mépris de la loi au premier rang des moyens de gouvernement.

2° Quoique les radicaux anglais ne portent point à la propriété ce respect superstitieux qu'ont les tories, ils me paraissent cependant professer pour elle un respect très-réel. Ils ne doutent point que ce respect ne soit la base première d'une société civilisée.

Le radical français montre souvent beaucoup de mépris pour la propriété : et prêt à la violer dans la pratique, il l'attaque en théorie ;

5° Parmi les radicaux anglais il se trouve un très-grand nombre de sectaires exaltés. Il s'y rencontre aussi un assez grand nombre d'hommes que l'esprit philosophique français a gagnés ; mais enfin ceux-là mêmes croient fermement à la nécessité politique de la religion, et lui portent un respect réel.

Un des caractères principaux du parti radical français est de représenter non-seulement les opinions antichrétiennes, mais les doctrines philosophiques les plus antisociales...

Londres, 11 juin 1835.

Système judiciaire.

Les Anglais sont le premier peuple qui ait eu l'idée de centraliser la justice. Cette innovation, qui date du commencement de l'ère normande, peut être considérée comme une des causes des progrès plus rapides qu'a faits cette nation dans la civilisation et la liberté.

Ils ont établi certaines cours qui sont uniques dans le royaume et qui ne siégent qu'à Londres, telles que la cour du chancelier (*the court of Chancery*) et celle, je crois, de *Kings bench*. Ces cours attirent à elles, à Londres, le jugement de tous les procès de certaine nature.

Quant au plus grand nombre des procès appelés *common law*

suits (procès du droit commun), ils sont jugés par les juges séparés d'un tribunal central, lesquels juges parcourent annuellement le pays. Ainsi, d'une part, on attire le procès auprès d'un tribunal central ; de l'autre, un tribunal central se transporte auprès du plaideur. Des deux manières on arrive à la centralisation de la justice.

Mais si l'on envisage avec soin l'état des choses, on découvre qu'en définitive une très-grande partie des procès échappe à la direction centrale. Il y a en effet trois ordres de tribunaux qui ne sont pas soumis à cette direction centrale :

1° Les juges de paix : les juges de paix individuellement, ou réunis en tribunal *at the quarter sessions*, ont le droit de juger une très-grande partie des délits qui se commettent dans les campagnes. Leur droit s'étend à tous les crimes qui n'emportent pas la peine capitale ou la transportation pour plus de quatorze ans [1].

2° Les *Corporate courts* : ce sont les tribunaux établis dans certains bourgs par les chartes royales, pour juger les affaires civiles et criminelles qui prennent naissance dans le bourg. La juridiction de ces tribunaux, *ratione materiæ*, est en général fort étendue dans les chartes. Mais les cours centrales ont peu à peu attiré à elles la connaissance des affaires les plus importantes.

3° *The local courts*. Le Parlement, qui n'a jamais montré une grande confiance dans les corporations, en même temps qu'il créait au milieu de la plupart d'entre elles une administration publique qui leur était étrangère, a créé également des tribunaux locaux, chargés, je crois, particulièrement d'assurer l'exécution des règles locales qu'il traçait. Ces cours locales ont une juridiction assez bornée. Les trois

---

[1] Les juges de paix ne prononcent, je crois, de peines graves que dans leur capacité collective.

ordres de tribunaux que je viens d'énumerer jugent sans appel. .   .   .   .

.   .   .   .

Londres, 12 juin 1855.

Esprit législatif.

Esprit législatif anglais : mélange incompréhensible d'esprit novateur et d'esprit routinier ; qui perfectionne le détail des lois et n'en aperçoit pas le principe ; qui ne procède qu'en ligne droite, poussant pas à pas dans la direction où il se trouve sans jamais regarder à droite ou à gauche, pour lier entre elles les différentes routes qu'il trace ; actif et contemplatif ; qui veille pour apercevoir le plus léger abus, et dort à côté des plus monstrueux ; qui épuise son habileté à réparer, et ne crée, pour ainsi dire, qu'à son insu et par hasard ; le plus inquiet d'amélioration et de bien-être social, et le moins systématique dans la recherche de ces choses ; le plus impatient et le plus patient ; le plus clairvoyant et le plus aveugle ; le plus puissant dans certaines choses, le plus faible et le plus embarrassé dans certaines autres ; qui maintient quatre-vingts millions d'hommes dans l'obéissance à trois mille lieues, et ne sait comment résoudre les plus petites difficultés administratives ; qui excelle à tirer parti du présent, et qui ne sait pas prévoir l'avenir. Qui trouvera le mot, pour expliquer ces contradictions ?

Londres, 30 mai 1835.

ESPRIT D'ASSOCIATION, ESPRIT D'EXCLUSION, ANOMALIES.

Je vois dans ce pays bien des choses que je ne comprends point encore entièrement, entre autres celle-ci :

Il me paraît régner en Angleterre, d'une manière presque égale, deux esprits d'une nature sinon tout à fait contraire, au moins très-diverse.

L'un porte les hommes à mettre en commun leur force pour arriver à une foule de résultats qu'en France nous n'avons pas même l'idée d'atteindre de cette manière. On s'associe dans des buts de science, de politique, de plaisirs, d'arts, d'affaires...

L'autre porte chaque homme, ou chaque association d'hommes, à jouir le plus possible isolément de ses avantages, à se renfermer le plus possible dans sa personnalité, et à ne laisser qui que ce soit y mettre l'œil ou le pied.

On raconte qu'un amateur d'objets d'art possédait un vase antique très-précieux ; il apprend qu'il en existait un autre semblable. L'ayant acheté à très-haut prix, il le fit briser en sa présence, afin de pouvoir dire qu'il n'existait dans le monde qu'une merveille de cette espèce, et qu'elle lui appartenait. Il est très-probable que cet homme était un Anglais. Le sentiment jaloux de la propriété exclusive est si développé dans ce pays, que je le considère comme un des traits les plus caractéristiques de la physionomie nationale.

Pour en revenir au sujet de cette note, je ne comprends pas bien comment l'esprit d'association et l'esprit d'exclusion dont je viens de parler peuvent exister d'une manière si développée chez le même peuple, et souvent s'y combiner d'une façon si intime. Exemple, un club[1] : quel plus bel exemple d'association que l'union des individus qui forment le club? Quoi de plus exclusif que l'individu représenté par le club? Ceci s'étend à presque toutes les associations civiles et politiques... les corporations... Voyez les familles, comme elles se divisent, dès que les oiseaux peuvent sortir du nid!

Je suis porté à croire, en y réfléchissant, que l'esprit d'individualité est la base du caractère anglais. L'association est un moyen que les lumières et la nécessité ont suggéré pour se procurer des objets que les forces individuelles ne peuvent acquérir. Mais l'esprit d'individualité perce de toutes parts : il se retrouve sous toutes les faces. Peut-être peut-on dire qu'il a servi indirectement au développement de l'autre en donnant à chaque homme une ambition et une somme de désirs plus grande que celle qui se rencontre partout ailleurs. Cela étant, l'association est devenue un besoin plus généralement senti, à mesure que la passion d'acquérir a été plus générale et plus vive. J'imagine que si on pouvait donner aux Français plus de lumières qu'ils n'en ont, ils seraient plus naturellement portés à l'esprit d'association que les Anglais.

[1] Le *club*, en Angleterre, répond à l'idée que nous présente le *cercle* en France.

Birmingham, 26 juin 1835.

Nous trouvons ici autant de bienveillance qu'à Londres ; mais ce sont deux sociétés qui ne se ressemblent guère. Ces gens-ci n'ont pas un moment à eux. Ils travaillent comme s'ils devaient devenir riches ce soir et mourir demain. Ce sont, en général, des hommes très-intelligents, mais à la manière des ouvriers. La ville elle-même n'a aucune analogie avec les autres villes des provinces d'Angleterre ; elle se compose tout entière de rues semblables aux rues du faubourg Saint-Antoine. C'est un immense atelier, une grande forge, une vaste boutique. On n'y voit que des gens affairés, des visages noircis par la fumée. On n'y entend que le bruit des marteaux et le sifflement de la vapeur qui s'échappe de la chaudière. On dirait l'intérieur d'une mine du nouveau monde. Tout y est noir, sale et obscur, quoiqu'il s'en échappe à chaque instant de l'argent et de l'or.

Birmingham, 27 juin 1835.

En 1650, Birmingham avait 5,472 habitants.
En 1834. 155,038

Conversation avec M. X***.

D. Pourquoi cet accroissement rapide ?

R. La ville de Birmingham n'a point de corporation, et c'est une des sources de sa grandeur. Presque toutes les corporations gênaient les *dyssenters* (les dissidents de l'Église anglicane), Birmingham n'ayant point de corporation a attiré de très-loin à elle la population des *dyssenters*. Presque toutes les corporations avaient prescrit des règles générales pour le commerce. Birmingham étant pour ainsi dire sans gouvernement, la liberté y attire tous les hommes qui l'aiment ou en ont besoin.

Birmingham, 27 juin 1835.

Conversation avec M. X***, avocat.

D. Quelle est l'opinion dominante à Birmingham?

R. L'opinion de la très-grande majorité est radicale.

D. Parlez-vous des manufacturiers et des ouvriers en même temps?

R. Des uns et des autres.

D. Avez-vous connaissance de ce qui s'est passé à l'époque de la grande *union politique* de Birmingham?

R. Oui. Cette union, surtout à l'époque de la tentative du duc de Wellington de rentrer au ministère, enveloppa presque toute la population de Birmingham. On était alors déterminé à marcher sur Londres, si le bill de réforme [1] n'avait point été accordé; les manufacturiers d'armes auraient donné des fusils, l'impulsion était irrésistible. Je suis convaincu que c'est l'évidence du danger qui a arraché aux tories leur assentiment au bill. Birmingham n'est séparé que par cent onze milles de Londres, et l'opinion était favorable.

D. Les unions politiques se sont-elles reformées depuis cette époque?

R. Elles commençaient à se reformer sous le dernier ministère Peel, mais maintenant elles n'existent point; et aujourd'hui notre population ne se mêle que fort peu de politi-

[1] Le bill de 1832, qui a donné la réforme électorale et parlementaire.

que. Cependant elle a appris à connaître son pouvoir. L'existence d'une population ouvrière de 150,000 âmes agglomérée si près de la capitale et possèdant toujours dans son sein un immense dépôt d'armes de guerre est un fait très-grave.

D. Y a-t-il à Birmingham une classe de gens désoccupés?

R. Non. Tout le monde travaille à faire fortune. La fortune faite, on va en jouir ailleurs.

Birmingham, 29 juin 1835.

IDÉES RELATIVES A LA CENTRALISATION ET A L'INTRODUCTION DU POUVOIR JUDICIAIRE DANS L'ADMINISTRATION.

Introduction du pouvoir judiciaire dans l'administration; de la nécessité des différents moyens dont les peuples peuvent se servir pour l'y introduire... Il y a sur ce sujet non pas un chapitre, mais un livre à faire, et l'un des plus importants que l'on puisse concevoir. La nécessité d'introduire le pouvoir judiciaire dans l'administration est une idée *centrale* à laquelle me ramènent toutes mes recherches sur ce qui a permis et peut permettre aux hommes la liberté politique...

Déduction des idées.

De quelle manière on peut considérer les obligations de la société vis-à-vis de ses membres.

La société est-elle obligée, comme on le croit chez nous, de garantir l'individu et de faire son bonheur? ou plutôt sa seule obligation n'est-elle pas de donner à l'individu des moyens faciles et sûrs de se garantir lui-même et de se créer une existence heureuse?

La première notion : plus simple, plus générale, plus *uni-*

forme, plus saisissable par les esprits à demi éclairés et superficiels.

La seconde : plus compliquée, plus divisée dans son application, plus difficile à concevoir, mais seule vraie, seule compatible avec l'existence de la liberté politique, seule capable de faire des citoyens et même des hommes.

Application de cette idée à l'administration publique. Centralisation, division dans l'intérieur du pouvoir administratif. Portion du sujet que je ne veux point traiter en ce moment, sur laquelle ce que je vois en Angleterre et ai vu en Amérique jette d'immenses lumières et permet de former des idées générales. Les Anglais eux-mêmes ignorent la bonté de leur système. Manie centralisante qui s'est emparée du parti démocratique. Pourquoi? Passions analogues à celles de la France de 1789 par des motifs assez analogues. Bizarrerie des institutions du moyen âge. Haine du parti radical contre l'aristocratie qui les a superstitieusement conservées, et qui s'en sert à son profit. Esprit novateur, disposition révolutionnaire à n'apercevoir que les abus de l'état présent : tendance générale des démocraties. Heureuses difficultés que rencontrent ceux qui veulent la centralisation en Angleterre : lois, habitudes, mœurs, esprit anglais rebelle aux idées générales et uniformes, ami de la spécialité. Goût du chez-soi introduit dans la vie politique.

Tout ce qui précède est plutôt une digression du sujet que le sujet lui-même : m'y voici.

La plus salutaire de toutes les institutions qu'on puisse créer pour mettre à la portée de l'individu les moyens de travailler lui-même à son bonheur, c'est l'établissement d'une justice véritablement indépendante et agissant dans un cercle beaucoup plus étendu que celui où nous l'avons renfermée. (A noter beaucoup d'autres avantages réagissant d'une manière encore plus directe sur l'existence d'institutions libres.)

Principe des Anglais en matière criminelle, peut-être poussé trop loin. Nous errons dans l'autre sens. Les Anglais, en rendant la justice civile très-chère, ont manqué essentiellement au principe qu'on vient d'énoncer. Ils n'ont point fait, il est vrai, dépendre en cette matière l'appui de la société du gouvernement ; mais ils ont laissé le pauvre dans l'état sauvage.

Principes des Anglais en matière d'administration publique. J'ai peut-être tort de dire principes : car la chose s'est établie d'elle-même par la nécessité de laisser subsister des corps électifs et de les faire obéir. (L'Amérique devra être étudiée de nouveau sur la même question : là, principes analogues plus simples et plus rationnels.)

Division des autorités administratives locales. Pas de hiérarchie entre elles. Intervention continue du pouvoir judiciaire pour la faire obéir. Division du pouvoir judiciaire pour le rendre moins formidable. Presque tous les actes administratifs aboutissent à des procès, ou se revêtent des formes judiciaires. Système des amendes substitué à la réprimande ou à la destitution administrative. Son utilité, ses grands avantages dans le gouvernement et les détails de la société. Pouvoir continu et conservateur qu'il met dans les mains des particuliers. Système des fonctions obligatoires : ses avantages, sa nécessité...

Publicité. Plaidoirie des intéressés. Action individuelle sans cesse possible, soit pour faire agir le pouvoir administratif, soit pour se garantir de ses excès. Immenses avantages politiques et moraux de ce système, indiqués en partie par l'idée générale placée en tête de cette note.

Pourquoi le gouvernement anglais, quoique les localités soient indépendantes, est fort. Administration spéciale et souvent hiérarchique pour les objets qui intéressent tout l'empire. Intervention du pouvoir judiciaire, même en ces matières, mais tribunal central.

Différences entre la constitution du pouvoir judiciaire anglais et américain. Analogies.

Application de toutes ces idées à la France. Que l'avenir de la liberté politique tient à la solution du problème...

Impossibilité de faire coexister l'un à côté de l'autre un pouvoir administratif *électif*, et un pouvoir administratif *nommé* sans l'arbitrage du pouvoir judiciaire. Ce qui se passe en France le prouve. Nous marchons à l'indépendance administrative des départements, ou à leur asservissement complet et à la destruction de la vie municipale...

Discussion pratique sur ce sujet. Introduction graduelle du principe anglais et américain qui, à vrai dire, n'est que le *principe général des peuples libres*. Précautions à prendre pour conserver un pouvoir central fort...

..... Comment les Anglais ont placé presque tout le pouvoir administratif national dans le parlement. Avantages et vices de ce système. Comment on pourrait abandonner leur principe sur ce point, en le conservant sur beaucoup d'autres. Avantages de leur système actuel, applicables à un système différent, tels que publicité, forme et garanties judiciaires.

Manchester, 2 juillet 1835.

Caractère particulier de Manchester : la grande ville manufacturière des tissus de fil, coton, etc., comme Birmingham l'est des ouvrages de fer, de cuivre et d'acier.

Circonstances favorables : à dix lieues du plus grand port de l'Angleterre (Liverpool), lequel est le port de l'Europe le mieux placé pour recevoir sûrement et en peu de temps les matières premières d'Amérique. A côté, les plus grandes mines de charbon de terre pour faire marcher à bas prix ses machines. A vingt-cinq lieues (Birmingham) le lieu du monde où se fabriquent le mieux ces machines. Trois canaux et un chemin de fer pour transporter rapidement et économiquement dans toute l'Angleterre et sur tous les points du globe ses produits. — A la tête des manufactures, la science, l'industrie, l'amour du gain, le capital anglais. Parmi les ouvriers, des hommes (des Irlandais), qui arrivent d'un pays où les besoins de l'homme se réduisent presque à ceux du sauvage, et qui peuvent travailler à très-bas prix ; qui, le pouvant, forcent les ouvriers anglais, jaloux d'établir une concurrence, à faire à peu près comme eux. Ainsi réunion des avantages d'un peuple pauvre et d'un peuple riche ; d'un peuple éclairé et d'un peuple ignorant, de la civilisation et de la barbarie. Comment s'étonner que Manchester qui a déjà trois cent mille âmes s'accroisse sans cesse avec une rapidité prodigieuse ?

3 juillet 1835, Manchester.

Dans le rapport de la commission des corporations municipales (*Report from Commissioners on municipal Corporations*, p. 31), je vois, à l'article du *Revenu des bourgs*, le produit d'amendes imposées à ceux qui refusent de remplir des emplois publics dans la corporation. C'est là un fait remarquable et qu'il ne faut pas oublier. . . . . . .

. . . .

Manchester, 3 juillet 1835.

Il y a une grande centralisation en Angleterre ; mais quel est son caractère ? Gouvernemental et non administratif. Elle descend cependant comme la nôtre dans de très-petits et souvent dans de très-puérils détails. La manie *réglementaire* qui n'est pas une manie française, mais une manie d'*hommes* et de *puissance*, se retrouve là comme ailleurs. Mais elle ne peut s'y exercer qu'une fois en passant, et ne saurait atteindre que très-incomplétement son objet.

CONSÉQUENCES DE CE QUE LE POUVOIR CENTRALISATEUR EST DANS LES MAINS DE LA LÉGISLATURE ET NON DE L'EXÉCUTIF.

Conséquences fâcheuses :

Lenteurs, dépenses, impossibilité de certaines mesures ; inspection impossible.

Conséquences heureuses :

Publicité, respect des droits, obligation de s'en rapporter aux autorités locales de l'exécution des lois ; tendance naturelle à diviser l'action administrative, afin de ne pas créer un pouvoir rival trop fort. Centralisation très-incomplète, par cela même qu'elle est exercée par un corps législatif ; dè *principes* plus que de *faits ; générale* malgré sa volonté de *détailler*.

Grandeur et force de l'Angleterre qui s'explique par la *puissance* de la centralisation sur certains points.

Prospérité, richesses, liberté de l'Angleterre, qui s'explique par l'absence de centralisation sur mille autres.

Le principe de la centralisation et le principe de l'élection des autorités locales : deux principes en opposition directe. Introduction des amendes comme moyen administratif ; agence des tribunaux ; intervention des tiers ; seuls moyens de combiner jusqu'à un certain point les deux principes dont le premier est essentiel à la force et à l'existence de l'État ; le second, à sa prospérité et à sa liberté. L'Angleterre n'a pas trouvé d'autre secret. Tout l'avenir des institutions libres en France est dans l'application de ces mêmes idées au génie de nos lois.

Parlement qui se mêle de tout ; qui a le pouvoir de dispenser de l'exécution des lois : idée dont les conséquences sont immenses pour comprendre la construction politique et administrative de cette société...

Pouvoirs féodaux, délégation du pouvoir central à des bourgs, à des *trustees*, à des administrations locales de tout genre. Le Parlement a seul le droit absolu de gouvernement, droit applicable à tout l'empire et à chaque portion de l'empire : seul principe général. Tout le reste, exceptions.

Manchester, 5 juillet 1835.

L'action administrative du gouvernement ne se retrouve dans presque aucuns détails, en Angleterre.

Presque tous les services publics sont entre les mains de petits corps délibérants, sous le nom de *trustees* ou *commissioners* (commissaires ou fidéicommissaires), créés de tout temps par le Parlement, qui, à l'époque de la création, nomme les membres qui doivent les composer. Si, ensuite, il survient des vacances, ce n'est presque jamais (je crois que je pourrais dire jamais), le roi ou ses agents qui les remplissent, c'est le corps électoral, ou le plus souvent les membres restants eux-mêmes. C'est ce qu'on nomme le système des *Self-elected Bodies*. Ce système est prédominant. Il s'étend jusqu'aux corporations ; on n'entend jamais parler du roi dans l'administration.

Manchester, 5 juillet 1835.

Aspect extérieur.

... Une plaine ondulée, ou plutôt une réunion de petites collines. Au bas de ces collines, un fleuve de peu de largeur (l'Irwall), qui coule lentement vers la mer d'Irlande. Deux ruisseaux (le Meddlok et l'Irk), qui circulent au milieu des inégalités du sol et après mille circuits viennent se décharger dans le fleuve. Trois canaux, faits de main d'homme, et qui viennent unir sur ce même point leurs eaux tranquilles et paresseuses. Sur ce terrain aquatique, que la nature et l'art ont contribué à arroser, sont jetés comme au hasard des palais et des chaumières. Tout dans l'apparence extérieure de la cité atteste la puissance individuelle de l'homme ; rien, le pouvoir régulier de la société. La liberté humaine révèle à chaque pas sa force capricieuse et créatrice. Nulle part ne se montre l'action lente et continue du gouvernement.

... Au sommet des collines que je viens de décrire, s'élèvent trente ou quarante manufactures. Leurs six étages montent dans les airs. Leur immense enceinte annonce au loin la centralisation de l'industrie. Autour d'elles ont été semées comme à volonté les chétives habitations du pauvre ; on y arrive par une multitude de petits sentiers tortueux. Entre elles s'étendent des terrains incultes qui n'ont

plus les charmes de la nature champêtre, sans présenter
encore les agréments des villes. La terre y est déjà remuée, déchirée en mille endroits ; mais elle n'est point
encore couverte des demeures de l'homme. Ce sont les
landes de l'industrie. Les rues qui attachent les uns aux
autres les membres encore mal joints de la grande cité,
présentent, comme tout le reste, l'image d'une œuvre
hâtée et encore incomplète : effort passager d'une population ardente au gain, qui cherche à amasser de l'or,
pour avoir d'un seul coup tout le reste, et, en attendant,
méprise les agréments de la vie. Quelques-unes de ces
rues sont pavées, mais le plus grand nombre présente
un terrain inégal et fangeux, dans lequel s'enfonce le
pied du passant ou le char du voyageur. Des tas d'immon-
dices, des débris d'édifices, des flaques d'eau dormante
et croupie se montrent çà et là le long de la demeure
des habitants ou sur la surface bosselée et trouée des
places publiques. Nulle part n'a passé le niveau du géo-
mètre et le cordeau de l'arpenteur.

De ce labyrinthe infect, du milieu de cette vaste et
sombre carrière de briques s'élancent, de temps en
temps, de beaux palais de pierre dont les colonnes
cannelées surprennent les regards de l'étranger. On dirait une ville du moyen âge, au milieu de laquelle se
déploient les merveilles du dix-neuvième siècle. Mais qui
pourrait décrire l'intérieur de ces quartiers placés à
l'écart, réceptacle du vice et de la misère, et qui enve-
loppent et serrent de leurs hideux replis les vastes palais
de la richesse? Sur un sol plus bas que le niveau du

fleuve et dominé de toutes parts par d'immenses ateliers, s'étend un terrain marécageux, que des fossés tracés de loin en loin ne sauraient dessécher ni assainir. Là aboutissent de petites rues tortueuses et étroites, que bordent des maisons d'un seul étage, dont les ais mal joints et les carreaux brisés annoncent de loin comme le dernier asile que puisse occuper l'homme entre la misère et la mort.

Au-dessous de ces misérables demeures, se trouve une rangée de caves à laquelle conduit un corridor demi-souterrain. Dans chacun de ces lieux humides et repoussants sont entassées pêle mêle douze ou quinze créatures humaines...

Tout autour de cet asile de la misère, l'un des ruisseaux dont j'ai plus haut décrit le cours traîne lentement ses eaux fétides, que les travaux de l'industrie ont teintes de couleurs noirâtres. Son cours n'est point renfermé dans des quais. Les maisons se sont élevées au hasard sur ses bords. Du haut de ses rives escarpées, on le voit s'ouvrir péniblement un chemin au milieu des débris du sol, de demeures ébauchées ou de ruines récentes. C'est le Styx de ce nouvel enfer.

Cependant levez la tête, et tout autour de ce lieu vous verrez s'élever les immenses palais de l'industrie. Vous entendrez le bruit des fourneaux, les sifflements de la vapeur...

Ici est l'esclave, là est le maître; là les richesses de quelques-uns, ici la misère du plus grand nombre; là les forces organisées d'une multitude produisent, au

profit d'un seul, ce que la société n'avait pas encore su
donner. Ici la faiblesse individuelle se montre plus débile et plus dépourvue encore qu'au milieu des déserts.

Une épaisse et noire fumée couvre la cité. Le soleil
paraît au travers comme un disque sans rayons. C'est au
milieu de ce jour incomplet que s'agitent sans cesse
trois cent mille créatures humaines. Mille bruits s'élèvent incessamment au milieu de ce labyrinthe humide
et obscur. Ce ne sont point les bruits ordinaires qui
sortent des murs des grandes villes.

Les pas d'une multitude affairée, le craquement des
roues qui frottent les unes contre les autres leur circon-
férence dentelée, les cris de la vapeur qui s'échappe de
la chaudière, les battements réguliers du métier, le rou-
lement pesant des chars qui se croisent, tels sont les
seuls bruits qui frappent incessamment votre oreille.
Nulle part vous n'entendrez le pas des chevaux entraînant
le riche habitant vers sa demeure ou ses plaisirs. Nulle
part les élans de la joie, les éclats de la gaieté, l'harmonie
des instruments qui annoncent un jour de fête. Nulle
part vous ne verrez l'heureuse aisance promenant ses loisirs au milieu des rues de la cité, ou allant chercher de
simples jouissances dans les campagnes environnantes.
Une multitude se presse sans cesse dans ce lieu, mais
ses pas sont brusques, ses regards distraits, son aspect
sombre et rude...

C'est au milieu de ce cloaque infect que le plus grand
fleuve de l'industrie humaine prend sa source et va fé-

conder l'univers. De cet égout immonde l'or pur s'écoule.
C'est là que l'esprit humain se perfectionne et s'abrutit ;
que la civilisation produit ses merveilles et que l'homme
civilisé redevient presque sauvage...

Liverpool, 5 juillet 1835.

Action du pouvoir judiciaire dans l'administration publique.

Exemple : En 1791, M. Walker est élu *councilman* de Liverpool par les bourgeois. Question de savoir si la charte ou l'usage donne ce droit d'élection aux bourgeois, ou s'il n'appartient pas au corps des councilmen (*self elected body*). On attaque l'élection comme illégale devant la cour du banc du roi. La charte se taisant et les parties arguant l'usage, procès ; la cour renvoie l'affaire devant le jury du comté de Lancastre (le comté où est situé Liverpool). Le jury déclare que l'usage est contraire au droit d'élection par les bourgeois, et M. Walker perd son siége. L'année suivante, l'élection de M. Blantell donna lieu au même procès, qui fut jugé de la même manière. Depuis ce temps, le droit exclusif des councilmen n'a plus été contesté [1].

Manchester, 5 juillet 1835.

Autorités administratives exerçant des poursuites judiciaires.

Beaumont me disait avoir vu hier dans le journal l'historique d'un procès fait à un M. Wood, de Manchester, pour avoir employé dans sa manufacture des enfants au-dessous

---

[1] Enquête faite par les *Corporation-Commissionners* à Liverpool. 2 novembre 1833.

de douze ans, et les avoir fait travailler plus que le temps voulu.

Le parlement a fait, il y a quelques années, une loi qui défend d'employer dans les manufactures les enfants au-dessous d'un certain âge et plus d'un certain temps. La même loi, je pense, a institué, sur tous les points les plus manufacturiers du royaume, des fonctionnaires chargés de veiller à son exécution. Ce sont ces officiers qui poursuivent les contraventions à la loi devant les tribunaux ordinaires. Ceci offre un bon exemple des habitudes administratives anglaises. En général, le premier venu poursuit. Mais voici une matière dans laquelle il n'est pas probable que personne poursuivît; car qui est lésé par le délit? l'enfant et les parents de l'enfant. Mais l'enfant lui-même n'a qu'une idée imparfaite de son droit et de l'utilité du droit, et ses parents sont complices du délit. Dans ce cas, le parlement est obligé d'employer un poursuivant d'office. Mais comme le pouvoir central n'a, dans les localités, aucun fonctionnaire fixe, il est forcé de nommer *ad hoc*, dans certains lieux, des agents qui ne sont chargés que de cette spécialité. Partout où ces agents n'existent point, la loi est mort-née.

Liverpool, 7 juillet 1835.

COMMENT ON PEUT ATTRIBUER AUX PRINCIPES POLITIQUES DES ANGLAIS UNE PARTIE DE LEUR PROSPÉRITÉ COMMERCIALE ET MANUFACTURIÈRE.

Originairement le pouvoir politique, en Angleterre, comme dans le reste de l'Europe, était exclusivement dans les mains de la noblesse proprement dite. La noblesse anglaise, ayant eu de bonne heure l'idée et le besoin de s'appuyer sur les classes moyennes, et, n'ayant pu le faire qu'en leur donnant un pouvoir politique, l'aristocratie de l'argent ne tarda pas à s'établir, et, à mesure que le monde devint plus civilisé et les moyens de s'enrichir plus aisés, elle s'accrut, tandis que l'autre aristocratie ne cessa, par les mêmes raisons, de perdre. Depuis cinquante ans, à peu près, on peut considérer cette révolution comme accomplie en Angleterre. A partir de cette époque, la naissance n'est plus qu'un ornement ou tout au plus un aide de l'argent. L'argent est la vraie puissance. La richesse n'est donc pas seulement devenue en Angleterre un élément de considération, de plaisirs, de bonheur; mais encore un élément, et, on pourrait dire, le seul élément du pouvoir, ce qui ne s'était jamais vu, à ce que je sache, chez aucune autre nation et dans aucun autre siècle. Ce poids immense, étant mis dans la balance du côté de la richesse, toute l'âme humaine fut entraînée de ce côté. On a attribué à la richesse ce qui lui revient naturellement et aussi ce qui ne lui revient pas. La richesse a donné la jouissance matérielle, le pouvoir, et aussi la considération, l'estime, le plaisir intellectuel. Dans tous les pays, il semble malheureux de n'être pas riche. En Angleterre, c'est un horrible malheur d'être pauvre. La richesse réveille d'un seul coup l'idée du bonheur et toutes les idées accessoires du bonheur; la pauvreté, ou même la médiocrité, l'image de l'infortune et toutes les idées accessoires de l'infortune. Chacun des ressorts de l'âme humaine se trouva aussitôt tendu vers l'acquisition des richesses. Dans d'autres pays, on recherche l'opulence pour jouir de la vie :

Les Anglais la recherchent en quelque façon pour vivre.

Imaginez une semblable cause opérant avec une force progressive depuis des siècles sur plusieurs millions d'hommes, et vous concevrez sans peine que ces hommes soient devenus les plus hardis navigateurs et les plus habiles manufacturiers de la terre. Car les manufactures et le commerce sont les moyens les plus connus, les plus prompts et les plus sûrs de devenir riches. Newton a dit qu'il avait trouvé le système du monde *en y pensant toujours*. Les Anglais ont trouvé, par le même moyen, l'art de s'emparer du commerce de l'univers.

Liverpool, 7 juillet 1835.

COMMERCE.

Quand je jette les yeux sur l'histoire du monde, je vois quelques peuples libres qui n'ont été ni manufacturiers ni commerçants. Mais je ne vois aucuns peuples manufacturiers et surtout commerçants qui n'aient été libres. Voyez les Phéniciens, les Grecs, les Carthaginois, les Italiens du moyen âge, les Flamands de la même époque, les villes anséatiques, les Hollandais, les Anglais et les Américains des États-Unis. Il y a donc une relation entre ces deux mots : *liberté* et *commerce*. On dit que l'esprit commercial donne naturellement aux hommes l'esprit de liberté. Montesquieu l'a assuré quelque part. La chose est vraie en partie. Mais je pense que c'est surtout l'esprit et les habitudes de la liberté qui donnent l'esprit et les habitudes du commerce. On les trouve ensemble dans les mêmes lieux : comme il arrive souvent de trouver deux générations sous le même toit; elles ne sont pas là par hasard : l'une a produit l'autre, et c'est pourquoi on les rencontre en même temps.

Je dirais bien, si j'en avais le temps, pourquoi, suivant moi, la liberté enfante le commerce.

Pour être libre, il faut savoir concevoir une entreprise difficile et y persévérer, avoir l'usage d'agir par soi-même; pour vivre libre, il faut s'habituer à une existence pleine d'agitation, de mouvement et de péril; veiller sans cesse et porter à chaque instant un œil inquiet autour de soi : la liberté est à ce prix. Toutes ces choses sont également nécessaires pour réussir dans le commerce...

... Quand je vois le mouvement imprimé à l'esprit humain, en Angleterre, par la vie politique; quand je vois l'Anglais sûr du secours imperceptible de ses lois, s'appuyer sur lui-même et n'apercevoir d'obstacle à rien que dans les bornes de ses propres forces, agissant sans contrainte; quand je le vois animé par l'idée qu'il peut tout faire, jeter sans cesse sur le présent un regard inquiet, et chercher partout le mieux, alors je ne demande point si la nature a creusé des ports autour de lui, fourni le charbon, donné le fer. La cause de sa prospérité commerciale n'est point là : elle est en lui-même...

Voulez-vous savoir si un peuple est industriel et commerçant? Ne sondez point ses ports, n'explorez point ses forêts et les produits de son sol. Toutes ces choses s'acquièrent avec l'esprit du commerce, et, sans l'esprit du commerce, elles sont stériles... Demandez si les lois de ce peuple donnent aux hommes le courage de chercher l'aisance, la liberté de la poursuivre, les lumières, les habitudes qui la font découvrir, et l'assurance d'en jouir après l'avoir trouvée.

La liberté est, en vérité, une *chose sainte*. Il n'y a qu'une autre chose qui mérite mieux ce nom : c'est la *vertu*. Encore qu'est-ce que la vertu sinon le *choix libre* de ce qui est bien ? . . . .

. . . .

La liberté me paraît tenir dans le monde politique la même place que l'atmosphère dans le monde physique. La terre est peuplée d'une multitude d'êtres diversement organisés ; tous cependant vivent et prospèrent. Altérez les conditions de l'atmosphère, ils souffrent. Placez-les dans un autre milieu, ils meurent. . . . .

. . . .

Changez vos lois, variez vos mœurs, altérez vos croyances, modifiez vos formes; si vous en arrivez à ce point, que l'homme ait la pleine liberté d'accomplir les actions qui ne sont pas mauvaises en elles-mêmes, et la certitude de jouir en paix du produit de ces actions, vous atteindrez le but.

Ce but est unique, mais les moyens pour l'obtenir sont divers.

Londres, 1835.

CE QUI, DANS LES LOIS ANGLAISES, EST ACCESSOIRE ET FONDAMENTAL.

Quand on étudie les règles qui, en Angleterre, dirigent l'administration proprement dite, la justice, les finances, les cultes, on est frappé de voir qu'une nation si avancée, si éclairée, si libre et si prospère ait pu conserver un ensemble de dispositions si défectueuses, si compliquées, si onéreuses, si lentes et, pour ainsi dire, si *gauches* et si *maladroites* dans leur application.

Les règles, suivant lesquelles les mêmes matières sont conduites chez la plupart des peuples du continent de l'Europe, paraissent infiniment préférables, et le sont, en effet, à un certain point de vue. La machine administrative y est montée d'une façon plus simple, plus économique, plus rapide, plus savante, plus moderne.

D'où vient donc que, malgré tous ces vices de l'administration anglaise, la société s'est développée plus vite en Angleterre que partout ailleurs ? Est-ce que ces règles qui nous paraissent mauvaises seraient bonnes ? Non : elles sont mauvaises en effet. Ce n'est pas cette partie de la législation qui fait prospérer la nation. Celle-ci prospère par une autre cause.

Il y a dans les lois humaines une bonté secondaire et une bonté principale. On n'y songe pas toujours, parce que ce que j'appelle la bonté secondaire des lois se voit du premier coup d'œil et frappe l'esprit le plus superficiel, tandis que l'autre ne s'aperçoit qu'après un examen attentif et avec une certaine profondeur d'esprit.

Une législation pourrait être régulière, uniforme, simple, claire, rapide, économique (ce sont assurément là de grandes et précieuses qualités), et cependant comprimer ou du moins gêner l'essor social, si en même temps elle laissait la propriété et les personnes sans garanties complètes ; si elle abandonnait une part trop grande à l'arbitraire du pouvoir ; si elle ne laissait pas à chacun les moyens de défendre son droit.

Une législation, au contraire, qui possède ces caractères, peut permettre à la société de se développer en tous sens, bien qu'elle soit compliquée, lente et onéreuse.

C'est par là que la législation anglaise a été, depuis des siècles, et est encore très au-dessus des meilleures législations, du continent. La vie circule au milieu de ces mauvais organes. De quelque côté qu'on la considère, on s'aperçoit qu'elle assure à chaque homme les garanties les plus essentielles ; des pouvoirs indépendants pour décider les questions, le grand jour pour les débattre, la faculté accordée à tous également de défendre son droit. C'est là comme le principe vital de cette législation : principe vital si abondant et si énergique qu'il fait prospérer le corps social malgré le vice des organes.

S'en suit-il que le corps ne prospérerait pas encore plus, si on corrigeait ces vices ? Non, assurément, à la condition pourtant qu'en perfectionnant la forme on n'altérât pas le fond.

VOYAGE EN IRLANDE

1835

Dublin, 9 juillet 1835.

House of Industry : vaste édifice, soutenu annuellement par des dons volontaires. Dix-huit cents à deux
mille pauvres y sont admis pendant le jour. Ils y reçoivent la nourriture, le couvert, et quand on peut les
occuper, le travail. Ils couchent où ils peuvent.

Spectacle intérieur : l'aspect le plus hideux, le plus
dégoûtant de la misère : une salle très-longue remplie de
femmes et d'enfants, que leurs infirmités ou leur âge
empêchent de travailler. Sur le plancher, les pauvres
couchés pêle-mêle comme des cochons dans la boue de
leurs bouges. On a de la peine à ne pas mettre le pied
sur un corps à moitié nu.

Dans l'aile gauche, une salle moins grande, remplie

d'hommes vieux ou infirmes. Ceux-là sont assis sur des bancs de bois, tous tournés dans le même sens, pressés les uns contre les autres comme au parterre d'un spectacle. Ils ne causent point; ils ne remuent point; ils ne regardent rien; ils n'ont pas l'air de penser. Ils n'attendent, ne craignent et n'espèrent rien de la vie. Je me trompe : ils attendent le dîner qui doit venir dans trois heures. C'est le seul plaisir qui leur reste. Après quoi ils n'ont qu'à mourir.

Plus loin sont ceux qui peuvent travailler. Ceux-là sont assis sur la terre humide. Ils ont un petit maillet à la main, et ils cassent des pierres. Ceux-ci, au bout de la journée, reçoivent un penny (deux sous de France). Ce sont les heureux.

En sortant de là, nous avons rencontré une petite brouette fermée que des pauvres conduisaient. Cette brouette va à la porte des maisons riches : on jette dedans les restes du repas; et ces débris sont apportés à la maison de mendicité pour faire la soupe.

De la maison de mendicité on nous conduit à l'université; immense jardin, tenu comme celui d'un grand seigneur; palais de granit; une superbe église, une magnifique bibliothèque; des laquais en livrée; vingt-quatre fellows, dotés d'énormes revenus. Là des personnes de toute religion reçoivent l'éducation. Mais les membres de l'Église d'Angleterre peuvent seuls diriger l'établissement et recevoir ses revenus.

Cette université a été fondée par Élisabeth avec les terres confisquées sur les catholiques, les pères de ceux que nous venions de voir se vautrant dans leur fange à la maison de mendicité.

Cet établissement renferme quinze cents élèves. Peu appartiennent aux riches familles irlandaises. La noblesse irlandaise ne vit pas seulement hors de son pays, elle ne dépense pas seulement hors de son pays l'argent qu'il produit ; elle fait élever ses enfants en Angleterre, de peur sans doute que l'intérêt vague de la patrie et les souvenirs de la jeunesse ne les attachent un jour à l'Irlande.

Si vous voulez savoir ce que peut produire l'esprit de conquête, les haines religieuses, combinées avec les abus de l'aristocratie, sans aucun de ses avantages, venez en Irlande.

11 juillet 1835. Course à Kingstown (près Dublin).

Fête donnée au lord lieutenant et à lady Mulgrave (depuis lord et lady Normanby) par la Compagnie du chemin de fer. Étiquette toute royale qui environne le vice-roi. Grand déjeuner qui lui est donné à Kingstown, composé en grande partie d'Irlandais évidemment non orangistes. Toast porté : *To the resident noblemen* (aux nobles qui résident sur leurs terres), reçu avec acclamation. Singulier toast qu'on ne peut comprendre qu'après avoir passé quelque temps en ce pays.

Dublin, 11 juillet 1835.

Conversation avec M. X..., avocat irlandais, très-intelligent, chargé par le gouvernement de la direction générale des *National-Schools.*

D. Est-il vrai qu'il n'y ait point de petits propriétaires en Irlande ?

R. Je ne crois pas qu'il en existe un seul.

D. Cependant toutes les propriétés immobilières ne sont pas substituées; et vos substitutions comme celles des Anglais ne sont pas éternelles?

R. Il arrive souvent que l'on vend des terres. Mais alors on les vend toujours en gros. Le propriétaire change quelquefois : la terre ne se divise jamais. L'idée d'acheter une petite portion de terre ne vient à personne, pas plus que l'idée de la vendre. Nos lois civiles d'ailleurs rendent le transfert de la propriété foncière d'une main dans une autre dispendieux et difficile.

D. Est-il vrai que les terres soient divisées en très-petites fermes?

R. Oui, le système des petites fermes est universel.

D. Quelles sont les causes de cet ordre de choses, si contraire aux intérêts de l'agriculture et au bien-être de la population?

R. Il y en a plusieurs causes : la première est la pauvreté de ceux qui se présentent comme fermiers. Pour exploiter une grande ferme, il faut un capital, et il n'y a pas de paysan irlandais qui ait un capital. La seconde est toute politique. Pendant longtemps le cens requis pour être électeur avait été placé très-bas, et le fermier électeur votait toujours suivant les intérêts de son propriétaire. Le propriétaire avait donc un très-grand intérêt politique à diviser sa terre en autant de petites fermes que possible pour accroître le nombre des électeurs qui lui étaient dévoués.

D. Mais l'élévation du cens à dix livres sterling (deux cent cinquante francs), en diminuant le nombre des électeurs et l'esprit d'hostilité qui s'est établi entre les fermiers et les propriétaires, ont dû faire cesser cette seconde cause?

R. C'est ce qui est arrivé. Depuis le changement des lois électorales et le bill d'émancipation, les propriétaires se sont occupés à détruire les trop petites fermes, et à en former de plus grandes. A cet effet, ils ont chassé tous les petits fermiers qui étaient en retard (et ils l'étaient presque tous). Cette expulsion rapide d'une grande partie des petits cultivateurs a singulièrement accru la misère dans ces derniers temps.

D. Est-il vrai que les propriétaires irlandais pressurent la population agricole?

R. Oui. Nous avons ici tous les maux de l'aristocratie sans un seul de ses avantages. Il n'existe aucun lien moral entre le pauvre et le riche. La différence d'opinion politique, de croyance religieuse, de race, l'éloignement matériel dans lequel ils vivent l'un de l'autre, les rendent étrangers, on pourrait presque dire ennemis. Les riches propriétaires irlandais tirent de leurs terres tout ce qu'elles peuvent donner; ils profitent de la concurrence que crée la misère, et quand ils ont ainsi réuni d'immenses sommes d'argent, ils vont les dépenser hors du pays.

D. Pourquoi la population ouvrière se porte-t-elle toute du côté de l'agriculture, ce qui augmente d'une manière si singulière la concurrence?

R. Parce qu'il existe très-peu d'entreprises industrielles; il existe très-peu d'entreprises industrielles, parce que les capitaux et l'esprit d'entreprise manquent; les capitaux et l'esprit d'entreprise manquent, parce que à côté de nous la richesse et la civilisation supérieure des Anglais attirent tout. Dublin a eu des manufactures de coton florissantes. Manchester a tué ce commerce en Irlande.

D. D'après ce que vous me dites, quoique la population agricole soit pauvre, la terre rend beaucoup?

R. La terre rend immensément. Il n'y a pas de pays où le prix de ferme soit plus élevé : mais il ne reste rien de ces biens dans les mains de la population. L'Irlandais crée de belles moissons, porte sa récolte dans le port le plus voisin,

l'embarque à bord d'un bâtiment anglais, et revient se
nourrir de pommes de terre. Il élève des bœufs, les envoie
à Londres, et ne mange jamais de viande.

D. Croyez-vous qu'une loi des pauvres fût un bien pour
l'Irlande?

R. Je le crois.

D. Mais ne pensez-vous pas que ce soit un remède dangereux?

R. Oui. Mais l'Irlande se trouve dans une position si ex-
ceptionnelle qu'on ne peut lui appliquer les raisonnements
généraux. Il faut trouver les moyens de forcer les propriétaires à dépenser une partie de leur argent dans le pays; en
connaissez-vous un autre?

D. On a parlé dans ces derniers temps du *rappel de
l'union*. En est-il encore question?

R. C'est un sujet qui sommeille. O'Connell l'avait soulevé. D'autres questions sont venues l'occuper, et la chose
est restée là.

D. Que pensez-vous sur cette question?

R. Je pense que jamais les Anglais ne consentiraient au
rappel de l'union, et qu'il n'y aurait de chances de l'obtenir
que les armes à la main.

D. Mais si la chose pouvait se faire paisiblement, la juge-
riez-vous désirable?

R. Non. Quand nous avions un parlement irlandais, l'Angleterre nous regardait en quelque sorte comme une puissance étrangère et rivale; sa jalousie était excitée; et comme
elle avait la richesse et la puissance, elle nous faisait sentir
sa supériorité bien plus durement qu'à présent qu'elle nous
considère comme une partie d'elle-même. Quand nous avions
un parlement irlandais, les deux races qui divisent cette île
étaient toujours en présence; l'esprit de parti était plus
actif et la tyrannie du parti le plus fort (les orangistes), insupportable. Les lois de cette époque sont odieuses.

D. Mais ne pensez-vous pas que de nos jours les choses sont changées? Aujourd'hui le parti catholique si longtemps opprimé ne tarderait-il pas à dominer dans le parlement?

R. Oui, ce serait une révolution complète, une tyrannie d'une autre espèce non moins grande.

D. Croyez-vous que l'Angleterre pût espérer de retenir l'Irlande dans l'union, si le parlement irlandais était créé de nouveau?

R. Non. Je suis convaincu que la suite infaillible d'une pareille mesure serait la séparation de l'Irlande; et à tout prendre, je crois que l'union de l'Angleterre et de l'Irlande est nécessaire à cette dernière, et lui deviendra très-profitable avec le temps, si le gouvernement anglais, comme tout l'annonce, continue à prendre soin de ce pays-ci et à se poser en médiateur entre les deux partis.

19 juillet 1835. **Aspect du pays de Dublin à Carlow.**

Joli pays. Terres très-fertiles. Belles routes. De loin en loin *turnpikes* (des barrières). De temps en temps de très-beaux parcs et quelques jolies églises. La plupart des habitations du pays très-pauvres d'apparence; un très-grand nombre de demeures misérables au dernier point. Murs de boue. Toit de chaume. Une seule pièce. Point de cheminée. La fumée sort par la porte. Le cochon couche au milieu de la maison. C'est le dimanche; cependant la population présente l'aspect de l'extrême misère. Beaucoup portent des habits troués et rapiécés. La plupart sont nu-tête et nu-pieds.

20 juillet 1835. **Dîner chez l'évêque de X...**

Il s'y trouvait un archevêque, quatre évêques et plusieurs curés. Tous ces messieurs avaient une très-bonne tenue; le service était fait décemment, mais sans ostentation. Le dîner était bon, non recherché. Ces ecclésiastiques buvaient très-peu. Ils paraissaient tous gentlemen. La conversation a roulé sur l'état du pays et sur la politique. Les sentiments exprimés étaient extrêmement démocratiques. Mépris et haine des grands propriétaires. Amour du peuple; confiance en lui. Souvenir amer de l'oppression passée. Une certaine exaltation du triomphe actuel ou prochain. Haine profonde des protestants, et surtout de leur clergé. Pas d'impartialité apparente. Évidemment les chefs d'un parti, autant que les représentants de l'Église.

20 juillet 1835. Conversation avec M. *** évêque de X... [1].

D. La propriété est-elle divisée dans le comté de Carlow?

R. Non; pas plus que dans le reste de l'Irlande. Le comté de Carlow appartient presque en entier à deux familles. Ces deux familles ne sont pas des plus riches en Irlande. Le duc de Leinster, par exemple, a en biens-fonds dans les comtés voisins pour soixante-dix mille livres sterling de rente (un million sept cent cinquante mille francs).

D. Y a-t-il dans le comté de Carlow beaucoup de middlemen, c'est-à-dire d'hommes qui prennent à bail une portion de la terre des grands propriétaires dont vous parlez pour la relouer à d'autres.

R. Oui; les deux grandes familles dont je parle ont donné à bail pour des temps très-longs la plus grande partie de leurs terres. Les premiers fermiers qui sont eux-mêmes des

---

[1] Il faut considérer cette conversation (de même que toutes les autres) bien plus comme montrant l'état des esprits que la vérité nue.

gens très-riches, l'ont relouée à d'autres ; et ceux-ci, à d'autres encore. Dans le comté de Carlow la plupart des terres sont obligées de fournir aux besoins de quatre ordres d'individus ; vous jugez si le dernier est misérable.

D. Existe-t-il une grande division entre le peuple et le propriétaire ?

R. Une division extrême, et qui semble plutôt s'augmenter que décroître. Depuis la dernière élection où les candidats catholiques l'ont emporté, les deux grandes familles dont je parlais, ont introduit un nouveau système de culture. Ils ont chassé presque tous leurs petits fermiers. Une seule a expulsé cent cinquante familles. Ils ont agrandi leurs fermes, et introduit des fermiers protestants. Il en est ainsi dans la plupart des comtés. Cet agrandissement des fermes est un grand malheur. Il diminue le nombre des bras nécessaires à la terre ; et comme la grande masse de la population, en Irlande, n'a pas d'autres débouchés que la terre, il cause une affreuse misère.

D. Ainsi, suivant vous, la misère augmente ?

R. Sans doute. La population augmente rapidement et les moyens de l'occuper diminuent. C'est un affreux état de société. Pour ma part, je crois l'adoption de *poor laws* indispensable. Le lien naturel qui devrait unir les hautes et les basses classes, est détruit ; les secondes n'ont rien à attendre des premières, si la loi ne vient à leur aide.

D. Quelle est, suivant vous, la moralité des pauvres ?

R. Ils ont beaucoup de qualités, mêlées aux défauts que donne la misère. Ils sont doux, civils, hospitaliers. Une population anglaise ne supporterait pas pendant une semaine l'état de misère dans lequel ils sont obligés de vivre. Mais quand l'occasion de faire un excès d'intempérance se présente, ils ne savent point y résister. Alors ils deviennent turbulents, et souvent violents et désordonnés. Le vol est très-rare parmi eux. Les mœurs proprement dites sont très-pures. Les actes de violence sont assez fréquents; mais ils dérivent tous ou de l'ivresse ou des passions politiques.

D. Avez-vous eu dans ce comté beaucoup de *whiteboys* ou de *whitefeets* (comme ils s'appellent communément aujourd'hui)?

R. Peu dans ce comté; beaucoup, il y a deux ans, dans les comtés environnants. Je me rappelle qu'à cette époque M. X..., prêtre voisin, fut trouver une troupe de whitefeets; il les rencontra et leur fit de grands reproches. Leur chef qui était un homme très-intelligent, lui répondit presque textuellement ce qui suit, qui me fut rapporté immédiatement : « La loi ne fait rien pour nous; il faut bien que nous nous secourions nous-mêmes. Nous possédons une petite portion de terrain qui est nécessaire à la vie de nous et de notre famille; on nous en chasse. A qui voulez-vous que nous nous adressions? Nous offrons du travail à huit pence (quinze sous) par jour; on nous en refuse. A qui voulez-vous que nous en demandions? L'émancipation ne nous a servi à rien. M. O'Connell et les riches catholiques vont au parlement. Nous n'en mourons pas moins de faim. »

Il y a douze ans, j'ai été appelé pour visiter en prison un homme qui avait tué l'agent d'un riche propriétaire. Cet agent voulait changer l'ordre de la culture : et pour y parvenir, il chassait les petits fermiers et détruisait leurs demeures. L'un d'eux avait sa femme malade, et demanda du répit. L'agent fit déposer la malade hors de la maison en plein air, et détruisit sous ses yeux sa demeure. Quelques jours après il fut assassiné par celui qui me parlait, qui n'était point intéressé personnellement dans le fait que je relate; mais qui agit par vengeance de ce fait. Ces crimes sont affreux. Mais quel horrible état social !

D. Pensez-vous que le clergé catholique d'Irlande reçût une pension du gouvernement anglais?

R. Non. Le clergé catholique perdrait alors son influence

sur le peuple. Je ne sais ce qu'il est convenable de faire dans les autres pays ; mais je ne doute pas qu'en Irlande le clergé ne perdît beaucoup au change, et que la religion elle-même ne pût en souffrir.

Carlow, 20 juillet 1835.

Conversation avec M. X..., président du collége catholique de Carlow.

M. X... est un vieillard aimable. Les passions catholiques et démocratiques se montrent plus à découvert chez lui que chez l'évêque de ***.

D. Les maux du peuple sont-ils très-grands?

R. Affreux. Vous le voyez vous-même. L'Irlande est traitée en pays conquis par les propriétaires fonciers; ceux-ci en effet occupent des terres qui ont été confisquées sur ces mêmes catholiques qui meurent de faim. Les hautes classes ont à se reprocher tous les maux de l'Irlande.

D. Est-il vrai que la division des hautes et des basses classes augmente?

R. Oui. Tant que les hautes classes ont vu dans les catholiques des esclaves soumis avec résignation à leur sort, elles ne les ont pas traitées avec violence. Mais depuis que les droits politiques ont été accordés à la population catholique et qu'elle veut en user, elles la persécutent tant qu'elles peuvent, et cherchent à l'extirper de leurs terres pour y placer des fermiers protestants.

D. Voudriez-vous recevoir une subvention de l'État?

R. Non, sans doute; et en général nous sommes très-opposés à tout lien entre l'Église et l'État.

D. Comment se fait la nomination de vos évêques?

R. A chaque vacance les curés du diocèse se rassemblent. Ils nomment trois candidats, entre lesquels le pape choisit. Il choisit, en général, le premier sur la liste.

D. Dans quelle classe sont pris en général vos curés?

R. Dans la classe des fermiers.

D. Combien valent les cures?

R. Environ trois cents livres sterling (sept mille cinq cents francs).

D. Et les évêchés?

R. Les mieux rétribués, mille livres sterling (vingt-cinq mille francs); les moins, comme celui de Carlow, cinq cents livres sterling (douze mille cinq cents francs).

D. Comment se payent les ecclésiastiques?

R. La plupart des actes de leur ministère sont rémunérés. De plus, il se fait une collecte pour eux deux fois l'an.

D. Et les évêques?

R. Le traitement des évêques consiste dans les produits d'une cure, et de plus dans une certaine somme que chaque curé est tenu de leur fournir.

D. Les pauvres contribuent-ils, proportion gardée, autant que les riches?

R. Je crois qu'oui.

D. Combien a coûté votre cathédrale de Carlow qui me paraît toute neuve?

R. Trente mille livres sterling (sept cent cinquante mille francs). Cet argent a été levé par toute l'Irlande.

D. Le collége que vous présidez, qui contient cent quatre-vingts élèves, tant séculiers qu'ecclésiastiques, est-il entièrement soutenu par des contributions volontaires?

R. Entièrement.

D. Y a-t-il beaucoup de catholiques riches?

R. Beaucoup ont des fortunes mobilières considérables : mais presque toute la terre est dans les mains des protestants.

D. La division créée entre les protestants et les catholiques est-elle assez grande pour nuire aux rapports de société?

R. Les catholiques et les protestants à Carlow évitent de

se voir et de se parler. L'auberge où vous logez est tenue par des protestants; et je suis sûr qu'en m'y voyant entrer pour vous faire visite, on a été extrêmement étonné.

D. Votre âge vous permet de faire des comparaisons : trouvez-vous que la misère de la population augmente ou diminue?

R. Je crois qu'elle augmente.

D. Vous avez vécu dans le temps de l'oppression. Était-elle grande?

R. Terrible. Croiriez-vous, monsieur, que dans ma jeunesse un catholique ne pouvait pas devenir maître d'école. Il fallait laisser ses enfants sans instruction, ou les envoyer dans les écoles protestantes.

D. La population montre-t-elle maintenant de l'ardeur pour s'instruire?

R. Une très-grande ardeur. Il y a des parents qui mendient pour que leurs enfants puissent aller à l'école. Mais ceci est un fait récent. La génération qui s'élève sera infiniment plus instruite que celle d'aujourd'hui.

D. Le peuple paye-t-il la dîme?

R. Non. Il a cessé de la payer, et ne la payera jamais maintenant. Si la dîme qui pesait sur le fermier est portée sur le propriétaire, et que le propriétaire, en conséquence de ce nouvel ordre de choses, veuille augmenter le fermage, je suis convaincu qu'il y aura également résistance chez le pauvre, dont l'attention est éveillée sur ce point. N'est-il pas révoltant que le clergé protestant qui ne sert presque à rien à la population s'enrichisse à son détriment, et applique à son seul usage les dîmes qui ont été établies non-seulement pour pourvoir aux besoins du prêtre, mais encore à ceux des pauvres et à l'instruction publique?

Carlow, 20 juillet 1835.

Clergé irlandais.

Il existe une incroyable union entre le clergé d'Irlande et la population catholique. Mais cela ne vient pas
seulement de ce que le clergé reçoit son salaire du
peuple, mais aussi de ce que toutes les hautes classes
sont protestantes et ennemies. Le clergé repoussé du
haut de la société se penche entièrement vers le bas: il
a les mêmes instincts, les mêmes intérêts, les mêmes
passions que le peuple : état de choses tout particulier
à l'Irlande, et qu'il faut bien examiner, quand on parle
des avantages du système de la rémunération volontaire.

Carlow, 21 juillet 1835.

L'aristocratie irlandaise jugée par elle-même et par tous les partis.

Je n'ai point encore rencontré d'homme, en Irlande,
de quelque parti qu'il fût, qui ne reconnût avec plus
ou moins d'amertume que l'aristocratie avait très-mal
gouverné le pays. Les Anglais le disent ouvertement; les
orangistes ne le nient pas. Les catholiques le crient à
haute voix.

Je trouve que le langage de l'aristocratie le prouve
plus que tout le reste.

Tous les protestants riches que j'ai vus à Dublin ne
parlent de la population catholique qu'avec une haine
et un mépris extraordinaires. Ce sont, à les entendre,

des sauvages incapables de reconnaître un bienfait, des
fanatiques conduits à tous les désordres par leurs
prêtres.

Or ces mêmes gens qui font entendre un pareil langage
sont ceux qui ont tenu et qui tiennent encore dans leurs
mains tout le gouvernement du pays. Comment attendre
que des gens animés de pareils sentiments et imbus de
semblables opinions (à tort ou à raison, je l'ignore)
puissent traiter avec douceur, confiance, ou même justice, ceux sur lesquels ils s'expriment ainsi?

Voyage de Carlow à Waterford.

Aspect général du pays.

21 juillet 1835.

Nous suivons le comté de Kilkenny. De Carlow à Thomastown l'aspect nous paraît devenir un peu moins misérable.
Là presque toutes les maisons ont de bonnes cheminées.
Quelques-unes paraissent neuves et bâties sur un plan un
peu meilleur. Quelquefois le cochon a une étable à part. On
voit moins de gens nu-pieds et nu-tête que dans les environs de Dublin. De Thomastown à Waterford l'aspect du pays
redevient fort misérable : beaucoup de maisons en ruine
frappent nos yeux.

De Carlow à Waterford, terrain ondulé, collines assez
hautes, vues très-étendues. Point de bois. Presque pas de
haies. Des champs entourés de murs de pierre, ce qui leur
donne un aspect triste. Peu de villages, mais beaucoup de
cabanes éparses. Point d'églises. Auprès de Thomastown, les
ruines d'un couvent. La terre est restée consacrée aux yeux
des habitants, car, autour de ces murs en ruines, ils enterrent

encore leurs morts. Spectacle touchant de l'attachement de cette pauvre population à ses croyances. Point de manufactures, point d'habitations médiocres. Nous côtoyons deux ou trois magnifiques parcs très-bien tenus. Tout le reste ne retrace que la vie des pauvres. Dans les villages, point de petits marchands, ou presque aussi misérables que le paysan lui-même. Point d'autre industrie visible que la terre. Cultivateurs en guenille. Il y a une classe supérieure et une basse classe. La classe moyenne n'existe évidemment pas, ou du moins elle est renfermée dans les villes comme au moyen âge.

..... A un village entre Thomastown et Waterford, je demande à un paysan quel est le prix ordinaire des fermages ; il me dit deux livres sterling (cinquante francs) l'acre. Je lui fais remarquer la misère des habitants et l'aspect repoussant des maisons. Il répond en souriant qu'il en est partout de même en Irlande. Je lui demande s'il y a de grands propriétaires aux environs ; il répond qu'il y en a plusieurs, mais que, comme les autres, ils vivent en Angleterre où ils dépensent l'argent du pays. Y aurait-il, lui dis-je, un moyen de les forcer à rester ; oui, me répond-il, en taxant les *absentees*. . . . .

Je demande à un autre s'ils ont une église catholique. Il me répond que oui ; elle est à un mille d'ici. La paroisse est très-étendue ; elle a un curé et deux vicaires. Combien de protestants y a-t-il dans la commune ? — Trois, me répond-il. — Où est le ministre protestant? — Il est à Waterford. — Payez-vous encore la dîme? — Non ; nous avons cessé de la payer depuis trois ans. — A combien se montait la dîme? — A dix shillings (douze francs cinquante centimes) pour l'acre de blé ou de pommes de terre; huit shillings pour l'acre d'orge. Les prairies étaient exemptes de la dîme.

Assises du comté.

Waterford, 22 et 23 juillet 1835.

Manière de procéder.

Les jurés sont appelés et prêtent serment. On introduit tout de suite le premier témoin. (Les autres restent présents à l'audience.) Le *prosecutor for the crown*, c'est-à-dire l'avocat remplissant les fonctions du ministère public, examine le témoin. L'avocat de l'accusé fait la *cross-examination (le contre-examen)*. Si le juge pense qu'une question adressée soit par l'un soit par l'autre est *improper*, il empêche qu'elle ne soit faite. Les témoins entendus, le président, qui a pris des notes, fait son résumé dans lequel il montre souvent sans déguisement son opinion au jury. Après quoi le jury se retire. Il rend son verdict. Si c'est une condamnation, le juge prononce immédiatement la sentence, comme en cas d'acquittement. Pendant tout le cours du débat l'accusé semble un spectateur. Il ne dit rien. On ne lui demande rien. Il parle, s'il en a envie, mais personne ne l'engage à parler.

Impression générale.

Mon impression générale est que le mode anglais est beaucoup plus expéditif que le nôtre; que souvent il doit laisser échapper les preuves; que le système *d'examen et de contre-examen* sans plaidoirie dans les petites affaires vaut mieux que le nôtre; que la position de l'accusé serait infiniment meilleure que chez nous, si sous la robe du magistrat ne se trouvait l'Anglais protestant, et si les passions politiques et religieuses ne faisaient souvent violence à l'impartialité du juge. . . . .

Aux assises de Waterford le conseil de la couronne était un avocat de Dublin qui suivait le circuit. Quoique exerçant momentanément les fonctions du ministère public, il n'avait pas perdu son caractère d'avocat. Après avoir plaidé criminellement contre un accusé, il changea de banc, et plaida devant le même juge comme avocat dans une affaire civile. Il lui arriva même, entraîné par son zèle d'avocat, de s'étonner que l'adversaire de son client n'eût pas eu recours aux armes plutôt que d'en appeler aux tribunaux. Ce qui était d'autant plus singulier dans sa bouche, que quelques minutes avant, il venait de poursuivre cinq ou six paysans pour avoir fait précisément ce que maintenant il semblait conseiller de faire. Cette *inconsistency* fut relevée par le juge et l'avocat adverse. . . . .

Le jury ne change que quand il y a des récusations. Autrement les premiers jurés choisis jugent toutes les affaires du jour : ce qui abrége beaucoup le temps.

Toutes les opérations des cours de justice qui font le·circuit sont menées avec une rapidité complétement inconnue en France. Les opérations administratives, les affaires criminelles et civiles, sont mêlées de manière à ne jamais perdre un moment. Le grand jury est en séance en même temps que la cour, et fonctionne aussi vite qu'elle. Le même homme est souvent accusé par le grand jury, déclaré coupable par le petit (le petit jury est le jury de jugement), et condamné par le juge dans l'espace d'une heure. . . .

Le *prosecutor for the crown* (l'avocat du gouvernement) nous disait : Une multitude d'affaires criminelles dans le sud de l'Irlande ont leur origine dans le désir de posséder la terre. Dans cette portion de l'Irlande, il n'y a point de manufacture, point d'industrie; le peuple n'a que la terre pour vivre, et comme il est accoutumé, en tout temps, à vivre du moins qu'un homme peut avoir pour subsister, quand la terre vient à lui manquer, il est positivement en face de la mort. De là les haines implacables, et les actes de violence sans nombre que font naître les jugements.

Kilkenny, 24 juillet 1835.

Le grand jury.

Le grand jury, en Irlande, forme une espèce de corps re-présentatif du comté. Il est choisi par le sherif. Mais le sherif est obligé de prendre au moins deux jurés dans chaque baronnie : ce qui amène la représentation à peu près com-plète du comté.

Les séances du grand jury sont publiques : fait récent qui rend déjà les mesures du grand jury plus libérales et diminue beaucoup le nombre des *jobs* (abus et malversations). Le grand jury se mêle beaucoup plus d'administration en Ir-lande qu'en Angleterre.

Kilkenny, 24 juillet 1835.

Conversation avec M. Kinseley, évêque de Kilkenny :

M. Kinseley est un homme très-aimable, très-spirituel, plein de perspicacité, et ayant assez d'esprit pour être im-partial (autant que peut l'être un Irlandais), et trouve plaisir à le montrer. Il règne dans son langage un certain ton de triomphe qui annonce le chef d'un parti, près d'arriver au pouvoir, après avoir été longtemps opprimé. Je crois qu'il est très-sincère en voulant que l'Église ne soit pas dans l'État. Mais je ne sais s'il ne pense pas, au fond, que l'État serait assez bien dans l'Église. Ce sont des nuances; je me trompe peut-être.

D. J'ai souvent entendu dire en Angleterre et en Irlande que la population catholique était à moitié barbare; la chose probablement est fausse?

R. Je suis obligé de dire qu'elle est vraie en partie. Mais à qui la faute, sinon à ceux qui l'ont réduite en cet état par leur mauvais gouvernement? Que sont devenus les Grecs sous les Turcs? Avant 1792 nous ne pouvions point avoir d'école; nous ne pouvions point entrer dans le barreau ; la magistrature nous était fermée ; nous étions incapables de posséder les terres. Examinez les codes de cette époque. Vous serez effrayé. Maintenant je confesse que la population a une partie des qualités et malheureusement des défauts des peuples sauvages. Ce peuple-ci a toutes les vertus divines : il a la foi ; nul n'est meilleur chrétien que l'Irlandais. Ses mœurs sont pures, ses crimes prémédités très-rares. Il manque essentiellement des vertus civiles. Il est sans pré-voyance, sans prudence. Son courage est instinctif. Il s'élance avec une violence extraordinaire sur l'obstacle; et s'il ne réussit du premier coup, il se lasse. Il est changeant, aime l'excitation, le combat. L'Anglais au contraire calcule froidement les chances, se présente au danger lentement, et ne se retire qu'après avoir réussi. J'ai vu un général anglais qui avait commandé longtemps une brigade irlandaise ; il me disait : J'ai pu habituer mes soldats à tout, excepté à se rendre maîtres d'eux-mêmes !

D. Le souvenir des confiscations est-il vivant?

R. Oui, comme instinct vague de haine contre les conqué-rants. On connaît encore dans beaucoup de lieux les familles qui ont été dépossédées. La famille de M. ***, que vous avez vue à Carlow, possédait les grands domaines que vous avez traversés ce matin, et qui sont maintenant dans les mains de M. X. Il y a dans le comté une famille de laboureurs qui possédait les immenses propriétés de la famille Ormond. Mais la ligne directe a été perdue de vue, et personne ne songe plus à faire valoir ses droits.

D. Vous m'avez dit que les mœurs étaient pures ?

R. Extrêmement pures. Vingt ans dans le confessionnal m'ont fait connaître que les fautes des filles étaient excessi-vement rares, et celles des femmes presque inconnues. L'es-prit public va, pour ainsi dire, trop loin, dans ce sens.

Une femme *soupçonnée* est perdue pour la vie. Je suis sûr qu'il n'y a pas vingt enfants naturels par année dans toute la population catholique de Kilkenny, qui monte à 26,000 âmes. Le suicide est inconnu. Il est presque sans exemple dans les villes, et encore plus dans les campagnes, qu'un catholique manque à la communion pascale. Je vous répète qu'ils ont les vertus divines ; mais ils sont ignorants, violents, intempérants et incapables, comme les sauvages, de résister au premier mouvement.

D. Les hautes classes catholiques montrent-elles les mêmes croyances que le peuple ?

R. Oui. L'incrédulité proprement dite ne se trouve que chez quelques protestants.

D. Est-il vrai que l'aristocratie protestante soit extrêmement endettée ?

R. Oui. Rien n'est plus vrai. La plupart des propriétaires succombent sous leurs charges. Chaque jour nous voyons des catholiques riches des villes prêter de l'argent aux protestants, et ces derniers finissent par être obligés d'ouvrir l'*entail*[1] et de vendre leurs terres. De cette manière beaucoup de terres passent insensiblement dans les mains des catholiques. Nous avons vu dernièrement dans ce comté deux catholiques, MM. X. et X., acheter des terres, l'un pour 20,000, l'autre pour 30,000 livres sterling (500,000 et 750,000 francs).

D. Si les catholiques ont un certain nombre de riches dans leurs rangs, pourquoi donc n'envoient-ils pas au parlement des gens plus distingués ?

R. L'aristocratie catholique ne fait que de naître. De plus, il faut avouer que l'esprit instable de notre peuple se montre dans les élections comme ailleurs. Ils ont d'abord nommé les hommes les plus capables. Ensuite ils les ont souvent mal

---

[1] C'est-à-dire de renoncer au privilége de la substitution.

remplacés. Peut-être M. O'Connell même, par ses grands talents, est-il un obstacle. Il représente à lui seul le parti.

D. Le gouvernement était-il plus tyrannique sous le parlement irlandais que depuis l'union ?

R. Infiniment plus. Toutes les lois persécutrices sont de cette époque.

D. Est-il vrai qu'autrefois les paysans aimassent leurs landlords ?

R. Non. Les paysans n'ont jamais aimé leurs landlords (leurs propriétaires), et bien peu de ces derniers ont mérité d'être aimés. Mais ils s'y soumettaient avec une patience qu'ils n'ont plus.

D. Mais la haine n'est-elle pas beaucoup plus envenimée qu'elle ne l'était autrefois ?

R. Oui, je l'avoue, parce que la lutte est maintenant établie, et que de part et d'autre on cherche à se nuire. Beaucoup de grands propriétaires ne donnent plus de baux, afin d'empêcher les fermiers d'être électeurs; d'autres ne donnent plus leurs fermes qu'à des protestants.

D. Quand a commencé l'agitation, qui a amené l'émancipation ?

R. Depuis trente ans que des droits électoraux furent accordés aux catholiques, ils ont toujours réclamé le droit d'envoyer des membres au parlement. Cette opinion est devenue de plus en plus populaire. En 1825, M. O'Connell s'est enfin décidé à tenter de déposséder un protestant, ennemi des catholiques, pour mettre un autre protestant à sa place. C'était un essai de forces. On choisit, pour terrain de la lutte, le comté de Waterford, et, pour adversaire à combattre, la famille Beresford qui possède presque tout le comté, et le représentait depuis deux siècles au parlement. Jusqu'aux domestiques des Beresford votèrent contre eux. L'élection fut emportée d'assaut. L'année suivante nous tentâmes la même chose à Kilkenny contre un membre de la famille Ormond. Nous réussîmes. Enfin O'Connell se décida à se présenter lui-même au comté de Clare. Vous savez le reste.

D. Quelle est la proportion des catholiques et des protestants?

R. Dans le Sud nous sommes vingt contre un, dans le Nord trois contre un.

D. Il n'y a pas longtemps que ces faits sont connus?

R. Non. Les protestants prétendaient que le nombre de leurs coreligionnaires était beaucoup plus considérable en Irlande qu'on ne le pensait ; et ils s'opposaient à un recensement. Mais le gouvernement actuel l'a fait faire. (Ici l'évêque nous montra les tables du recensement de son diocèse.) Il en résultait, en général, les contrastes les plus frappants. Dans telle paroisse où se trouvaient 5 à 6,000 catholiques et seulement quarante protestants, il y avait une église, deux ministres, et la valeur des dîmes s'élevait à près de 60,000 fr. par an.

D. Mais à mesure que la population catholique connaît ses droits et en use, on doit commencer à compter avec elle?

R. Oui, sans doute. On prend garde d'offenser les catholiques dans le Sud. La plupart des membres de l'aristocratie protestante de mon diocèse m'ont fait visite à mon arrivée. Ce n'est pas que ces messieurs eussent jamais entendu parler de moi ; mais ils donnent un signe de respect au représentant (the head) des catholiques du comté.

Assises de Kilkenny. Procédure criminelle. Séance du jury du 25 juillet 1835.

La première affaire jetait une assez grande lumière sur plusieurs particularités de la police judiciaire et sur l'état du pays.

Un homme était accusé d'avoir fait partie d'une bande qui attaquait les maisons pour voler des armes au moyen desquelles ils pouvaient ensuite exercer des actes de justice populaire qu'on nomme *White-boysme*.

Le roi avait accordé au complice de l'accusé la grâce de n'être pas jugé, pourvu qu'il déclarât ce qu'il savait à la justice, et qu'il consentît à quitter l'Angleterre pour toujours.

Nous faisons remarquer aux avocats qu'une semblable manière d'opérer est vicieuse en plusieurs points : d'abord parce qu'elle sauve un coupable plus infâme encore que celui qu'elle fait condamner. Secondement parce qu'elle agit comme une prime en faveur du faux témoignage le plus redoutable, celui qui tend à faire condamner un innocent[1].

Ils répondent que c'est un ancien usage; que les accusés n'en souffrent pas autant que nous pensons, parce qu'il est de règle de ne croire le complice que quand d'autres témoignages l'appuient. Le juge, dans son résumé, rappelle, en effet, ce principe aux jurés.

Je n'en persiste pas moins dans ma première opinion; l'impression morale sur le jury étant le plus grand danger qu'ait à courir l'accusé, et cette impression ne pouvant être soumise aux règles de la jurisprudence.

Dans cette même affaire un *policeman* (espèce de gendarme) est reçu à déclarer les aveux que lui a faits l'accusé.

Ceci est plus dangereux encore pour le prisonnier que notre système d'examen.

L'accusé est condamné à la déportation pour la vie en vertu de White boys act.

Le juge, dans son résumé, fait remarquer aux jurés la fréquence de ces crimes, qui consistent à voler des armes sans aucun esprit de cupidité, mais uniquement pour troubler le pays.

La seconde affaire était caractéristique de l'état de l'Irlande.

---

[1] Ce mode de procéder est toujours en vigueur en Irlande (1864).

(*Note de l'Éditeur.*)

Un fermier renvoie son domestique : celui-ci se présente chez lui la nuit suivante, la bible d'une main et un pistolet de l'autre, et le force de prêter serment qu'il le reprendra à son service. Si l'individu qui a prêté un pareil serment y manque, celui qui le lui a fait prêter se croit autorisé à le tuer.

Ces crimes sont très-communs. Il n'en est point qui indique mieux l'état de civilisation imparfaite où se trouve l'Irlande. Quel singulier mélange de religion et de scélératesse, de respect pour la sainteté du serment qui forme le fondement de toute société, et de mépris pour toutes les lois de la société !

Pour prouver l'alibi de l'accusé, trois témoins se présentèrent; la croyance commune est qu'ils affirmaient une chose fausse. Mais le faux serment pour sauver un homme et pour tromper la justice qui vous opprime et qu'on déteste, n'est presque plus coupable aux yeux de la population.

La troisième affaire était également caractéristique de l'Irlande : Un fermier avait été renvoyé de sa terre. La femme du successeur avait été très-maltraitée par esprit de vengeance. Presque tous les crimes de l'Irlande prennent naissance dans des querelles pour la possession de la terre.

Pendant que le jury délibérait dans cette affaire, le juge a formé un autre jury, devant lequel on a commencé l'affaire suivante sans perdre de temps. On a ensuite interrompu un instant celui-ci pour entendre le verdict du premier et pour rendre la sentence.

Remarque générale : Dans toutes les affaires que nous avons vues, le jury prend son parti infiniment plus vite que le jury français, quoique l'unanimité soit nécessaire.

Officier analogue au ministère public.

Il existe pour chaque district d'assises un fonctionnaire qu'on nomme *the Clerk of the Crown*. Il y a six officiers de cette nature en Irlande ; ils résident habituellement à Dublin ; mais ils correspondent avec les magistrats et les policemen de leur district. Ce sont eux qui préparent les affaires criminelles et dirigent les assignations à donner aux témoins. Ceci est un ministère public incomplet, mais déjà très-utile.

Kilkenny, 26 juillet 1835.

Comment l'aristocratie peut former un des meilleurs et des plus mauvais gouvernements qui soient au monde [1].

Imaginez-vous une aristocratie qui ait pris naissance sur le sol même où elle domine, ou dont l'origine se perde dans l'obscurité des siècles passés. Donnez à cette aristocratie un intérêt à s'unir avec le peuple pour résister à un pouvoir plus grand que celui de l'aristocratie et que celui du peuple, mais plus faible que celui de l'aristocratie et du peuple unis ensemble, de telle sorte

---

[1] Ce morceau a été écrit à Kilkenny pendant le séjour que nous y avons fait ensemble (juillet 1835), à la suite d'une conversation où nous avions établi un parallèle entre l'aristocratie d'Angleterre et celle d'Irlande, et après laquelle nous avions composé chacun notre version. La mienne a formé le commencement du chapitre II de la Ire partie de l'*Irlande sociale, politique et religieuse* (t. Ier). Tocqueville n'aurait probablement jamais publié la sienne, par le même sentiment de réserve qui l'empêcha de publier *Quinze jours au désert*. Voyez notice, tome V.

(*Note de l'éditeur.*)

que plus le peuple est riche et éclairé, plus l'aristocratie est assurée de son existence; plus les droits de l'aristocratie sont respectés, plus le peuple est certain de conserver la jouissance des siens. Figurez-vous une aristocratie qui ait la même langue, les mêmes mœurs et la même religion que le peuple; qui soit à la tête, mais non au-dessus des lumières du peuple; qui le dépasse en tout un peu, infiniment en rien. Concevez une classe moyenne s'élevant peu à peu en importance au milieu de ces conditions premières, et parvenant par degrés à partager le pouvoir et bientôt après tous les priviléges de l'ancienne aristocratie, de manière que l'argent, que tout le monde peut espérer d'obtenir, se mette peu à peu à la place de la naissance qui ne dépend que de Dieu; et qu'ainsi l'inégalité même vienne à favoriser la richesse de tous : car chacun alors espérant arriver à partager les priviléges du petit nombre, il se fait un effort universel, une contention de tous les esprits vers l'acquisition du bien-être et des richesses.

Faites de cette nation le centre d'un commerce immense, de telle sorte que les chances d'arriver à cette richesse, avec laquelle on parvient à tout le reste, se multiplient à l'infini.

Imaginez toutes ces choses, et vous aurez un peuple chez lequel les hautes classes seront plus brillantes, plus éclairées, plus sages; les classes moyennes plus riches; le pauvre plus aisé qu'ailleurs; où l'État sera ferme dans ses desseins comme s'il était gouverné par un seul homme, puissant et fort comme s'il s'appuyait

sur la volonté libre de tous les citoyens; où le peuple se
soumettra à la loi comme s'il la faisait lui-même, et où
l'ordre règnera comme s'il ne s'agissait que d'exécuter
les volontés d'un despote; où chacun enfin étant content
de sa destinée, sera fier de son pays et voudra être fier
de lui-même.

Figurez-vous maintenant une aristocratie qui se soit
établie en conquérante à une époque assez récente pour
que les souvenirs et les traces de l'événement soient encore présents à tous les esprits. Placez le temps de la
conquête dans un siècle où le vainqueur ait déjà presque toutes les lumières de la civilisation et où le vaincu
soit encore dans un état de demi-barbarie, de sorte que
le plus fort par la puissance morale soit aussi le plus
puissant par la force de l'intelligence, placé, sous les
deux rapports, aussi loin que possible du vaincu. Donne
à ces hommes déjà si dissemblables et si inégaux une
religion différente, de sorte que le noble ne méprise pas
seulement le peuple, mais le haïsse; que le peuple ne
haïsse pas seulement le noble, mais le damne. Loin de
donner à cette aristocratie ainsi constituée une raison
particulière de s'unir au peuple, donnez-lui une raison
particulière de ne pas s'unir avec le peuple, afin de
rester semblable à la nation dont elle est sortie, dont
elle tire encore toute sa force, et à laquelle elle se fait
gloire de ressembler. Au lieu de lui donner un motif
spécial de ménager le peuple, donnez-lui un motif spécial de l'opprimer, en mettant sa confiance dans cet
appui étranger, qui fait qu'elle n'a rien à craindre des

suites de sa tyrannie. Accordez à cette aristocratie le pouvoir exclusif de gouverner et de s'enrichir. Défendez au peuple d'arriver jusqu'à elle, ou si vous le lui permettez, imposez à ce bienfait des conditions qu'il ne peut accepter, de manière que, livré à lui-même, étranger aux classes supérieures, en butte à leur inimitié, sans espérance de pouvoir améliorer son sort, finissant par s'abandonner lui-même et à se trouver satisfait lorsque, après mille efforts, il parvient à ne pas mourir de faim : tandis que le noble, de son côté, privé de tout ce qui stimule l'homme vers les actions grandes et généreuses, s'endort dans un égoïsme sans lumière. Vous aurez certes un affreux état de société, un état dans lequel l'aristocratie aurait tous les défauts et toutes les maximes des oppresseurs; le peuple, tous les vices et toutes les lâchetés des esclaves; où la loi servira à détruire ce qu'elle devait protéger; la violence, à protéger ce qu'elle cherche ailleurs à détruire; où la religion semblera ne puiser ses forces que dans les passions qu'elle devrait combattre, et ne subsister que pour empêcher les haines de s'oublier et les hommes d'établir entre eux la fraternité qu'elle-même leur enseigne.

Les deux sociétés que je viens de décrire ont été cependant fondées toutes les deux sur les principes de l'aristocratie. Bien plus, ces deux aristocraties ont la même origine, les mêmes mœurs, presque les mêmes lois. L'une cependant a donné, pendant des siècles, aux Anglais, un des meilleurs gouvernements qui fût au monde; l'autre, aux Irlandais, un des plus détestables qu'on ait jamais imaginé.

L'aristocratie peut donc être soumise à des circonstances particulières qui modifient sa nature et ses effets; et il faut bien prendre garde en la jugeant de prendre ces circonstances pour elle. La vérité est que le principe aristocratique a été soumis, en Angleterre, à des faits particulièrement heureux; en rlande, à des circonstances particulièrement funestes. Il ne serait juste de juger théoriquement l'aristocratie ni par l'un ni par l'autre de ces deux peuples. Ils forment des exceptions. La règle est ailleurs...

..... Ici, pour compléter ce morceau, il faut rechercher quels sont les vices et les vertus les plus naturels à l'aristocratie...

Un curé catholique et un ministre protestant en Irlande.

J'avais eu soin, en quittant Dublin, de me munir d'un grand nombre de lettres de recommandation. J'en avais pris pour des hommes de tous les partis, et principalement pour les prêtres des deux cultes qui divisent l'Irlande religieuse. Me trouvant à Tuam, dans la province de Connaught, j'examinai mes lettres, et j'en remarquai deux qui portaient l'adresse du même village. En regardant de plus près la suscription de ces deux lettres, je m'aperçus que l'une me recommandait au curé catholique de la paroisse, et l'autre au ministre protestant. Je saisis avec empressement cette occasion de voir dans un cadre très-étroit un tableau dont j'avais déjà aperçu les portions détachées, et je m'acheminai vers le village de ***.

Je suis d'abord une belle route de traverse qui mène au château, et la quitte bientôt pour prendre un petit sentier qui s'ouvre dans la campagne, et qui me conduit à l'entrée du village bâti au fond d'une vallée, ou plutôt d'un ravin, que resserrent de chaque côté deux collines assez élevées et couvertes de pâturages. Au fond de ce ravin coulait un torrent, qui grossissait sans doute dans l'hiver, mais qui, à l'époque à laquelle se rapporte cette note, ne présentait qu'un lit rocailleux et presque entièrement desséché. Le lit de ce torrent paraissait former l'unique rue du village, dont les maisons semblaient s'être resserrées pour trouver place entre lui et les deux collines voisines. Je doublai le pas pour traverser plus vite ce malheureux village dont la vue me repoussait; mais tout en passant, je ne pus m'empêcher de remarquer ce que j'avais déjà tant de fois vu en Irlande.

Peindre ici l'habitation de l'Irlandais : maison de boue durcie au soleil ; toit de chaume où l'herbe pousse, ni fenêtres, ni cheminée : le jour entre par la porte, la fumée en sort... Le cochon dans la maison et le fumier. Tête et pieds nus...

..... Le pas d'un étranger dont la marche seule faisait rouler les pierres du torrent, attira bientôt l'attention des habitants du village. Je vis se presser à leur porte des hommes, des enfants, des vieillards qui jetèrent sur moi un regard de surprise.

Plus loin, j'aperçus cinq ou six hommes pleins de force et de santé, couchés nonchalemment sur le bord du ruisseau. Si j'avais moins connu l'Irlande, cette paresse au milieu d'une si grande misère aurait excité mon indignation; mais je connaissais assez ce malheureux pays pour savoir que sans cesse le travail y manque, même à l'ouvrier laborieux.

Je m'arrêtai enfin, et cherchai des yeux un habitant auquel je pus demander le chemin qui devait me conduire à la demeure du curé. Dans cet endroit, le lit du ruisseau s'était resserré, et on apercevait entre les pierres un filet d'eau limpide qui courait avec rapidité entre les pierres opposées à son passage, et dont la marche était tout à coup barrée par un gros rocher. Près de cette espèce de réservoir naturel, une petite fille de sept à huit ans était occupée à puiser de l'eau dans une cruche de terre. J'allai à elle, et tandis qu'elle était encore penchée vers la surface de l'eau, je lui dis : Savez-vous, mon enfant, où demeure le curé de ce village? Au son de ma voix, l'enfant se releva avec rapidité, et, rejetant avec ses deux petites mains la chevelure blonde qui couvrait son front, elle fixait sur moi des yeux bleus pleins de finesse et d'intelligence. Je répétai ma question, dont la naïveté amena un sourire sur les lèvres de l'enfant. *Come along with me, sir* [1], me dit-elle pour toute ré-

_____
[1] Suivez-moi, monsieur.

ponse; et, laissant sa cruche à moitié pleine, elle se mit
à marcher, ou plutôt à courir devant moi, sans paraître
sentir sous ses pieds nus l'atteinte des pierres dont ma
chaussure épaisse ne pouvait garantir les miens. Nous
parvenons ainsi jusqu'à un endroit du village où la vallée
venant un peu à s'ouvrir, avait permis aux habitations de
s'étendre. Nous quittons en cet endroit le lit du torrent;
et après avoir passé à travers deux ou trois misérables
ruelles, nous nous trouvons en face d'une demeure dont
l'aspect extérieur annonçait du moins une certaine aisance. C'était une petite maison bâtie en pierres, ayant
quatre fenêtres de face et un étage. Elle était couverte
de chaume comme le reste du village. Mais le chaume
en était neuf et les chevrons en bon état. Tout autour
de la maison s'étendait un petit potager qu'une haie
très-légère préservait de l'atteinte des animaux domestiques. Il était fermé par une petite barrière qu'on ouvrait en tout temps à volonté. L'enfant qui me servait
de guide, poussa la barrière, traversa le jardin et ouvrit
sans hésitation la porte du presbytère. J'aperçus alors
dans l'intérieur de la maison un escalier fort propre en
bois qui conduisait à l'étage supérieur. Ma conductrice
grimpa lestement jusqu'au haut de cet escalier, et sans
se donner la peine de se retourner pour voir si je l'avais
suivie, elle frappa doucement à une porte entr'ouverte.
Une voix forte répondit du dedans : *Come in* (entrez).
La porte s'ouvrit, et nous nous trouvâmes en face de
l'homme que je venais chercher. La petite fille, en
l'apercevant, fit une profonde révérence, et dit : « Voici

un gentleman qui a demandé à parler à Votre Honneur. — C'est bien, mon enfant, » dit le curé en souriant ; et ma petite conductrice disparut en un clin d'œil. Je donnai à mon hôte la lettre de recommandation que j'avais pour lui ; et tandis qu'il la lisait, j'examinais avec curiosité l'homme auquel on m'avait adressé, et sa demeure. Une salle carrée, simple, mais très-propre et très-bien éclairée ; quelques gravures représentant des sujets d'église, suspendus le long des murs ; un petit crucifix d'ébène sur la cheminée. Sur la table un bréviaire et des journaux ; tout à côté une chaise de bois et de jonc contre laquelle était appuyé un gros bâton noueux, surmonté d'un feutre noir à large bord ; tel était le spectacle que présentait l'intérieur de l'appartement. Le curé me parut un homme dans la force de l'âge : ses membres musculeux et son teint brûlé par le soleil annonçaient une vie active et saine. Il était habillé et coiffé comme un laïc.

Après avoir parcouru la lettre que je lui avais remise, il me tendit la main avec cordialité ; et, fixant sur moi un regard ferme et franc : « Soyez le bienvenu, monsieur, me dit-il, je ne sais si vous êtes catholique ou protestant ; mais, que vous soyiez l'un ou l'autre, vous n'en ferez pas moins maigre aujourd'hui (c'était un samedi). Je ne vous attendais point, et il faudra vous contenter de mon dîner. Quant au coucher, mon vicaire est parti pour aller visiter sa famille à Galway, et vous pourrez occuper son lit. » Je l'assurai que je me trouverais à merveille dans sa demeure ; et m'ayant mené dans ma nouvelle chambre, il me quitta pour aller donner ses ordres pour le dîner.

Au bout d'un quart d'heure, il revint me dire que tout était prêt; et nous descendîmes l'un et l'autre dans une salle au rez-de-chaussée où la table était dressée. Le linge était blanc, le couvert simple, et le repas fort modeste consistait en un gros morceau de saumon, des pommes de terre et une espèce de gâteau fait à la hâte, seul extra que ma présence eût occasionné. Un vieillard, moitié sacristain, moitié valet, nous surveillait d'un air tranquille et benin, et pourvoyait avec une grande attention à nos besoins.

Le dîner, comme on peut croire, fut court; et mon hôte s'apercevant que je ne tenais pas à suivre la coutume anglaise et à rester à table en buvant, me dit :

« J'ai quelques visites à faire ce soir à plusieurs de mes paroissiens; si vous voulez, monsieur, m'accompagner, peut-être trouverons-nous le long du chemin des occasions de causer que nous chercherions inutilement ici. »

J'acceptai la proposition avec empressement; et mon hôte ayant chaussé de gros souliers et mis son bâton sous son bras, nous sortîmes ensemble et entrâmes dans le village. A sa vue, les femmes faisaient la révérence et se signaient dévotement. Les hommes ôtaient leur chapeau avec respect; lui ne saluait personne, et ne paraissait même pas s'apercevoir du respect qu'il faisait naître. Mais tout en marchant et sans s'arrêter, il adressait la parole à chacun. « Comment va aujourd'hui votre vieux

père? disait-il à l'un. —Quand votre femme fera-t-elle ses
relevailles, John? disait-il à l'autre. — Quel nom donne-
rons-nous à votre enfant? dit-il à une pauvre femme qui
respirait un instant l'air pur à la porte de sa hutte? —
Si Votre Honneur voulait le choisir elle-même, disait la
femme, ce serait une grande joie pour nous? — Char-
geons la Providence de ce soin, disait le curé en souriant; donnons-lui le nom du saint dont la fête tombera
le jour de sa naissance. — Pourquoi n'avez-vous pas envoyé votre fils à l'école ces derniers jours? ajoutait-il
d'un ton sérieux et presque sévère à un paysan mieux
habillé que les autres. N'est-ce pas à vous à donner
l'exemple? » Tout en cheminant de la sorte, nous ga-
gnâmes le bout du village où j'avais déjà vu en passant
ces jeunes gens oisivement couchés le long du ruisseau.
Je les aperçus de loin à la même place; mais ils se levèrent à notre approche. « Vous n'avez donc pu encore
trouver d'ouvrage aujourd'hui? leur dit le curé. — Non,
répondirent-ils; nous avons cependant été chez le fermier ***, comme Votre Honneur nous avait conseillé
de le faire. Mais le fermier *** lui-même vient d'être
chassé de sa ferme par l'agent du lord. » Le curé plia
les épaules comme s'il eût senti un lourd fardeau s'y
placer. « Que voulez-vous, mes enfants, dit-il, un jour
viendra peut-être où il n'y aura en Irlande que les paresseux qui soient exposés à mourir de faim. Ce temps-là
n'est pas encore venu : ayons confiance en Dieu. » Nous
quittâmes la rue du village en cet endroit, et nous
prîmes sur la gauche un petit chemin creux qui condui-

sait dans un autre vallon. Quand nous y eûmes fait quelques pas, mon compagnon s'arrêta tout à coup, frappa la terre de son bâton, et se retournant il me dit : « Un pareil état de choses est-il tolérable, monsieur ? Dieu a dit que l'homme après sa chute serait obligé de gagner sa subsistance à la sueur de son front. Mais ici on va plus loin que la malédiction divine, car vous venez de voir des hommes sans pain, qui ne demandent qu'à travailler pour vivre ; et quand vous penserez qu'en Irlande plus d'un million de nos semblables sont réduits à cette extrémité, ne direz-vous pas comme moi qu'un pareil état de choses ne saurait être supporté plus longtemps ?

— J'ai entendu dire, répliquai-je, que le marquis de X..., qui possède, je crois, de grandes propriétés dans cette paroisse, était venu habiter son château. Pensez-vous que s'il savait ce qui se passe, il ne chercherait pas à diminuer l'extrême détresse qui règne en ce moment sur son domaine ? .

— Il faut que vous connaissiez bien mal l'état de l'Irlande pour me faire une semblable question, me dit le curé. Ne savez-vous pas que l'aristocratie est la cause de toutes nos misères, et qu'elle n'adoucit aucun des maux qu'elle fait naître ? Savez-vous, monsieur, qui empêche le pauvre de mourir de faim en Irlande ? C'est le pauvre. L'homme que la *faim* presse, se présente sans crainte à la porte des chaumières : il est sûr de recevoir de quoi apaiser sa *faim*. Mais à la porte des châteaux il ne rencontre que des laquais galonnés qui le renvoient avec

dureté, ou des chiens mieux nourris que lui qui le re-
poussent cruellement. Pour faire l'aumône, le petit fermier épargnera l'engrais à son champ; il portera des
habits en guenilles; sa femme accouchera sur de la
paille, et ses enfants n'iront pas à l'école. Que fait le
lord pendant ce temps? Il se promène dans d'immenses
domaines entourés de grands murs. Dans l'enceinte de
son parc tout respire l'opulence et la splendeur; au dehors la misère gémit, mais ne s'aperçoit ni ne s'entend.
Le riche fuit le pauvre, et s'il se trouve par hasard face
à face avec lui, il répond à ses prières : « Je me suis fait
un devoir de ne pas encourager la mendicité. » Il profite
des besoins du pauvre fermier pour en tirer une rente
énorme, et il va dépenser en France ou en Italie l'argent
acquis de cette manière; et quand il revient un instant
parmi nous, c'est pour expulser de ses terres le fermier
en retard et le chasser de sa demeure, ainsi que vient
de faire lord *** au pauvre ***. Vous semble-t-il équita-
ble, monsieur, que cet homme, avec ses quatre-vingt
mille acres et ses quarante mille livres sterling de revenu (un million de francs), échappe à tous les devoirs
de la société, ne secoure ni directement par ses dons,
ni indirectement par ses travaux, les misères qu'il a
faites, tandis que le pauvre s'arrache une partie du nécessaire pour secourir des maux qui ne sont pas son ouvrage? Notre aristocratie, monsieur, a un intérêt positif à
continuer à rendre le peuple misérable : car plus le peuple est misérable, plus il est facile de lui imposer de
dures conditions dans le louage des fermes. Chaque jour

nous voyons les grands propriétaires, pour un intérêt pécuniaire insignifiant, changer le système de culture et priver tout à coup d'emploi la moitié des cultivateurs du canton. — Mais, dis-je, vous avez en Irlande un certain nombre de grands propriétaires catholiques, ceux-là donnent, sans doute, d'autres exemples? — Nullement, répliqua le curé. Catholiques et protestants oppriment le peuple à peu près de la même manière. Du moment où un catholique devient un grand propriétaire, il conçoit pour les intérêts du peuple ce mépris égoïste qui semble naturel à l'aristocratie...

Tout en causant nous étions arrivés à peu de distance d'une maison qui, quoique plus spacieuse que celles du village, avait un aspect presque aussi misérable. Ce qui la distinguait le plus était un certain nombre de petites fenêtres, ou plutôt de trous de différentes formes qui avaient été percés dans ses murs de terre, et dans lesquels on avait placé les débris de quelques carreaux de vitre. Un certain nombre de paysans étaient assis à la porte, et dans l'intérieur j'aperçus plusieurs têtes d'enfants. — C'est notre école, me dit le curé, elle n'est point magnifique, comme vous voyez; mais le désir qu'a la population de s'instruire supplée aux moyens d'instruction et à l'habileté qui manque au maître. Nous entrâmes : la maison, ou plutôt la salle (car la maison entière ne formait qu'une salle), contenait une trentaine d'enfants. L'espace était trop resserré pour qu'on pût s'y asseoir et, d'ailleurs, l'école ne contenait point de chaises. A l'un des bouts se tenait le maître : c'était un homme d'un âge mûr, qui faisait la classe pieds nus à des enfants en guenilles. Cette école était en effet très-misérable, mais il y régnait aussi, comme me l'avait dit le prêtre, une ardeur de travail qui ne se rencontre pas toujours dans les riches universités d'Angleterre.

Nous continuâmes notre course, et le curé reprenant la parole : Il y a quarante ans, monsieur, un catholique qui eût osé donner de l'instruction à ces pauvres enfants eût été sévèrement puni ; et ils se plaignent que la population catholique soit encore à moitié barbare ! Vous ne pouvez vous figurer, monsieur, l'ardeur que montrent ces malheureux à s'instruire, dès qu'on leur en fournit le moyen. La génération qui s'élève ne ressemblera pas à celle que nous voyons : c'est là qu'est l'espérance de l'avenir.

— Mais ne pensez-vous pas, monsieur le curé, dis-je, que si la civilisation gagne, la foi pourra peut-être perdre au change ?

— Nous ne saurions admettre une pareille conséquence, monsieur, répliqua vivement le prêtre. La religion est appuyée sur des preuves assez solides pour ne pas craindre la lumière, et comment voulez-vous d'ailleurs, monsieur, que ce pauvre peuple parvienne jamais à résister à l'oppression qui l'accable, si du côté où se trouvent la richesse et la force se trouve aussi le savoir ?

L'instruction, monsieur, est aujourd'hui un besoin vital pour l'Irlande. Les protestants disent que la population catholique est à demi barbare, qu'elle est ignorante et sans industrie. Cela est vrai en partie ; mais à

qui la faute, monsieur, sinon à ceux qui, par une tyrannie de trois cents ans, ont réduit à cet état le peuple le
plus actif et le plus intelligent qui soit au monde? Ce
peuple arrivera un jour à se gouverner lui-même : ce
moment approche ; il ne saurait beaucoup tarder. Quel
serait le sort de la société si le pauvre, en devenant puissant, restait plongé dans l'ignorance ?

— Le gouvernement anglais, repris-je, commence lui-
même à apercevoir le danger. Il s'efforce en ce moment
de créer des écoles qui ne soient ni catholiques ni protestantes, et où, par conséquent, les catholiques et les
protestants puissent également aller. Approuvez-vous ce
plan nouveau ?

— Oui, dit le curé. Mais jusqu'à présent notre paroisse
s'est trouvée trop pauvre pour faire les dépenses premières qu'exige l'école établie par l'État.

— Et vous ne craignez pas, ajoutai-je, que l'instruction ainsi séparée de la religion ne soit plus funeste
qu'utile? — Non, monsieur, dit le prêtre. Au sortir de
l'école, les enfants tombent dans nos mains ; et c'est à
nous à diriger leur instruction religieuse. L'école leur
apprend les éléments des connaissances humaines,
l'Église leur enseigne le catholicisme : à chacun sa part.
Tous les moyens d'instruire le peuple sont bons. L'instruction est un besoin vital pour l'Irlande.

— J'ai oublié de vous demander, monsieur, dis-je à
mon conducteur, dans quel but cette troupe de paysans
était réunie à la porte de l'école. — J'allais vous le dire,
répliqua le prêtre, pour vous montrer à quel point notre

population commence à être saisie du désir de connaître. Les hommes que vous avez vus sont de pauvres cultivateurs qui viennent de finir leur journée ; et ils se sont réunis à la porte de l'école, afin que le maître, après avoir donné ses leçons, leur fasse à haute voix la lecture du journal. — Et qui leur fournit ce journal, dis-je? — C'est moi, qui le reçois, dit le curé.

— Eh quoi ! repris-je, ne voyez-vous aucun inconvénient à de semblables lectures ? — Et lesquels, répliqua le curé? La publicité n'est-elle pas elle-même un grand élément de moralité publique? Ceux qui veulent faire des fautes n'ont-ils pas soin de se cacher? et le meilleur moyen de contenir chacun dans son devoir n'est-il pas de lui montrer qu'il ne peut en sortir qu'au grand jour? La liberté de la presse, monsieur, est la première et peut-être la seule arme efficace que l'opprimé ait contre l'oppresseur, le faible contre le fort, le peuple contre le gouvernement et les grands. La liberté de la presse a existé nominalement en Irlande depuis plus d'un siècle ; mais ce n'est que d'aujourd'hui qu'elle devient une puissance réelle.

Nous étions alors parvenus à l'entrée d'un petit sentier battu qui, après avoir serpenté au milieu d'une prairie, aboutissait enfin à un bouquet d'arbres qui s'élevaient au pied de la colline autour de laquelle nous avions tourné. Le curé tira sa montre et dit : Le temps nous presse, le soleil va se coucher. Je ne puis cependant résister au désir de vous conduire jusqu'à ces arbres que vous apercevez là-bas. Doublons le pas ; et nous aurons

bientôt regagné le temps perdu. Il marcha le premier :
je le suivis.

Nous parvînmes ainsi en peu d'instants jusqu'au lieu
que m'avait indiqué le prêtre. Trois grands noyers, chargés de fruits et pliés par les années, ombrageaient un
petit cimetière de campagne. Cinquante pas plus loin on
voyait les ruines d'une ancienne église, dont les arceaux
gothiques couverts de lierre, étaient encore debout et
surmontés d'une croix de bois toute vermoulue. A côté de
ces ruines vénérables s'élevait une chapelle catholique,
toute neuve, que couronnait une croix de pierre. Le curé
s'arrêta un instant en cet endroit, et s'appuyant contre
le tronc d'un de ces noyers, il jeta un regard mélanco-
lique sur ces ruines, et un œil plein de complaisance sur
la petite chapelle qui semblait s'être élevée au milieu
de ces débris.

— Les ruines que vous voyez, monsieur, me dit-il, sont
les seuls restes d'une des plus belles églises qu'aient élevées la piété de nos pères. Les protestants l'ont détruite.
Mais il est plus facile de renverser des pierres que d'extirper une religion du cœur des hommes. Les hérétiques
ont dévasté le sanctuaire. Ils ont fait paître leurs troupeaux parmi les débris de l'autel ; mais ils n'ont pas
empêché la vénération du peuple de s'attacher à ces
pierres insensibles. Nous n'avons pas pu venir prier où
avaient prié nos pères ; mais nous avons continué à en-
terrer nos morts au lieu qui avait été jadis béni, et qui
contient leurs cendres. Quand la liberté de conscience
nous a été rendue, nous n'avons point aussitôt essayé de

relever ce monument abattu ; nous étions trop pauvres pour cela ; mais nous avons du moins planté au haut de ses murs une croix de bois.

Le curé, en achevant ces mots, reprit son bâton qu'il avait un instant appuyé sur l'arbre, et s'avança vers la chapelle nouvellement élevée. C'était un petit édifice grossièrement bâti en pierre, et couvert d'une toiture en ardoise, dont on pouvait sans peine étudier le genre de construction à l'intérieur ; car elle n'avait ni voûte ni plafond. Le plancher était fait de terre battue ; l'autel était en bois ; les murs ne présentaient ni tentures ni tableaux. Ils étaient restés dans l'état où le maçon les avait laissés. La nef de cette petite église était coupée en deux par un plancher de bois, formant amphithéâtre à l'étage supérieur, soutenu de piliers placés de distance en distance. C'était un moyen de donner accès dans l'église à un grand nombre de personnes sans augmenter l'étendue du bâtiment et sans accroître les frais de construction. L'église contenait un très-petit nombre de bancs et point de chaises. Au moment où nous entrâmes, cinq ou six paysans étaient agenouillés sur la terre nue, et semblaient plongés dans un recueillement si profond, que le bruit de nos pas n'attira point leur attention.

Le curé fit une courte prière et sortit. Quand il fut revenu près des noyers, il s'arrêta encore, et jetant en arrière un regard plein de joie et de complaisance : Monsieur, me dit-il, vous verrez dans un quart d'heure un homme qui se rappelle le temps où l'on célébrait la messe dans un fossé, tandis qu'une partie des assistants faisait sentinelle, de peur d'être saisis par les agents de la justice. Il y a dix ans, lorsque je suis arrivé dans cette paroisse, nous célébrions encore l'office divin au milieu d'une grange. Dieu soit loué, nous pouvons enfin nous réunir dans un lieu qui ne soit consacré qu'à la célébration de nos saints mystères ; et cette église, monsieur, ajouta-t-il avec un air de triomphe, cette église a été élevée à l'aide de contributions volontaires.

— Elle est, repris-je, bâtie avec la plus grande simplicité. J'ai cependant de la peine à concevoir comment vos paroissiens ont pu subvenir aux dépenses de sa construction.

— Le diocèse tout entier est venu à notre secours, répliqua le curé. Nous avons fait quêter chez nos frères. L'ardeur et la bonne volonté du peuple ont fait le reste.

Mais nous oublions que le temps nous presse, s'écria le prêtre en jetant un regard sur le disque du soleil qui descendait rapidement vers les bords de l'horizon. Nous parlons et il faut agir.

Ayant dit ces mots, au lieu de reprendre le sentier suivi jusque-là, il prit à travers la prairie qui couvrait le flanc de la colline, et se mit à le gravir avec une telle rapidité, que j'avais peine à le suivre. En cinq minutes nous fûmes sur le sommet. J'aperçus alors, à peu de distance, une pauvre cabane qui était, comme je le découvris bientôt, le but que s'était proposé mon hôte dans sa course.

C'était une de ces misérables demeures qui couvrent

presque la surface de l'Irlande : une maison de boue,
sans fenêtres ; on avait allumé du ·feu au dedans, et la
fumée s'échappant par tous les trous d'un toit de chaume
à moitié détruit, donnait de loin à la maison entière
l'apparence d'un four à chaux. La porte était ouverte, et
dès qu'on nous aperçut, un homme, une femme et plusieurs enfants sortirent et vinrent à notre rencontre. —
Eh ! bien, O'Sullivan, dit le curé avec inquiétude à
l'homme, comment va votre père ? — Il s'affaiblit d'heure
en heure, répliqua le paysan, et si Votre Honneur ne
vient à son secours, je ne sais s'il ne mourra pas cette
nuit même. Le prêtre ne répondit rien et pressa le pas.
Nous arrivâmes bientôt à la porte de la cabane. Rien de
plus désolé que l'aspect de son intérieur. Un banc de
bois fixé contre l'un des murs, un coffre vermoulu, quelques instruments aratoires étaient les seuls objets qui
s'offrissent aux yeux. L'âtre était formé de quatre pierres
plates, au milieu desquelles brûlait lentement et obscu-
rément un pâle feu de tourbe, qui remplissait l'appartement beaucoup plus de fumée que de chaleur. Dans un
coin était couché un vieillard, qui semblait être arrivé
aux limites extrêmes de la vie. Pour empêcher qu'il ne
souffrît de l'humidité du sol, on avait eu soin d'étendre
sous son corps un peu de paille et des vêtements en guenille. En nous apercevant, le vieillard fit un effort et se
souleva sur sa main. Le curé entra seul et dit : Que Dieu
soit avec vous, mon vieil ami ! — Amen, répondit d'une
voix éteinte le moribond. Le prêtre s'approcha du lit,
mit un genou à terre, et se penchant sur la couche, il

reçut la confession du mourant. Toute la famille, restée
avec moi en dehors, s'était agenouillée sur le seuil. Le
soleil se couchait en ce moment; ses derniers rayons
pénétrant par la porte entr'ouverte dans l'intérieur de la
cabane, y jetaient une lumière inaccoutumée, et en
éclairant cette scène, la rendaient encore plus touchante.
La douleur physique et l'espérance se peignaient à la fois
sur la figure du vieillard, l'intérêt et l'inquiétude sur
les traits du prêtre.. — Ayez confiance en Dieu, mon
cher fils, dit le prêtre en se relevant enfin; quand on
a été aussi peu heureux que vous et qu'on a su comme
vous mettre à profit les misères de cette vie, on n'a rien
à craindre de l'autre. Je reviendrai demain, ajouta-t-il,
et il sortit. — O'Sullivan, dit-il au paysan qui interro-
geait son regard avec crainte, votre père est très-mal,
mais son plus grand danger me paraît venir de son extrême faiblesse. Envoyez ce soir Jane, dit-il, en montrant une petite fille de huit ou dix ans, qui fit une
révérence respectueuse en s'entendant nommer, envoyez
Jane au presbytère; je lui remettrai quelques provisions
fraîches qui réconforteront le malade.

Nous reprîmes notre route en descendant la colline,
et il me dit: J'ai déjà vu bien des mourants, et mon
expérience me fait craindre que ce malheureux n'ait pas
plus de vingt-quatre heures à vivre. Après tout, ajouta le
prêtre en secouant la tête avec tristesse, cet homme
n'est pas si malheureux de mourir. Je sais qu'il est en
retard sur son fermage; demain, peut-être, il sera expulsé de sa demeure; et quoiqu'il y soit bien misérable,

il y tient, monsieur, comme au seul lieu sur la terre qui puisse lui offrir un asile....

Nous venions de reprendre le chemin ordinaire, dont nous nous étions écartés pour quitter le vallon. C'était un petit sentier très-frayé, qui descendait comme un long ruban de sable jusqu'au bas de la colline.

Nous marchions en silence. Le prêtre semblait préoccupé de tristes pensées. Nous repassâmes près de la petite chapelle blanche, qu'environnaient de toutes parts les grandes ruines couvertes de lierre de l'abbaye et les simples mausolées du village. Je m'arrêtai un moment pour considérer de nouveau ces objets, et prenant la parole :

— Je vois, dis-je au prêtre, tous les efforts que fait cette pauvre population pour relever ses autels; et je ne puis m'empêcher de déplorer que pour l'accomplissement d'une si sainte entreprise, elle soit abandonnée à ses seules ressources.

— Ce qu'il faut déplorer, répondit le curé, c'est que la tyrannie du gouvernement, les exactions de l'aristocratie et l'avidité du clergé protestant aient réduit ce malheureux peuple à un tel degré de misère et d'infortune, qu'il lui soit si difficile de subvenir, même d'une manière incomplète, aux besoins de son culte. — Eh! quoi! répliquai-je, ne pensez-vous pas qu'il est à regretter que le gouvernement ne se charge pas lui-même d'élever des églises et de doter le clergé? S'il en était ainsi, la religion ne serait-elle pas plus honorée, ses ministres plus respectés et plus indépendants?

— Il n'y a que les ennemis de notre sainte religion, répondit avec force le curé, qui puissent tenir un pareil langage; ceux-là seuls qui veulent briser les liens qui unissent le prêtre et le peuple. Vous avez vu, monsieur, de quel œil on semble me considérer dans ce village. Le peuple m'aime, monsieur, et il a raison de m'aimer, car je l'aime moi-même. Il a confiance en moi et moi en lui. Chaque homme me considère en quelque façon comme un de ses frères, l'aîné de la famille. D'où vient cela, monsieur? C'est que moi et le peuple nous avons chaque jour besoin l'un de l'autre, le peuple partage librement avec moi le fruit de ses labeurs; et moi je lui donne mon temps, mes soins, mon âme tout entière. Je ne puis rien sans lui, et sans moi il succomberait sous le poids de ses misères. Entre nous se fait sans cesse un échange de sentiments affectueux. Le jour où je recevrais l'argent du gouvernement, le peuple ne me regarderait plus comme son ouvrage. Je serais peut-être tenté de croire, de mon côté, que je ne dépends plus de lui. Peu à peu nous deviendrions étrangers l'un à l'autre; et un jour peut-être nous nous considérerions comme des ennemis. Alors, monsieur, je deviendrais inutile au gouvernement lui-même qui me payerait. Si je prêche aujourd'hui la paix et la patience, on me croit, parce qu'on ne me suppose aucun intérêt à tenir un semblable langage. Mais si l'on pouvait voir en moi un agent de l'État, de quel poids serait mon avis?

— Mais ne pensez-vous pas, dis-je au prêtre, que si vous perdiez alors quelque chose du côté du peuple, vous le regagneriez du côté des hautes classes, plus près desquelles vous vous trouveriez placé?

— Nous perdrions au change, dit le curé, et la religion aussi. C'est dans le peuple, monsieur, que se trouve la racine des croyances. C'est lui qui croit fermement à un autre monde, parce qu'il est malheureux dans celui-ci; c'est lui dont l'imagination simple et naïve se livre sans réserve à la foi. Toute religion qui s'écartera du peuple, monsieur, s'éloignera de sa source et perdra son principal appui. Il faut marcher avec le peuple, monsieur, là est la force, et pour rester uni avec le peuple, il n'y a point de sacrifice qu'on doive regretter de s'imposer...

(Ici finit la rédaction, après laquelle ne se trouvent plus que les notes suivantes, formant évidemment le canevas de ce qui devait suivre).

Le lendemain le curé absent. Je veux aller chez le ministre protestant. Réponse d'une femme à laquelle je demande le chemin. Rencontre du curé, tout mouillé. Je lui avoue où je vais. Description du château (demeure de lord ***); style gothique. Serres, *grounds* (communs, parc, jardin, etc.), daims, enceinte murée. Je ne vois pas l'église. Je l'aperçois enfin faisant point de vue. Petite église gothique découpée et à jour. Belle maison à côté, au milieu d'un parterre de fleurs. L'église fermée; mais on va l'ouvrir. Dimanche. Le ministre revenu depuis peu d'un voyage de santé en Italie. Dedans de l'église : poêle, tapis, pews (bancs). Deux ou trois propriétaires riches. Beaucoup de valets. Apparence faible du prêtre. Sermon très-bien fait sur les obligations morales, allusion à la Saint-Barthélemy (29 août). Au sortir de l'église, je lui remets ma lettre. Je trouve un homme aimable et très-distingué de manières. Il me conduit à sa maison, me présente à sa femme, à sa fille; s'excuse de ce qu'elle ne peut jouer du piano, à cause du dimanche; regrette l'absence de son fils, officier, qui me montrerait le parc de lord X., dans lequel il a toujours entrée. Conversation qui tourne sur les mêmes objets traités par le curé. Instruction dirigée d'une certaine manière pour être bonne. Passion qui peut égarer. Société *Kildare-street*[1]. Besoin d'une aristocratie, d'une Église nationale, d'un clergé richement doté par l'État. Incapacité du peuple en général, et surtout du peuple irlandais, à se gouverner. Des sauvages!

. . . .

Retour. Sur le haut de la colline, d'un côté, les masures du village et la petite maison du curé ; de l'autre, le château, les *grounds*, et la fumée qui s'élève au-dessus des arbres qui environnent la maison du ministre.

Réflexions : Là la richesse, la science, le pouvoir; ici la force : diversité de langage. Où trouver la vérité absolue?

1er Août 1835.

Je me trouvais ce matin sur le haut d'une diligence à côté d'un vieillard. En passant par Ennis, chef-lieu du comté de Clare, il me dit : « Toute la contrée environnante appartenait jadis aux O'Connell. Ils levèrent un régiment en faveur du roi Jacques, et ayant été vaincus à La Boyne avec les autres, ils furent dépossédés. C'est l'héritier de cette famille qui, après deux cents ans, a rouvert les portes du parlement aux catholiques, en se portant comme représentant de ce même comté, dont ses pères avaient jadis occupé la plus grande partie.

---

[1] École au fond protestante.

Ceci mit mon compagnon sur la voie. Il partit de là
pour m'expliquer quel avait été le sort d'une foule de
familles et d'une multitude de propriétés passant par les
temps de Cromwell et de Guillaume III, avec une exactitude et une mémoire effrayantes. On a beau faire, le
souvenir des grandes persécutions ne se perd point, et
quand on a semé l'injustice, on en recueille tôt ou tard
les fruits.

Galway, 1ᵉʳ août 1835.

J'ai dîné aujourd'hui avec tous les avocats qui suivent
le *circuit*. La moitié, m'a-t-on dit, sont catholiques ;
mais je n'avais à côté de moi que des protestants, et la
plupart m'ont paru de furieux *Orange-men*. Il y en a un
entre autres qui m'a dit qu'on se trompait en accusant
des maux de l'Irlande le mauvais gouvernement. Je l'ai
alors reporté au temps des lois pénales, croyant qu'il
allait reculer ; mais point. Il m'a dit que dans ce temps
les lois pénales étaient nécessaires ; qu'il fallait bien contenir par la force des hommes qu'on ne pouvait ni gouverner ni se laisser gouverner eux-mêmes.

Galway, 1ᵉʳ août 1835.

Conversation avec M. West. M. West est un avocat
protestant de Dublin, le candidat tory de cette ville sur
lequel O'Connell ne l'a emporté que de quelques voix.

D. Croyez-vous que la loi des pauvres fût utile à l'Irlande ?

R. Je suis d'accord sur ce point avec M. O'Connell qu'elle serait nuisible. En Angleterre, où il se trouve huit riches contre un pauvre, où l'aisance et la richesse sont si incroyablement grandes ; en Angleterre même on a de la peine à supporter le fardeau de la loi des pauvres : que serait-ce en Irlande ?

D. J'ai entendu dire aux trois assises où je viens d'assister, que le nombre des crimes était décidément moins grand cette année que les années précédentes : quelle est la cause de ce changement ?

R. Il est dû à la volonté dans laquelle sont M. O'Connell et le clergé catholique de favoriser le ministère actuel. Ils maintiennent la population dans le calme, de même qu'ils la soulèvent à volonté.

D. Le pouvoir de M. O'Connell est-il aussi grand dans ce pays qu'on le suppose ?

R. Il est immense, et malheureusement M. O'Connell a un intérêt *permanent* à l'employer et à agiter le pays. M. O'Connell, avant de devenir homme politique, était un avocat très-distingué et très-occupé. Il gagnait 5,000 livres sterling par an (125,000 fr.). Il a quitté sa profession pour aller au parlement, et les catholiques, depuis ce temps, lui fournissent une indemnité volontaire qui monte souvent jusqu'à 10,000 ou 12,000 livres sterling (de 250,000 à 300,000 fr.). Il est connu que la somme est plus ou moins forte, suivant que l'agitation est plus ou moins grande. Vous voyez donc que son intérêt est de créer une nouvelle cause d'agitation, aussitôt que la cause actuelle perd de sa puissance.

D. Est-il vrai que l'aristocratie irlandaise est endettée ?

R. Oui, *to a certain extent* (jusqu'à un certain point).

D. Quelle en est là cause ?

R. Durant la guerre, la valeur des terres s'était immensément accrue. Le prix de location d'un acre est, en Irlande,

terme moyen, d'une livre sterling (25 fr.). Dans ce temps
c'étaient trois livres sterling (75 fr.). Tous les propriétaires
avaient pris certaines habitudes et contracté certaines obligations dont ils n'ont pu se départir. Telle est la cause de
leur détresse actuelle.

D. Est-il vrai qu'il y ait un certain nombre de familles
catholiques qui se soient enrichies depuis peu ?

R. Oui. Nous avions commencé par refuser aux catholiques le droit de devenir propriétaire; puis, en leur accor-
dant ce droit, nous les avons exclus des fonctions publiques :
d'où il est résulté que tout ce qu'il y avait d'hommes intelligents parmi eux se sont naturellement dirigés vers l'acquisition des richesses : et n'ayant pas les mêmes occasions de
dépenser leur argent que les riches protestants, ils ont accru
rapidement leur fortune.

Malgré cela, ce qui manque encore le plus aux catholiques et ce qui les empêche de se gouverner, c'est l'absence
d'une aristocratie. C'est un immense corps sans tête. On
peut malheureusement dire que dans ce pays-ci la société
est nettement divisée en deux parties : ceux qui ont le sol
et la richesse, et ceux qui ne possèdent ni l'un ni l'autre.
A des nuances près, tous les propriétaires sont conservateurs.

D. La nouvelle loi sur le grand jury a-t-elle détruit le
jobbing[1] ?

R. Je crois que de l'aveu de tout le monde elle l'a plutôt
augmenté. (C'est la première fois que j'entends dire une
pareille chose.)

D. Ne pensez-vous pas qu'il y a un grand inconvénient à

---

[1] Le mot de *Jobbing* n'a pas d'analogue en français. Toutes les fois
que, sous prétexte de l'intérêt général, un fonctionnaire public, ou quelqu'un investi d'un mandat électif, fait un acte qui ne profite qu'à lui
seul, c'est un Job; *Jobbing* est la pratique de la chose, laquelle existe un
peu en tous pays, même à défaut de *mot* pour l'exprimer.

faire choisir le grand jury par le sheriff, et à le composer exclusivement de grands propriétaires : ne vaudrait-il pas mieux le faire élire?

R. Je n'aime pas les élections appliquées à ces sortes de choses. Elles maintiennent la société dans un état perpétuel d'excitation, et ne diminuent ni l'intrigue ni les Jobs (argument de minorité).

D. D'où date la puissance de M. O'Connell?

R. Il y a vingt ans qu'il travaille à l'acquérir. M. O'Connell est assurément un homme doué d'un immense talent, d'une persévérance extrème et d'une ardeur infatigable. Mais il a un profond mépris pour le choix des moyens et peu de respect pour la vérité. Sa réputation a commencé par les *meetings*. Il n'y a pas d'homme qui sache manier la multitude comme M. O'Connell. Il a persuadé au peuple qu'il était très-malheureux, et lui a enfin conseillé d'opposer une résistance illégale au prélèvement de la dîme. En effet, quelques individus ont commencé à fouler la loi aux pieds de cette manière; puis d'autres ont suivi; le mal est devenu enfin si général, que la plupart des propriétaires de dîmes ont été contraints eux-mêmes de renoncer à l'exercice de leurs droits.

D. Mais où pensez-vous qu'il compte s'arrêter?

R. Quand il sera maître absolu de l'Irlande. Je lui ai entendu dire à lui-même, qu'il imposait aux ministres, pour les soutenir, deux conditions : abattre le parti orangiste et détruire l'Église d'Irlande.

D. Est-il vrai que les tories et les radicaux soient en présence maintenant en Irlande, et que le parti du milieu ou les whigs soit presque détruit?

R. Oui. Les moins avancés des Whigs sont devenus Tories; les plus avancés, radicaux. Maintenant on peut dire que l'Irlande n'est divisée qu'en deux partis.

D. Est-il vrai que les propriétaires irlandais pressurent autant que possible leurs fermiers?

R. Oui, mais ils sont très-gênés eux-mêmes. Il est vrai, d'ailleurs, que nous n'avons jamais agi aussi généreusement vis-à-vis des fermiers en Irlande qu'en Angleterre. Peu de fermes en Angleterre sont louées à leur valeur. L'habitude, en Angleterre, est de diviser le revenu en trois : un tiers pour les frais de culture, un tiers pour le maître et un tiers pour le fermier. Un fermier qui ne rencontre pas ces conditions, cherche fortune ailleurs. Ici il n'en est pas ainsi. De plus, nos grands propriétaires, en divisant démesurément la terre pour accroître le nombre des électeurs, ont augmenté beaucoup la misère publique.

Cork, août 18̈5.

A Cork on nous dit que tous les officiers de la corporation municipale sont protestants (sur 107,000 âmes dans la ville, il y a 80,000 catholiques). Cette corporation nomme le sheriff, qui est protestant, lequel nomme le grand jury, où il ne se trouve que deux catholiques. Or, les catholiques forment les 4/5ᵉˢ de la population de la ville, et les 19/20ᵉˢ de celle du comté ; et les protestants crient à l'oppression !

Galway, 2 août 1835.

Conséquences d'un mauvais gouvernement.

On tire quelquefois des vérités importantes, même des hommes que l'esprit de parti passionne le plus.

M. French, avocat, orangiste très-prononcé, nous disait aujourd'hui : « On se plaint de ce que les Irlandais sont paresseux et menteurs ; mais il faut songer que jadis ils ne pouvaient acquérir, ce qui ne donnait aucun stimulant à l'industrie ; et qu'ils étaient obligés de se cacher

et souvent de mentir pour accomplir les devoirs de leur
religion. Quand la loi a agi de telle manière que le mensonge puisse se trouver lié à l'idée d'un devoir moral,
il ne faut pas s'étonner que l'homme perde le respect général pour la vérité.

Galway, 2 août 1835.

Un sermon à Galway.

La corporation protestante de cette ville est en possession de l'ancienne cathédrale catholique : beau vaisseau
gothique qui est mis à l'usage de la centième partie de
la population (les 99 autres, qui sont catholiques, ont
seulement obtenu, depuis soixante ans, la permission
de se bâtir ailleurs, à leurs frais, une chapelle). L'église
est mal tenue. Les pavés sont disjoints ; on dirait qu'on
a de la peine à empêcher l'herbe d'y croître ; les murs
sont sales et à moitié dégradés. Tout près de la croix se
trouve un certain nombre de bancs (*pews*) fort propres
et commodes ; dans le chœur, un grand poêle. Tout le
reste de l'église est désert ; les bancs sont faits pour recevoir deux ou trois cents personnes. Le personnel ambu-
lant de la cour d'assises les a à peu près remplis. Tout le
reste est vide.

La congrégation tout entière semble composée de
riches, et tout au plus de leurs domestiques. Une heure
auparavant nous avions vu une immense population de
pauvres se presser sur le pavé nu d'une église catholique
trop petite pour les recevoir.

Le prédicateur parle avec talent, soigne son débit et a des gants blancs ; il dit des lieux communs sur la charité ; puis tournant tout à coup sur la politique, il expose que Dieu a bien ordonné le principe de l'aumône aux Juifs ; mais qu'il n'en a jamais fait une obligation *légale ;* que le principe de la charité est sacré ; mais que son exécution ,comme celle de tous les principes moraux, doit être abandonnée à la conscience (allusion à la loi des pauvres, contre laquelle les Orangistes luttent en Irlande). Passant de là aux avantages de la charité, il découvre qu'elle forme le plus grand lien de la société, et qu'il ne saurait y en avoir d'autres. Il y a bien, il est vrai, des insensés et des hommes pervers qui croient qu'on pourrait rendre les hommes égaux et se passer par conséquent de ce lien que le bienfait et la reconnaissance établissent entre le riche et le pauvre. Mais de pareilles doctrines sont manifestement contraires à la volonté de Dieu, qui a fait naître les hommes faibles et forts, habiles et sots, capables et incapables. La société doit former une échelle suivie, et son bonheur dépend du respect que chacun aura pour le rang de son voisin et de la satisfaction avec laquelle il occupera le sien. Les doctrines opposées ne peuvent être prêchées que par des ennemis de l'ordre, des agitateurs qui, après avoir privé le peuple des lumières célestes (la Bible), le poussent vers des actions destructives de la civilisation.

Le prédicateur finit par assurer son auditoire que l'argent de la quête n'est point destiné à soulager les misères des catholiques. Sans doute toutes les misères doivent intéresser les chrétiens. Mais l'Écriture ne dit-elle pas qu'il faut soulager les siens avant de songer aux étrangers ? Et cette morale n'est-elle pas surtout applicable à un petit corps comme celui que forment les protestants dans Galway, qui ont besoin d'être tous unis entre eux pour rester comme un témoignage vivant de la vraie religion privée de l'appui du nombre ?

Je m'en vais en pensant que la charité ainsi restreinte ne ruinera pas la congrégation. Car, à Galway, tous les protestants, à peu près, sont riches, et tous les pauvres, à très-peu d'exception près, sont catholiques.

Galway, 2 août 1835.

Que lorsqu'on laisse subsister les formes de la liberté, tôt ou tard elles tuent la tyrannie.

Nulle part cette vérité générale n'est mieux mise en relief qu'en Irlande. Les protestants, en conquérant l'Irlande, ont laissé des droits électoraux au peuple ; mais ils possédaient les terres, et, maîtres de la fortune des électeurs, ils dirigeaient à volonté leurs votes. Ils ont laissé la liberté de la presse ; mais, maîtres du gouvernement et de tous ses accessoires, ils savaient qu'on n'oserait pas écrire contre eux. Ils ont laissé le droit des meetings, se doutant bien que personne n'oserait se réunir pour parler contre eux. Ils ont laissé l'*habeas corpus* et le jury ; étant eux-mêmes les magistrats et en grande partie les jurés, ils ne craignaient point que les coupables leur échappassent. Les choses ont été merveilleu-

sement ainsi pendant deux siècles. Les protestants avaient
aux yeux du monde l'honneur des principes libéraux, et
ils jouissaient de toutes les conséquences réelles de la
tyrannie. Ils avaient la tyrannie légale, qui serait la pire
de toutes, si elle ne laissait pas toujours des voies ouvertes
à l'avenir de la liberté.

Le temps enfin est arrivé où les catholiques, étant
devenus plus nombreux et plus riches, ont commencé
par s'introduire sur le siége des magistrats et sur le banc
des jurés; où les électeurs se sont avisés de voter contre
leurs propriétaires; où la liberté de la presse a servi à
prouver le despotisme de l'aristocratie; le droit de s'assembler en meetings a permis de s'échauffer à la vue
de l'esclavage; dès lors la tyrannie a été vaincue par les
formes mêmes à l'ombre desquelles elle avait cru toujours
vivre, et qui lui avaient servi d'instruments pendant
deux cents années.

VOYAGE EN ALLEMAGNE

BADE, 1836

Bade, 1ᵉʳ août 1836. Notes sur Machiavel [1].

ALLEMAGNE DU QUINZIÈME SIÈCLE. BIENFAITS DE LA LIBERTÉ COMMUNALE AU MOYEN AGE.

Machiavel ayant été envoyé en Allemagne, en 1507, au-près de l'empereur Maximilien, fit, à son retour, au gouvernement florentin un rapport qui contient sur l'état de l'Allemagne de cette époque des détails extrêmement curieux. Il est impossible de jeter en moins de mots plus de clarté sur un sujet, que ne l'a fait ici Machiavel.

---

[1] *OEuvres complètes*, t. VI.

Ces notes sur Machiavel, dont les unes se rapportent à l'Allemagne, les autres à l'Italie du moyen âge, sont toutes étrangères à l'Allemagne moderne; on les donne cependant comme *Notes de voyages*, parce que c'est en Allemagne (en 1836) que Tocqueville les a écrites. C'était une pratique familière à Tocqueville d'étudier ainsi le passé des pays étrangers au milieu des vives impressions du temps présent.   (*Note de l'Éditeur.*)

Il montre le gouvernement de l'Allemagne partagé entre trois puissances :

1° L'Empereur ;

2° La noblesse ;

3° Les communes ou villes libres.

1° *L'Empereur.*

Quoique l'Empereur ait des revenus assez considérables, il lui est très-difficile d'exercer une grande influence sur le corps germanique, parce qu'il peut difficilement contraindre les nobles et les villes libres à lui obéir, et qu'il lui est presque impossible de réunir volontairement, pendant un temps un peu long, un si grand nombre de volontés différentes tendues vers le même but. Ce serait un des plus puissants princes du monde, s'il pouvait faire marcher l'Allemagne à son gré : car le pays est très-peuplé et très-riche ; mais toutes ses entreprises échouent par le défaut d'accord dans les *sujets*.

2° *La noblesse.*

La noblesse d'Allemagne est moins puissante que celle de beaucoup d'autres États, et en particulier que celle de France. Il faut la diviser en *noblesse ecclésiastique* et en *noblesse séculière.*

La noblesse ecclésiastique est fort affaiblie par le développement qu'ont pris les communes favorisées presque toujours par l'Empereur. Les plus grandes villes des électorats ecclésiastiques sont devenues ainsi presque indépendantes des électeurs.

La noblesse séculière est exposée également à cette cause d'affaiblissement, et de plus elle en a trouvé une autre dans la loi de succession, qui partage également les biens du père, contrairement à l'usage suivi en France et dans plusieurs autres pays.

5° *Villes libres.*

L'Allemagne est couverte de villes qui se sont soustraites avec le temps, soit entièrement, soit en partie, au joug de la féodalité et à celui du pouvoir impérial.

Ces villes, quoiqu'elles reconnaissent le droit de suzeraineté de l'Empereur, se gouvernent ordinairement elles-mêmes, ont leurs impôts, leurs troupes qui ne marchent que sous leurs bannières et par ordre de la commune.

Machiavel répète que ces villes forment le nerf de l'Empire ; qu'elles sont bien administrées, riches, prospères ; qu'elles ne montrent point l'ambition de conquérir, mais seulement le désir de conserver leur liberté. Presque toutes ont de grandes réserves en argent. Leurs dépenses sont peu considérables, parce qu'elles ne payent point de soldats étrangers comme les villes d'Italie, mais se servent de leurs propres citoyens, qui sont tenus de marcher à la guerre lorsque la commune l'ordonne, et qu'on exerce à cet effet pendant la paix. Il règne dans ces villes une grande simplicité et beaucoup d'aisance : ce qui fait que quand l'Empereur veut y solder des hommes pour la guerre, il faut qu'il les paye énormément cher, parce qu'ils se trouvent bien chez eux.

Machiavel faisant ensuite remarquer que ces villes ont souvent fait la guerre aux Suisses, ajoute : Il existe en effet une grande différence entre l'esprit de ces villes et celui des Suisses. Ceux-ci sont égaux entre eux et détestent toute espèce de noblesse. Dans les villes libres d'Allemagne au contraire il se trouve beaucoup de familles nobles, et l'on n'y hait que la grande noblesse, qui est assez forte pour asservir la cité.

Bade, 3 août 1836.

Résumé de l'histoire de Florence par Machiavel, depuis la fondation de la ville jusqu'en 1492, époque de la mort de Laurent le Magnifique.

L'histoire de Florence, depuis l'établissement de la République, en 1255, jusqu'à la mort de Laurent de Médicis, en 1492, c'est-à-dire pendant 237 ans, peut se diviser en trois grandes périodes :

La première (de 88 ans) commence en 1255 et finit en 1343 ; elle est occupée par les querelles de la bourgeoisie et du peuple contre les nobles.

La seconde (de 91 ans) commence en 1343 et finit en 1434 ; elle est remplie par les querelles de la bourgeoisie et du peuple.

La troisième enfin, qui va de 1434 à 1492, époque de la mort de Laurent, peut-être appelée époque des Médicis.

PREMIÈRE PÉRIODE

A l'établissement de la République, les nobles avaient con-servé une très-grande part dans le gouvernement tout entier. Mais ils se divisèrent bientôt entre eux et se combattirent avec fureur, sous le nom de Guelfes et de Gibelins, jus-qu'en 1282. Ces partis ayant été à peu près détruits en 1300, ils se divisèrent encore d'une manière très-violente sous le nom de Noirs et de Blancs. Ces dissensions les affaiblissaient beaucoup, et quand ils étaient unis, leurs violences et leurs tyrannies les affaiblissaient encore davantage.

Pendant ce temps, le peuple et la bourgeoisie prennent sans cesse des forces. Ils s'organisent d'abord militairement en corps de métiers, s'introduisent ensuite peu à peu ou par violence dans les magistratures, écartant les nobles d'un

grand nombre d'emplois publics. Puis, enfin, quand ils se
sont mis à l'abri de leur oppression, ils deviennent oppresseurs à leur tour, et leur ôtent le droit de prendre part
au gouvernement. Les nobles prennent alors avec justice les
armes et sont entièrement détruits.

C'est là l'histoire de tous les partis. C'est presque
toujours au moment où ils demandent une chose juste et
raisonnable qu'ils sont détruits. Cela ne veut pas dire
qu'ils succombent, parce qu'ils demandent une chose
juste. Cela signifie seulement que quand un parti se réduit à ne demander qu'une chose raisonnable et juste,
il est déjà si faible, qu'il ne faut plus qu'un seul coup
pour l'abattre.

DEUXIÈME PÉRIODE

Après la destruction des nobles, le gouvernement tomba
presque exclusivement dans les mains de la haute bourgeoisie.

Celle-ci suivit avec la dernière exactitude les errements
des nobles. Il se forme d'abord entre eux deux grands partis
sous le nom d'Albizzi et de Ricci. Puis, s'unissant, ils abusent
du pouvoir pour s'attribuer les principaux avantages de
l'état de société. Ensuite, se divisant de nouveau dans le
succès, une portion d'entre eux, entre autres les Médicis,
passent du côté du peuple.

Celui-ci se soulève en 1378, s'empare du gouvernement
avec force, pille, tue la bourgeoisie, établit un gouvernement
grossier et violent, qui tombe pour ainsi dire de lui-même
en 1581, époque où la bourgeoisie reprend son pouvoir. Les
pauvres qui firent la révolution de 1378 étaient trop isolés
des classes supérieures, trop privés d'aristocratie pour pou-

voir conserver le gouvernement. L'élément démocratique seul ne peut jamais rien fonder.

De 1381 jusqu'en 1434 la haute bourgeoisie gouverne, mais elle se divise de nouveau. Une portion se met du côté du peuple. Le parti démocratique triomphe alors; mais comme il était conduit par des riches, son succès n'est point complet comme en 1378 et n'amène point les mêmes conséquences. La révolution de 1434 est plutôt le résultat d'une querelle dans le sein de l'aristocratie qu'une lutte entre l'aristocratie et le peuple. Seulement la portion de l'aristocratie qui triompha était plus populaire et se prétendait plus amie du peuple que celle qui succomba; elle formait un parti assez semblable aux Whigs d'Angleterre. Cette dernière époque n'a donc point le caractère net et tranché que présente la première. Les deux grands partis s'y combattent avec des succès alternatifs; et à la fin il est difficile de dire lequel a remporté la victoire. Les hommes qu'aime le peuple triomphent plutôt que le peuple.

TROISIÈME PÉRIODE

Ceci nous prépare à la troisième époque, où ces deux partis, lassés et mutilés, disparaissent en quelque sorte de la scène, et où à leur place s'élève le pouvoir d'une famille et son parti combattu par les ennemis de cette famille. La querelle de principe, alors, devint une querelle d'individus qui se disputent le pouvoir sans se rattacher précisément ni à l'aristocratie ni à la démocratie.

A travers ses trois époques, l'histoire de Florence présente plusieurs traits généraux qu'il est bon de signaler.

Les partis, quels qu'ils soient, noble, populaire, bour-

geois, y ont tous les mêmes habitudes de violence. L'exil,
la confiscation, la mort, sont leurs objets; leurs moyens
sont les émeutes, la guerre civile ou étrangère. L'esprit
de légalité, le respect du droit, la modération, la raison
même, semblent entièrement bannis de ces querelles
intestines. Dès qu'un parti a la force en main, il va tout
à coup, sans s'arrêter, jusqu'à la tyrannie et à la violence. L'idée du droit est plus absente de cette histoire
que d'aucune autre que je connaisse.

Durant les 237 ans que je viens de parcourir, on
compte une usurpation, neuf proscriptions, sans parler
des troubles sans nombre et des changements presque
continuels exécutés dans les lois principales.

Une autre remarque générale sur ces trois époques :
c'est qu'au milieu de ces passions politiques et de ces
révolutions la grandeur et les richesses de Florence s'ac-
crurent sans cesse ; que l'esprit humain y prit un essor
extraordinaire; que les arts, les sciences et les lettres y
arrivèrent à un degré de perfection surprenant. Tant
la liberté est un agent puissant, même quand on ne sait
qu'incomplétement s'en servir !

Depuis que Florence est paisible et asservie, sa puissance, sa richesse, son étendue et ses lumières n'ont, au
contraire, cessé de décroître.

Singularité de la destinée des Médicis.

On a vu des citoyens habiles et heureux capter là bienveillance d'un peuple, au point de devenir l'âme de son

gouvernement sans prendre ostensiblement les rênes de l'État.

Mais ce qu'il y a de particulier dans la destinée des Médicis, jusqu'à l'époque où me conduit Machiavel (1492), c'est cette faveur et ce pouvoir croissant, et cependant toujours limité, d'une même famille pendant plus de quatre-vingts ans et à travers quatre générations.

Les Médicis, nobles et riches eux-mêmes, s'élèvent sur la ruine du parti des grands, et ils détruisent si bien les deux grands partis qui s'étaient disputé le pouvoir jusqu'alors, que, du moment où ils arrivent sur la scène, on ne voit plus que le parti des Médicis et le parti qui leur est opposé. Le parti démocratique et le parti aristocratique disparaissent en quelque sorte.

Ce qui explique jusqu'à un certain point cette faveur subite et constante des Médicis, c'est d'abord leurs talents, leur ambition sagace et lente, leur perspicacité certainement très-supérieure à celle de leurs contemporains : c'est surtout leurs immenses richesses, fruit de la banque et du négoce. N'ayant à agir que sur une seule ville, sur une ville commerçante, où régnait beaucoup de luxe et de misère, ils purent aisément gagner un à un presque tous les citoyens, et les tenir ensuite dans leur dépendance, soit par le sentiment de la reconnaissance, soit par la crainte d'une poursuite judiciaire. « A la mort de Cosme, dit Machiavel, on découvrit que presque tous les citoyens étaient ses débiteurs. » Tout le secret de l'élévation des Médicis est là. « Pierre, fils de Cosme, ayant voulu exiger le payement d'une partie de ces créances, dit encore Machiavel, perdit une portion de sa popularité et manqua se faire chasser de la ville... »

En résumé, on peut dire sans exagération que si de hardis usurpateurs se sont saisis par les armes du souverain pouvoir dans les différentes républiques, les Médicis l'ont acheté dans celle de Florence.

Bade, 9 août 1836.

Remarques générales sur la république florentine et principalement sur ce qui distingue ce qu'on nomme la démocratie de Florence des démocraties de nos jours.

Il m'importe de savoir si la démocratie de Florence peut servir d'argument pour ou contre la démocratie de nos jours.

J'envisage d'abord l'*état social*, et je me demande si l'état social des Florentins a jamais été, à aucune époque de leur histoire, analogue au nôtre et réellement démocratique; je trouve que non.

Depuis la fondation de la république florentine, en 1255 jusqu'en 1345, il a existé à Florence non-seulement une aristocratie, mais un corps de nobles qui tenaient à toute la féodalité environnante; dont l'origine se perdait dans la nuit des temps; dont les richesses étaient très-considérables, héréditairement transmises, et qui possédaient dans la ville même de Florence des palais bâtis en forme de forteresses, qui les garantissaient en partie de l'action égale des lois. Personne ne prétendra, je pense, que ce soit là un état social démocratique.

Après 1543, il n'y eut plus, il est vrai, de noblesse ; mais il y eut encore une aristocratie : c'est-à-dire qu'il y eut un grand nombre de citoyens immensément riches, et un bien plus grand nombre encore extrêmement pauvres.

Il ne faut pas perdre de vue que toute la République était dans la ville de Florence ; or, dire que Florence, à cette époque, avait un état social démocratique, c'est comme si l'on disait que Manchester et Liverpool, ou tout autre grand centre de l'industrie et du commerce qui renferme dans son sein des fortunes colossales et des misères inouïes, présente une société dont l'état social est démocratique. Il peut, sans doute, se rencontrer des villes de cette espèce chez un peuple démocratique, mais vouloir juger du peuple lui-même par ses villes serait injuste et absurde.

Florence n'a donc jamais donné l'exemple d'un pays démocratique par son état social. Elle a toujours, au contraire, donné le spectacle de la plus grande inégalité des conditions, puisqu'elle renfermait tout à la fois des misères semblables à celles que nous voyons dans toutes les villes industrielles de nos jours, et des richesses comme celles des Médicis, qui égalaient les trésors des rois les plus opulents.

L'inégalité devait même être bien plus grande à Florence que dans les villes manufacturières de nos jours, où la classe ouvrière s'efforce de se rapprocher par ses lumières du niveau des hautes classes.

Si l'on voit à Florence les grands se disputer entre

eux le pouvoir avec la dernière violence, ou bien le peuple.
s'en emparer subitement et en abuser de mille manières,
puis enfin une simple famille acheter en quelque façon
le gouvernement, il ne faut donc pas dire que la cause en
est dans la démocratie. Il serait plus juste de dire que cela
vient de ce qu'à Florence il n'y avait pas dans les conditions cette égalité démocratique qui eût rendu les révolutions plus difficiles et moins cruelles.

Je passe de l'état social aux institutions, et je me demande encore si les institutions de Florence étaient
démocratiques, et surtout si elles avaient de l'analogie
avec les institutions démocratiques de nos jours. Je ne
juge Florence que par Machiavel. Machiavel écrivait
pour des gens au courant des lois de leur pays. Il ne
cherche donc point à leur expliquer ce qui s'était passé
sous leurs yeux. Aussi je n'aperçois que très-confusé-
ment la constitution politique de Florence. Mais il y a
certains points qui ressortent.

Ainsi je crois voir que les hommes du peuple ont et
surtout prennent une grande part au gouvernement ; mais
j'aperçois en même temps qu'il n'en est ainsi que dans
Florence même.

Les habitants renfermés dans le territoire de Florence
étaient *sujets* des habitants de la ville, ainsi qu'on l'a vu
jusqu'à nos jours dans certains cantons suisses.

Je ne découvre aucune comparaison à établir entre la
démocratie tumultueuse, ignorante et passionnée d'une
grande ville manufacturière et commerçante, agissant
presque toujours par elle-même, et la démocratie repré-

sentative de tout un territoire, telle que nous la conce-
vons de nos jours, dans laquelle l'esprit d'ordre, de moralité et de paix des districts ruraux combat la violence
des populations des villes, tandis que la représentation
des villes éclaire et agite les députations rurales.

Sous ce point de vue, Florence ressemble bien plus
aux républiques de l'antiquité qu'à celles de nos jours.
Comme les premières, sa constitution ne repose point
sur cette idée générale, que tous les hommes ont droit
à prendre part à leur gouvernement, mais sur l'idée
aristocratique que les habitants de cette ville ont le droit
d'être libres et de gouverner sous leur bon plaisir les
hommes qui les environnent.

Toutes les républiques anciennes sans exception ont
été fondées sur ce principe. Toutes les républiques du
moyen âge, également. L'idée contraire est toute moderne, et seule elle suffit pour marquer une grande différence entre nos jours et tout ce qui les a précédés.

Les républiques antiques et celles du moyen âge n'ont
point connu le système représentatif, et elles ont pu, à
la rigueur, s'en passer. Elles ne formaient point une vaste
association de citoyens répandus sur un grand territoire, mais une petite association de *souverains* réunis
dans un même lieu.

Après avoir exposé ces idées générales sur les lois des
Florentins, je passe au détail de ces lois. Je crois y apercevoir la violation de plusieurs principes conservateurs
qui sont admis de nos jours sans discussion.

Le pouvoir exécutif ne me paraît point séparé du pou-

voir législatif, et le pouvoir judiciaire ne jouit ni de stabilité ni d'indépendance. Le pouvoir législatif n'est point
divisé.

En admettant que Florence ait eu un état social et un
gouvernement démocratiques, comment juger par ce qui
est arrivé à Florence de ce qui arriverait dans une démocratie dont les institutions posséderaient plusieurs
grandes garanties dont la démocratie florentine était
privée ?

On remarque que Florence a été sans cesse agitée
par les révolutions ; que ces révolutions ont presque
toujours été violentes, traînant après elles la torture, la
prison, la confiscation, la mort, sans parler du pillage
et de l'incendie qui les ont souvent accompagnées ; et
l'on attribue toutes ces horreurs à la démocratie seule.
J'ai bien des réponses à faire sur ce point. La première,
c'est que le temps où Florence a été si cruellement déchirée par les factions a été le temps où elle est devenue
riche, puissante, brillante, érudite, littéraire, un des
grands foyers de la civilisation moderne, en un mot ;
tandis qu'à partir de l'époque où elle est devenue tranquille et asservie, tous ces avantages ont disparu les uns
après les autres. Il faut regarder les deux côtés de la
médaille en même temps.

Secondement, je remarque que durant l'époque où
Florence avait une noblesse puissante elle n'a pas été
moins continuellement agitée que depuis que cette noblesse a été détruite. Je crois même que ses révolutions
ont été plus fréquentes et plus sanglantes dans la pre-

mière période que dans la seconde. Ceci tend à faire
croire qu'il faut s'en prendre des révolutions de Florence
à la forme républicaine de son gouvernement, et non
à sa constitution démocratique.

Troisièmement enfin, je dirai que les deux siècles où
ces révolutions ont agité Florence ont été pour toute l'Europe des siècles de révolution ; que c'est l'époque de la
Jacquerie, des Armagnacs, des Maltôtiers, des Grandes-
Compagnies, en France ; des guerres des Roses, en Angleterre ; qu'à cette époque, dans toute l'Europe, les
mœurs étaient violentes, les habitudes féroces, les basses
classes turbulentes et ignorantes, les hautes corrompues
et livrées presque sans frein à leurs passions ; que l'idée
du droit n'existait nulle part, que la plupart des monarchies et des aristocraties fourmillaient d'exemples de
faits, sinon semblables, du moins analogues à ce qui
se passait à Florence, et qu'il serait injuste d'étendre
aux démocraties de tous les temps une remarque qui
n'est pas même spécialement applicable à la démocratie
florentine du quatorzième et du quinzième siècle.

VOYAGE EN SUISSE

1856

Berne, 15 août 1856.

REMARQUES SUR L'HISTOIRE SUISSE.

Division des cantons entre eux, impossibilité de les réunir.

Les cantons suisses n'ont pas secoué à la fois le joug de l'étranger. Ils n'ont donc jamais été unis entre eux par le lien d'une commune origine.

Au moyen âge, époque où la République suisse a commencé, tout le soin des hommes semblait encore être de se diviser les uns des autres et de se diversifier par le plus de différences possibles, afin de mieux conserver le caractère propre à chacun d'eux. Les différents cantons suisses, lors même qu'ils se déterminèrent à agir dans une cause commune, ne cherchèrent donc point à adopter des lois ou des usages semblables; ils tendirent plutôt à en adopter de différents. Ils ne prirent pas la même forme de gouvernement; ils n'établirent pas les mêmes officiers; ils gardèrent leur physionomie particulière et s'efforcèrent de mille manières de conserver leur individualité.

Les Suisses de cette époque différaient, de plus, naturellement entre eux de mille manières.

Les Suisses des hautes montagnes, qui avaient été les premiers à lever l'étendard de l'Indépendance, formaient, à vrai dire, une population de bergers. Propriétaires du sol qu'ils faisaient valoir eux-mêmes, presque entièrement égaux en fortune, également simples et peu lettrés, ils étaient plus faits pour conquérir leur propre liberté que pour gouverner les autres peuples. Ce furent, comme je l'ai dit plus haut, ces populations qui fondèrent le noyau de la Confédération suisse. Quoiqu'elles ne s'élevassent pas à plus de cinquante mille âmes, elles se fractionnèrent naturellement en trois États indépendants. Ceci se passait en 1307.

Toutes les populations des hautes Alpes qui s'adjoignirent depuis à la Confédération, les bergers d'Appenzell, les montagnards de Glaris et de Saint-Gall, avaient, par leurs mœurs, leur état social et leur langue, une grande analogie avec les premiers Suisses dont je viens de parler. Mais il n'en était pas de même quand on descendait vers les plaines.

Zurich, qui accéda à la Confédération en 1351, était une ville commerçante et lettrée, autant qu'on pouvait l'être au moyen âge ; qui avait pour habitants de riches bourgeois et des nobles, qu'elle parvint bientôt à expulser de son sein. Les campagnes autour de Zurich étaient peuplées de paysans qui restèrent sous le contrôle de leurs seigneurs, soumis euxmêmes à la ville ou relevant directement de la ville : race de cultivateurs fort différente du peuple de bergers qui couvrait les montagnes.

Bâle, qui entra plus tard dans la Confédération, était dans une situation analogue à Zurich.

A l'ouest, la ville de Berne, qui fut une des premières à se confédérer, n'était point commerçante comme Zurich.

Mais elle était peuplée, ainsi que son territoire, de bourgeois riches et de nobles qui, soit de gré, soit de force, firent cause commune avec le peuple et restèrent en possession d'une partie des terres et du pouvoir.

Ainsi, dès ces premiers siècles de la Confédération, il se trouvait dans son sein des États composés de petites bourgades et des États gouvernés par de grandes villes; des États où régnait une simplicité de mœurs voisine de la grossièreté et de l'ignorance, et des États aussi policés et aussi éclairés qu'on pouvait l'être alors en Europe; des États plutôt commerçants que guerriers, et des États essentiellement guerriers et nullement commerçants; des États où la démocratie était pour ainsi dire sans limites, et d'autres où l'aristocratie conservait une grande puissance.

Ceci étant, on comprendra sans peine que les Suisses des deux premiers siècles, quoiqu'en très-petit nombre (il n'y avait encore que huit cantons), et pressés par un grand nombre d'ennemis communs, eussent bien de la peine à s'entendre, à moins qu'il ne s'agît de repousser une invasion. Aussi les voit-on recourir plusieurs fois aux armes les uns contre les autres.

Mais ce fut dans le seizième siècle que les plus profondes dissemblances se manifestèrent chez les Suisses, et que leurs divisions devinrent permanentes et sans remède. La réforme fut prêchée à Zurich pour la première fois en 1516, par Zwingle. Zurich, Berne, Bâle et la plus grande partie de la Suisse occidentale l'embrassèrent avec ardeur. La plus grande partie des montagnards des hautes Alpes et quelques populations des vallées occidentales demeurèrent passionnément attachées à l'ancien culte. Schwitz, Uri, Unterwalden, Lucerne, Zug, restèrent catholiques. Ceci acheva de les différencier complétement de toutes les autres. Non-seulement des haines violentes s'allumèrent, mais l'ensemble des idées et par suite presque toute la forme extérieure de la civilisation différa. Malheureusement la force ne resta pas également partagée entre les partisans de la nouvelle et de l'ancienne religion. Les protestants étaient infiniment plus nombreux, plus riches, plus éclairés que leurs adversaires. D'une autre part, ceux-ci avaient les souvenirs de la Suisse héroïque encore vivants. Ils envisagèrent donc leur situation comme critique; ils se crurent menacés d'oppression par leurs confédérés : ce qui blessa leur orgueil et excita leurs craintes. On s'isola donc de part et d'autre. Plusieurs fois les catholiques et les protestants en vinrent aux mains; et en temps de paix ils n'eurent que peu de relations les uns avec les autres. Ils contractèrent plus volontiers des alliances avec des peuples étrangers, mais leurs coreligionnaires, qu'avec leurs confédérés d'une autre religion qu'eux.

C'est ainsi que les choses allèrent jusqu'à la Révolution française. Aujourd'hui la réunion de tous les Suisses sous le même gouvernement est sans doute plus facile qu'au seizième siècle, mais ce serait cependant une chose que la force seule pourrait opérer.

Les cantons catholiques, qui sont en même temps les plus petits et les plus énergiques de toute la Suisse, ne peuvent être amenés à vouloir un changement de constitution qui rende le pouvoir plus fort. Car le pouvoir fédéral, plus fort, ne peut manquer d'être exercé principalement par les grands cantons qui, indépendamment de ce qu'ils ont une religion ennemie de la leur, ont encore des idées, des mœurs et un ensemble de civilisation qui diffèrent d'une manière notable.

Ainsi l'ambition, la religion, les mœurs se joignent pour éloigner les petits cantons de consentir à aucun changement du pacte fédéral.

Berne, 17 août 1836 [1].

Il y a des cantons, il n'y a pas de Suisse.

Petit pays. Pas de grandes richesses ni de grandes pauvretés. Mœurs tranquilles. Caractère lent. Peu d'intérêt des voisins à l'attaquer. Aucun intérêt à attaquer lui-même. Toutes raisons qui peuvent lui rendre supportable l'absence d'un gouvernement...

Institutions, habitudes et mœurs libres en Suisse.

Je ne comparerai pas la Suisse aux États-Unis, mais à la Grande-Bretagne, et je dirai que quand on examine ou même qu'on ne fait que parcourir les deux pays, on aperçoit entre eux des différences qui étonnent. A tout prendre, le royaume d'Angleterre semble beaucoup plus républicain que la République helvétique.

Les principales différences sont dans les *institutions* et surtout dans les *mœurs*.

1° Dans presque tous les cantons de la Suisse la liberté de la presse est une chose très-récente.

2° Dans presque tous la liberté individuelle est encore incomplétement garantie : un homme est arrêté *administrativement* et détenu sans grande formalité.

3° Les tribunaux n'ont pas généralement une position parfaitement indépendante.

4° Le jury est inconnu dans tous les cantons.

5° Dans plusieurs cantons la population était entière-

---

[1] Le lecteur ne doit pas oublier que toutes ces notes, relatives à la Suisse, ont été écrites avant les réformes du pacte fédéral provoquées par la révolution de 1848.   (*Note de l'Éditeur.*)

ment privée de droits politiques il y a trente-huit ans :
Argovie, Thurgovie, Tessin, Vaud, une partie du canton de Zurich et de Berne étaient dans ce cas.

Si la remarque précédente s'applique aux institutions,
elle s'applique bien plus encore aux mœurs.

1° Dans beaucoup de cantons de la Suisse, le goût
aussi bien que l'usage du *self-government* manque à la
majorité des citoyens. En temps de crise, ils se mêlent
eux-mêmes de leurs affaires ; mais on ne voit pas chez
eux cette soif de droits politiques, ce besoin de prendre
part aux affaires publiques, qui semblent tourmenter
incessamment les Anglais.

2° Les Suisses abusent de la liberté de la presse
comme d'une liberté récente ; les journaux sont plus
révolutionnaires et beaucoup moins *pratiques* que les
journaux anglais.

3°· Les Suisses paraissent encore voir les associations
sous le point de vue où les Français les considèrent ;
c'est-à-dire comme un moyen révolutionnaire et non
comme une méthode lente et tranquille d'arriver au
redressement des torts. L'art de s'associer et de se servir du droit d'association est peu connu.

4° Les Suisses ne montrent pas pour la justice ce goût
qui caractérise si fort les Anglais : les tribunaux n'oc-·
cupent pas plus de place dans l'opinion que dans les
rouages politiques. Le goût de la justice et l'introduction paisible et légale du juge dans le domaine de la politique sont peut-être le caractère le plus saillant de la
physionomie d'un peuple libre.

5° Enfin, et ceci, à vrai dire, contient tout le reste, les Suisses ne montrent pas au fond de leur âme ce respect profond du *droit*, cet amour de la *légalité*, cette répugnance à l'emploi de la *force*, sans lesquels il n'y a pas de nation libre et qui frappent tant l'étranger en Angleterre.

Je rendrai l'ensemble de ces impressions par un seul mot.

Celui qui parcourt les États-Unis se sent involontairement et instinctivement si pénétré, que les institutions, le goût, l'esprit de liberté s'est mêlé à toutes les habitudes du peuple américain, qu'il ne peut concevoir pour lui autre chose que le gouvernement républicain.

De même, on ne saurait supposer aux Anglais la possibilité de vivre sous un autre gouvernement qu'un gouvernement libre.

Mais, si dans la plupart des cantons de la Suisse la violence venait détruire la constitution républicaine, on ne se sent pas assuré qu'après un assez court état de transition le peuple ne s'habituât pas bientôt à la perte de sa liberté.

Dans les deux pays cités plus haut, la liberté me paraît plus encore dans les mœurs que dans les lois.

En Suisse, elle me semble plus encore dans les lois que dans les mœurs.

Berne, 18 août 1836.

Examen de la constitution suisse en elle-même, indépendamment des raisons particulières qui peuvent porter les Suisses à vouloir la garder quant à présent.

Quel que puisse être le mérite caché du pacte fédéral de 1815, celui-ci a un défaut évident dans sa rédaction : c'est le vague.

On dirait que cette constitution a été rédigée au moyen âge, tant elle révèle chez ses auteurs des idées peu nettes sur la division des pouvoirs dans les sociétés humaines. Après avoir lu attentivement cette constitution, je défie à qui que ce soit de marquer d'une manière distincte la ligne des pouvoirs entre les cantons et le gouvernement central.

Les Suisses ont-ils voulu établir un gouvernement fédéral ou faire simplement une ligue offensive et défensive? En d'autres termes, les cantons ont-ils prétendu conserver leur souveraineté tout entière ou ont-ils consenti à en sacrifier une partie?

Cette première question ne peut faire naître de difficultés sérieuses.

Les cantons d'une part ont concédé à la diète le pouvoir de leur demander de l'argent et des hommes : ce qui est lui concéder des droits de souverain.

Ils se sont interdit de faire eux-mêmes la paix et la guerre : ce qui est se priver d'un droit de la souveraineté.

Enfin ils ont voulu qu'en ces questions la majorité fît la loi à la minorité : ce qui achève de constituer un véritable gouvernement et non une simple ligue.

Les Suisses ont-ils donné de grands pouvoirs à leur gouvernement fédéral?

Cette seconde question est aussi facile que la première.

Le pacte a donné au gouvernement fédéral des pouvoirs si grands et surtout si indéfinis, que si ce gouvernement trouvait à sa disposition des moyens énergiques d'en user, on peut prévoir que la Suisse en arriverait bientôt à la consolidation de la souveraineté. La diète a le droit de lever des troupes et de l'argent ; elle fait la guerre, la paix, les traités de commerce ; elle nomme les ambassadeurs. La garantie des constitutions cantonales et des grands principes d'égalité devant la loi est mise sous sa sauvegarde, ce qui lui permettrait au besoin de s'immiscer dans les affaires locales.

Les péages, droits de route, etc., sont réglés par la diète : ce qui lui permettrait de se mettre à la tête de toutes les entreprises de voirie.

Enfin la diète prend toutes les mesures nécessaires pour la sûreté intérieure et extérieure de la Suisse : ce qui l'autorise à tout faire.

Sans doute, le pacte fédéral ne remet pas nominativement à la diète la direction de beaucoup d'affaires, qui sont pourtant essentiellement nationales de leur nature, telles que postes, monnaies, etc., etc. Toutefois ce qu'il sous-entend compense et au delà ce qu'il ne dit pas ; et, loin que la diète manque de pouvoirs, je trouve qu'elle en possède de beaucoup trop grands pour garantir l'existence d'une constitution fédérale.

Les Suisses ont-ils donné à leur gouvernement fédéral le *moyen* d'exécuter tout ce qu'ils lui donnent le *droit* de faire ?

La réponse à cette dernière question n'est pas moins nette que la réponse faite aux précédentes. Non, les Suisses n'ont pas donné à leur gouvernement fédéral le pouvoir de faire ce qu'il a le droit d'exécuter. Ceci mérite des développements.

La diète ressemble à un homme très-fort dont tous les membres sont plus ou moins frappés de paralysie.

Examinons d'abord les trois pouvoirs[1], et remarquons, pour commencer, qu'ils sont souvent confondus d'une ma-

---

[1] Législatif, exécutif, judiciaire.

nière telle, que chez un grand peuple la tyrannie ne manquerait pas de s'ensuivre.

La diète, qui est le pouvoir législatif, nomme les principaux fonctionnaires publics, traite presque directement avec les puissances étrangères, administre le peu d'objets dont le gouvernement fédéral se soit jusqu'à présent occupé. De plus, lorsqu'il s'élève des contestations entre deux États, la diète nomme les arbitres qui doivent prononcer. Mais, comme je le disais tout à l'heure, tout cela est de peu de conséquence chez un petit peuple tranquille comme la Suisse. D'ailleurs j'examine en ce moment ce qui rend le pouvoir fédéral *impuissant*, et non ce qui pourrait le rendre tyrannique.

Il n'y a pas, en Suisse, à vrai dire, de pouvoir judiciaire fédéral : ainsi je n'ai pas à m'en occuper.

Pouvoir législatif : Les mandats impératifs imposent une gêne très-grande au pouvoir législatif ; non-seulement les députés de la diète sont responsables devant leurs cantons, ce qui est tout naturel, mais ils ne peuvent agir qu'avec un mandat positif du canton, faute de quoi ils ne votent que *ad referendum*, c'est-à-dire sauf l'approbation ultérieure des grands conseils

De ceci il résulte deux maux :

1° Le premier est que toute mesure prompte et énergique est entravée : la Suisse n'a point une diète, mais vingt-quatre, dans laquelle il faut que la mesure proposée s'arrête.

2° Une grande garantie de sagesse est ôtée, puisqu'il doit arriver souvent que les raisons qui auraient pu déterminer les députés ne puissent plus être présentées aux grands conseils, ou ne leur soient pas présentées comme elles l'ont été par les partisans de la mesure au sein de la diète, et que, par conséquent, les grands conseils ne soient pas en position de bien juger.

Pouvoir exécutif : Le pouvoir exécutif fédéral est impuissant par trois raisons :

1° A cause de la faiblesse de ses attributions, puisque toutes les attributions du pouvoir exécutif fédéral sont données à la diète, ce qui favorise l'oppression en temps de révolution, et l'inertie et les erreurs de tout genre en temps ordinaire. Car un corps législatif ne présente point de garantie comme responsabilité. De plus, il est incapable de mettre dans les affaires administratives ce soin et cette suite qui sont nécessaires au succès.

2° Le pouvoir exécutif change trop fréquemment de main pour que rien puisse se mûrir.

3° Ceci est la faute la plus grossière dans la constitution de ce pouvoir : il n'est pas même fédéral. On en confie alternativement l'exercice au pouvoir exécutif cantonal de Zurich, de Lucerne et de Berne, c'est-à-dire que la confédération est livrée à des hommes qui ne représentent que l'un des cantons dont elle se compose.

Je cesse maintenant de distinguer à part les divers éléments qui forment le pouvoir fédéral. Je considère ce pouvoir dans son ensemble, et j'arrive enfin à la grande raison qui fait qu'il sera toujours impuissant, quel que pût être le changement apporté dans la constitution de ses différentes parties.

Le gouvernement fédéral n'a pas le droit d'exécuter lui-même ce qu'il a le droit d'ordonner. Il faut qu'il s'adresse aux cantons.

La diète déclare la levée d'une somme d'argent : ce sont les cantons qui se chargent de la lever.

Elle ordonne une levée d'hommes : ce sont les cantons qui les rassemblent.

Elle établit une ligne de douanes : ce sont les fonctionnaires cantonaux qui perçoivent des droits.

De ceci, il résulte deux choses : ou les cantons refusent

d'obéir, et on n'a plus de ressources que la guerre civile ; ou
ils opposent (ce qui arrive le plus souvent) une résistance
d'inertie, et alors le gouvernement fédéral ne sait à qui s'en
prendre et tombe dans l'inertie lui-même.

Une autre conséquence fâcheuse d'un pareil ordre de
choses, c'est qu'il exclut l'idée d'un intermédiaire judiciaire
entre celui qui commande et ceux qui obéissent. Entre un
canton et la confédération, prendre un tribunal pour arbitre ne concilierait rien ; de si puissants plaideurs ne se
soumettent pas aux décisions des juges. Les tribunaux ne
peuvent remplir l'objet de la justice qu'entre le souverain
et les individus. Or, dans l'organisation fédérale dont nous
venons de parler, la confédération n'a de rapports qu'avec le
canton ; elle n'en a aucuns avec le citoyen.

Il est évident que le seul principe raisonnable en fait de
confédération consiste à remettre au pouvoir fédéral un certain nombre de droits bien exactement définis, et de lui
permettre d'exercer efficacement ces droits, en lui permettant d'agir sans se servir de l'intermédiaire des cantons et des
autorités cantonales. Ainsi, pour en revenir aux exemples
cités plus haut, il faudrait que, quand la diète ordonne une
levée d'argent, elle eût ses propres percepteurs qui allassent
demander à chaque citoyen suisse sa quote-part ; que, quand
elle commande une levée de troupes, elle eût ses administrateurs pour désigner les hommes, ou constater la désigna-
tion du sort ; que, quand elle établit une ligne de douanes,
elle eût ses douaniers ; il faudrait enfin que, quand les contribuables refuseraient de payer, le soldat de marcher, le
douanier d'obéir, le gouvernement et les citoyens pussent en
appeler aux tribunaux fédéraux.

A ceci on répond : Pour permettre au gouvernement fédéral d'agir directement sur les citoyens, il faudrait qu'il fût
le représentant des volontés des citoyens. Or, dans ce moment, il ne représente que les cantons, et les cantons étant

prodigieusement inégaux en population, il arriverait souvent que la minorité de la nation ferait les lois.

Je réplique : Pourquoi ne pas faire nommer les membres de la diète par la majorité des citoyens, et non par les cantons ?

On répond avec raison : Que jamais on ne peut espérer de faire consentir à cela les petits cantons. Ce serait annuler eux-mêmes entièrement la part qu'ils ont dans les affaires fédérales, et mettre en danger leur propre indépendance cantonale. Car que signifierait la convenance d'une petite population de quinze mille âmes devant un pouvoir représentant les deux millions de Suisses ?

Il faut donc, de toute nécessité, en arriver à l'une de ces deux choses :

Ou permettre au pouvoir fédéral, *établi comme il l'est*, d'agir sur les citoyens ; ce qui, quoi qu'on en dise, ne serait que donner une exécution aux volontés déjà exprimées dans le pacte fédéral. Que dit, en effet, ce pacte ? Il donne à la diète un grand nombre de droits. A qui confie-t-il l'exercice de ces droits ? Aux représentants non des citoyens, mais des cantons réunis en diète. Le pacte a donc voulu que le pouvoir fédéral qu'il créait pût être exercé par la minorité de la nation représentée en diète par la majorité des cantons. Or, je ne demande pas à faire plus que le pacte fédéral, je veux seulement faire réellement ce qu'il ne fait que promettre sans l'accomplir. En agissant ainsi, non-seulement je ne fais que ce qu'ont fait les auteurs du pacte, mais je complète leurs desseins, car je ne puis supposer que le but d'un législateur ne soit pas de donner à ses lois le plus d'efficacité possible.

Voilà la première alternative ; la seconde est d'en arriver à un compromis plus ou moins analogue à celui dont on fait usage aux États-Unis d'Amérique.

Quoi qu'il en soit, et quels que puissent être les doutes,

quant au remède, le mal est constant. Avec les lois actuelles, il n'y a pas, à vrai dire, de gouvernement fédéral : je le répète, il y a des cantons ; il n'y a pas de Suisse ; et les étrangers, tant que les choses resteront dans cet état, n'ont rien à espérer ni à craindre de ce peuple-ci.

L'organisation de l'armée est ce qu'il y a de mieux entendu, mais c'est une force que rien ne peut diriger ; c'est une épée à laquelle la poignée manque...

En résumé, c'est une question de savoir si les Suisses ont besoin d'un gouvernement, s'ils peuvent avoir un gouvernement, s'ils doivent désirer d'avoir un gouvernement ; mais, à mon sens, ce n'est pas une question de savoir s'ils ont un gouvernement.

EXAMEN DES RAISONS QUI PEUVENT PORTER LES SUISSES A GARDER, QUANT A PRÉSENT, LEUR CONSTITUTION, QUELQUE IMPARFAITE QU'ELLE SOIT.

Ces raisons sont de deux sortes :

1° Difficultés de l'entreprise ;

2° Petitesse du résultat à atteindre.

1° La constitution suisse a divisé la population en vingt-deux nations différentes, mais la nature et les préjugés avaient opéré, avant la loi, quelque chose d'analogue. La Suisse renferme, dans un très-petit espace, des contrées qui diffèrent profondément par l'origine, par la langue, par la religion, par la richesse, par les lumières, par les habitudes. La nature semble donc indiquer que chacune de ces peuplades doit avoir un gouvernement à part. Soumettre des peuples aussi dissemblables à un même gouvernement, les diriger d'après un même corps de principes, les ployer aux mêmes mesures, ne saurait se faire qu'en violentant beaucoup de volontés, en imposant de grandes gênes, et, par conséquent, en créant de grandes résistances.

La constitution fédérale ne froissât-elle point les intérêts, il suffirait qu'elle heurtât violemment les préjugés, pour que le danger fût fort grand. Or, on ne saurait s'imaginer de préjugés plus irritables et plus incurables que ceux qui naissent de l'orgueil de petites nations, habituées depuis des siècles à se gouverner elles-mêmes, et pleines du souvenir glorieux d'ancêtres qui ont tout sacrifié à cette indépendance. Faire concevoir à de pareilles nations que la diète peut leur donner des ordres est difficile; leur faire comprendre que la diète peut, par ses agents, faire exécuter ses ordres chez elles, est pour ainsi dire impossible.

Je suppose enfin qu'une véritable constitution fédérale ne choquât ni les intérêts, ni les préjugés des petites républiques suisses : les Suisses sont-ils assez éclairés pour pouvoir user d'une machine aussi compliquée que l'est un gouvernement de cette espèce? Les habitants des cantons des bois pourront-ils même comprendre l'objet dont il s'agit? Verront-ils les limites des deux souverainetés, et découvriront-ils quand le pouvoir de l'Union cesse et quand celui des cantons commence? Les hommes qui seraient à la tête du gouvernement central ne seraient-ils pas tentés d'user de leur nouvelle force pour attirer à eux tous les attributs du gouvernement; et les autorités cantonales ne verraient-elles pas des empiétements dans l'exécution légale des volontés constitutionnelles de l'Union?

Il est donc à craindre qu'un gouvernement plus fort ne s'établît qu'au milieu de beaucoup de malaise, de troubles, de violences peut-être, et ne finît par aboutir soit à la dissolution complète de l'Union, soit à l'établissement du pouvoir absolu.

Or, le résultat à atteindre vaut-il la peine qu'on courre ce risque?

2° Les Suisses forment un petit peuple chez lequel il existe naturellement peu d'éléments de troubles intérieurs.

Le naturel des hommes est généralement paisible, leurs habitudes tranquilles, leur imagination lente, leur condition presque égale. Il règne parmi eux peu de richesse et peu de pauvreté, ces deux grandes causes premières des révolutions. Les Suisses n'ont donc pas besoin d'un gouvernement fort, pour maintenir la tranquillité au dedans. Les divers cantons n'ont nullement l'ambition de s'agrandir : conséquemment la guerre civile n'y est pas à craindre.

Quant à l'extérieur, on doit d'abord remarquer que la Suisse, par sa position, n'a point à craindre la conquête, que le désir de garantir l'équilibre européen défendrait aux grandes puissances de permettre.

Que, d'ailleurs, elle n'excite l'envie de personne, et n'est obligée de se mêler des querelles de personne, puisque sa constitution même la réduit à l'impossibilité d'agir à l'extérieur.

A cette première considération il faut ajouter que la Suisse, fût-elle un véritable gouvernement fédéral ou même une constitution unitaire, n'en serait pas moins une des plus petites puissances de l'Europe ; qu'elle serait encore obligée de plier devant la volonté des grands peuples qui l'environnent, tels que les Français et les Autrichiens ; que la force que lui donnerait sa constitution lui inspirerait l'envie d'entrer dans les intérêts si compliqués des grandes nations européennes ou porterait celles-ci à l'y entraîner, et que cependant cette force ne serait pas assez grande pour lui faire jouer un rôle important ou même garantir, par la suite, son indépendance aussi bien que sa constitution présente.

On conclut de tout cela que, pour atteindre un résultat douteux, ce n'est pas la peine d'exciter des passions, de troubler une paix profonde, de violenter d'anciennes habitudes, d'irriter des préjugés profondément enracinés, et, en voulant atteindre le mieux, de compromettre le bien qui existe.

Enfin, on ajoute que depuis quarante ans un mouvement d'assimilation très-sensible se fait sentir entre toutes les parties de la Suisse, malgré les vices de sa constitution fédérale; que les Suisses de différents pays se voient davantage, qu'ils échangent leurs idées, qu'ils se communiquent leurs habitudes, que, par des concordats (ou traités volontaires entre les cantons), un grand nombre de cantons parvient à établir une législation uniforme; qu'en conséquence, le temps approche où le changement qui trouverait aujourd'hui tant d'obstacles, se fera tout naturellement.

Voilà les raisons à donner pour le *statu quo*. Quelque graves que soient ces motifs, je me demande encore si le changement plus ou moins rapide de la constitution n'est pas une chose à désirer? Le premier besoin pour un peuple c'est d'imposer le respect à ses voisins, et d'être fier de lui-même : est-ce là aujourd'hui le sort du peuple suisse?.... .

Berne, 19 août 1836.

La Suisse doit-elle désirer de devenir une république unitaire?

Non, pour trois grandes raisons :

1º Une république unitaire destinée à *législater*, à gouverner et à administrer d'une manière uniforme des peuplades aussi essentiellement différentes les unes des autres que les peuplades suisses, et habituées depuis cinq cents ans à se diriger elles-mêmes, une semblable république, disons-nous, ne pourrait jamais s'établir, ou ne s'établirait qu'au milieu de troubles, à l'aide de violences, et en laissant subsister longtemps un profond malaise social : le tout pour constituer une puissance de deux millions d'hommes seulement, qui n'a aucun grand vice d'administration intérieure à corriger, ni aucun esprit de conquête à entretenir raisonnablement, et qui serait hors d'état de lutter contre aucune des grandes nations de l'Europe.

2° Je suppose, ce qui est douteux, que l'entreprise, avec le temps, réussît, que l'esprit *cantonal* fût vaincu, détruit et remplacé par l'esprit *national*, il est fort douteux qu'on eût augmenté ainsi les forces réelles du pays.

Je ne puis croire que les cinquante mille hommes que la Suisse pourrait peut-être mettre en ligne, fussent pour elle l'équivalent des forces indisciplinées, disséminées, mais singulièrement résistantes que crée le patriotisme cantonal.

La meilleure défense de la Suisse consiste dans ses montagnes, dont les meilleurs gardiens sont les habitants. C'est donc sur la population elle-même que la Suisse doit principalement compter; et pour soulever les populations il n'y a que l'esprit cantonal dans lequel on doive espérer. En détruisant l'esprit cantonal, les passions aveugles mais énergiques de localité, vous facilitez, il est vrai, la réunion d'une force armée plus imposante et plus habile, ce qui vous permettra de livrer une bataille ; mais, en même temps, vous vous ôtez la ressource de lutter en détail, ce qui pour un petit pays comme la Suisse est la première des défenses. C'est ce qui faisait dire avec tant de sagacité à Napoléon, en 1803 : « Le fédéralisme affaiblit les grands États en divisant leurs forces; mais, au contraire, il augmente celle des petits, en assurant à chacun son énergie naturelle. »

Il est incontestable, en effet, que la patrie n'a que deux manières de se faire sentir avec puissance au cœur de l'homme.

Un peuple se place hors ligne par sa population, sa force, ses lumières, sa gloire. La grandeur de l'État remplit alors l'imagination de ceux qui l'habitent; ils sont fiers de vivre sous ses lois et prêts à faire d'immenses sacrifices pour s'y maintenir. Tout ce qui tend à augmenter la force et l'apparence de l'ensemble augmente ce patriotisme. Mais, étant fondé sur l'imagination, il est sujet, comme elle, à de grandes alternatives de force et de faiblesse.

Le patriotisme fondé sur l'esprit de localité est, en général, bien plus actif et plus tenace. Il se confond presque avec l'intérêt individuel, il se mêle à tous les souvenirs, à tous les actes de la vie; il s'incorpore à l'orgueil personnel.

Quand un peuple ne peut espérer atteindre le premier, il faut du moins qu'il tâche de s'attacher avec force au second.

5° Je vois enfin un troisième danger, très-grand pour la Suisse dans l'établissement d'une république unitaire. C'est de n'être probablement qu'une transition à la destruction du régime républicain.

Les républiques de Suisse, dans l'état actuel, n'excitent la haine ni la crainte de personne en Europe. Leur légitimité n'est pas plus contestée que celle des plus anciennes monarchies. La république unitaire de Suisse, placée comme elle le serait entre les deux grands partis qui divisent l'Europe, ne pourrait manquer d'exciter la vive sympathie des uns, la haine violente des autres. Elle serait nécessairement entraînée hors de la neutralité, ou on violerait sa neutralité. Si l'Europe reste monarchique, comme il y a lieu de le croire, la Suisse ne peut espérer de se maintenir en grande république : ses peuples étant une fois habitués à obéir à une autorité centrale, il ne sera pas difficile de rendre cette autorité permanente et héréditaire ; trop heureux si l'on s'arrête dans la monarchie représentative !

De ces trois grandes raisons et de beaucoup d'autres secondaires, je conclus que tout homme qui raisonne sur la Suisse doit argumenter de cette manière :

1° Améliorer la constitution fédérale, s'il est possible.

2° Sinon, tâcher de la garder.

3° Mais, en aucun cas, n'arriver à la république unitaire.

Berne, 20 août 1836.

Signes de révolution en Suisse.

Je ne sais quels changements s'opéreront en Suisse *de nos jours*, mais j'ose prédire qu'il s'en opérera de très-grands, ou, tout au moins, qu'on y verra de très-grands troubles.

La constitution fédérale actuelle livre la Suisse sans défense contre l'anarchie au dedans, et aux insultes ainsi qu'aux exigences de l'étranger.

D'une autre part, il est extrêmement difficile, avec les préjugés de localité et les vues bornées qui sont partout celles du plus grand nombre, de leur faire adopter une meilleure constitution fédérale, et surtout d'obtenir d'eux qu'ils s'y soumettent.

D'autre part, enfin, une constitution unitaire serait la pire de toutes les combinaisons.

Un pareil état de choses n'est point stable.

L'ancienne constitution suisse était, il est vrai, encore plus défectueuse que le pacte de 1815, et elle a duré des siècles; mais l'état de l'Europe et de la Suisse n'était point analogue alors à ce qu'on voit de nos jours.

La neutralité de la Suisse était un fait ancien et respecté comme une sorte de légitimité.

L'Europe n'était divisée que par l'ambition des rois qui n'avaient rien à attendre, ni en bien ni en mal, de la Suisse.

Maintenant elle est divisée par les querelles des rois et des peuples, et la Suisse ne peut manquer, quoi qu'elle fasse, de jouer un rôle direct ou indirect dans une querelle de cette espèce. La Suisse est donc exposée chaque jour, et le sera longtemps encore, à la *pression* de l'Europe.

Jadis, il y avait des cantons suisses; mais, à vrai dire, personne ne songeait à faire une nation suisse. On n'en sentait pas plus le besoin que le désir. Maintenant l'idée de constituer réellement une nation, de généraliser de certains principes, de jouer un rôle en Europe, ou, tout au moins, de se défendre contre l'oppression de l'Europe, s'est présentée à l'imagination d'un grand nombre d'habitants.

Ces idées sont assez puissantes, elles sont partagées par assez de gens pour agiter le pays, le dégoûter des institutions actuelles, irriter par des discours ou des actes les grands peuples environnants. Ces idées ne sont pas assez puissantes ni assez nationales pour amener à une amélioration de la constitution, ou du moins à prendre, d'un avis commun, une attitude digne, prudente et ferme.

Il y a assez de Suisses qui se ressemblent et ont des idées générales pour composer un grand parti qui désire s'amalgamer. Il y en a assez qui diffèrent et qui n'ont aucune idée générale pour composer un grand parti favorable au *statu quo* et contre-balancer les premiers.

Jadis tous les États suisses, différant plus ou moins les uns des autres et n'ayant aucunes idées générales, il y avait beaucoup de petits partis en Suisse, mais ces deux grands partis n'existaient pas.

Le mouvement d'homogénéité va toujours croissant dans la plupart des cantons; il s'arrête nécessairement et s'arrêtera peut-être toujours chez certains autres. Cela peut-il mener à autre chose qu'à une crise finale?

Ajoutez à cela que les deux grands partis aristocratique et démocratique qui divisent le monde sont en présence également en Suisse.

Ajoutez encore que de profondes différences en matière de gouvernement, de religion, de civilisation, divisent ces cantons, et que ces divisions presque inaperçues, tant qu'on n'a pas eu besoin de faire un tout de la Suisse, deviennent une source inépuisable de troubles, du moment où ce besoin et cette idée se présentent.

Et vous concevrez sans peine l'opinion que j'exprimais en tête de cette note.

Zurich, 26 août 1856.

Liberté du commerce. Manufactures domestiques.

Ce qui se passe en Suisse, sous le rapport du commerce, mérite d'attirer l'attention des hommes d'État.

1° La Suisse n'a point de douane; cependant son in-

dustrie est croissante, son aisance très-grande. Non-seulement elle alimente son propre marché de beaucoup
d'objets manufacturés, mais elle lutte, pour quelques
articles, sur les marchés étrangers, avec les nations les
plus manufacturières du globe.

M. Hess (bourgmestre de Zurich) me disait aujourd'hui
qu'en matière de soieries ordinaires, le canton de Zurich
faisait de grands envois en Amérique, où il a à lutter
contre la France, et qu'il supportait dans le même pays
la concurrence anglaise pour les étoffes de coton.

Non-seulement l'absence de tarif n'a pas tué ces industries, mais ces industries se sont élevées et s'élèvent
tous les jours, malgré l'absence d'un droit protecteur.
Cet état de choses est un grand argument en faveur de la
liberté du commerce.

M. ***... de X..., vieillard très-estimé, et qui a fait sa
fortune dans le commerce, me disait, avec encore plus
de force, la même chose. Il ajoutait que l'industrie suisse
avait été stationnaire, tant que les Suisses avaient eu
des priviléges sur les marchés étrangers.

2° Un autre fait commercial très-intéressant en Suisse :
ce sont les manufactures domestiques. Dans plusieurs
cantons, mais entre autres dans ceux d'Appenzel et de
Zurich, indépendamment de quelques grandes manufactures établies dans le système anglais, il y a une multitude d'objets qui sont fabriqués dans les villages.

Les avantages politiques et moraux de ce genre de
manufacture sont évidents ; mais l'exemple de l'Angleterre semblait prouver, que sous le rapport de l'écono-

mie (qui est tout dans le commerce), ce système était défectueux. Cependant nous venons de voir que la Suisse luttait contre l'Angleterre et la France, qui ont la centralisation du commerce.

M. Hess attribuait en partie ce fait à ce que l'habitant des cantons suisses ne payant point d'impôts, ayant des habitudes très-frugales et très-économiques, pouvait se contenter de gages très-peu élevés. Cinq à six sous par jour suffisent à ces manufacturiers à domicile.

VOYAGE EN ALGÉRIE

(1841)

7 Mai 1841.

Aspect général du pays.

Arrivée à Alger par la direction d'Oran, notre vaisseau ayant trop donné à l'ouest. Cap Caxine, montagne très-verte et très-ravinée qui descend jusque dans la mer. Le ciel est brumeux. A mesure que nous approchons, nous apercevons une multitude de petites maisons blanches garnissant les ravins de la montagne. En tournant le cap Caxine, Alger se découvre : immense carrière de pierres blanches étincelant au soleil : premier aspect de la ville. Je n'ai jamais rien vu de semblable. Prodigieux mélange de races et de costumes, arabes, kabyles, maures, nègres, mahonnais et français. Chacune de ces races, qui s'agitent ensemble dans un espace beaucoup trop étroit pour les contenir, parle un langage, porte un habit, accuse des mœurs différentes. Tout ce monde se meut avec une activité qui semble fébrile. Toute la basse ville paraît en état de destruction et de reconstruction. On ne voit de toutes parts que ruines récentes, édifices qui s'élèvent; on n'entend que le bruit des marteaux. C'est Cincinnati transporté sur le sol de l'Afrique.

Les Français substituent de grandes rues à arcades aux petites ruelles tortueuses des Maures. C'est une nécessité de notre civilisation; mais ils substituent aussi leur architecture à celle des Maures, et ils ont tort; car cette dernière est très-appropriée aux besoins du pays, et, de plus, charmante. La plus belle maison maure ne présente au dehors qu'un mur, sans autre ouverture qu'une porte cintrée. Cette porte conduit dans un vestibule soutenu par des colonnettes; dans ce vestibule s'ouvre un escalier qui mène à une cour carrée, entourée de galeries, lesquelles sont soutenues par des arcades et des colonnes. Ainsi, à chaque étage, toutes les chambres donnent sur cette cour, dont l'aspect est frais et élégant plus que je ne puis le dire. Dans toutes les maisons un peu soignées les colonnettes sont en marbre blanc curieusement sculpté; le bord des arcades également est festonné comme de la dentelle. Le tout présente l'aspect de la vie intérieure au plus haut degré. L'architecture peint les besoins et les mœurs. Celle-ci ne résulte pas seulement de la chaleur du climat; elle peint à merveille l'état social et politique des populations

musulmanes et orientales : la polygamie, la séquestra-
tion des femmes, l'absence de toute vie publique, un
gouvernement tyrannique et ombrageux qui force de
cacher sa vie et rejette toutes les affections de cœur dans
l'intérieur de la famille.   .   .   .   .

.   .   .   .

Samedi 8 mai.

Course aux environs d'Alger. Kouba : route superbe
qui semble devoir conduire aux provinces d'un vaste
empire, et qu'on ne peut suivre plus de trois lieues sans
se faire couper la tête. Pays délicieux, la Sicile avec l'industrie de la France. Végétation prodigieuse, terre vé-
gétale très-épaisse ; pays de promission, s'il ne fallait
pas cultiver le fusil à la main. Du haut de Kouba nous
voyons la Mitidja : magnifique plaine ; cinq lieues de
large, trente de long ; toute une province ; ressemble à
l'Alsace ; verte, mais pas une maison, pas un arbre, pas
un homme ; contraste étonnant : ici, images de la nature
cultivée par l'industrie et la civilisation ; dans la plaine,
Wilderness…

Le soir, course à la Casauba. Alger vieux nous paraît
un immense terrier de renard, étroit, obscur, enfumé.
Population qui à cette heure semble oisive et dissolue.
Cabaret indigène où se trouvent des filles publiques
maures qui chantent, et où l'on boit du vin. Mélanges
des vices de deux civilisations. Tel est l'aspect extérieur.

10 Mai 1841, Alger.

Je vois qu'on transporte en Algérie les droits d'enregis-
trement : chose absurde dans un pays nouveau, où il faut
avant tout ne pas gêner les transactions.

Le compte de 1839 dit qu'on s'occupe d'une ordonnance
pour régler ce service.

Je vois aussi qu'on introduit en Algérie nos lois sur les
patentes.

Le nombre des patentés était de 1486 en 1839; il ne s'est
pas accru en proportion de la population : en 1835, il formait 11 p. 100 ; en 1839, 6 p. 100 de la population.

11 Mai 1841.

Erreur de croire qu'il faille faire un état social fort exceptionnel en Algérie : Presque aucune de nos lois politiques n'y conviennent ; mais presque toutes nos lois civiles
peuvent et doivent y être importées.....

Opinion erronée et funeste, qu'il faut prendre garde que
les colons ne gagnent trop ; jalousie insensée du militaire
contre le civil.

Alger, 25 mai.

Visite au collége.

C'est un établissement fort beau, l'ancienne caserne
des Janissaires. Il y a cent cinquante élèves, dont trente
internes qui payent six cents francs ; les externes ne
payent rien. Le cours d'arabe est obligatoire pour tous.
Deux systèmes d'instruction sont en vigueur dans ce collége : des classes grecques et latines comme dans nos
colléges royaux, une instruction non classique compre-

nant quatre années d'études et plus appropriée aux besoins du pays.

Je demande pourquoi le fond de l'instruction est classique?

Il règne, me dit-on, une prodigieuse mobilité dans le personnel des élèves. La plupart ne font que passer quelques mois
dans le collége ; ce sont des fils d'officiers qui viennent d'Europe et y retournent. Les élèves manqueraient une éducation commencée, ou n'en commenceraient pas une qu'ils
pussent finir, si le système d'éducation française n'était pas
suivi....

Le directeur de ce collége se plaint à moi de ce qu'on n'empêche pas l'évêque d'avoir quelques élèves dans un petit
séminaire. L'évêque élève de jeunes Arabes à trois cents
francs par an. Comment pourrions-nous supporter la concurrence? (En effet, il est très-fâcheux qu'on puisse donner
l'instruction à bon marché!)

Du reste, le collége n'a pas un élève arabe. On dit qu'il
en aurait s'il pouvait donner des bourses : j'en doute.

J'ai vu ce même jour la Bibliothèque. Il s'y trouve
d'assez beaux manuscrits arabes, pris la plupart à Cons-
tantine. Beaucoup d'autres, également pris dans cette
ville, ont été gaspillés et perdus. On n'a trouvé nulle
part des manuscrits grecs et latins, et parmi les manuscrits arabes aucun qui apprenne rien de nouveau. J'ai
vu là un jeune professeur d'arabe, élève de M. de Sacy,
qui m'a paru distingué et très-intelligent.

D. Quelle différence, lui dis-je, y a-t-il entre l'arabe
vulgaire et l'arabe écrit?

R. La même, au moins, qu'entre le latin et l'italien.

Ce qu'il y a de remarquable, c'est que tous les Arabes qui écrivent se servent, dans ce cas, de l'arabe écrit, qui est celui du Coran. Un marchand fait ses mémoires dans la langue de Mahomet, et parle dans le jargon moderne, qui n'a point de grammaire et qui ne peut, par conséquent, s'appeler à juste titre une langue. Mais les deux langues existent concurremment et servent aux mêmes personnes.

D. Quelle est la meilleure traduction du Coran?

R. Celle de ***, en latin; celle de Savary est élégante et infidèle. Du reste, il n'en existe point de bonne traduction, parce qu'il faudrait traduire en même temps et en regard les cinq à six principaux commentaires qui aident à entendre le texte. Le Coran est, à vrai dire, un recueil d'ordres du jour et de proclamations auxquels on ne comprend rien si les petits faits qui les ont motivés ne sont pas expliqués. (Le Coran est la source des lois, des idées, des mœurs de toute cette population musulmane à laquelle nous avons affaire. La première œuvre scientifique du gouvernement devrait être évidemment de le faire traduire le mieux possible, texte et commentaire).

D. Combien pensez-vous qu'une intelligence ordinaire, avec un travail assidu, mît de temps à apprendre l'arabe écrit?

R. Au moins quatre à cinq ans. Quant à l'arabe vulgaire, on sait se tirer d'affaire en peu de mois, si on veut aller dans les cafés et fréquenter les Maures...

Alger, 25 mai 1841.

Quand on dit aux Arabes qu'ils ont commencé la guerre (en violation du traité de la Tafna), ils s'en défendent vivement, et affirment que c'est nous qui l'avons commencée en passant le Biban. Ils nient formellement que Abd-el-Kader ait jamais reconnu la souveraineté de la France ; ils contestent le sens donné par nous au traité de la Tafna, qu'on a traduit ainsi : *Abd-el-Kader reconnaît la souveraineté du roi des Français* ; et en cela du moins ils ont raison, car sur ce point la phrase du traité est très-claire et ne peut donner lieu à deux sens ; elle signifie : *Abd-el-Kader sait que le sultan des Français a une puissance en Afrique.* (Conversation de M. Berbruger, l'homme qui a le plus vécu avec les Arabes et sait le mieux leur langue.)

Alger, 26 mai 1841.

Le président du tribunal de commerce me raconte l'anec- dote suivante :

En 1835, d'accord avec l'autorité d'alors, les principaux négociants se taxèrent volontairement afin d'établir une chambre de commerce, de fonder un prix d'agriculture et de faire d'autres dépenses dans un intérêt commun.

Depuis, l'autorité a rendu cette espèce de taxe obliga- toire, s'est emparée de son produit et en fait l'emploi qu'elle veut. Voilà le pays.

Alger, 26 mai. Autre anecdote.

La commission scientifique avait exprimé le désir qu'on lui adjoignît un jeune peintre du collége, qui est ici depuis longtemps et a le talent spécial de rendre la physionomie et l'aspect extérieurs de ce pays. Le principe a été admis par M. L... (directeur à Paris des affaires de l'Algérie), qui a fondé un gros traitement et a envoyé de Paris un de ses parents.

Alger, 27 mai 1841.

POURQUOI IL N'Y A POUR AINSI DIRE POINT DE SACERDOCE DANS LA LOI MUSULMANE.

Prêtres, culte, sacerdoce dans le mahométisme.

Mahomet a prêché sa religion à des peuples peu avancés en civilisation, nomades et guerriers. Cette religion avait elle-même pour but la guerre ; de là le petit nombre de pratiques et la simplicité du culte. Un culte compliqué et chargé de pratiques suppose des temples, une population sédentaire, des habitudes assez paisibles.

Le culte étant presque nul, le prêtre a été peu nécessaire ; mais il y a une raison plus puissante pour expliquer l'absence presque complète de sacerdoce régulier parmi les musulmans, fait qui en lui-même paraît au premier abord très-singulier ; car toutes les religions, et surtout celles qui ont agi fortement sur l'imagination des hommes, ont acquis ou conservé leur influence à l'aide d'un corps sacerdotal très-séparé du reste de la nation et très-fortement constitué.

Le mahométisme est la religion qui a le plus complétement confondu et entremêlé les deux puissances, de telle sorte que le grand-prêtre est nécessairement le prince et que tous les actes de la vie civile et politique se règlent plus ou moins par la loi religieuse.

Cela étant, l'existence d'un corps à part placé, comme

dans le catholicisme par exemple, à côté de la société civile et politique, pour diriger la société religieuse, l'existence d'un tel corps était impossible.

Cela a été un bien au milieu de tous les maux que la religion musulmane a fait naître. Car un corps sacerdotal est en lui-même la source de beaucoup de malaise social; et quand la religion peut être puissante sans le secours d'un pareil moyen, il faut s'en louer. Mais si cette concentration et cette confusion établies par Mahomet entre les deux puissances a produit ce bien particulier, d'un autre côté, elle a été la cause première du despotisme et surtout de l'immobilité sociale qui a presque toujours fait le caractère des sociétés musulmanes, et qui les fait, enfin, succomber toutes devant les nations qui ont l'avantage du principe contraire.

Comme le Coran est la source commune dont sont sorties la loi religieuse, la loi civile et même en partie la science proprement dite, la même éducation est donnée à ceux qui veulent devenir ministre du culte, docteur de la loi, juge et même savant. Le souverain prend indistinctement dans cette classe de lettrés les ministres du culte ou imans, les docteurs de la loi ou muphtis, et les juges ou kadis. Ces différentes professions ne donnent aucun caractère indélébile à celui qui en est revêtu. Il y a donc une religion; à vrai dire, il n'y a pas de sacerdoce. Tout cela est d'autant plus vrai que la population musulmane ressemble plus aux Arabes du prophète; qu'elle est plus nomade et plus divisée en tribus. Il paraît que dans les tribus arabes de l'Algérie la trace

même d'un corps clérical est à peine visible, tandis qu'à
Constantinople il y a quelque chose qui ressemble plus à
une hiérarchie religieuse. Le mot même de clergé
n'existe pas en langue arabe. L'influence temporelle que
donne la religion à certains hommes (car cela arrive toujours quoi qu'on fasse) est exercée par les marabouts :
pouvoir indéfini et irrégulier, assez semblable à celui
qu'exerçaient les saints et les anachorètes à la fin de
l'Empire romain et au milieu de l'invasion des Barbares;
la seule différence c'est que chez les Arabes cette sainteté est souvent héréditaire.... Combinaison bizarre du
pouvoir qu'un individu peut accidentellement acquérir
par ses vertus, et du principe aristocratique qui lui est
le plus opposé !

PENSÉES DÉTACHÉES

Les institutions humaines sont de leur nature si imparfaites, qu'il suffit presque toujours, pour les détruire, de tirer de leur principe toutes ses conséquences.

Un ennemi qui flatte me semble représenter parfaitement la grande chauve-souris de la Guyane battant des ailes pour rafraîchir le sommeil de celui dont elle suce le sang.

Un homme sur le point de prendre un parti est comme un calculateur qui fait une longue addition. L'un compte des chiffres, l'autre des raisons. L'irrésolu recommence sans cesse l'addition; l'homme décidé s'en tient tout d'abord à la somme totale.

L'orgueil fait tellement le fond du cœur de l'homme, qu'on le retrouve dans les choses qui l'annoncent le moins. Ainsi notre admiration excessive pour un autre vient souvent du profond étonnement que nous éprouvons de trouver en lui ce que nous ne trouvons pas en nous-mêmes.

La vertu sait se plier à l'ordre des choses et des événements que lui montre la raison. L'honneur est souvent plus inflexible, parce qu'il agit d'après un modèle de convention tout fait et auquel il ne peut rien changer.

L'honneur en sortant du ciel, son premier asile, était la simple vertu. Les hommes l'ont tellement emprisonné dans leurs préjugés, leurs passions et leurs petitesses, que souvent on méconnaît sa noble origine; mais il montre d'où il vient à la vue d'une belle action : comme le coursier arabe hennit sous son harnais en sentant le vent du désert.

On pourrait comparer la vie à une pierre qu'on jette du haut d'une tour, et qui va plus vite à mesure qu'elle va plus longtemps.

Après la découverte de la pierre philosophale, ce qu'il y a de plus difficile à trouver c'est un homme sachant toujours les raisons qui le font agir.

Quelle que soit la puissance qu'exerce l'état social et les circonstances politiques du temps sur les idées de ceux qui y vivent, elles ne sauraient longtemps prévaloir contre le besoin d'espérer et de croire, qui est un des instincts les plus permanents et les plus invincibles de la nature humaine.

ARISTOCRATIE.

... Les sentiments de haine qu'inspire l'aristocratie ne sont pas toujours en proportion de ses abus et de ses vices...

On voit que dans des pays étrangers, où l'aristocratie semble avoir été aussi vicieuse et aussi abusive qu'en France, la haine qu'elle a inspirée et qu'elle inspire encore est infiniment moins amère, moins violente, moins vivace que parmi nous, et l'on s'en étonne. On ne fait pas attention à ceci : ce qui enflamme, aigrit, exaspère la haine que l'aristocratie inspire, et éternise la rancune des classes, ce n'est pas seulement la grandeur des abus, c'est la durée et la vivacité de la lutte à laquelle ils ont donné lieu. Telle aristocratie très-abusive qui s'affaisse lentement sous l'effort du temps, ou qui tombe rapidement et violemment sous le coup d'une cause étrangère, ou sous l'action d'un pouvoir capable de comprimer à la fois tous les partis et de faire la révolution sans exciter la guerre, une aristocratie de cette nature peut, après sa chute et même avant que sa chute soit entièrement accomplie, exciter moins de haine, susciter moins de rancune, laisser après elle un bien moins mauvais renom que telle autre qui, moins abusive, n'a péri ou ne s'est affaissée qu'au milieu de longues luttes civiles. Ce n'est donc pas aux fautes seules et aux torts d'une aristocratie qu'il faut demander compte des sentiments qu'elle laisse après elle ; c'est encore la façon dont elle a été modifiée ou détruite qu'il faut considérer.

―――――

..... Il est rare qu'en France il ne soit pas permis au gouvernement d'être violent, quand il ne blesse que le droit et la justice sans atteindre la foule.

―――――

SUR LA NOBLESSE AVANT 1789.

..... Tout ce que dit Sieyès sur la noblesse est très-vrai en soi. Il est bien certain que la noblesse, en l'état où elle était arrivée, et au point où la nation en était venue, était une caste sans fonction et sans utilité ; et c'est cette vérité, si vigoureusement exprimée, qui est le mérite et qui fit le succès de Sieyès. Mais le faux était : 1° De ne pas voir que ce fait anormal était si ancien, si enraciné et touchait à tant d'autres faits respectables, était lui-même si digne d'égards par son antiquité, cette mère du droit, qu'au lieu de le faire disparaître tout à coup, il fallait le démolir graduellement ; 2° que si la caste était en effet une institution mauvaise en soi, et de plus inutile, le système de la majorité purement numérique ne l'était pas moins ; qu'une certaine influence des traditions, l'élément aristocratique, en un mot, était très-nécessaire dans un gouvernement libre, surtout dans un gouvernement libre inexpérimenté, et que cette caste, ramenée peu à peu à n'être qu'une partie de la nation, était pour la France une ressource précieuse qu'il était très-fâcheux de détruire ; qu'il n'était pas vrai, enfin, que le tiers-état fût une nation complète, ou du moins qui pût, réduit

à lui-même, former un ordre de choses stable et libre. . .
. . . .

    (Notes sur la brochure, page 12, *Qu'est-ce que le Tiers?*
par l'abbé Sieyès.)

———

Dès que vous voyez paraître un despote, comptez que
vous allez bientôt rencontrer un légiste qui vous prou-
vera doctement que la violence est légitime et que les
coupables sont les vaincus.

    Ce sont deux plantes qui croissent toujours ensemble
dans le même sol.

———

Au commencement des révolutions, les maux sont
toujours pires que les craintes; et à la fin, les craintes
pires que les maux. . . . .
. . . .

FIN DU TOME HUITIÈME.

TABLE

DU HUITIÈME VOLUME

FIN DE LA TABLE DU HUITIÈME VOLUME

PARIS. — IMP. SIMON RAÇON ET COMP., RUE D'ERFURTH, 1.

www.ingramcontent.com/pod-product-compliance
Lightning Source LLC
Chambersburg PA
CBHW050548270326
41926CB00012B/1968